교과세특
추천 도서
300

한승배
강수현
노정희
양봉열
이재경
정선옥
조은경
지음

의약·자연계열

교과세특 추천 도서 300

CampusMentor
캠퍼스멘토 × 포르체

저자 소개

한승배
경기 양평전자과학고등학교 진로전담교사

집필 이력
- 2009, 2015 개정 교육과정 중학교, 고등학교 진로와 직업 교과서
- 《교과세특 탐구활동 솔루션》, 《교과세특 탐구주제 바이블》, 《교과연계 독서탐구 바이블》
- 《학과 바이블》, 《학생부 바이블》, 《면접 바이블》, 《특성화고 학생을 위한 진학 바이블》, 《취업 바이블》, 《미디어 진로탐색 바이블》, 《고교학점제 바이블》
- 《10대를 위한 직업 백과》, 《유망 직업 사전》, 《미리 알려주는 미래 유망직업》, 《나만의 진로 가이드북》

기타 이력
- 네이버 카페 '꿈샘 진로수업 나눔방' (https://cafe.naver.com/jinro77) 운영자

강수현
부산 해운대중학교 진로전담교사

집필 이력
- 《미라클 독서법》
- 진로와 직업 교과서 검토위원 참여

기타 이력
- 해운대 진로진학지원센터 진로체험지원단

노정희
경기 한솔고등학교 역사교사

집필 이력
- 《한국사 개념 사전》, 《중학필독한국사》 공저
- 천재교육 중학 사회 참고서

기타 이력
- 성취평가제 문항 개발(한국교육과정평가원)
- 국가 수준 성취도 출제

양봉열
인천 작전고등학교 진로전담교사

집필 이력
- 일반 고등학교 진로 포트폴리오
- 세계시민교육 자료집(인천교육청)

기타 이력
- 학부모 진로교육 콘텐츠 드림레터 자문위원
- 인천 진로교육지원단 '반딧불'
- 인천 대학 전공탐색 프로그램 진로멘토링 교사
- 진학 연구교사 연구회

이재경	경기 태전고등학교 국어교사

집필 이력
- · 진로연계 교과수업 소식지 '꿈꾸는 교실'(경기도교육청)
- · 교육과정 중심의 문화예술 우수 사례집, 학생 중심 수업모형 실천 사례집
- · 세계시민교육 자료집(경기도교육청), 배움중심 수업 나눔 자료집
- · 중등 서술형·논술형 평가 예시 장학자료

기타 이력
- · 세계시민교육 경기도 선도교사
- · 경기도교육청 혁신고 운영지원단, 경기도교육청 평가혁신지원단
- · 경기도교육청 인정도서심의회 심의위원
- · 경기교육 인터넷방송 운영지원단
- · 전국연합학력평가 출제

정선옥	경기 금파중학교 진로전담교사

집필 이력
- · 독서 동아리 '생각나무숲' 활동집

기타 이력
- · 2015 개정 교육과정 교과별 선도교원(교육부, 경기도교육청)
- · 경기도교육청 평화교육 지원단, 경기이룸대학 연구위원, 교육부 행복교육 교원 모니터단
- · 경기도 중등독서교육연구회, 부천지역 독서토론교육연구회

조은경	인천 제물포여자중학교 진로전담교사

집필 이력
- · 드림 페스티벌, 활기찬 중학생활 워크북

기타 이력
- · 인천진로진학지원단 마중물 고입전형지원팀
- · 인천사이버진로교육원 컨텐츠개발팀
- · 2015 개정 교육과정 중학교 진로와 직업 인정 도서 검토위원

《교과세특 추천 도서 300: 의약·자연계열》 활용상 유의점

시대가 급변해도 변하지 않는 것이 독서의 중요성입니다. 이 책은 독서의 바다에서 어떤 책을 어떻게 읽어야 하는지, 또 어떤 활동을 통해 깊은 사유로 나아가야 할지에 대해 안내하고자 만든 교재입니다. 학생뿐만 아니라 학교생활기록부를 직접 작성해야 하는 교사들에게도 교과연계 독서 탐구활동의 기획과 운영에 대한 방향성을 제시하고, 교과 세부능력 및 특기사항 기록 예시를 통해 학교생활기록부 작성에 도움이 되는 내용을 담았습니다. 많은 학생과 선생님들에게 방향성을 안내할 수 있는 교재가 되기를 바랍니다.

☑ 이렇게 구성되어 있습니다.

1. 본 도서는 학생들이 가장 선호하는 영역인 의학(의·치·한·수), 약학, 간호, 생명, 환경 분야의 최근 발간 도서들을 중심으로 구성되어 있습니다.

2. 제시된 모든 도서는 다음과 같은 형식으로 서술되어 있습니다.
   책 소개 - 탐구 주제 - 학생부 기록 예시(교과세특) - 관련 논문 - 관련 도서 - 관련 계열 및 학과 - 관련 교과

3. 학생들에게 어떤 책을 읽을지에 대한 고민을 덜어주고자 양서를 선정하여 목록을 제공하였습니다.

4. 교사와 학생이 탐구 주제를 설정하는 데 도움을 받을 수 있도록 탐구 주제를 구체적인 예시와 함께 담았으며, 탐구 주제를 바탕으로 교과 세부능력 및 특기사항 기록을 위한 예시를 함께 제공함으로써 교사의 고민을 덜어 주고자 하였습니다.

5. 해당 책의 관련 교과를 참고하여 교과서 밖에서 교과를 심도 있게 이해할 수 있도록 하였습니다.

6. 책의 내용과 관련한 계열 및 학과를 제공하여 진로 선택에 도움이 될 수 있도록 정보를 제공하였습니다.

7. 책을 이해한 후 더 깊은 이해를 위하여 관련 도서 및 논문을 제시하여 손쉽게 지식의 확장이 가능하도록 하였습니다.

☑ 이렇게 활용할 수 있습니다.

1. 학생은 관심 영역별 도서 목록과 관련 교과, 관련 학과 등을 참고하여 자신의 진로와 연계한 독서탐구활동을 수행할 수 있습니다.

2. 학생은 교과에서 학습한 내용을 바탕으로 관련 도서를 읽고 제시된 탐구 주제를 활용하여 탐구활동을 하거나 예시 탐구 주제를 참고하여 자신만의 탐구 주제를 설정하여 탐구활동을 할 수 있습니다.

3. 학생은 관련 논문 및 관련 도서 탐독을 통해 깊이있는 연구와 융합적 사고능력을 배양할 수 있습니다.

4. 학생은 교과-독서-계열-학과 연계를 통해 성공적인 입시를 위한 방향성을 정립할 수 있습니다.

5. 교사는 교과연계 독서탐구활동 수업을 위한 기획과 운영에 대한 아이디어를 얻을 수 있습니다.

6. 교사는 독서탐구활동을 위한 탐구 주제 설정에 대한 아이디어를 얻고 학생들의 탐구활동 방향에 대한 도움을 줄 수 있습니다.

7. 교사는 학교생활기록부 교과 세부능력 및 특기사항 기록 예시를 통해 교과연계 독서탐구활동 기록에 대한 참고 자료로 활용할 수 있습니다.

8. 교사는 심화 연구 또는 연계 독서를 하고자 하는 학생들에게 관련 논문 및 관련 도서에 대한 정보를 제공할 수 있습니다.

9. 관련 교과는 해당 도서의 탐구 주제로 제시된 내용이 어떤 교과의 세부능력 및 특기사항에 입력할 수 있을지 판단하는 데 활용할 수 있습니다.

목차

의학

순번	도서명	저자명	출판사명
1	10대의 뇌	프랜시스 젠슨, 에이미 엘리스 넛	웅진지식하우스
2	4차 산업혁명과 병원의 미래	이종철	청년의사
3	갈팡질팡 청년의사 성장기	허기영	푸른들녘
4	개념 의료	박재영	청년의사
5	기능의학을 알면 건강이 보인다	김덕수	한솔의학서적
6	나는 고백한다, 현대의학을	아툴 가완디	동녘사이언스
7	나의 생애와 사상	알베르트 슈바이처	문예출판사
8	내 몸의 설계자, 호르몬 이야기	박승준	청아출판사
9	누구 먼저 살려야 할까?	제이콥 M. 애펠	한빛비즈
10	닥터스 씽킹	제롬 그루프먼	해냄출판사
11	머릿속에 쏙쏙! 감염병 노트	사마키 다케오, 마스모토 데루키	시그마북스
12	모두를 위한 의료윤리	김준혁	휴머니스트
13	미래의 의사에게	페리 클라스	미래인
14	바디: 우리 몸 안내서	빌 브라이슨	까치
15	박테리아는 인간의 적인가?	존 헤릭	민음인
16	병원에서 죽는다는 것	야마자키 후미오	잇북
17	불량의학	크리스토퍼 완제크	열대림
18	생명윤리	김재희 외	인문과교양
19	생명을 묻다	정우현	이른비
20	생명의 비밀	하워드 마르켈	늘봄
21	세계사를 바꾼 전염병 13가지	제니퍼 라이트	산처럼
22	숨결이 바람 될 때	폴 칼라니티	흐름출판
23	쉽게 쓴 후성유전학	리처드 C. 프랜시스	시공사
24	아내를 모자로 착각한 남자	올리버 색스	알마
25	아직도 가야 할 길	M. 스캇 펙	율리시즈
26	아픔이 길이 되려면	김승섭	동아시아
27	암: 만병의 황제의 역사	싯다르타 무케르지	까치
28	영화관에서 만나는 의학의 세계	고병수	바틀비
29	왓슨의 이중나선	박승호	작은길
30	우리 몸이 말을 할 수 있다면	제임스 햄블린	추수밭

순번	도서명	저자명	출판사명
31	운동화 신은 뇌	존 레이티, 에릭 헤이거먼	녹색지팡이
32	위대한, 그러나 위험한 진단	리사 샌더스	랜덤하우스
33	유전자의 내밀한 역사	싯다르타 무케르지	까치
34	의과대학 인문학 수업	권시진, 오흥권	홍익출판미디어그룹
35	의료, 인권을 만나다	박광혁인권의학연구소 외	건강미디어협동조합
36	의료윤리와 법	박창범	군자출판사
37	의사가 알려주는 디지털 치료제	서영준, 오창헌	바른북스
38	의학 오디세이	강신익 외	역사비평사
39	의학, 인문으로 치유하다	예병일	한국문학사
40	의학사를 이끈 20인의 실험과 도전	크리스티안 베이마이어	주니어김영사
41	이상한 의학사	이재담	사이언스북스
42	이토록 재밌는 의학 이야기	김은중	반니
43	인간은 왜 병에 걸리는가	R. 네스, G. 윌리엄즈	사이언스북스
44	인체 기행	권오길	지성사
45	인턴X	닥터X	김영사
46	잠든 당신의 뇌를 깨워라	황성혁, 이영훈	북앤에듀
47	제법 안온한 날들	남궁인	문학동네
48	죽음학 교실	고윤석 외	허원북스
49	진짜 아픈 사람 맞습니다	최세진	어떤책
50	질병과 죽음에 맞선 50인의 의학 멘토	수전 앨드리지	책숲
51	질병의 탄생	홍윤철	사이
52	질병이 바꾼 세계의 역사	로날트 D. 게르슈테	미래의창
53	카이스트, 바이오헬스의 미래를 말하다	채수찬	율곡출판사
54	코로나 이후 생존 도시	홍윤철	포르체
55	토닥토닥 정신과 사용설명서	박한선 외	에이도스
56	한 손에 잡히는 생명윤리	도나 디켄슨	동녘
57	협력의 유전자	니컬라 라이하니	한빛비즈
58	히포크라시	레이첼 부크바인더, 이언 해리스	책세상
59	히포크라테스 미술관	박광혁	어바웃어북
60	K-Health를 이끄는 슬기로운 건강검진	권혜령	예미

10대의 뇌

프랜시스 젠슨, 에이미 엘리스 넛 |
웅진지식하우스 | 2018

이 책은 신생아에서 성인에 이르기까지 인간의 뇌 발달을 연구하는 펜실베이니아대 의과대학 신경학과 교수가 뇌 과학의 이해와 신경학의 임상 경험을 기반으로 쓴 10대의 뇌에 관한 바이블이다. 이 책을 통해 10대 시기가 뇌 성장에 대단히 중요한 시기이며, 이때 결정적인 변화가 일어난다는 사실을 이해함으로써 10대에 대한 오해를 바로잡고 청소년기를 이해할 수 있다.

탐구 주제

주제1 책에서 저자는 음악 들으면서 공부하는 게 더 집중이 잘된다는 등 대부분의 10대들이 다중 작업을 잘한다고 믿는 현상이 나타나는 이유와 오류에 대해 분석하였다. '다중 작업이 청소년의 학습에 미치는 영향'에 대해 분석하고, 저자의 의견에 대한 찬반 토론을 해 보자.

주제2 《10대의 뇌》는 10대가 된다는 것이 뇌 과학적으로 어떤 의미인지, 10대가 반항하고 욕망하고 좌절과 고민에 휩싸일 때 그들의 뇌에서 무슨 일이 벌어지는지를 다루었다. 특히 저자는 '10대에서는 불안이 더 많은 불안을 야기한다'고 했는데 이 이론에 대한 타당성을 분석해 보자.

주제3 멜라토닌이 청소년기 수면과 학습에 미치는 영향 탐구

주제4 10대 남자의 뇌와 10대 여자의 뇌 차이점 비교

학생부 기록 예시 (교과세특)

'10대의 뇌(프랜시스 젠슨 외)'를 읽고 성인 신경생물학의 관점으로 10대의 뇌를 바라보는 것이 잘못되었으며, 청소년의 뇌 과학에 대한 이해가 필요하다는 저자의 입장에 깊이 공감함. 특히 10대의 뇌는 80%밖에 성숙되지 않은 상태이며, 가장 중요한 자기 인식, 위험과 위험 요인을 평가하는 능력의 근원인 전두엽이 청소년기에 형성된다는 사실을 이해한 후 이에 대한 지적 호기심으로 전두엽의 구조와 기능에 대한 심화 학습을 진행함.

'10대의 뇌(프랜시스 젠슨 외)'를 읽고 10대들이 외계인인 것이 아니라 제대로 이해되지 못한 존재일 뿐이며, 자신의 변덕스러운 뇌 때문에 어리둥절해 있음을 알아야 한다는 저자의 의견에 깊이 공감함. 이후 주변 친구들의 행동 분석과 설문조사를 통해 '왜 10대는 위험을 무릅쓰며 무모한 행동을 하는지'와 '10대 남자의 뇌와 10대 여자의 뇌는 무엇이 다른지'에 대해 뇌 과학 차원에서 비판적으로 분석한 탐구 결과물을 제출함.

관련 논문

청소년들의 자기 조절 능력 발달을 위한 제안: 뇌 발달을 중심으로 (최주혜, 2018)

관련 도서

《소용돌이치는 사춘기의 뇌》, 양은우, 다림
《10대 놀라운 뇌 불안한 뇌 아픈 뇌》, 김붕년, 코리아닷컴

관련 계열 및 학과
- 의학계열: 의예과, 한의예과, 건강관리학과, 보건관리학과, 의료정보학과, 간호학과
- 사회계열: 사회학과, 아동가족학과, 아동청소년학과, 아동복지학과, 의료경영학과
- 공학계열: 생명공학과, 생물공학과, 유전공학과, 바이오생명공학과, 생명정보공학과

관련 교과

2022 개정 교육과정: 통합과학, 생명과학, 화학, 세포와 물질대사, 생물의 유전, 융합 과학 탐구, 보건

2015 개정 교육과정: 통합과학, 생명과학 I, 생명과학 II, 생활과 과학, 융합과학, 진로와 직업, 보건

4차 산업혁명과 병원의 미래
이종철 | 청년의사 | 2018

4차 산업 혁명 이후 각 산업 전반에서 이에 대응하고자 하는 움직임이 일어나고 있다. 이 책은 국내 유수 병원의 분야별 전문가 76인이 4차 산업 혁명의 여파가 의료 시스템과 병원을 어떻게 바꿀 것인지에 대해 현재와 미래를 전망해 보는 동시에 지금 당장 해야 할 일들에 대해 정리한 것이다. 이 책을 통해 한국 의료의 혁신적인 환경 변화를 예측하고 그 대처 방안을 고민해 볼 수 있을 것이다.

탐구 주제

주제1 책에서는 미래의 의료가 '디지털 헬스 케어'로 변화될 것이며, 향후 의료 산업의 패러다임을 바꿀 것으로 기대한다. 이와 관련하여 '디지털 헬스 케어'의 핵심 내용을 정리하고, 이로 인해 나타날 의료 환경의 변화를 분석해 보자.

주제2 이 책은 4차 산업 혁명의 핵심 기술 중 하나인 '의료 빅데이터'를 설명하고 있다. 이를 바탕으로 스마트폰 혹은 웨어러블 디바이스의 건강 관리 앱을 활용한 개인의 일주일 축적 데이터를 정리하고, 의학적 자료로서의 활용도를 평가해 보자.

주제3 원격 의료의 효과 및 안전성 고찰

주제4 3D 바이오 프린팅 기술의 정의와 의학적 활용 사례 분석

학생부 기록 예시 (교과세특)

'4차 산업혁명과 병원의 미래(이종철)'를 읽고 디지털 헬스 케어의 의미와 4차 산업 혁명의 핵심 기술들이 의료에 어떻게 적용되는지를 이해함. 이를 바탕으로 자신의 웨어러블 디바이스 건강 관리 앱을 활용하여 일주일 걸음걸이 수, 심장 박동 수, 맥박 수 등을 데이터로 정리하고 자신의 건강 상태를 분석함. 이를 토대로 다양한 디지털 헬스 케어 제품들이 예방 의료 및 의료 서비스의 질적, 양적 혁신을 선도하고 있다는 의견을 밝힘.

'4차 산업혁명과 병원의 미래(이종철)'를 통해 치매 예방을 위해 로봇 손자가 할머니의 말벗이 되어 주거나, 인공지능이 영상의학 데이터 분석을 대체하는 등 인공지능이 인간과 일자리 경쟁을 하는 미래 의료 환경의 변화상을 흥미롭게 바라봄. 이를 바탕으로 4차 산업 혁명 시대 병원의 모습은 최첨단 기술을 통해 인간적인 가치를 실현해 나가는 따뜻한 병원의 실현을 목적으로 미래 의료를 준비해야 한다는 확신에 찬 입장을 펼침.

관련 논문
디지털 헬스케어의 나아갈 방향(김영국, 2022)

관련 도서
《미래의료 4.0》, 김영호, 전파과학사
《의료, 미래를 만나다》, 김치원, 클라우드나인

관련 계열 및 학과
- 의학계열: 의예과, 건강관리학과, 보건관리학과, 의료정보학과, 임상병리학과, 산업보건학과
- 사회계열: 의료경영학과, 기술경영학과, 공공행정학과, 공공인재학과, 경영정보학과
- 공학계열: 생명공학과, 생물공학과, 유전공학과, 로봇공학과, 생명정보공학과, 기계공학과

관련 교과

2022 개정 교육과정: 생명과학, 세포와 물질 대사, 융합 과학 탐구, 논술, 사회문제탐구, 윤리문제탐구

2015 개정 교육과정: 생명과학 I, 생명과학 II, 생활과 과학, 융합과학, 논술, 사회문제탐구, 생활과 윤리

갈팡질팡 청년의사 성장기

허기영 | 푸른들녘 | 2018

이 책은 의과학을 전공하는 학생들의 성장 과정을 그린 이야기로 청년 의사인 저자가 '의사가 만들어지는 과정'이 어떠한지를 솔직하게 전달하기 위해 쓴 것이다. 의대 생활부터 인턴, 레지던트, 그리고 전문의가 되기까지의 성장 과정을 빠짐없이 묘사하고, 전문 의료인으로 성장하는 동안 맞닥뜨리게 되는 현실적인 고뇌를 구체적으로 표현하였다. 이 시대의 의사란 과연 어떤 의미를 지니는지 통찰할 수 있을 것이다.

탐구 주제

주제1 저자는 책에서 '의료라는 환경에서 의사가 아닌 사람들을 맞아 진료한다'라는 의사로서의 정체성과 생명을 다룬다는 무게감을 표현하였다. 의료인이라는 역할에 따른 책임감과 직업 윤리가 무엇일까에 대해 자신의 생각을 정리하여 토론해 보자.

주제2 책에서는 지방과 수도권 의료 체계의 차이점, 의료 비용 책정 방식 등 우리 시대 의료 시스템의 작동 방식을 세세히 설명한다. 이를 바탕으로 지방 의료 체계의 공백 현상의 원인을 분석하고 해결 방안을 제시해 보자.

주제3 의사 직업 윤리 관점에서 의사 파업의 정당성에 대한 견해

주제4 의료비용과 의료 서비스 질 사이의 관계 탐구

학생부 기록 예시 (교과세특)

의사되기는 물론 의사가 된 이후의 삶, 의료 체계의 현실까지 짚어 주는 '갈팡질팡 청년의사 성장기(허기영)'를 읽음. 많은 사람이 선망하는 직업이라는 이유만으로 단순히 교과 성적만을 관리하며 의사를 꿈꾸기보다는 신뢰와 책임감이 바탕이 되는 행동으로 환자를 돌보는 의사의 역량을 키우며 사람의 존엄성을 소중하게 여기는 가치관을 가진 의사가 되고 싶다는 포부를 밝히며 윤리적 성찰 능력을 보임.

'갈팡질팡 청년의사 성장기(허기영)'를 읽고 지방의 의료 체계와 수도권의 의료 체계의 차이점, 대형 병원의 협업 체계, 의료 비용 책정 방식 등 의료 환경을 이해하고 현재 우리나라의 수도권 쏠림 현상 또는 진료과 불균형의 원인을 비판적으로 분석함. 이를 바탕으로 4차 산업 혁명 이후 의사의 역할에 대해 진지하게 고민하는 모습을 보이며 진로 탐색을 위한 확장적 사고 능력을 보임.

관련 논문

의사의 직업윤리-의사의 파업, 그리고 권리와 의무(장동익, 2023)

관련 도서

《의사가 말하는 의사》, 이현석 외, 부키
《의사가 되는 골든 타임》, 양성우, 크루

관련 계열 및 학과
- 의학계열: 의예과, 치의예과, 수의예과, 한의예과, 의료공학과, 재활학과
- 공학계열: 생명공학과, 생명나노공학과, 생명정보공학과, 생명화학공학과, 바이오생명공학과
- 예체능계열: 스포츠의학과, 스포츠과학과, 스포츠재활학과, 스포츠건강학과

관련 교과

2022 개정 교육과정: 생명과학, 주제 탐구 독서, 융합 과학 탐구, 진로와 직업, 보건

2015 개정 교육과정: 생명과학Ⅰ, 생명과학Ⅱ, 생활과 과학, 융합과학, 진로와 직업

개념 의료

박재영 | 청년의사 | 2013

한국의 의료 현실을 친절하게 설명한 책이다. 한국 의료의 과거와 현재와 미래이자, 교양 시민을 위한 재미있는 의료 이야기로 우리 사회 구성원들이 기본적으로 알아야 할 내용을 일목요연하게 정리하고, 보건 의료라는 분야가 얼마나 중요한 이슈인지를 상세하게 묘사하고 있다. 이 책을 통해 한국 의료만의 강점은 무엇이며 그 이면에 숨어 있는 문제점과 미래의 보건 의료는 어떤 모습인지를 통찰할 수 있을 것이다.

탐구 주제

주제1 저자는 책에서 의료 개혁을 둘러싼 의료비 지불제도, 의약 분업 사태 등 여러 논쟁들을 정리하였다. 특히 최근에도 많이 언급되고 있는 의료 민영화 논란에 대해서도 제대로 이해할 필요성이 있다고 밝혔다. 자신이 생각하는 의료 민영화에 대한 찬반 입장을 근거를 들어 토론해 보자.

주제2 저자는 책에서 변화하는 의료의 패러다임과 과학 기술로 인해 바뀌는 의학의 미래를 언급하며 더 건강한 대한민국을 위해 인식의 변화가 필요하다고 했다. 디지털 혁명이 바꿀 의학의 미래를 분석하고 필요한 자세가 무엇일지 제시해 보자.

주제3 전 국민 의료 보험 제도의 필요성 탐구

주제4 고령화 시대의 보건 의료 고찰

학생부 기록 예시 (교과세특)

'개념 의료(박재영)'를 읽고 우리나라 의료의 특성들이 어떠한 역사적 문화적 맥락에서 비롯된 것인지, 우리나라 의료의 강점과 그 이면에 숨어 있는 초라한 현실은 무엇인지 등 보건 의료 분야의 이면에 담긴 이야기에 매우 큰 흥미를 보임. 나아가 결국은 의료진과 환자 간 신뢰 회복을 기반으로 한 개념 의료를 가장 우선시하는 것이 의료인이 갖추어야 할 자세라는 입장을 제시함.

'개념 의료(박재영)'를 통해 우리나라 의료 개혁을 둘러싼 격렬한 논쟁들을 이해하고 자신의 입장을 논리적으로 정리함. 특히 우리나라 의료 보험 제도의 도입 과정과 명암, 정부와 의사, 국민세 주체 간 갈등의 원인을 객관적으로 분석하는 통찰력을 보이며 거시적 관점에서 양보, 관용의 자세를 바탕으로 사회적 합의를 이끌어 내야 한다는 견해를 밝히고 문제해결 능력을 키움.

관련 논문

의료민영화와 정의로운 보건의료체계: 수단과 목적(박상혁, 2016)

관련 도서

《종합병원 2.0: 호모 인펙티쿠스》, 박재영, 청년의사
《이토록 재밌는 의학 이야기》, 김은중, 반니

관련 계열 및 학과	• 의학계열: 의예과, 한의예과, 건강관리학과, 보건관리학과, 의료정보학과
	• 사회계열: 의료경영학과, 공공행정학과, 사회복지학과, 노인복지학과
관련 교과	• 공학계열: 생명공학과, 생물공학과, 유전공학과, 화공생명공학과, 고분자공학과

2022 개정 교육과정: 생명과학, 주제 탐구 독서, 융합 과학 탐구, 진로와 직업, 보건

2015 개정 교육과정: 생명과학 I, 생명과학 II, 생활과 과학, 융합과학, 진로와 직업

기능의학을 알면 건강이 보인다

김덕수 | 한솔의학서적 | 2022

이 책은 기능 의학을 활용하여 10년 이상 환자를 치료해온 저자가 기능 의학을 포괄적으로 이해하고 이를 바탕으로 건강 관리를 할 수 있도록 집필한 책이다. 특히 기능 의학을 처음 접하거나 기능 의학으로 건강관리를 하고자 하는 사람들에게 큰 도움이 되고, 책을 통해 기능 의학 건강관리법, 바른 식단 관리 등의 소소한 지식을 습득하는 기회가 될 것이다.

탐구 주제

주제1 저자는 질병 예방을 위해서는 건강 관리가 중요하다고 밝히며 생활 습관도 질병의 근본 원인 중 하나라고 하였다. 이와 관련하여 청소년 흡연이 질병에 미치는 영향 및 문제점에 대해 분석해 보자.

주제2 저자는 《기능의학을 알면 건강이 보인다》에서 약물 치료보다는 식단 및 영양 개선, 생활 습관 개선 등을 통해 질병을 치료하는 것이 중요하다고 강조하였다. 이에 비해 현대에는 비타민이나 영양제의 종류도 다양하고 관련된 정보도 넘쳐 난다. 비타민 오남용이 가져올 문제점을 분석해 보자.

주제3 비의료 건강 관리 서비스와 의료 행위의 구별에 대한 고찰

주제4 운동이 스트레스 극복에 미치는 영향 탐구

학생부 기록 예시 (교과세특)

'기능의학을 알면 건강이 보인다(김덕수)'를 통해 수많은 과대 광고의 영향을 받은 기존의 치료법들과 올바르지 못한 상식으로 인해 오히려 질병의 근본 원인을 찾지 못했다는 예리하고 비판적인 시각을 보임. 나아가 운동, 수면, 스트레스 관리 등 건강한 생활 습관을 통해 질병을 예방할 수 있다는 자신의 입장을 밝히며, 특히 청소년 흡연이 미치는 영향에 대한 탐구 결과물을 작성하고, 흡연 예방을 위한 캠페인 운동을 적극 전개함.

'기능의학을 알면 건강이 보인다(김덕수)'를 읽고 질병은 유전, 환경, 생활 습관 등 다양한 요인에 의해 발생한다는 것을 이해하는 모습을 보임. 특히 자신만의 방법으로 질환별 기능 의학 관리법에 대해 정리하고 구조화하며 지적 사고력을 확장함. 이를 바탕으로 학업 스트레스와 절대적 수면 시간이 부족한 학생을 위한 바람직한 건강 관리법에 대해 고민하고 성찰하며, 건강한 몸이 건강한 정신을 만든다는 소신을 밝힘.

관련 논문

청소년 흡연실태와 이에 영향을 미치는 요인 연구(김태숙, 2003)

관련 도서

《환자 혁명》, 조한경, 에디터
《현대인을 위한 기능의학 건강관리 20주제》, 최진석, 설교자하우스

관련 계열 및 학과	• 의학계열: 의예과, 치의예과, 수의예과, 한의예과, 의료정보학과, 재활학과
	• 공학계열: 생명공학과, 생물공학과, 유전공학과, 고분자공학과, 화학공학과
관련 교과	• 예체능계열: 스포츠의학과, 스포츠건강관리학과, 스포츠과학과, 스포츠건강학과

2022 개정 교육과정: 생명과학, 세포와 물질대사, 생물의 유전, 생활과학 탐구, 보건

2015 개정 교육과정: 생명과학 I, 생명과학 II, 생활과 과학, 융합과학

나는 고백한다, 현대의학을

아툴 가완디 | 동녘사이언스 | 2003

외과의인 저자가 의학 현장 묘사를 통해 현대의학을 가감 없이 서술한 책으로 의학의 불완전함을 고백하고 있는 책이다. 총 3부로 구성되어 의사들의 오류 가능성, 의학의 수수께끼와 미지의 세계 그리고 그에 맞선 싸움, 의학의 불확실성 자체를 집중적으로 조명하고 있다. 좋은 의사가 되기 위해 노력하는 저자의 모습을 따라가며 의학과 의사에 대한 일반적인 편견에서 벗어나는 기회가 될 수 있을 것이다.

탐구 주제

주제1 저자는 책에서 '의학은 불완전한 과학이며 부단히 변화하는 지식, 오류에 빠지기 쉬운 인간들의 모험이며, 목숨을 건 줄타기'라며 의사들의 오류 가능성은 과학적 지식과 의학적 기술의 간극에서 비롯된다고 하였다. 이와 관련한 구체적 사례를 정리해 보자.

주제2 저자는 《나는 고백한다. 현대의학을》에서 환자와 보호자, 그리고 의사 사이의 '의료 결정, 누가 할 것인가?'라는 자기결정권의 문제에 대해 설명하였다. 연명 치료의 정의를 정리하고, '연명 치료에 대한 환자의 자기결정권을 어떻게 보장할 수 있을까'라는 주제로 토론해보자.

주제3 과학 기술을 바탕으로 발전한 현대의학의 반증 가능성 사례 탐구

주제4 수련의 제도와 환자 치료 서비스의 질 관계 탐구

학생부 기록 예시 (교과세특)

'나는 고백한다. 현대의학을(아툴 가완디)'을 읽고 확신없는 진단과 치료법에도 불구하고 생명을 살리기 위해 신념과 의지로 치료할 수밖에 없는 현실 속 의사들의 모습에 깊이 공감하는 모습을 보임. 나아가 의학이 가지고 있는 수많은 불확실성과 딜레마들에도 불구하고 '누군가의 인생을 바꿀 수 있는 기회'를 가진 생명을 다루는 좋은 의사가 되고 싶다는 자신의 진로에 대한 구체적인 목표를 설정함.

'나는 고백한다. 현대의학을(아툴 가완디)'을 통해 의사란 병을 고치는 신적인 존재가 아닌 많은 환자들을 위하여 더 정확하고, 올바른 치료를 위해 끊임없이 노력하는 인간임을 깨닫는 모습을 보임. 특히 '의료결정, 누가 할 것인가?'를 읽고 이와 관련하여 '치료 과정 중 의료 결정권은 환자와 의사 누구에게 있는가'라는 주제로 토론을 진행하고, 의료 결정권은 환자 개인의 존엄성과 자율성을 보장하는 중요한 권리라는 소신을 적극 개진함.

관련 논문

「연명의료결정법」과 환자의 자기결정권에 대한 고찰(정화성, 2017)

관련 도서

《나는 현대의학을 믿지 않는다》, 로버트 S.멘델존, 문예출판사
《의학의 진실》, 데이비드 우튼, 마티

관련 계열 및 학과	• 의학계열 : 의예과, 치의예과, 수의예과, 한의예과, 의료정보학과, 건강관리학과
	• 사회계열 : 의료경영학과, 재활상담학과, 공공행정학과, 사회학과, 노인복지학과
관련 교과	• 공학계열 : 생명공학과, 생물공학과, 유전공학과, 고분자공학과, 화공생명공학과

2022 개정 교육과정 : 생명과학, 과학의 역사와 문화, 융합 과학 탐구, 진로와 직업, 보건, 논술

2015 개정 교육과정 : 생명과학 I, 생명과학 II, 생활과 과학, 융합과학, 진로와 직업, 논술

나의 생애와 사상

알베르트 슈바이처 | 문예출판사 |
1999

알베르트 슈바이처의 자서전이자 회고록으로 그의 출생 및 성장 배경, 종교와의 인연, 음악적 재능의 발견, 우정과 신념 등은 물론이고 총 3번의 아프리카 봉사와 의사 생활에 대해 저술한 책이다. 그가 줄곧 강조했던 의료 봉사에 헌신한 이상과 열정 등의 기반이 된 생명 경외 사상 등도 다루고 있다. 이 책을 통해 모든 분야에 있어 완전히 자신을 바쳤던 슈바이처의 삶을 통찰할 수 있을 것이다.

탐구 주제

주제1 슈바이처는 《나의 생애와 사상》에서 나의 생명이 소중하다고 느끼는 만큼 남도 귀중한 생명을 가졌다는 '생명에 대한 경외심'만이 파괴적인 20세기를 구제할 수 있다고 주장하였다. 그의 생명 경외 사상이 현대 사회의 문제해결에 어떤 도움을 줄 수 있을지 구체적 사례를 들어 정리해 보자.

주제2 슈바이처는 실천적 윤리 사상을 언급하고, 40년 넘게 의료 활동을 펼치며 많은 환자를 치료하고, 의료 교육을 실시하며 자신이 가진 지식과 재능을 사회에 환원하기 위해 노력하였다. 이처럼 실천적인 삶을 위한 의료진이 갖추어야 할 덕목을 탐구해 보자.

주제3 슈바이처의 '생명 경외 사상'과 '인간과 자연의 관계성' 이해

주제4 슈바이처의 의료봉사 활동과 인류애 탐구

학생부 기록 예시 (교과세특)

'나의 생애와 사상(알베르트 슈바이처)'을 읽고 지식과 능력이 이룩해 놓은 업적이 아무리 중요하다 하더라도 인류가 윤리적 목표를 향해 나아갈 때만 물질적 진보의 혜택을 충분히 누리면서 수반되는 위험을 극복할 수 있다는 슈바이처의 사상에 깊이 공감함. 나아가 슈바이처의 끊임없는 도전과 봉사하는 삶에 비추어 자신의 삶을 되돌아보고, 그처럼 이상을 마음속에 품고 발전하려는 의지와 열정을 가지겠다는 각오를 다짐함.

'나의 생애와 사상(알베르트 슈바이처)'을 읽고 슈바이처의 생애와 사상에 대한 탐구 결과물을 작성함. 자신이 가진 지식과 재능을 사회에 환원하기 위해 나이 서른이 넘어 의학 공부를 시작하고, 아프리카 오지에서의 의료 활동을 통해 많은 환자를 치료하고 의료 교육을 실시한 슈바이처를 존경한다는 입장을 밝힘. 이를 바탕으로 '슈바이처의 윤리 사상이 현대 사회에 끼친 영향'을 주제로 분석하고 가시적인 자료를 제작하여 발표함.

관련 논문
슈바이처의 '생명에 대한 경외' 사상과 동양의 전통 사상(박재묵, 2013)

관련 도서
《슈바이처의 유산》, 알베르트 슈바이처, 시공사
《열정을 기억하라》, 알베르트 슈바이처, 좋은생각

관련 계열 및 학과
- 의학계열: 의예과, 치의예과, 수의예과, 한의예과, 의료정보학과, 간호학과
- 인문계열: 신학과, 철학과, 철학윤리학과, 문화인류학과, 상담심리학과, 인류학과
- 사회계열: 사회학과, 사회복지학과, 의료경영학과, 재활상담학과, 공공인재학과

관련 교과

2022 개정 교육과정: 생명과학, 주제 탐구 독서, 융합 과학 탐구, 현대 사회와 윤리, 인문학과 윤리

2015 개정 교육과정: 생명과학 I, 생명과학 II, 생활과 과학, 융합과학, 생활과 윤리, 윤리와 사상

내 몸의 설계자, 호르몬 이야기

박승준 | 청아출판사 | 2022

다양한 호르몬의 역할과 관련 정보를 우리의 일상과 연결하여 재미있는 이야기들을 통해 이해하기 쉽게 설명하는 책이다. 호르몬이 어떻게 작용하는지 아는 것은 우리 몸속에서 무슨 일이 일어나고 있는지 이해하는 데 큰 도움이 되며, 오랫동안 건강을 유지하며 행복하게 사는 방법이기도 하다. 이 책을 통해 호르몬의 중요성을 알고, 호르몬 균형을 유지하는 방법을 실천하는 데 도움을 얻을 수 있다.

탐구 주제

주제1 저자는《내 몸의 설계자, 호르몬 이야기》에서 식욕과 성욕, 생식, 수면 패턴, 신진대사, 감정 변화, 성장과 노화 등 우리의 육체적, 정신적 건강과 기능은 바로 호르몬 작용에 따른 것이라고 설명하였다. 호르몬의 종류와 역할을 정리하고 탐구해 보자.

주제2 저자는 책에서 호르몬이 결핍되거나 과하게 분비되어 균형이 깨지면 우리 몸의 균형도 무너져 각종 질병으로 이어진다고 설명하였다. 이를 바탕으로 호르몬 이상으로 인해 발생하는 질병을 정리해 보고 호르몬 균형을 유지하는 방법을 제시해 보자.

주제3 사춘기의 성장 호르몬이 뇌 발달에 미치는 영향 분석

주제4 스마트폰과 도파민의 상관관계 탐구

학생부 기록 예시 (교과세특)

우리 몸의 내부를 순환하며 각 기관이나 조직이 적절하게 작용하도록 조절하는 호르몬에 대한 생명과학 수업을 들은 후, 호르몬에 대한 지적 호기심으로 '내 몸의 설계자, 호르몬 이야기(박승준)'를 정독함. 특히 사랑에 빠지면 상대방에게 집착하게 되는 이유가 옥시토신이라는 사랑 호르몬 때문이며, 성장 호르몬 이상으로 거인증이나 소인증 같은 성장 장애가 발생하였다는 사실 등 새롭게 알게 된 사실에 기뻐하며 지적 사고력을 확장함.

'내 몸의 설계자, 호르몬 이야기(박승준)'를 읽고 사람의 몸은 항상성 유지에 필요한 여러 호르몬을 적정한 양으로 적절한 때에 분비한다는 것을 깨달음. 특히 스마트폰과 도파민의 상관관계를 분석한 탐구 결과물을 작성하여 확장적 사고 능력을 보임. 또한 나쁜 생활 습관과 잘못된 식생활, 내분비계 교란 물질의 영향, 스트레스 등으로 인해 호르몬 균형에 균열이 올 수 있음을 알고 건강한 생활 습관의 중요성을 인식함.

관련 논문

남자 중학생의 신장반사 운동이 성장호르몬 및 IGF에 미치는 영향(강성훈, 여남회, 2005)

관련 도서

《뭐든지, 호르몬!》, 이토 히로시, 계단
《인간은 호르몬의 노예인가?》, 미셸 오트쿠베르튀르, 민음인

관련 계열 및 학과
- 의학계열: 의예과, 수의예과, 한의예과, 운동처방과, 건강관리학과, 임상병리학과
- 자연계열: 생명과학과, 생물학과, 화학과, 응용화학과, 분자생물학과
- 공학계열: 생명공학과, 생물공학과, 유전공학과, 고분자공학과, 화공생명공학과

관련 교과

2022 개정 교육과정: 생명과학, 세포와 물질대사, 생물의 유전, 융합 과학 탐구, 보건

2015 개정 교육과정: 생명과학 I, 생명과학 II, 생활과 과학, 융합과학

누구 먼저 살려야 할까?

제이콥 M. 애펠 | 한빛비즈 | 2021

20년간 의료 윤리를 강의해 온 생명윤리학자이자 정신과 의사인 저자가 현대 의료계에서 직면하는 생명과 정의에 관한 윤리적인 쟁점에 대해 알기 쉽게 정리한 책이다. 태아 유전자 선별 검사, 장기 이식 문제, 인공호흡기 사용 우선 순위 등 윤리적인 문제에 대한 이해를 넓힐 수 있는 내용을 다루고 있어 의료 관련 진로를 희망하는 학생들의 사고를 확장하는 데 도움이 될 것이다.

탐구 주제

주제1 책에서 저자는 살인자 출신 의사의 과거를 알려야 하는지에 대해 질문했다. 우리나라에서도 범죄를 저지른 의사의 의사 면허 취소에 대한 논쟁이 뜨겁다. 이와 관련하여 '중범죄 경력이 있는 사람에게 의사 면허를 줘야 할까?'에 대한 찬반 토론을 진행해 보자.

주제2 저자는 《누구 먼저 살려야 할까?》에서 장기 이식 등 획기적인 신기술의 발달로 등장한 의료 윤리에 대한 고민거리를 제기하였다. 이와 관련하여 장기 이식의 우선순위 결정에 고려되는 요소와 우선순위 결정을 위해 의사들이 가져야 할 윤리적 기준이 무엇일지 탐구해 보자.

주제3 전염병 강제 격리 사례 연구

주제4 착상 전 유전자 선별 검사의 필요성 고찰

학생부 기록 예시 (교과세특)

'누구 먼저 살려야 할까?(제이콥 M. 애펠)'를 읽고 각각의 윤리적 문제에 대한 자신의 견해를 꼼꼼하게 정리하며 비판적 사고력을 키움. 특히 공익을 위한 비윤리적 실험 용인 여부와 개발도상국 국민을 대상으로 한 임상 실험에 대한 입장을 정리하는 과정에서 '정의란 무엇인가(마이클 샌델)' 등의 인문서 등을 참고하고, 트롤리 딜레마를 인용해 본인의 입장을 전개하며 이과적 소양뿐만 아니라 인문학적 소양까지 두루 갖춘 모습을 보여 줌.

'누구 먼저 살려야 할까?(제이콥 M. 애펠)'를 통해 각 사건 속에 숨겨져 있는 윤리적인 쟁점들을 찾아서 탐구하려고 노력함. 특히 코로나 시기 겪었던 강제 격리 조치, 전 국민 예방 접종 의무화, 병원 입원 제한 등 실제 경험에 비추어 개인과 공공 사이의 문제점을 인식하고 현명한 대응책을 모색하는 윤리적 성찰 능력을 보임. 나아가 미래에 만약 유사한 일이 벌어진다면 어떤 태도를 취할지 친구들과 토론하는 시간을 가짐.

관련 논문

유전학·유전체학의 발달과 그에 따른 미래 의학, 윤리, 법과 사회 변동 예측(김세원, 2022)

관련 도서

《무엇이 옳은가》, 후안 엔리케스, 세계사
《아픔에도 우선순위가 있나요?》, 김준혁, 휴머니스트

관련 계열 및 학과	• 의학계열: 의예과, 치의예과, 한의예과, 약학과, 간호학과, 건강관리학과, 보건관리학과
	• 사회계열: 사회복지학과, 사회학과, 노인복지학과, 재활상담학과, 공공행정학과
관련 교과	• 공학계열: 생명공학과, 생물공학과, 유전공학과, 생명정보공학과, 바이오생명공학과

2022 개정 교육과정: 생명과학, 주제 탐구 독서, 융합 과학 탐구, 보건

2015 개정 교육과정: 생명과학 I, 생명과학 II, 생활과 과학, 융합과학, 보건

닥터스 씽킹

제롬 그루프먼 | 해냄출판사 | 2007

하버드 의대 교수인 저자가 각 분야 최고 의사들과의 인터뷰와 본인의 경험을 토대로 오진을 피하고 올바른 결정을 하기 위해 환자의 진짜 병명과 정확한 진단을 찾아 나갔던 과정에 대해 서술한 책이다. 그는 정확한 진단은 뛰어난 기술이 아닌 환자와의 소통에서 시작한다는 것을 강조하였다. 이 책을 통해 의사들이 환자 치료를 위해 가져야 할 태도를 살펴볼 수 있다.

탐구 주제

주제1 《닥터스 씽킹》에서는 의료 과실이 기술적 실수가 아니라 의사가 가진 사고의 결함, 즉 자신의 고정 관념에 벗어나는 정보들을 무시한 인지적 오류에서 비롯된다고 하였다. 의사로서 인지적 오류를 최소화하고 정확한 진단과 치료를 제공하기 위한 자세에 대해 토론해 보자.

주제2 저자는 책에서 환자를 만난 후 18초 만에 진단을 내리는 현실, 즉 짧은 진료 시간 안에 많은 환자를 살펴야 하는 의료 시스템이 의사들이 오진을 내리는 이유 중 하나라고 지적하였다. 이와 같은 문제를 해결하기 위해 필요한 의료 시스템의 변화가 무엇인지 탐구해 보자.

주제3 의사와 환자 간의 신뢰와 존중을 높이기 위한 방법 고찰

주제4 의학적 오진을 예방하기 위한 방안 모색

학생부 기록 예시 (교과세특)

'닥터스 씽킹(제롬 그루프먼)'을 읽고 의사들이 오진을 내리는 가장 큰 요인이 인지적 오류에서 비롯된다는 것을 이해함. 이와 관련하여 진단을 내릴 때 의학적 경험이나 고정 관념에 꿰맞추려는 경향을 경계하고, AI 시대인 현재에도 진단을 대신해 줄 수 있는 로봇과 의사의 차이는 환자와의 소통이라는 의사의 본연의 자세를 잃지 말아야 한다고 성찰하는 모습을 보임. 평소에도 논리적이고 배려심 있는 학생이었지만 사고력이 더욱 향상됨.

'닥터스 씽킹(제롬 그루프먼)'을 읽고 오진이 날 수밖에 없는 의료 상황을 고찰함. 단순히 책을 읽는 것에서 멈추지 않고, 자발적으로 국내 의료 공백 문제와 불균형한 의료 현실에 대한 사례를 찾아 탐구활동을 진행하고 우수한 발표 결과물을 제작함. 또한 의사의 직업관과 자질에 대한 토론활동에 적극 참여하여 의사 개인의 자유와 직업인으로서 의무의 중용을 유지하는 것이 얼마나 어려운가에 대해 폭넓은 사고를 하는 모습을 보임.

관련 논문

의사-환자간 커뮤니케이션에 대한 문헌적 고찰(김은경, 2010)

관련 도서

《차가운 의학, 따뜻한 의사》, 로렌스 A. 사벳, 청년의사
《고통받는 환자와 인간에게서 멀어진 의사를 위하여》, 에릭 J. 카셀, 들녘

관련 계열 및 학과
- 의학계열: 의예과, 한의예과, 임상병리학과, 건강관리학과, 의료정보학과
- 인문계열: 철학과, 심리학과, 상담심리학과, 미학과, 철학윤리학과, 종교학과

관련 교과
- 공학계열: 생명공학과, 생물공학과, 유전공학과, 생명정보공학과, 바이오생명공학과

2022 개정 교육과정: 생명과학, 융합 과학 탐구, 진로와 직업, 보건, 주제 탐구 독서, 논리와 사고

2015 개정 교육과정: 생명과학 I, 생명과학 II, 생활과 과학, 융합과학, 진로와 직업, 보건, 논술

머릿속에 쏙쏙! 감염병 노트

사마키 다케오, 마스모토 데루키 |
시그마북스 | 2023

세상에 존재하는 다양한 감염병에 대해 알기 쉽게 정리한 책으로, 감염병을 이해하기 위해 필요한 기본 지식에서 시작해 각 감염병이 어떤 식으로 퍼져나가고, 현재 유행 현황은 어떠하며, 이를 예방하려면 어떤 방법을 취해야 하는지 등을 자세히 정리하고 있다. 코로나19라는 거대한 팬데믹 경험 속에서 이 책을 통해 감염병의 위험도를 깨닫고 감염병에 대해 제대로 알고 똑똑하게 대응하는 기회를 가져볼 수 있을 것이다.

탐구 주제

주제1 저자는 책에서 '세계를 위협해 온 바이러스 감염병'에 대해 정리하며 인류의 역사는 감염병과의 치열한 싸움이었으며, 앞으로도 팬데믹은 반복될 수밖에 없음을 설명하였다. 감염병에 대응하고 팬데믹을 예방하는 방법에 대한 생각을 정리해 보자.

주제2 저자는 책에서 감염병에 대한 대응책으로 백신의 발명과 중요성을 언급하였다. 그런데 오늘날에는 백신 접종 거부 권리를 주장하는 사람들도 증가하고 있다. 과연 '백신 접종 거부권'이 올바른 선택인가에 대해 찬반 의견을 근거를 들어 제시해 보자.

주제3 지구온난화와 감염병의 상관관계 탐구

주제4 세균과 바이러스, 감염병과 전염병의 차이점 비교

학생부 기록 예시 (교과세특)

'머릿속에 쏙쏙! 감염병 노트(사마키 다케오, 마스모토 데루키)'를 통해 감기처럼 흔한 질병부터 목숨을 잃을 수도 있는 감염병과 병원체에 대한 기본 지식, 감염 방식과 현재 유행 현황, 예방 방법 등을 이해하며 지적 호기심을 키움. 나아가 이 세상의 수많은 감염병을 어떻게 하면 똑똑하게 대응하고 지혜롭게 공존할 수 있을까에 대해 진지하게 성찰하는 모습을 보이며 사회문제와 연결하여 실천적인 문제해결 능력을 보임.

'머릿속에 쏙쏙! 감염병 노트(사마키 다케오, 마스모토 데루키)'를 읽고 스페인 독감, 페스트, 사스, 코로나19 등 인류의 역사는 감염병과의 보이지 않는 치열한 싸움을 해 왔음을 이해함. 또한 여전히 우리 곁에 도사리고 있는 감염병을 예방하기 위한 노력은 지구 온난화를 막기 위한 이산화탄소 줄이기, 탄소 중립을 위한 노력 등 자연과의 공존을 위한 자세를 갖는 것이 중요하다는 것을 깨닫는 모습을 보임.

관련 논문

사스에서 코로나19까지 : 세계적 감염병과 사회적 이슈(박성원, 김유빈, 2020)

관련 도서

《인체 면역학 교과서》, 스즈키 류지, 보누스
《우리는 감염병의 시대를 살고 있습니다》, 김정민, 우리학교

관련 계열 및 학과	• 의학계열: 의예과, 건강관리학과, 보건관리학과, 의료정보학과, 임상병리학과
	• 공학계열: 생명공학과, 생물공학과, 유전공학과, 화공생명공학과, 고분자공학과
관련 교과	• 예체능계열: 스포츠의학과, 스포츠과학과, 스포츠재활학과, 스포츠건강학과

2022 개정 교육과정: 생명과학, 화학, 세포와 물질 대사, 생물의 유전, 융합 과학 탐구, 보건

2015 개정 교육과정: 생명과학 I, 생명과학 II, 생활과 과학, 융합과학

모두를 위한 의료윤리

김준혁 | 휴머니스트 | 2021

의료윤리학자인 저자가 국내에서 가장 논쟁적인 연명 의료, 치매 돌봄, 감염병처럼 우리의 건강과 삶에 밀접하게 연관된 주제부터 유전자 조작, 건강세, 의료 정보 공개 등 보건의료 이슈 여덟 가지를 소개하고 의료윤리적 관점에서 재해석한 것이다. 답하기 어려운 문제들에 관해 의료윤리학적으로 사고하는 과정을 경험하고, 의료윤리를 '나의 문제'로 생각할 수 있는 기회를 제공한다.

탐구 주제

주제1 저자는 《모두를 위한 의료윤리》에서 의료정의, 즉 건강의 공정과 형평이 가능한지에 대해 질문하였다. 이와 관련하여 코로나19로 인한 응급 상황에서 부족한 의료 자원을 중증 환자와 코로나19 긴급 환자 중 누구에게 먼저 줄 것인가에 대한 우선 순위를 정하고 그 이유를 정리해 보자.

주제2 저자는 《모두를 위한 의료윤리》에서 살인사건 피해자를 담당했던 의료인의 환자 비밀 유지 의무 위반 논란에 대해 언급하였다. 이와 관련하여 '환자의 의료 개인 정보를 어디까지 알려도 되는가?'를 정보 공개와 사생활 보호의 충돌이란 관점에서 토론해 보자.

주제3 국민의 건강 증진을 위한 세금의 필요성 고찰

주제4 가습기 살균제의 유해성과 피해 현황 분석

학생부 기록 예시 (교과세특)

실제 의학적 사례와 소설과 영화, 드라마 등에서의 다양한 상황을 바탕으로 쓰인 '모두를 위한 의료윤리(김준혁)'를 읽고 국내의 여러 가지 의료 쟁점을 이해함. 특히 가습기 살균제 사건의 심각성을 보면서 가습기 살균제의 유해성과 피해 현황을 찾아 데이터로 분석하는 비판적 사고력을 보임. 나아가 이와 같은 일이 반복되지 않기 위해서 국민의 안전을 최우선으로 하는 정부의 역할, 기업의 사회적 책임이 중요하다는 입장을 밝힘.

'모두를 위한 의료윤리(김준혁)'를 읽고 현대 사회에서 질병과 돌봄, 치료는 우리 삶과 떼어 놓을 수 없는 문제임을 깨달음. 이와 관련하여 '국민의 건강 증진을 위한 세금은 정당한가?'에 대한 토론 발제를 제시한 후 심도 있는 토론을 이끎. 특히 고령화 시대에 노인 건강과 중증 환자를 위한 국가 돌봄 서비스는 반드시 필요하고, 건강세 납부에 대해서도 적극 찬성하며 의료 윤리적 관점에서 주체적으로 사고하는 모습이 눈에 띔.

관련 논문

보건의료연구에서의 진료정보 보호와 공개 (박형욱, 2010)

관련 도서

《의료윤리》, 마이클 던, 토니 호프, 교유서가
《의료 비즈니스의 시대》, 김현아, 돌베개

관련 계열 및 학과	• 의학계열: 의예과, 치의예과, 수의예과, 한의예과, 의료공학과, 재활학과
	• 인문계열: 철학과, 철학윤리학과, 윤리학과, 문화인류학과, 상담심리학과, 인류학과
관련 교과	• 사회계열: 의료경영학과, 공공행정학과, 사회학과, 사회복지학과, 노인복지학과

2022 개정 교육과정: 생명과학, 융합 과학 탐구, 윤리문제 탐구, 주제 탐구 독서, 진로와 직업, 보건

2015 개정 교육과정: 생명과학Ⅰ, 생명과학Ⅱ, 생활과 과학, 융합과학, 진로와 직업, 생활과 윤리, 보건

미래의 의사에게

페리 클라스 | 미래인 | 2008

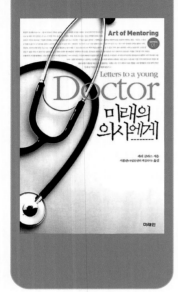

영미권에서 최고로 인정받는 멘토링 북으로, 저명한 소아과 전문의인 저자가 의대 진학을 앞둔 아들에게 보내는 편지 형식으로 쓰였다. 의대에 진학하는 순간부터 의학 교육의 형식과 의사라면 지녀야 할 마음가짐, 의사로서의 고민, 의료 행위 등에 관하여 설명하고 있어 청소년에게 의사는 무엇을 생각하고 있어야 하는지를 알려 주는 좋은 지침서가 될 것이다.

탐구 주제

주제1 저자는 《미래의 의사에게》에서 의사들이 죽어 가는 환자를 보며 불편해하고, 죽어 가는 환자 주변에서 어떤 행동을 보여야 할지 몰라 비난을 받는 경우도 종종 있다고 표현하였다. 이와 관련하여 환자의 죽음에 대처하는 의사들의 바람직한 태도가 무엇인지 토론해 보자.

주제2 책에서 저자는 과학 분야에서 새로이 발견되는 사실을 따라가기 위해 끊임없이 공부해야 하는 어려움과 의술의 변화에 발맞춰 살아가야 하는 의사라는 직업인의 고충을 묘사하였다. 이와 관련하여 새로운 의료 기술의 도입이 가져온 의료 업무 효율성을 분석해 보자.

주제3 '의대생 증후군'과 '의원증'이 자존감에 미치는 영향 탐구

주제4 의사들의 스트레스가 환자의 안전에 미치는 영향 분석

학생부 기록 예시 (교과세특)

자신의 진로에 대해 탐색하던 중 '미래의 의사에게(페리 클라스)'를 읽고 '세상을 바꾸는 일에 동참하라'는 부분과 더불어 '자신과 주변의 가족, 친구들을 아낄 줄 알아야 한다'라는 부분에 깊이 공감함. 이러한 시각을 바탕으로 주변에 도움을 줄 수 있는 사람이 되고자 고민하고, 학업 성적이 뒤처진 친구들에게 수학을 알려 주는 멘토링 봉사를 시작하며 작은 실천으로 주변부터 바꿔 나가고자 하는 실천 의지를 보여 줌.

의대에 입학한 이후 의사가 되기까지의 과정을 서술한 '미래의 의사에게(페리 클라스)'를 통해 의대 교육과정이나 전문의가 되기까지의 과정을 이해하고 자신의 진로에 대해 구체적으로 고민함. 나아가 일주일에 80시간씩 일하는 수련의 생활 속에 지친 의사들의 스트레스가 환자의 안전에 미치는 영향에 대해 분석하고, 그럼에도 불구하고 환자에 대한 책임감을 갖고 환자의 목소리에 귀 기울이는 의사가 되고 싶다는 소망을 밝힘.

관련 논문

의대생의 입학 동기 척도의 개발과 타당화(김지웅, 박귀화, 2022)

관련 도서

《슬기로운 의대생활》, 박동호 외, 도도
《의대에 가고 싶어졌습니다》, 서울대학교 의과대학 재학 졸업생 32인, 메가스터디북스

관련 계열 및 학과	• 의학계열: 의예과, 치의예과, 한의예과, 약학과, 간호학과, 건강관리학과, 보건관리학과
	• 사회계열: 사회학과, 사회복지학과, 기술경영학과, 의료경영학과, 재활상담학과
관련 교과	• 공학계열: 생명공학과, 로봇공학과, 메카트로닉스공학과, 생명정보공학과, 바이오생명공학과

2022 개정 교육과정 : 생명과학, 주제 탐구 독서, 융합 과학 탐구, 진로와 직업, 보건

2015 개정 교육과정 : 생명과학 I, 생명과학 II, 생활과 과학, 융합과학, 진로와 직업, 보건

바디: 우리 몸 안내서

빌 브라이슨 | 까치 | 2020

세계적인 베스트셀러 작가 빌 브라이슨이 재치 넘치는 표현력과 탁월한 통찰력을 발휘하여 우리 몸의 모든 부분을 알기 쉽고 흥미롭게 설명한 책이다. 몸을 잘 사용하기 위해서 사람들이 알아야 할 사항들을 상세히 설명한 안내서이자 가끔은 잘못된 사용으로 스스로를 망치고 있는 우리 자신에 대한 따끔한 질책을 담은 책이기도 하다. 이 책을 통해 우리와 한평생을 함께 보내는 몸에 대해서 다시 한번 생각해 보자.

탐구 주제

주제1 책에서 저자는 하루의 시간 중에서 3분의 1을 차지하는 잠에 대해 이야기하며 수면의 중요성을 설명하고 있다. 반면 우리나라의 대부분의 청소년은 수면 부족 현상이 나타나고 있다. 청소년기 수면이 부족이 초래할 수 있는 신체적, 정신적 영향을 탐구해 보자.

주제2 《바디: 우리 몸 안내서》에서 저자는 항생제가 좋은 미생물, 나쁜 미생물을 모두 없애는 역할을 한다고 지적했다. 동시에 항생제에 대한 내성이 점점 빠르게 나타나고 있어 질병에 대한 치료가 갈수록 어려워질 수도 있다고 주장했다. 항생제 내성의 원인과 영향을 탐구해 보자.

주제3 앨버트 샤츠가 현대 의학에 끼친 영향 탐구

주제4 자가면역질환의 원인과 유전적 요인에 대한 연구

학생부 기록 예시 (교과세특)

'바디: 우리 몸 안내서(빌 브라이슨)'를 통해 인체에 관한 우리 몸의 다양한 작동 방식과 원리와 구조를 이해하는 데 도움을 받음. 특히 뇌 신경과학에 대한 흥미를 느끼고, 수업 시간에 배운 조건 반사, 무조건 반사에 대한 추가적인 탐구를 자기 주도적으로 진행함. 해외 학술지 등 별도의 국외 자료를 찾아 읽을 정도로 열정적인 모습을 보이고, 그 내용을 이해하기 쉽게 정리한 후 가시성 좋은 자료를 만들어서 친구들에게 공유함.

'바디: 우리 몸 안내서(빌 브라이슨)'를 읽고 59가지의 원소로 사람을 만드는 방법 및 원소의 조합인 우리 자신이 왜 경이로운 존재인지를 설명하는 저자의 설명에서 분자생물학 분야에 흥미를 느끼고, 친구들과 DNA에 대해 공부하는 시간을 가짐. 나아가 암은 DNA 돌연변이로 인해 정상적인 세포의 기능이 손상되어 암세포로 변형되는 질병임을 설명하고, DNA가 우리 몸의 건강에 미치는 영향에 대한 완성도가 높은 탐구 결과물을 제출함.

관련 논문
트랜스휴먼 사회에서 몸과 마음의 미래(진설아, 박성원, 2018)

관련 도서
《재밌어서 밤새 읽는 해부학 이야기》, 사카이 다츠오, 더숲
《우리 몸은 전기다》, 샐리 에이디, 세종서적

관련 계열 및 학과
- 의학계열: 의예과, 치의예과, 수의예과, 한의예과, 간호학과, 건강관리학과, 보건관리학과
- 인문계열: 문화인류학과, 인류학과, 미학과, 상담심리학과, 심리학과, 철학과
- 공학계열: 생명공학과, 생물공학과, 유전공학과, 생명정보공학과, 바이오생명공학과

관련 교과
2022 개정 교육과정: 생명과학, 세포와 물질대사, 생물의 유전, 융합 과학 탐구

2015 개정 교육과정: 생명과학 I, 생명과학 II, 생활과 과학, 융합과학

박테리아는 인간의 적인가?

존 헤릭 | 민음인 | 2021

박테리아는
인간의 적인가?

진화 생물학이 말해 주는 미생물 이야기

민음 바칼로레아
03

존 헤릭
이영철 감수
김희경 옮김

이 책은 세계 최고의 논술 시험인 바칼로레아 수험생을 위해 프랑스 과학계의 석학들이 쓴 청소년 과학 시리즈 중의 하나로, 조류 인플루엔자, 탄저균 등의 정체와 이것들을 이용한 생화학 테러, 세균 병기, 에이즈, 바이러스와 박테리아의 차이점 등 박테리아에 대한 과학적 지식을 하나의 질문에서 출발해 차근차근 이해하기 쉽게 설명하고 있다. 이 책을 통해 과학 지식과 과학적 사고 방식을 향상하는 데 도움을 얻을 수 있다.

탐구 주제

주제1 저자는 《박테리아는 인간의 적인가?》에서 박테리아가 무엇인지 설명하고, 박테리아가 왜 질병을 유발하는지와 어떻게 질병을 유발하는지에 대하여 설명했다. 이 책의 내용을 토대로 박테리아의 침입 경로와 면역계의 반응 변화에 대한 탐구 결과물을 작성해 보자.

주제2 책에서 저자는 생물의 진화가 유전자의 변화에 의해 일어난다는 유전자 진화론의 관점에서 박테리아와 인간의 진화를 엮어 설명하였다. 찰스 다윈의 진화론과 비교해 볼 때 유전자 진화론의 핵심적인 내용과 차이점이 무엇인지 비교 분석해 보자.

주제3 박테리아의 종류와 박테리아가 일으키는 질병 탐구

주제4 박테리아를 이용한 치료법(생균 치료)의 안전성 탐구

학생부 기록 예시 (교과세특)

'박테리아는 인간의 적인가?(존 헤릭)'를 읽고 바이러스와 박테리아의 차이점 등 박테리아에 대한 과학적 지식을 습득하고 박테리아가 인간 면역 체계의 중요 요소로 소화와 영양소 합성 등에 중요한 역할을 함을 깨달음. 특히 자발적으로 박테리아를 이용한 치료법에 대한 탐구활동을 진행하고, 이중 항생제의 역할과 활용 사례에 대한 가시적인 발표 자료를 제작하여 친구들에게 발표하여 큰 호응을 얻음.

박테리아를 부정적으로 바라보지 않고, 활용할 수 있는 부분이 많다는 것을 '박테리아는 인간의 적인가?(존 헤릭)'를 통해 알게 됨. 책에서 언급된 오염된 물을 정화하고, 음식의 맛을 더하는 등 박테리아의 다양한 역할 외에도 박테리아를 긍정적으로 활용할 수 있는 사례와 데이터를 구체적으로 더 분석하며 확장적 사고 능력을 키움. 특히 의료 분야에서 취약 계층을 도울 수 있는 방향을 알아보고자 노력하는 모습은 칭찬할 만함.

관련 논문

시중에서 판매하는 요구르트 속 유산균에 대한 연구(김동원 외, 2015)

관련 도서

《박테리아에서 바흐까지, 그리고 다시 박테리아로》, 대니얼 C. 데닛, 바다출판사
《바이러스 폭풍의 시대》, 네이선 울프, 김영사

관련 계열 및 학과	• 의학계열: 의예과, 치의예과, 수의예과, 한의예과, 의료공학과, 재활학과
	• 자연계열: 미생물학과, 미생물분자생명과학과, 분자생물학과, 생물학과
관련 교과	• 공학계열: 생명공학과, 생물공학과, 유전공학과, 생명정보공학과, 바이오생명공학과

2022 개정 교육과정: 생명과학, 세포와 물질대사, 생물의 유전, 융합 과학 탐구, 과학의 역사와 문화

2015 개정 교육과정: 생명과학 I, 생명과학 II, 생활과 과학, 융합과학

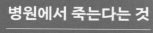

병원에서 죽는다는 것
야마자키 후미오 | 잇북 | 2020

이 책은 병원에서 죽음을 맞이하는 병원사의 불편한 진실을 낱낱이 보여주며, 일본 사회 말기 암 환자의 인권과 현대 의료 시스템에 대한 문제를 제기한다. 저자가 불편한 진실을 이야기한 이유는 임종 환자에 대한 따듯함 때문이다. 이 책을 통해 임종 환자에 대한 의료진의 인식과 바람직한 의료 행위가 무엇인지, 환자와 가족들이 어떻게 마지막 삶을 준비하고 대처해야 하는지에 대해 생각해 볼 수 있을 것이다.

탐구 주제

주제1 저자는 책에서 연명 지상주의를 비판적으로 바라보았다. 현재 우리나라에서도 '연명의료 결정 제도'가 시행 중인데, 건강할 때 미리 작성하는 '사전 연명 의향서' 신청이 100만 회를 돌파할 정도로 호응이 뜨겁다. '사전 연명 의향서'의 의미와 법적 효력을 찾아 정리해 보자.

주제2 저자는 《병원에서 죽는다는 것》에서 '말기 암 환자에게 하는 심폐소생술이 의미가 있는가'라는 질문을 던졌다. 소생 가능성이 적은 환자에게 하는 치료들은 과잉진료일까 혹은 의사로서 당연히 해야 하는 생명권 보호일까에 대해 논리적 근거를 들어 자신의 견해를 밝히며 토론해 보자.

주제3 심폐 소생술의 발전과 효과에 대한 고찰

주제4 국내외 호스피스 제도 발전에 대한 탐구

학생부 기록 예시 (교과세특)

'병원에서 죽는다는 것(야마자키 후미오)'을 읽고 '좋은 죽음이 그 앞선 인생만큼이나 중요하다'라는 작가의 가치관에 적극 동의함. 인간이 존엄하게 죽을 권리와 존엄한 죽음이 무엇인지에 대한 자신의 생각을 정리하고, 국내 호스피스 현황에 대해 자료 조사를 토대로 데이터로 분석하는 비판적 사고력을 보임. 그 후 임종 환자 앞에서 의사로서 환자의 마지막을 어떻게 대해야 하는지 고민하며, 생명윤리의 중요성을 깨닫는 모습을 보임.

'병원에서 죽는다는 것(야마자키 후미오)'을 읽은 후, 동명의 다큐멘터리를 시청해 지적 사고력을 확장함. 또한 작가에게 깨달음을 줬다는 '죽음과 죽어감(엘리자베스 퀴블러 로스)'도 찾아서 읽고, 죽음을 바라보는 시각을 키우며 인문학적 소양을 기름. 이를 바탕으로 '인간의 존엄하게 죽을 권리'에 대한 가독성이 좋은 발표 자료를 제작하여 친구들에게 공유함. 논리적인 구성과 더불어 따뜻함이 느껴졌기에 친구들의 큰 호응을 이끌었음.

관련 논문
조력사망(Aid in Dying)에 대한 고찰(이지은, 2022)

관련 도서
《죽음과 죽어감》, 엘리자베스 퀴블러 로스, 청미
《해피 엔딩, 우리는 존엄하게 죽을 권리가 있다》, 최철주, 궁리

관련 계열 및 학과	• 의학계열: 의예과, 치의예과, 한의예과, 약학과, 간호학과, 의료정보학과, 재활학과
	• 사회계열: 사회복지학과, 노인복지학과, 사회학과, 의료경영학과, 재활상담학과
관련 교과	• 공학계열: 생명공학과, 생물공학과, 유전공학과, 생명정보공학과, 바이오생명공학과

2022 개정 교육과정: 생명과학, 주제 탐구 독서, 융합 과학 탐구, 논술, 보건

2015 개정 교육과정: 생명과학 I, 생명과학 II, 생활과 과학, 융합과학, 논술, 보건

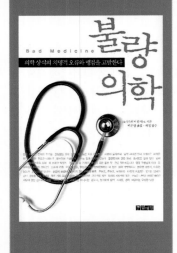

불량의학

크리스토퍼 완제크 | 열대림 | 2006

이 책은 감기 치료에서 백신 접종에 이르기까지 질병과 몸에 관한 수없이 쏟아져 나오는 의학 정보의 오류와 잘못된 점을 밝히고, 대체 의학과 각종 언론에서 알려주는 잘못된 의학 상식들을 과학적인 근거를 통해 비판한다. 또한 여러 사례를 분석적으로 제시하며 최신 의학 상식을 전달한다. 이 책에서 저자의 명쾌한 설명과 비판이 불량의학을 믿고 있는 사람들에게 우량의학을 이해할 수 있는 계기를 제공할 것이다.

탐구 주제

주제1 저자는 《불량의학》에서 암에는 상어 연골이 특효라는 주장이 불량의학의 예라고 설명하였다. 한편 건강 보조 식품 회사들은 종종 과장된 마케팅을 통해 소비자들을 유혹하기도 한다. 이러한 마케팅으로부터 소비자를 보호하기 위한 방법을 모색해 보자.

주제2 책에서 저자는 허브 치료, 동양 의학 등은 모두 주술사를 믿는 것이나 다름 없다고 주장하며 대체 의학을 비판적으로 바라본다. 이처럼 서양의학의 입장에서 대체 의학과 동양 의학을 '불량의학'으로 평가한 것을 객관적이라고 볼 수 있을까에 대해 토론해 보자.

주제3 아로마테라피의 의학적 치료 효과에 대한 고찰

주제4 유기농 제품의 건강 효과 탐구

학생부 기록 예시 (교과세특)

'불량의학(크리스토퍼 완제크)'을 읽고 TV 등 파급력 있는 매체에서 말하는 건강 정보 중 틀린 것이 많다는 내용을 깨달아 일정 기간 동안 주요 프로그램에서 소개한 건강 정보 등을 찾아봄. TV 프로그램이 상업성과 짙게 연결되어 있다는 것을 깨닫고, 이를 비판적으로 바라봄. 의학 정보에 대해 맹신보다는 선별적인 수용의 주체자가 되어야 하며, 올바른 의학 정보를 전달하기 위해 대중 매체도 발맞춰야 한다는 입장을 밝힘.

'불량의학(크리스토퍼 완제크)'을 읽고 우리 주변에 퍼져 있는 잘못된 의학 통념을 조사함. 특히 코로나 시기 이후 동영상 공유 플랫폼 등의 미디어 매체를 통해 퍼졌던 가짜 뉴스나 과장된 정보들을 하드보드지에 정리해 학교 발표회 기간에 전시하며 정보 선택의 중요성에 대한 캠페인 활동을 전개함. 또한 왜 그런 이야기들이 퍼졌는지 분석적으로 접근해, 정보 취약 계층 어르신께 올바른 정보를 찾는 법을 알려드리는 자원봉사를 함.

관련 논문

인터넷 신문기사로 본 민간요법 유해사례의 위험성(박정환 외, 2015)

관련 도서

《의사의 거짓말 42가지》, 이시이 히카루, 성안당
《의사의 거짓말, 가짜 건강상식》, 켄 베리, 코리아닷컴

관련 계열 및 학과	· 의학계열: 의예과, 치의예과, 수의예과, 한의예과, 약학과, 간호학과, 의료정보학과, 재활학과
	· 자연계열: 미생물학과, 미생물분자생명과학과, 분자생물학과, 생물학과, 생명과학과
관련 교과	· 공학계열: 생명공학과, 생물공학과, 유전공학과, 바이오생명공학과, 생명정보공학과

2022 개정 교육과정: 생명과학, 화학, 주제 탐구 독서, 융합 과학 탐구, 보건

2015 개정 교육과정: 생명과학 I, 생명과학 II, 화학 I, 생활과 과학, 융합과학, 보건

생명윤리

김재희 외 | 인문과교양 | 2022

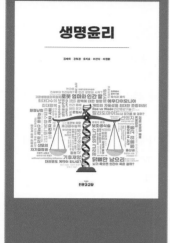

이 책은 생명 윤리적 문제 상황을 인지하고 해결하기 위해서 고려해야 할 사실들과 법적·제도적 조건들은 무엇인지, 어떤 윤리적 원칙과 근거에 따라 판단해야 하는지, 어떤 것이 도덕적으로 정당화될 수 있는 행위인지 따져 보는 생명 윤리적 숙고에 대해 저술된 책이다. 이 책을 통해 학생들은 나와 우리의 더 나은 삶을 위한 철학적 성찰로서 생명 윤리 문제들의 실천적 해결 모색을 위한 노력을 더 깊게 이해할 것이다.

탐구 주제

주제1 저자는 《생명윤리》에서 현대인이라면 누구나 까다로운 생명 윤리적 문제 상황에 놓일 수 밖에 없다고 말하며 동물 실험에 대해 다루었다. 이와 관련하여 '인간의 질병 치료를 위해 동물을 실험 대상으로 이용하는 것은 정당한가'에 대해 찬반의 입장을 정하여 토론해 보자.

주제2 질병 치료를 위한 것만이 아니라 더 나은 신체적 조건을 얻고자 하는 웰빙(well-being)과 웰에이징(well-aging)을 위한 유전자 조작 논쟁이 있다. 특히 우리나라에서는 성형 수술을 바라보는 시선이 좋지만 않은데 그 이유에 대해서 윤리적 관점에서 분석해 보자.

주제3 '생명 자본주의' 시대에 윤리의 역할 고찰

주제4 피터싱어의 《동물 해방》을 통해 본 동물권에 대한 입장 탐구

학생부 기록 예시 (교과세특)

'생명윤리(김재희 외)'를 읽고 근대 윤리의 큰 축인 공리주의, 의무주의, 덕 윤리에 대해 심화 학습을 진행하고 생각의 깊이를 더함. 특히 각 윤리의 입장에서 장기 이식, 동물 실험 등을 어떻게 바라보는지 논리적으로 정리함. 이 과정을 통해 본인이 동의하지 않는 입장에 대해서도 이해할 수 있게 됨. 또 윤리 쟁점의 사례를 들어 논거를 제시하는 것을 넘어 철학·윤리에 대한 이해를 바탕으로 윤리적인 성찰 능력이 매우 향상됨.

'생명윤리(김재희 외)'를 읽고 트랜스 휴머니즘에 대한 개념을 이해함. 또한 아직 초기 단계인 트랜스 휴머니즘에 익숙하지 않은 친구들이 이해하기 쉽도록 익숙한 영화 속 장면을 사례로 들어 트랜스 휴머니즘은 인간의 능력과 한계를 확장하기 위한 기술적, 과학적 노력을 연구하는 철학적 운동이라고 정리해서 친구들에게 공유하는 시간을 가짐. 재미와 내용의 깊이라는 두 마리 토끼를 모두 잡은 발표로 친구들에게 큰 호응을 받았음.

관련 논문

시민의 자유와 공중보건윤리: 공리주의, 생명의료윤리, 자유주의 등(박상혁, 2020)

관련 도서

《알기 쉬운 윤리학》, 김상득, 철학과현실사
《임상노동》, 멜린다 쿠퍼, 캐서린 월드비, 갈무리

관련 계열 및 학과

- 의학계열: 의예과, 치의예과, 한의예과, 임상병리학과, 건강관리학과, 보건관리학과, 간호학과
- 인문계열: 심리학과, 상담심리학과, 미학과, 철학과, 철학윤리학과, 신학과, 종교학과

관련 교과

- 사회계열: 사회학과, 사회복지학과, 의료경영학과, 아동청소년학과, 재활상담학과

2022 개정 교육과정: 생명과학, 융합 과학 탐구, 현대사회와 윤리, 인문학과 윤리, 윤리문제 탐구

2015 개정 교육과정: 생명과학 I, 생명과학 II, 생활과 과학, 융합과학, 생활과 윤리, 윤리와 사상, 심리학

생명을 묻다
정우현 | 이른비 | 2022

유전학과 분자생물학을 연구해 온 저자가 생명의 기원, 생명의 본질, 생명의 의미, 그리고 생명이 향해야 할 곳 등을 묻고, 이런 물음에 답하기 위해 흥미롭고 우아하고 통찰력 있는 이야기를 풀어낸 책이다. 저자는 생명에 대한 현대 과학의 보편적인 시각들을 비판적으로 바라보며 날카로운 질문을 던진다. 이 책을 통해 생명의 본질을 탐구하고, 생명을 바라보는 사랑을 배울 수 있을 것이다.

탐구 주제

주제1 《생명을 묻다》에서 저자는 데카르트 이론에서 파생된 DNA와 뇌가 우리 몸과 생명에 매우 크게 관여한다는 기계론적 가치관이 현대 과학의 주류 시선이 되었다고 설명하였다. 생명이란 우연한 존재인지 필연적인 존재인지에 대해 생명을 바라보는 철학의 흐름을 조사해 보자.

주제2 저자는 '누구의 말도 그대로 믿지 말라'는 런던왕립학회의 정신을 환기시키며 현대 과학이 생명을 올바로 설명하고 있는지 면밀히 되짚어볼 필요가 있다고 한다. 이와 관련하여 과학과 나아가 모든 학문을 대하는 우리의 근본적인 자세가 어떠해야 하는지 토론해 보자.

주제3 종교에서 바라보는 생명에 대한 관점 고찰

주제4 생명의 법칙으로 불리는 멘델의 유전법칙 탐구

학생부 기록 예시 (교과세특)

'생명을 묻다(정우현)'를 읽고 우생학에 대한 호기심으로 심화 탐구활동을 진행함. 역사 속에서 우생학의 등장과 전개 과정을 조사하고, 특히 의학 분야에서 활용 사례를 꼼꼼하게 정리함. 현대의 포스트 휴머니즘도 한 편으로는 우생학으로 해석될 수 있음을 이해함. 우생학이 인류의 건강과 복지를 증진시킬 수도 있지만, 인간의 존엄성을 침해할 수도 있기에 단편적인 판단 기준으로 결론을 내리면 안된다는 비판적인 입장을 소신껏 밝힘.

'생명을 묻다(정우현)'에 나오는 생명이 단순한 개체일 수도 있지만, 관계로 이어져 있을 수 있다는 주장에 공감하고 생명 존중의 중요성을 인정함. 또한 물질주의에 경도된 현대 과학의 생명관을 비판적으로 분석하고 과학의 측면으로만 생명을 바라보지 않고, 철학, 사회적으로도 바라보겠다고 다짐함. 현재 학생으로서 어떤 실천을 할 수 있을지 고민한 끝에, 학교의 식물들을 관리하는 봉사를 하며 공동체 의식과 문제해결 능력을 발휘함.

관련 논문
진화생물학의 은유-'이기적인 유전자'와 '스팬드럴'을 중심으로(전중환, 2011)

관련 도서
《십 대를 위한 생명과학 콘서트》, 안주현 외, 청어람미디어
《문과 남자의 과학 공부》, 유시민, 돌베개

관련 계열 및 학과
- 의학계열: 의예과, 치의예과, 수의예과, 한의예과, 건강관리학과, 보건관리학과, 간호학과
- 인문계열: 심리학과, 상담심리학과, 미학과, 철학과, 철학윤리학과, 신학과, 종교학과

관련 교과
- 공학계열: 생명공학과, 생물공학과, 유전공학과, 생명정보공학과, 바이오생명공학과

2022 개정 교육과정: 생명과학, 생물의 유전, 융합 과학 탐구, 현대사회와 윤리, 윤리문제 탐구

2015 개정 교육과정: 생명과학 I, 생명과학 II, 생활과 과학, 융합과학, 생활과 윤리, 윤리와 사상, 심리학

생명의 비밀

하워드 마르켈 | 늘봄 | 2023

DNA 구조 규명 경쟁의 진짜 역사에 대한 책이다. DNA의 이중 나선 구조의 발견은 1953년 케임브리지 대학교의 연구자 제임스 왓슨과 프란시스 크릭 등이 발견했다고 알려졌지만 로잘린드 프랭클린이라는 유대계 여성이 참여했다는 사실은 잊혀져 있다. 이 책을 통해 DNA 이중 구조가 발견되는 여정과 정실 인사, 여성 혐오, 반유대주의, 과학 연구와 연구진들의 관계 등을 흥미롭게 이해할 수 있다.

탐구 주제

주제1 《생명의 비밀》의 내용에 의하면 로잘린드 프랭클린의 51번 사진 자료가 DNA 연구의 큰 축이 되었다. 그러나 그녀의 존재는 빠르게 지워졌고, 이것은 과학계 여성 차별의 대표 사례로 꼽히고 있다. 이처럼 시대를 뛰어넘은 여성 과학자들의 또 다른 사례를 조사해 보자.

주제2 《생명의 비밀》에는 당시 연구자들 간의 노벨상을 향한 경쟁 과정, 거기서 벌어지는 연구 윤리 위반 실태 등이 묘사되어 있다. 과학계를 비롯한 대부분의 현대 사회에서는 경쟁을 촉진해 더 나은 결과를 얻고자 한다. 경쟁 심리가 연구 성과에 미치는 영향을 분석해 보자.

주제3 DNA 이중 나선 구조의 구조와 기능에 대한 연구

주제4 DNA 이중 나선 구조를 이용한 생명공학 기술 발전에 대한 연구

학생부 기록 예시 (교과세특)

의학 관련 독서를 통해 자신의 지식을 확장시키고 경쟁력을 갖추고자 하는 의지와 열정을 가지고 있는 학생임. '생명의 비밀(하워드 마르켈)'을 읽고 연관 도서로 '이중나선(제임스 왓슨)'을 추가로 읽음. 왓슨의 업적을 인정하면서도 그의 연구 윤리 위반과 여성에 대한 편견, 인종차별적 발언을 비판적으로 지적함. 좋은 연구자는 위대한 결과물 발견뿐만 아니라 더불어 훌륭한 인품을 갖추는 것도 필요하다고 주장함.

'생명의 비밀(하워드 마르켈)'을 읽고 X선을 이용하여 DNA의 이중 나선 구조를 발견했음을 이해함. X선에 대한 지적 호기심으로 X선의 원리와 발견, 현재 응용되는 분야를 심화 학습하고, X선의 원리와 MRI를 비교 분석하는 우수한 탐구 결과물을 제작하여 수업 시간에 발표함. 지적 욕구가 강해 의학, 과학 도서를 읽고 기초적인 지식부터 추가적인 학습을 통한 활용까지 이해의 폭을 넓힐 줄 아는 학생으로 학업 성취도가 높은 편임.

관련 논문

노벨과학상 수상자의 삶과 애환-제임스 왓슨과 프란시스 크릭(조숙경, 2006)

관련 도서

《로잘린드 프랭클린과 DNA》, 브렌다 매독스, 양문
《시대를 뛰어넘은 여성과학자들》, 달렌 스틸, 양문

관련 계열 및 학과	• 의학계열: 의예과, 치의예과, 수의예과, 한의예과, 의료공학과, 임상병리학과, 보건관리학과
	• 자연계열: 미생물학과, 미생물분자생명과학과, 분자생물학과, 생물학과, 생명과학과
관련 교과	• 공학계열: 생명공학과, 생물공학과, 유전공학과, 생명정보공학과, 바이오생명공학과

2022 개정 교육과정: 생명과학, 세포와 물질대사, 생물의 유전, 융합 과학 탐구, 주제 탐구 독서

2015 개정 교육과정: 생명과학 I, 생명과학 II, 생활과 과학, 융합과학, 논리와 사고

세계사를 바꾼 전염병 13가지

제니퍼 라이트 | 산처럼 | 2020

이 책은 코로나19 못지않게 인류가 공포에 떨며 속수무책으로 당해 온 전염병 열세 가지에 대해 해박한 역사 지식을 가진 저자가 어떻게 그 전염병들을 극복해 왔는지에 대해 저술한 것이다. 당대의 문화사를 풍부하게 참고하면서 제대로 연구한 결과를 유쾌하게 묘사해 생생하고 흥미진진하다. 학생들은 이 책을 통해 전염병의 방대한 역사적 지식을 쉽게 습득할 수 있을 것이다.

탐구 주제

주제1 《세계사를 바꾼 전염병 13가지》에서 저자는 '가래톳페스트(흑사병)'로 유럽 인구의 약 30%인 약 2500만 명 이상의 사망자가 발생하였고, 각종 유언비어가 난무했다고 서술하였다. 흑사병과 관련된 유언비어의 종류, 확산 과정과 이로 인해 나타난 영향을 탐색해 보자.

주제2 책에서 저자는 공동체, 지도자, 과학자가 힘을 합치면 세계를 구할 수 있다며 미국 루스벨트 대통령을 사례로 언급하였다. 이와 관련하여 루스벨트 대통령의 소아마비 연구 재단과 소아마비 백신 개발에 대한 역할에 대해 탐구해 보자.

주제3 WHO의 전염병 예방과 통제 사업의 효과성 고찰

주제4 19세기 콜레라 유행을 통해 본 도시화와 전염병의 상관관계 탐구

학생부 기록 예시 (교과세특)

'세계사를 바꾼 전염병 13가지(제니퍼 라이트)'를 통해 전염병이 창궐했던 역사의 현장에서 인류가 전염병들을 어떻게 극복해 왔는지 이해함. 나아가 현대는 인구가 폭발적으로 증가하여 감염의 위험이 커졌고, 항공 산업의 발달로 고속·대량의 이동이 가능해져 확산의 위험이 증대되고 있음을 깨달음. 이에 대한 관심으로 'WHO의 전염병 예방과 통제 사업이 전 세계 보건에 미치는 영향'에 대한 심화 탐구활동을 진행하고 발표 자료를 제작함.

의학사, 전염병의 역사 등에 대한 지적 호기심으로 '세계사를 바꾼 전염병 13가지(제니퍼 라이트)'를 정독함. 당대의 역사적 인물들이 세상을 뒤흔들었던 전염병들과 어떻게 싸웠는지 돌아보며, 끝나지 않는 '전염병의 시대'를 헤쳐갈 방법에 대해 진지하게 고민하는 모습을 보임. 또한 유럽 인구의 30%가 사망한 흑사병 당시 유언비어로 인해 유럽에 반유대주의가 확산되었다는 '역병 시대의 심리 상태'라는 완성도 높은 학습 결과물을 제출함.

관련 논문

전염병, 안전, 국가: 전염병 방역의 역사와 메르스 사태 (정민재, 2015)

관련 도서

《우리 역사 속 전염병》, 신병주, 매일경제신문사
《국가와 감염병: 역병에서 질병 X 까지》, 이현주 외, 세창출판사

관련 계열 및 학과	• 의학계열: 의예과, 치의예과, 수의예과, 한의예과, 건강관리학과, 의료정보학과
	• 인문계열: 역사학과, 사학과, 인류학과, 문화인류학과, 역사문화학과, 인문콘텐츠학부
관련 교과	• 자연계열: 생명과학과, 미생물분자생명과학과, 바이오메디컬정보학과, 바이오메디컬학과

2022 개정 교육과정: 융합 과학 탐구, 과학의 역사와 문화, 세계사, 역사로 탐구하는 현대 세계, 논술

2015 개정 교육과정: 생활과 과학, 융합과학, 세계사, 동아시아사, 인문학적 감상과 역사이해, 논술

의학 / 약학 / 간호 / 수의 / 환경

숨결이 바람 될 때

폴 칼라니티 | 흐름출판 | 2016

WHEN BREATH BECOMES

서른여섯 젊은 의사의 마지막 순간

숨결이 바람 될 때

air

《뉴욕타임스》, 아마존 종합 1위!

전 세계 36개국 출간, 2016년 최고의 화제작

전문의를 앞둔 신경외과 레지던트로서 치명적인 뇌 손상 환자들을 치료하던 36세의 저자가 자신도 폐암 말기 판정을 받고 죽음을 마주하게 된 마지막 2년의 기록을 담은 책이다. 죽음을 향해 육체가 무너져 가는 순간에도 미래를 빼앗기지 않을 확실한 희망을 잃지 않았던 저자가 삶과 죽음의 의미에 대한 성찰, 숨이 다한 후에도 지속되는 사랑과 가치를 전하고 있어 깊은 감동을 얻을 수 있다.

탐구 주제

주제1 《숨결이 바람 될 때》의 저자는 '신경외과는 가장 도전적으로 또한 가장 직접적으로 정체성, 죽음과 대면하게 해줄 것 같았다.'라는 이유로 신경외과 전문의가 되기로 결정했다. 신경외과에서 다루는 질환을 찾아보고 저자가 이처럼 언급한 이유가 무엇일지 토론해 보자.

주제2 저자는 폐암 4기 진단이 나온 후에도 '나는 죽어가는 대신 계속 살아가기로 다짐했다.'라고 말하며 수술실로 복귀하여 최고참 레지던트로서 엄청난 업무량을 소화했다. 이와 관련하여 의사라는 삶과 의사라는 직업의 의미에 대해 친구들과 토론해 보자.

주제3 뇌 수술과 시력 손상 관계 분석

주제4 불치병 환자의 삶의 질 향상을 위한 방법 탐색

학생부 기록 예시 (교과세특)

의사 입장에서 수많은 죽음을 보아왔던 저자가 한순간에 환자가 되어 직접 죽음을 대면하면서 겪게 된 일들과 다양한 감정들을 담은 '숨결이 바람 될 때(폴 칼라니티)'를 읽고, 저자에게 감정이입을 하며 의사의 삶과 의사라는 직업의 의미에 대해 진지하게 고민하는 모습을 보임. 의학 분야에 대한 이해력이 뛰어나고, 의학 관련 도서를 읽는 것을 즐기며 학습에 있어서도 깊이 있는 분석과 체계적인 접근 방식을 보여 줌.

'숨결이 바람 될 때(폴 칼라니티)'를 읽고 최고의 신경외과 의사로 장밋빛 미래를 앞두고 있던 저자가 폐암 진단을 받고 남은 인생을 어떻게 보낼까 고민하다가 "설사 내가 죽어가고 있더라도 죽기 전까지는 나는 살아 있다. 따라서 나는 계속 나아갈 거야"라고 말하며 끝까지 수술실을 지키던 의사로서의 소명감에 깊은 감동을 받음. 자신도 저자처럼 나태하지 않고 매 순간 최선을 다하는 사람이 되겠다는 굳은 각오를 다지는 모습을 보임.

관련 논문

의과대학과 의학전문대학원생들의 진로적응성에 따른 직업관, 진로선택, 전공미결정요인 비교(천경희 외, 2012)

관련 도서

《꽤 괜찮은 해피엔딩》, 이지선, 문학동네
《어떻게 죽을 것인가》, 아툴 가완디, 부키

관련 계열 및 학과
- 의학계열 : 의예과, 한의예과, 의료정보학과, 임상병리학과, 건강관리학과, 보건관리학과
- 인문계열 : 심리학과, 상담심리학과, 미학과, 철학과, 철학윤리학과, 신학과, 종교학과

관련 교과
- 사회계열 : 재활상담학과, 사회복지학과, 노인복지학과, 아동복지학과, 아동청소년학과

2022 개정 교육과정 : 생명과학, 융합 과학 탐구, 진로와 직업, 주제 탐구 독서, 직무 의사소통

2015 개정 교육과정 : 생명과학 I, 생명과학 II, 생활과 과학, 융합과학, 진로와 직업

쉽게 쓴 후성유전학

리처드 C. 프랜시스 | 시공사 | 2013

후성유전학이라는 다소 생소하고 까다로운 주제를 역사적 사건, 영화 등의 사례를 통해 이해하기 쉽고 흥미롭게 설명한 책이다. 기초적인 유전학적 배경 정보, 평범한 유전자 조절 그리고 후성유전적 유전자 조절까지 깊이 있는 내용을 다루고 있다. 간결하고도 핵심을 놓치지 않는 이 책을 통해 생물학과 의학의 미래라 불리는 후성유전학의 거대한 잠재력과 능력을 엿볼 수 있을 것이다.

탐구 주제

주제1 《후성유전학》에서는 똑같은 유전자를 가지고 태어나는 일란성 쌍둥이가 생물학적으로 서로 똑같은 형질을 갖지는 않고 성장하는 것에 주목하여 후성유전학을 설명한다. 쌍둥이 사례를 토대로 기존 '유전자 결정론'과 비교하여 '후성유전적 유전자 조절론'에 대해 설명해 보자.

주제2 저자는 《후성유전학》에서 어머니의 뱃속에서 아이가 어떤 영향, 영양 공급 등을 받았는지에 따라 향후 아이의 성격, 영양, 성향 등이 크게 달라질 수 있다고 설명한다. 이처럼 환경이 유전자 조절에 미치는 또 다른 사례를 찾아 어떻게 유전자 발현을 조절하는지 분석해 보자.

주제3 네덜란드 대기근을 통해 후성유전적 영향 탐구

주제4 비만의 유전적 소인과 후성유전적 소인 비교

학생부 기록 예시 (교과세특)

'후성유전학(리처드 C. 프랜시스)'을 읽고 기존의 유전자 결정론이 설명하지 못하던 돌연변이화를 비롯한 유전자 변화라는 측면을 규명하는데 후성유전학이 큰 역할을 차지하고 있다는 것을 깨달음. 또한 후성유전학이 암, 알츠하이머, 정신분열증, 자폐증, 당뇨병 등의 발병 원인을 제대로 이해하는 근원적 열쇠이며 질병 치료를 위한 새로운 대안임을 이해하고, 후성유전학에 대해 더욱 연구하고 싶다는 진로에 대한 구체적인 목표를 설정함.

유전자 결정론을 설명하는 이기적 유전자를 읽은 후 유전학에 대한 지적 호기심으로 '후성유전학(리처드 C. 프랜시스)'을 찾아 보는 열정과 관심이 높은 학생임. 특히 사회적 스트레스나 태내에서의 식량 결핍, 음식, 환경, 경험 등 외부 환경이 유전자 활동을 조정함으로써 유전자에 영향을 미친다는 후성유전학의 개념을 잘 이해함. 또한 '비만의 유전적 소인과 후성유전적 소인 비교'에 대한 우수한 탐구 결과물을 제출함.

관련 논문

아동의 자아개념에 미치는 유전과 환경의 영향: 쌍둥이 연구(허윤미, 2005)

관련 도서

《경험은 어떻게 유전자에 새겨지는가》, 데이비드 무어, 아몬드
《후성유전학》, 후성유전학연구회, 범문에듀케이션

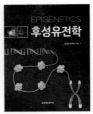

관련 계열 및 학과
- 의학계열: 의예과, 수의예과, 한의예과, 임상병리학과, 건강관리학과, 의료정보학과
- 자연계열: 미생물학과, 미생물분자생명과학과, 분자생물학과, 생물학과, 생명환경화학과
- 공학계열: 생명공학과, 생물공학과, 유전공학과, 생명정보공학과, 바이오생명공학과

관련 교과

2022 개정 교육과정: 생명과학, 세포와 물질대사, 생물의 유전, 융합 과학 탐구, 기후변화와 환경생태

2015 개정 교육과정: 통합과학, 생명과학 I, 생명과학 II, 생활과 과학, 융합과학, 과학사

아내를 모자로 착각한 남자

올리버 색스 | 알마 | 2022

신경과 전문의인 저자가 일상생활에 불편을 겪는 경증 환자부터 격리될 정도의 중증 정신 질환 환자들까지의 임상 사례를 따뜻한 시선으로 써낸 기록을 엮은 책이다. 이 책은 인간 뇌에 관한 현대 의학의 이해를 바꾸었다는 평가와 더불어 문학적으로 가치를 인정받고 있다. 환자를 다양한 이야기와 배경을 가진 서사적 존재로 바라보고 접근한 저자의 시각은 의학 계열 진학을 희망하는 학생들에게 큰 시사점을 줄 것이다.

탐구 주제

주제1 《아내를 모자로 착각한 남자》의 첫 번째 사례는 이 책의 제목인 아내를 모자로 착각한 '시각 인식 불능증'에 걸린 P 교수의 이야기이다. 이와 관련하여 '시각 인식 불능증'의 원인과 증상을 정리하고, 의학적 치료 방법을 조사해 보자.

주제2 《아내를 모자로 착각한 남자》는 자폐증을 가진 예술가 이야기를 포함하여 지적 장애를 지닌 환자들의 여러 사례를 다루고 있다. 학교에도 아스퍼거 증후군으로 학업에 어려움을 겪고 있는 학생들이 있는데, 학교생활을 잘 수행할 수 있도록 학업과 교우 관계를 도울 방법을 모색해 보자.

주제3 뇌 손상에 따른 인지-의사소통 능력 결함에 대한 연구

주제4 불안 심리가 틱 증상에 미치는 영향 탐구

학생부 기록 예시 (교과세특)

'아내를 모자로 착각한 남자(올리버 색스)'를 읽고 의학적 신경 계통 문제로 고통을 겪는 환자들의 병리 현상을 별도로 정리하며 의학적 호기심을 보임. 특히 극도의 혼란 속에서도 성장과 적응을 모색하며 자신의 감추어진 능력을 깨워 나가는 환자들의 모습을 전문적 식견과 따스한 휴머니즘, 인간 존엄에 대한 애정과 신뢰 가득한 시선으로 담아낸 저자를 자신의 진로 모델로 설정하고, 자신의 진로에 대한 구체적인 목표를 설정함.

수업 중 아스퍼거 증후군을 앓고 있는 통합 학급 친구가 자신의 말만 하거나 소리를 지르는 등 수업을 방해하는 모습에 처음에는 차가운 시선을 보였으나, '아내를 모자로 착각한 남자(올리버 색스)'를 읽고 친구의 말을 들어 주며 이해하려고 노력하는 배려의 모습을 보임. 또한 학습을 돕기 위해 친구의 눈높이에 맞춰 학습 내용을 정리해 주는 모습은 칭찬할 만함. 불안 심리와 틱 증상의 상관관계에 대한 자료를 제작하여 호평을 받음.

관련 논문

주의력결핍 과잉행동장애 아동에서 집단따돌림 양상 (신동원 외, 2009)

관련 도서

《나는 침대에서 내 다리를 주웠다》, 올리버 색스, 알마
《내 몸 안의 뇌와 마음 탐험 신경정신의학》, 고시노 요시후미, 전나무숲

관련 계열 및 학과	• 의학계열: 의예과, 치의예과, 수의예과, 한의예과, 재활학과, 간호학과
	• 인문계열: 심리학과, 상담심리학과, 미학과, 철학과, 철학윤리학과, 신학과, 종교학과
관련 교과	• 사회계열: 재활상담학과, 사회복지학과, 노인복지학과, 아동복지학과, 아동청소년학과

2022 개정 교육과정: 생명과학, 주제 탐구 독서, 융합 과학 탐구, 진로와 직업, 독서 토론과 글쓰기

2015 개정 교육과정: 생명과학 I, 생명과학 II, 생활과 과학, 융합과학, 진로와 직업, 심리학, 논술

아직도 가야 할 길
M. 스캇 펙 | 율리시즈 | 2023

정신과 의사인 저자가 심리 치료 현장에서 만난 환자들의 사례를 중심으로 건강한 삶을 향한 진화 과정에 필요한 요소들을 명쾌하게 분석한 책이다. 삶에서 마주치는 고통과 정면으로 맞서고 그것을 극복해 나가는 데 필요한 자기 훈육법을 일깨워 주고, 영적 성장을 다루고 있다. 이 책을 통해 삶은 끝나는 그 순간까지 성장의 기회와 가능성을 시험해야 하는, 아직도 가야 할 길임을 깨닫게 될 것이다.

탐구 주제

주제1 《아직도 가야 할 길》에서 저자는 부모가 아이에게 하는 훈육뿐만 아니라 자기 스스로의 훈육이나 타인과의 관계에서의 훈육의 의미를 설명하였다. 훈육 방법의 하나인 체벌을 효과적인 훈육 방법으로 볼 수 있는지에 대해 체벌의 효과와 부작용에 대해 정리해 보자.

주제2 책에서 저자는 사랑이란 감정이 아닌 의지라고 정의하고, 감정으로 느끼는 건 애착이나 자기 희생, 집착 등의 형태로 나타나는 데 비해 의지를 가지고 행동에 옮기는 사랑은 서로를 성장시킨다고 했다. 이를 토대로 교우관계에서 서로를 성장시키는 사랑에 대해 토론해 보자.

주제3 나르시시즘이 대인관계에 미치는 영향 고찰

주제4 프로이트의 무의식 정신 질환 이론의 한계 연구

학생부 기록 예시 (교과세특)

'아직도 가야 할 길(M. 스캇 펙)'을 읽고 무의식이란 인간의 의식이 해결하지 못한 문제들에 대한 해답을 주는 힘이며, 정신질환자들은 정신 질환과 직면해 그에 따른 책임을 지고 그것을 극복하려고 스스로 변화를 일으키는 사람이라는 저자의 의견에 공감함. 이후 프로이트의 무의식 정신 질환 이론에 대한 심화 학습을 진행하고, 저자와 프로이트의 주장을 비교 분석하는 훌륭한 탐구 결과물을 작성하며 비판적 사고력을 보임.

'아직도 가야 할 길(M. 스캇 펙)'을 읽고 감정으로 느끼는 사랑은 애착이나 자기 희생, 집착, 의존증으로 나타난다는 저자의 주장에 깊이 공감하고, 자기 자신이나 타인의 성장을 도울 목적으로 자신을 성장시켜 나가려는 의지가 진정한 사랑이란 입장을 정립함. 나아가 자기 애착 정신 질환의 한 형태인 나르시시즘에 대한 탐구활동을 진행하고 '나르시시즘이 대인관계에 미치는 영향 고찰'에 대한 우수한 탐구 결과물을 제출함.

관련 논문

한국인의 정신건강교양 함양을 위한 긍정심리학적 고찰(김진영, 고영건, 2013)

관련 도서

《도파민형 인간》, 대니얼 Z. 리버먼, 마이클 E. 롱, 쌤앤파커스
《딸이 조용히 무너져 있었다》, 김현아, 창비

관련 계열 및 학과	• 의학계열: 의예과, 치의예과, 한의예과, 약학과, 간호학과, 건강관리학과, 보건관리학과
	• 인문계열: 심리학과, 상담심리학과, 미학과, 철학과, 철학윤리학과, 신학과, 종교학과
관련 교과	• 사회계열: 재활상담학과, 사회복지학과, 노인복지학과, 아동복지학과, 아동청소년학과

2022 개정 교육과정: 생명과학, 주제 탐구 독서, 융합 과학 탐구, 진로와 직업, 독서 토론과 글쓰기

2015 개정 교육과정: 생명과학 I, 생명과학 II, 생활과 과학, 융합과학, 진로와 직업, 심리학, 논술

아픔이 길이 되려면

김승섭 | 동아시아 | 2017

제58회 한국출판문화상
저술교양 부문 수상작

2017《조선일보》《시사IN》올해의 저자
2017《한겨레신문》《경향일보》《동아일보》
《경향신문》《문화일보》올해의 책

사회적 관계가 인간의 몸에 질병으로 남긴 상처를 해독하는 사회역학의 눈으로 질병을 바라보며 사회가 어떻게 우리 몸을 아프게 하는지, 사회가 개인의 몸에 어떻게 반영되는지를 여러 연구 사례와 함께 이야기한 책이다. 이 책을 통해 개개인의 삶에 대한 공동체의 책임은 어디까지인지 함께 고민하고, 모두 함께 건강하기 위해 공동체는 무엇을 고민해야 할지 생각해 볼 수 있다.

탐구 주제

주제1 저자는 책에서 '세월호 참사 생존 학생 실태조사'를 통해 사회적 고통을 사회적으로 치유해야 한다고 주장하였다. 이와 관련하여 실제로 세월호 사건 당시 살아남은 학생들의 외상 후 스트레스 장애 극복을 위한 국가와 공동체의 역할은 무엇이었는지 정리해 보자.

주제2 《아픔이 길이 되려면》에서는 혐오 발언, 구직자 차별, 고용 불안, 참사, 학교 폭력 등 사회적 상처들이 우리 몸을 병들게 하며, 사회적 원인을 가진 질병은 사회적 해결책이 필요하다고 말한다. 이와 관련해 학교 폭력을 막기 위한 사회적 해결책에 대해서 생각해 보자.

주제3 공동체 문화가 심장병 사망률을 낮췄던 로세토 마을의 사례 분석

주제4 질병의 '원인의 원인'을 추적하는 사회역학의 역사 탐구

학생부 기록 예시 (교과세특)

'아픔이 길이 되려면(김승섭)'을 읽고 사회적 환경과 완전히 단절된 병이란 존재할 수 없으며, 사회적 원인을 가진 질병은 사회적 해결책이 필요하다는 것을 이해함. 특히 다문화 가정 청소년이 차별이나 폭력을 겪고도 말조차 하지 못하거나 애써 괜찮다고 생각할 때 실은 몸과 정신이 병들어 가고 있었다는 것을 성찰하고, 사회 문제와 연결하여 차별과 혐오를 막기 위한 공공의 노력이 필요하다는 실천적인 문제해결 능력을 보임.

'아픔이 길이 되려면(김승섭)'을 읽고 최첨단 의료 기술의 발전으로 유전자 수준에서 병을 예측하고 치료하는 게 가능해지더라도, 사회의 변화 없이 개인은 건강해질 수 없다는 저자의 주장에 공감함. 또한 질병 원인의 원인을 밝히는 사회 역학에 대한 관심을 갖고 사회를 구성하는 개인, 집단, 조직, 사회 구조 간의 관계를 이해하기 위해 노력하고, 한국사회의 주요한 문제 해결을 위한 공동체의 책임에 대해 고민하는 모습을 보임.

관련 논문

보건정책과 사회역학(신영전, 2005)

관련 도서

《고통 구경하는 사회》, 김인정, 웨일북
《그렇게 인생은 이야기가 된다》, 제임스 R. 해거티, 인플루엔셜

관련 계열 및 학과	• 의학계열: 의예과, 건강관리학과, 보건관리학과, 의료정보학과, 임상병리학과
	• 인문계열: 심리학과, 상담심리학과, 철학과, 철학윤리학과, 문화인류학과, 인류학과
관련 교과	• 사회계열: 의료경영학과, 공공행정학과, 사회복지학과, 노인복지학과, 아동청소년과

2022 개정 교육과정: 생명과학, 세포와 물질 대사, 융합 과학 탐구, 논술, 사회문제탐구, 윤리문제탐구

2015 개정 교육과정: 생명과학 I, 생명과학 II, 생활과 과학, 융합과학, 논술, 사회문제탐구

암: 만병의 황제의 역사

싯다르타 무케르지 | 까치 | 2011

종양학자이자 의사인 저자가 문화사적 관점에서 서술한 암의 전기이다. 저자는 자신이 직접 치료한 암 환자들의 실화를 통해 암의 본질과 기초 연구가 질병의 이해로 나아가는 과정을 명쾌하게 설명하고 있다. 암 자체의 역사를 통해서 암에 관한 모든 것을 분석하고, 수많은 환자와 의사들이 벌인 암과의 전쟁 이야기를 상세히 들려주고 있어 암의 역사를 이해하는 데 도움이 될 것이다.

탐구 주제

주제1 《암: 만병의 황제의 역사》에서는 고대 그리스 의사 갈레노스를 소개하며 그가 첫 종양과 암을 접했던 초기 의사들 중 한 명이라고 말했다. 갈레노스가 의학사에 끼친 영향을 탐구해 보자.

주제2 책에 따르면 래스커 재단의 암 연구에 대한 후원을 받은 연구자들은 암 치료에 있어 많은 성과를 거두었다. 반면 현재 우리나라에서는 연구 개발 예산 삭감에 대한 반발이 심하다. 연구비 지원이 학문 발전에 미치는 효과를 사례를 찾아 분석해 보자.

주제3 화학적 치료의 대부 시드니 파버가 암 치료에 끼친 영향 탐구

주제4 수술, 방사선 치료, 화학 치료 등 다양한 암 치료의 장단점 비교

학생부 기록 예시 (교과세특)

5000년 넘게 인간과 함께 존재해 온 암과 그 암의 정복을 위해서 싸워온 사람들의 역사를 다룬 '암: 만병의 황제의 역사(싯다르타 무케르지)'를 읽고 암의 시작과 암을 어떻게 이해해야 하는지 등 암 치료의 역사와 전개 과정을 이해하고 지적 사고력을 확장함. 특히 실제 미라에서 발견된 첫 종양과 암을 접했던 고대 의사들인 히포크라테스나 갈레노스, 베살리우스와 베일리 등에 대한 심화 학습을 진행하여 연구 업적을 정리함.

'암: 만병의 황제의 역사(싯다르타 무케르지)'에서 폐암과 같이 담배와 뚜렷한 상관관계를 가진 암에 대해 이해. 특히 1950년대부터 시작된, 발암 물질로 지목되지 않기 위한 담배 산업계의 비열한 속임수와 그것을 밝혀내고자 노력했던 암 환자들과 법조인들의 법정 투쟁을 살펴보며 예방이 곧 치료임을 인식함. 이와 관련하여 청소년들의 흡연 실태를 분석하고 금연 캠페인을 전개하며 친구들의 인식 개선을 위해 적극 노력함.

관련 논문
흡연 청소년의 암 예방행위 관련요인(조은주, 김난영, 2015)

관련 도서
《암에 지는 사람, 암을 이기는 사람》, 김의신, 쌤앤파커스
《국가의 질병 관리 역사》, 이방원 외, 이화여자대학교출판문화원

관련 계열 및 학과	• 의학계열: 의예과, 한의예과, 건강관리학과, 보건관리학과, 의료정보학과
	• 사회계열: 의료경영학과, 공공행정학과, 사회복지학과, 노인복지학과
관련 교과	• 공학계열: 생명공학과, 생물공학과, 유전공학과, 화공생명공학과, 고분자공학과

2022 개정 교육과정: 생명과학, 화학, 세포와 물질대사, 생물의 유전, 융합 과학 탐구, 보건

2015 개정 교육과정: 생명과학 I, 생명과학 II, 생활과 과학, 융합과학, 진로와 직업, 보건

영화관에서 만나는 의학의 세계

고병수 | 바틀비 | 2023

이 책은 영화를 통해 의학을 배우고, 의학을 통해 영화를 즐기는 의학 에세이이다. 감기처럼 흔한 질병부터 아직 치료법을 알 수 없는 불치병, 역사 속의 의학 이야기부터 의료 제도의 현 상황, 친숙한 의학 지식뿐 아니라 잘못된 의학 상식까지 한 번쯤은 들어보거나 생각해 볼 필요가 있는 주제를 다양한 영화를 통해 담아내고 있어 책을 읽는 재미를 느낄 수 있을 것이다.

탐구 주제

주제1 책에서 저자는 일자리를 얻으려는 장애인의 처절함을 다룬 영화를 소개하며 장애 등급에 대한 화두를 던지고, 약자와 소수자를 위한 의료 제도의 필요성을 언급했다. 이와 관련해 우리나라의 취약 계층을 위한 건강 관리 및 의료 서비스 보장 제도를 조사해 보자.

주제2 저자는 책에서 문신 이야기를 한다. 우리나라에서는 현행법상 타투 시술이 의료 행위로 해석돼, 의사 면허가 없는 사람이 시술하는 경우 의료법 위반으로 처벌 대상에 속한다. 이와 관련하여 '타투 시술은 의료 행위인가?'를 주제로 토론해 보자.

주제3 1차 의료의 필요성과 2차·3차 의료기관의 효율적 연계 방안 탐색

주제4 청각 장애와 유전의 연관성 탐구

학생부 기록 예시 (교과세특)

'영화관에서 만나는 의학의 세계(고병수)'를 통해 영화 속에 잘못된 질병과 건강에 대한 의학 상식 등이 많았으며 무심코 그대로 받아들였다는 사실을 인식함. 이를 계기로 유사 사례를 정리해서 지역 노인정에서 안내하는 봉사활동을 진행함. 특히 요즘 노년층에서 주목받고 있는 '맨발 걷기'에 대한 쟁점을 정리한 부분에서 큰 호응을 받음. 알게 된 사실을 필요한 사람들과 상호소통하고 실천하려고 노력하는 모습이 인상 깊은 학생임.

의학과 인간 이야기를 영화를 활용해 풀어낸 '영화관에서 만나는 의학의 세계(고병수)'의 '정신 의학' 부분을 재밌게 읽고 정신 질환과 심리학에 관심을 갖게 됨. 저자가 추천한 영화 '인셉션'과 '이터널 선샤인'을 친구들과 함께 시청하고, 등장 인물들의 심리와 정신을 분석하며 열띤 토론을 즐기는 모습을 보임. 사회 취약 계층과 소수자들을 바라보는 따뜻한 시각이 인상적이고 미래지향적인 융합적 사고 능력을 보여 주는 학생임.

관련 논문

의료취약성 정도에 따른 노인의 미충족의료 경험 비교: 의료취약계층 노인의 필수적 의료자원 보장을 위한 시사점(신세라, 2022)

관련 도서

《의료인류학》, 문우종 외, 메디컬에듀케이션
《마음을 치료하는 의사》, 박종철, 퍼블러터

관련 계열 및 학과
- 의학계열: 의예과, 치의예과, 한의예과, 임상병리학과, 건강관리학과, 보건관리학과, 간호학과
- 인문계열: 심리학과, 상담심리학과, 미학과, 철학과, 철학윤리학과, 신학과, 종교학과
- 사회계열: 사회학과, 사회복지학과, 의료경영학과, 아동청소년학과, 재활상담학과

관련 교과

2022 개정 교육과정: 생명과학, 융합 과학 탐구, 과학의 역사와 문화, 역사로 탐구하는 현대 세계

2015 개정 교육과정: 생명과학 I, 생명과학 II, 생활과 과학, 융합과학, 과학사, 인문학적 감성과 역사 이해

왓슨의 이중나선

박승호 | 작은길 | 2014

이 책은 만화라는 양식을 빌어 과학사와 과학을 돌파하는 책으로, DNA의 이중 나선 구조를 발견한 제임스 D. 왓슨의 삶과 과학자로서 그의 업적을 다루고 있다. 유전자 발견 이전 유전자 생물학의 역사, 생명과학의 성립 배경과 기초지식, 지금까지의 발전 양상을 알기 쉽게 풀어내고 있어 학생들의 궁금증을 해소하는 데 적절한 과학교양서라고 할 수 있다.

탐구 주제

주제1 《왓슨의 이중나선》에 의하면 1951년 영국의 캐번디시 연구소에서 DNA 연구를 시작한 왓슨은 경쟁심이 자기의 힘이 되어 이중 나선 구조를 발견할 수 있었다고 말했다. 이를 학생들의 입장에 적용해, '경쟁심과 성취동기가 학습 성과에 미치는 긍정적, 부정적 효과'를 정리해 보자.

주제2 《왓슨의 이중나선》에 의하면 왓슨은 DNA 이중 나선 발견 이후 인간 게놈 프로젝트를 주창하고 참여하였다. 이후 인간 게놈 지도가 완성되어 많은 유전병 치료가 가능해졌다. 반면 인간 게놈 지도를 둘러싼 논쟁도 대두되고 있다. 관련된 주요 논쟁을 탐구해 보자.

주제3 DNA와 단백질의 역할과 차이점 비교

주제4 분자생물학의 응용-유전자 치료법 탐구

학생부 기록 예시 (교과세특)

'왓슨의 이중나선(김덕수)'을 읽고 왓슨과 크릭의 DNA 이중 나선 구조 발견이 생명의 복제 메커니즘, 생명공학 혁명과 분자생물학의 시대를 본격적으로 열었음을 이해함. 이후 X선을 이용한 결정학 연구로 DNA 구조 발견에 결정적인 힌트를 제공한 프랭클린과 모형을 이용하여 DNA 구조를 추론한 폴링에 대한 심화 학습을 진행하여 그들의 연구가 이중 나선 발견의 기초가 되었다는 객관적이고 분석력이 뛰어난 학습 결과물을 제출함.

'왓슨의 이중나선(김덕수)'을 읽고 인간 게놈 프로젝트 사업에 대한 지적 호기심으로 게놈 프로젝트에 대한 심화 탐구활동을 진행함. 사업 추진 과정과 결과를 논리적으로 분석하여 정리함. 특히 인간 게놈 지도가 완성됨으로써 암과 심장병, 복잡한 유전병의 예방과 치료 등 의학 분야에 큰 변화가 예측되지만, 인간 게놈 지도의 활용과 관련된 유전자 조작, 생명 복제, 차별 등 윤리적 문제에 대한 연구도 이루어져야 한다는 입장을 밝힘.

관련 논문

은유로서의 DNA-유전자 담론에 대한 인문학적 성찰(한수영, 2016)

관련 도서

《이중나선 구조의 비밀》, 김병동, 자유아카데미
《왓슨&크릭 : DNA 이중나선의 두 영웅》, 정혜경, 김영사

관련 계열 및 학과	• 의학계열: 의예과, 치의예과, 수의예과, 한의예과, 의료공학과, 임상병리학과, 보건관리학과
	• 자연계열: 미생물학과, 미생물분자생명과학과, 분자생물학과, 생물학과, 생명과학과
관련 교과	• 공학계열: 생명공학과, 생물공학과, 유전공학과, 생명정보공학과, 바이오생명공학과

2022 개정 교육과정: 생명과학, 세포와 물질대사, 생물의 유전, 융합 과학 탐구, 과학의 역사와 문화

2015 개정 교육과정: 생명과학 I, 생명과학 II, 생활과 과학, 융합과학, 과학사, 논리와 사고

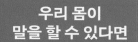

우리 몸이 말을 할 수 있다면

제임스 햄블린 | 추수밭 | 2021

이 책은 누구나 살면서 한 번 정도는 생각해 본 우리 몸에 관한 질문에 대한 101개의 진실을 이야기한 인간 탐구 보고서다. 저자는 어려운 의료 용어 하나 없이 건강과 신체에 대한 다소 엉뚱해 보이는 질문들을 알기 쉽게 풀어내고, 중간중간 직관적인 삽화로 대답을 하며 이해를 돕는다. 이 책을 다 읽고 나면 우리 몸과 각 기관에 대해 잘 이해할 수 있을 것이다.

탐구 주제

주제1 책에서 저자는 우리가 먹는 음식에도 경각심을 가져야 한다고 설명하였다. 이와 관련하여 최근 '글루텐 프리'라는 단어가 사람들 사이에서 통용되고 있다. 그 의미와 글루텐 불내증의 원인이 무엇인지 탐구해 보자.

주제2 《우리 몸이 말을 할 수 있다면》에서는 '정상이란 무엇인가'라는 질문 속에 보조개, 곱슬머리, 눈동자 색깔 등 우리 몸의 신체 표면에 대해 다루었다. 이와 관련하여 '보조개'를 사례로 들어 통계적인 관점과 건강학적 관점에서 '정상 vs 비정상'에 대해 토론해 보자.

주제3 스마트 기기와 암 유발의 상관관계 분석

주제4 스포츠 음료에 포함된 전해질이 운동 능력에 미치는 영향 탐구

학생부 기록 예시 (교과세특)

'우리 몸이 말을 할 수 있다면(제임스 햄블린)'을 읽고 생명과학 수업에서 학습한 '인체의 방어 작용'의 의미를 잘 이해하는 모습을 보임. 이후 만성적인 가려움과 아토피가 신체에서 어떤 과정을 통해 나타나는지에 대한 조사를 진행함. 그 후 우리 몸의 감각작용에 대한 관심으로 학급 친구들의 피부 유형을 조사하고 어떤 피부 문제가 생겼는지, 가려운 곳을 긁으면 왜 기분이 좋은지에 대해 정리해서 발표하는 시간을 가짐.

'우리 몸이 말을 할 수 있다면(제임스 햄블린)'을 읽고 저자가 제시한 진짜 건강은 단순히 질병을 가지지 않은 상태가 아니라 신체적, 정신적, 사회적으로 안녕한 상태라는 말에 공감함. 또한 인간이라는 복잡한 세계를 이해하기 위해서는 우리 몸을 제대로 알아야만 하고, 무심코 자주 먹고 마시는 것에서 경각심을 가져야 할 것들, 외면과 내면에 찾아온 변화 등 몸이 건네는 말에 귀를 기울이는 자세가 필요하다는 입장을 밝힘.

관련 논문

탈진적인 운동 후 초코우유섭취가 피로회복에 미치는 영향(전병덕 외, 2010)

관련 도서

《우리는 왜 잠을 자야 할까》, 매슈 워커, 열린책들
《세상을 바꾼 항생제를 만든 사람들》, 고관수, 계단

관련 계열 및 학과	• 의학계열: 의예과, 수의예과, 한의예과, 운동처방과, 건강관리학과, 임상병리학과
	• 자연계열: 생명과학과, 생물학과, 미생물학과, 분자생물학과, 미생물분자생명과학과
관련 교과	• 공학계열: 생명공학과, 생물공학과, 유전공학과, 바이오생명공학과, 화공생명공학과

2022 개정 교육과정: 생명과학, 세포와 물질대사, 생물의 유전, 융합 과학 탐구, 논리와 사고, 보건

2015 개정 교육과정: 통합과학, 생명과학 I, 생명과학 II, 생활과 과학, 융합과학, 논리학, 보건

운동화 신은 뇌

존 레이티, 에릭 헤이거먼 |
녹색지팡이 | 2023

이 책은 운동이 우리의 생각과 감정에 어떤 영향을 끼치는지, 어떻게 뇌에 학습 능력의 토대를 마련하는지를 소개하고 있다. 특히 저자는 신체와 정신은 하나라는 이론을 바탕으로 운동과 뇌의 관계에 대한 과학적인 정보와 학습능력 향상, 우울증 해소 등 뇌의 기능을 최대한 발휘할 수 있는 운동 요법을 안내하고 있다. 이 책을 통해 운동과 뇌 활동의 긍정적 영향에 대해 알아볼 수 있는 계기가 될 것이다.

탐구 주제

주제1 저자는 책에서 네이퍼빌의 혁명적 체육 수업 사례를 들며 학습 능력에 운동이 미치는 영향을 소개하였다. 실제 학교의 체육 수업이 가져온 긍정적 효과에 대한 사례를 토대로 어떻게 운동해야 뇌에 보다 더 좋은 영향을 끼칠까에 대해 토론해 보자.

주제2 저자는 《운동화 신은 뇌》에서 운동과 뇌 과학은 밀접하게 관련되어 있고, 뇌가 최적의 상태를 유지하기 위해서는 운동이 필요하다고 주장한다. 이와 관련하여 규칙적인 운동이 뇌의 구조와 기능에 미치는 영향을 분석하고 탐구해 보자.

주제3 인터벌 트레이닝의 의학적 효과 분석

주제4 운동이 뇌 질환에 미치는 영향 탐구

학생부 기록 예시 (교과세특)

'운동화 신은 뇌(존 레이티 외)'를 통해 운동은 뇌의 전두엽에서 신경세포의 연결을 강화하여 주의력, 집중력, 문제해결 능력 등을 향상시킨다는 사실을 깨달음. 이와 관련하여 운동이 뇌의 구조와 기능에 미치는 영향에 대해 구체적으로 심화 학습을 진행하고 탐구 결과물을 작성함. 나아가 장차 운동과 뇌 과학에 대한 연구를 좀 더 심화시켜 보고 싶다는 자신의 진로에 대한 구체적인 목표를 설정함.

'운동화 신은 뇌(존 레이티 외)'를 읽고 운동이 신체적 건강을 넘어서 뇌 건강, 뇌 질환에도 지대한 영향을 끼친다는 사실을 인식함. 이와 관련하여 자발적으로 운동이 뇌 질환에 미치는 영향에 대해 탐구하고, 운동이 뇌 질환인 치매, 우울증, 불안증, ADHD 등의 발병 위험을 낮추거나 증상을 완화한다는 점을 데이터로 분석하는 비판적 사고력을 보임. 나아가 운동을 통한 뇌 건강 증진 방법을 개발하는 데 도움이 되고 싶다는 소망을 밝힘.

관련 논문
운동과 뇌 건강(박인성, 2007)

관련 도서
《늙지 않는 비밀》, 엘리자베스 블랙번, 엘리사 에펠, 알에이치코리아
《그림으로 읽는 친절한 뇌과학 이야기》, 인포비주얼연구소, 북피움

관련 계열 및 학과	• 의학계열: 의예과, 한의예과, 간호학과, 스포츠재활학과, 운동처방과, 건강관리학과
	• 공학계열: 생명공학과, 생물공학과, 유전공학과, 생명정보공학과, 바이오생명공학과
관련 교과	• 예체능계열: 체육학과, 사회체육학과, 스포츠의학과, 스포츠건강관리학과, 스포츠과학과

2022 개정 교육과정: 생명과학, 융합 과학 탐구, 진로와 직업, 운동과 건강, 스포츠 과학

2015 개정 교육과정: 생명과학 I, 생명과학 II, 생활과 과학, 진로와 직업, 운동과 건강, 스포츠 생활

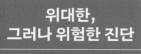

위대한, 그러나 위험한 진단

리사 샌더스 | 랜덤하우스 | 2010

이 책은 죽음이 임박한 환자의 병명과 원인을 밝히지 못한 채 미궁에 빠진 진단을 추리하는 내과 의사의 활약을 다룬 미국 의학 드라마 〈닥터 하우스〉의 의학 고문인 저자의 인기 의학 칼럼을 모아 한 권으로 펴낸 것이다. 이 책을 통해 좀처럼 풀리지 않거나 오류가 있는 진단의 다양한 사례들을 살피고 진단의 과정과 문제점, 해결의 실마리들을 다각도로 모색하며 진단의 진실을 이해해 보자.

탐구 주제

주제1 저자는 질병 진단 단계에서 첨단 검사는 늘어나는 것에 비해 촉진은 줄어들고 있는 상황과 소홀한 촉진이 불러온 비극적인 사례를 언급하였다. 한편 환자들은 촉진 시 심리적 불편함을 호소하기도 한다. '촉진과 심리적 불편함의 딜레마'의 원인과 해결책을 알아보자.

주제2 《위대한, 그러나 위험한 진단》에서 저자는 청진을 대체하는 첨단 검사의 위력과 디지털 시대의 진단에 대해 설명하면서도 첨단 검사의 모순점과 이면에 대해서 함께 언급하였다. 이와 관련하여 '미래에는 컴퓨터가 의사를 완전히 대체할 수 있을까?'에 대한 찬반 토론을 해 보자.

주제3 의사의 직관이 질병 진단과 치료에 미치는 영향 탐구

주제4 청진기의 역사와 발전 과정 탐구

학생부 기록 예시 (교과세특)

'위대한, 그러나 위험한 진단(리사 샌더스)'의 미궁에 빠진 진단 사례들을 통해서 의사와 환자가 함께 알아야 할 진단의 진정한 의미, 진단 과정 속 발생하기 쉬운 오류와 개선의 실마리들 등 묵직한 의학적 화두를 통찰력 있게 이해함. 특히 질병의 치료법 발달에 비해 진단은 상대적으로 덜 조명된 의료 과정이지만 의사들의 사고 체계 전반을 관할하고 처방과 치료를 비롯한 의료 과정의 방향성을 잡는 키라며 진단의 중요성을 강조함.

'위대한, 그러나 위험한 진단(리사 샌더스)'을 읽고 환자의 생명을 걸고 제한된 시간 안에 복잡한 퍼즐을 맞추듯이 질병의 진실을 재구성해야 하는 긴박함 속 CT나 MRI 검사 등 첨단 검사의 위력에 가려져 의사나 환자로부터 소외되고 무시 받는 시진, 청진, 촉진 등 의사의 오감을 이용한 신체 검사의 중요성에 대해 재조명해 봄. 이를 바탕으로 환자와 소통하고 공감하는 '인간 중심의 진단'이라는 현대 의학의 방향성을 제시함.

관련 논문

오진(誤診): 의료윤리와 의료법에 선행하는 인식론 문제 (한희진, 2010)

관련 도서

《큰의사 노먼 베순》, 이원준, 이룸
《올 댓 닥터》, 스토리텔링콘텐츠연구소, 이야기공작소

관련 계열 및 학과
- 의학계열: 의예과, 건강관리학과, 보건관리학과, 의료정보학과, 임상병리학과, 산업보건학과
- 인문계열: 심리학과, 상담심리학과, 철학과, 철학윤리학과, 문화인류학과, 인류학과
- 사회계열: 의료경영학과, 공공행정학과, 사회복지학과, 노인복지학과, 아동청소년과

관련 교과

2022 개정 교육과정: 생명과학, 세포와 물질 대사, 융합 과학 탐구, 논술, 사회문제탐구, 윤리문제탐구

2015 개정 교육과정: 생명과학Ⅰ, 생명과학Ⅱ, 생활과 과학, 융합과학, 논술, 사회문제탐구, 생활과 윤리

유전자의 내밀한 역사

싯다르타 무케르지 | 까치 | 2017

수천 년 전 아리스토텔레스 등 유전학 이전 시대부터 현재까지 유전자의 내밀하고 장엄한 역사를 기록한 책이다. 유전자 연구에 관한 큰 흐름 속에서 다양한 사례와 이야기들을 곳곳에 배치하여 이해와 재미를 주었고, 현재 각광 받는 유전자 치료 기술의 발전과 윤리적 쟁점에 대해서도 다루었다. 이 책을 통해 유전학의 흐름을 익힘으로써 유전학의 방향성을 예측하는 데 도움을 얻을 수 있을 것이다.

탐구 주제

주제1 책에서 저자는 유전학을 잘못 이해한 몇몇 학자들에 의해 열등한 유전자는 아예 유전되지 않는 편이 낫다고 여기는 '우생학'이라는 학문이 출현하였다고 언급하였다. 이와 관련하여 나치 독일의 우생학 정책이란 무엇인지, 이로 인한 발생한 문제점을 탐구해 보자.

주제2 저자는 오늘날 유전자 요법 치료, 유전자 진단, 유전자 검사 등 유전자를 이용한 기술들의 발전에 대해 '긍정적 우생학의 부활'이라고 평가한다. 이와 관련하여 여전히 사회적, 윤리적 논란이 존재한다. 사례를 들어 문제점을 분석해 보자.

주제3 유전자가 관여하는 신체 반응 탐구

주제4 브로콜리 DNA 추출 실험을 활용한 유전자의 흐름 분석

학생부 기록 예시 (교과세특)

'유전자의 내밀한 역사(싯다르타 무케르치)'를 읽고 현재와 미래의 유전자 활용 기술에 대한 지적 호기심을 키움. 이후 노벨 화학상을 탄 유전자 가위 기술인 '크리스퍼'에 대해 심화 학습을 진행하고, 유전자를 편집하고 치료하는 과정의 진행 상황과 작용하는 방식에 대해 꼼꼼히 정리함. 또한 현재 사용 중인 치료제와 개발 단계에 있는 유전자 치료제들의 종류와 그 한계점인 면역 반응에 대한 완성도 높은 탐구 결과물을 제출함.

'유전자의 내밀한 역사(싯다르타 무케르치)'를 읽고 책에서 언급된 리센코와 멩겔레의 사례를 통해 연구 윤리에 대해 고민함. 특히 아우슈비츠 강제 수용소에서 수감자들을 대상으로 끔찍한 인체 실험을 자행한 맹겔레에 대해 유전자 연구라는 명목하에 인종 차별을 정당화하였다고 날카롭게 비판함. 또한 유전자 기술이 나날이 발전하는 현재 기술과 관련된 이슈들을 논의하고 사회적으로도 합의가 필요하다는 입장을 강하게 주장함.

관련 논문

우생학에 대한 생명윤리의 과제(이종원, 2006)

관련 도서

《유전자에 관한 50가지 기초지식》, 가와카미 마사야, 전파과학사
《꿈의 분자 RNA》, 김우재, 김영사

관련 계열 및 학과	• 의학계열: 의예과, 치의예과, 수의예과, 한의예과, 의료공학과, 임상병리학과, 보건관리학과
	• 자연계열: 미생물학과, 미생물분자생명과학과, 분자생물학과, 생물학과, 생명과학과
관련 교과	• 공학계열: 생명공학과, 생물공학과, 유전공학과, 생명정보공학과, 바이오생명공학과

2022 개정 교육과정: 생명과학, 세포와 물질대사, 생물의 유전, 융합 과학 탐구, 과학의 역사와 문화

2015 개정 교육과정: 생명과학 I, 생명과학 II, 생활과 과학, 융합과학, 과학사, 논리와 사고

의과대학 인문학 수업

권시진, 오흥권 |
홍익출판미디어그룹 | 2020

서울대학교 의과대학에서 인기가 많은 '내러티브 의학' 강의를 수강한 의대생들이 의료인이나 환자가 주인공인 19개의 영화를 보고 나눈 인문적 담론을 정리해 엮은 책이다. 단순히 어떤 질병이 있는지 의학적 지식으로만 접근하는 것 이상으로 인간에 대한 이해와 존중을 보여준다. 이 책을 통해 의사에게 필요한 인간적 접근법과 따듯한 시각이 무엇인지 배울 수 있을 것이다.

탐구 주제

주제1 《의과대학 인문학 수업》에서 소개한 영화 〈컨테이젼〉은 인간이 신종 바이러스에 얼마나 취약한지를 잘 보여주며 현재 코로나19로 팬데믹까지 접어든 상황을 잘 묘사하고 있다는 평가를 받고 있다. 이 영화를 통해 우리가 얻을 수 있는 교훈이 무엇일지 토론해 보자.

주제2 책에서 저자는 장기매매가 합법화된 미래 사회의 모습을 그린 영화 〈리포맨〉을 소개하며 한 명의 목숨을 희생해 여러 명의 생명을 살리는 서바이벌 로터리 제도에 대해서 언급하였다. 이와 관련하여 공리주의 관점에서 볼 때 이 제도의 장단점을 분석해 보자.

주제3 장기 이식의 역사와 발전 과정 탐구

주제4 병명으로 인한 낙인 효과가 환자의 삶의 질에 미치는 영향 고찰

학생부 기록 예시 (교과세특)

19편의 영화와 함께 진행된 질병 이야기인 '의과대학 인문학 수업(권시진 외)'을 읽고 의술의 본분에 대해 고민하는 모습을 보임. 이후 인간의 생명을 다루는 전문가인 의사들은 인간의 마음을 읽는 전문가이기도 해야 한다는 에세이를 작성함. 또한 질병 수당 자격 심사에 항고하려 법정에 선 주인공이 심장 마비로 세상을 떠나 버리는 영화 사례를 접한 후 고령층 의료 문제에 관심을 갖고 한국 노인 의료 복지 제도에 대해 조사함.

'의과대학 인문학 수업(권시진 외)'을 읽고 희귀병을 치료하고 싶다는 의학적 목표를 세움. 특히 책을 통해 세계 최초로 샴 쌍둥이 분리 수술에 성공한 벤 카슨의 사례를 접하고, 희귀병과 희귀한 선천적 질환들에 대해 알아봄. 그중 소아 조로증에 걸린 환자의 사례를 보고 안타까워하며 꼭 의사가 되어 치료해 보고 싶다는 소망을 드러냄. 분명한 목표 의식을 뚜렷하게 가진 학생이므로 장래에 긍정적인 발전이 기대됨.

관련 논문

1926년 영화 〈아리랑〉 속 광기 연구: 나운규의 전염병 경험을 중심으로(조한동, 2023)

관련 도서

《의학의 창에서 바라본 세상》, 정준기, 꿈꿀자유
《의료인문학과 의학 교육》, 앨런 블리클리, 학이시습

관련 계열 및 학과
- 의학계열: 의예과, 치의예과, 수의예과, 한의예과, 건강관리학과, 의료정보학과, 미술치료학과
- 인문계열: 국어국문학과, 문예창작학과, 미술사학과, 미학과, 상담심리학과, 심리학과, 철학과

관련 교과
- 예체능계열: 미술학과, 방송연예과, 사진(영상,예술)학과, 영상디자인과, 현대문화예술학과

2022 개정 교육과정: 생명과학, 주제 탐구 독서, 융합과학 탐구, 사회문제 탐구, 윤리문제 탐구

2015 개정 교육과정: 생명과학 I, 생명과학 II, 생활과 과학, 융합과학, 사회문제 탐구, 생활과 윤리

의료, 인권을 만나다

인권의학연구소 외 |
건강미디어협동조합 | 2017

우리 사회에 처음으로 인권 의학을 소개한 인권의학연구소에서 인권 의학에 대한 이론적인 내용뿐 아니라 여러 분야에서 인권 관련 활동을 실천해 온 저자들의 경험을 엮어서 펴낸 책이다. 실제로 의료와 관련된 많은 사안들이 인권과 밀접하게 관련되어 있다. 이 책을 통해 학생들은 그 갈등과 문제의 핵심 쟁점이 무엇인지, 그 해결 방안을 위한 논의의 수준이 어디까지 와 있는지 자세히 이해할 수 있을 것이다.

탐구 주제

주제1 《의료, 인권을 만나다》는 재난이나 폭력 트라우마 극복을 위한 건강권의 중요성에 대해 언급한다. 대한민국의 건강권은 오랜 논의 속에 2022년 6월 개정 헌법 제35조 5항에 명시되었다. 건강권의 의미와 그 이후 보건의료 정책의 변화를 정리해 보자.

주제2 《의료, 인권을 만나다》에서는 연차가 낮은 전공의가 선배 전공의나 상관인 전문의로부터 인격적 모욕이나 부당한 차별 대우를 받는 노동권 침해 상황을 다루었다. 이와 같은 '의료계의 권위주의'가 예비 의료인의 인권과 환자의 안전에 미치는 영향을 분석하고, 지향점을 제시해 보자.

주제3 의료 민영화 정책이 국민의 건강권에 미치는 영향 분석

주제4 의료 인권 사각 지대에 대한 의료 인권 상황 실태 탐구

학생부 기록 예시 (교과세특)

'의료, 인권을 만나다(인권의학연구소)'를 읽고 인권과 건강의 관계와 의료인들이 인권에 관심을 두어야 하는 이유를 이해함. 특히 환경이 개인과 공동체의 건강에 미치는 영향의 중요성을 깨닫고 이와 관련한 자료 조사를 통해 '일본 핵 오염수 방류가 우리 국민의 건강에 미치는 영향'을 다각도로 분석하는 비판적 사고력을 보임. 또한 노동 환경의 문제를 인권과 연결지어 노동자 건강권 실현을 위한 의료인의 자세에 대한 후속 탐구를 진행함.

'의료, 인권을 만나다(인권의학연구소)'를 읽고 우리 사회에서 빈번하게 발생해 온 폭력 사건이나 이태원 참사 사건과 같은 재난 트라우마가 개인의 건강과 사회에 미치는 영향을 이해함. 이와 관련하여 모든 국민은 건강하게 살 권리가 있고 국가도 질병 예방과 보건 의료 제도 개선을 위한 적극적인 역할 수행이 필요하다고 언급함. 우리나라 보건 의료 정책이 의료 보험 보장성 확대와 공공의료에 초점을 맞추어야 한다는 입장을 밝힘.

관련 논문

인권과 건강의 상호교차성-보건의료의 측면에서 본 인간 존엄성과 사회적 존엄성 (정민수, 박은정, 2013)

관련 도서

《돌봄과 인권》, 김영옥, 류은숙, 코난북스
《의료붕괴》, 우석균 외, 이데아

관련 계열 및 학과

- 의학계열: 의예과, 한의예과, 건강관리학과, 보건관리학과, 의료정보학과, 산업보건학과
- 인문계열: 심리학과, 상담심리학과, 철학과, 철학윤리학과, 문화인류학과, 인류학과
- 사회계열: 의료경영학과, 공공행정학과, 공공인재학과, 사회복지학과, 사회학과, 행정학과

관련 교과

2022 개정 교육과정: 생명과학, 세포와 물질 대사, 융합 과학 탐구, 논술, 사회문제탐구, 윤리문제탐구

2015 개정 교육과정: 생명과학 I, 생명과학 II, 생활과 과학, 융합과학, 논술, 사회문제탐구

의료윤리와 법

박창범 | 군자출판사 | 2019

최근 의료 기술의 발달로 인간은 삶에 대한 다양한 선택을 할 수 있는 기회를 부여받고 있지만, 한편 임상의들이 환자를 돌보고 의료 행위를 할 때 기존에 가지고 있던 생명에 대한 윤리적 가치 판단에 혼란을 주기도 한다. 이 책은 우리나라에서 벌어졌던 의료 윤리와 관련된 사건들과 함께 실제 임상의들이 마주치는 보편적인 현실을 다루고 있다. 이 책을 통해 의료 윤리가 무엇인지 고민해 보는 시간이 될 것이다.

탐구 주제

주제1 저자는 《의료윤리와 법》에서 환자의 보호자가 연명 치료를 중단하고자 요청한 '신촌 김 할머니 사건'에 대해 다뤘다. 의사로서 연명 치료 중단 요구를 받았을 때 어떤 선택을 할 것인지 윤리적 관점에서 근거를 들어 토론해 보자.

주제2 책에는 종교적 이유로 수혈을 거부해 사망한 사례가 등장한다. 법적으로는 의사가 양심에 따라 진료하고, 자기 결정권을 존중했다면 처벌할 수 없다. 이때 의사의 치료권과 환자의 자기결정권 중 어디에 경중을 두어야 할지 의료 윤리 관점에서 분석해 보자.

주제3 정신질환자의 정신 병원 강제 입원의 필요성에 대한 고찰

주제4 의과 대학의 의료 윤리 교과목 개설 현황 분석

학생부 기록 예시 (교과세특)

'의료윤리와 법(박창범)'의 다양한 사례를 보며 의사가 된 후 마주할 윤리적 문제들에 대해 탐구하고, 한쪽 의견만 동의하기보다는 양쪽의 입장을 고르게 이해하고자 노력하고 고민함. 윤리 시간에 배운 사상들의 철학을 추가적으로 사례와 연결시켜 보는 활동을 진행하는 비판적 사고력을 보임. 이후 윤리적 딜레마를 터부시하지 않는 의사가 되겠다고 다짐함. 진로에 대한 깊이 있는 사고를 하는 모습을 매우 칭찬할 만 함.

'의료윤리와 법(박창범)'을 읽고 책에 언급되지 않은 다양한 국내 윤리적 갈등 사례에 대해 찾아봄. 특히 최근 묻지마 범죄 등에 따른 정신질환자들을 향한 편견을 날카롭게 바라봄. 언론이 주목하고 확대해 보도하는 것을 비판하고 강제 입원이라는 절차가 가지는 효용과 반작용을 조사해서 데이터로 분석하는 비판적 사고력을 보임. 또한 정신질환자와 가족, 사회 구성원 모두에게 더 나은 선택지에 대해 심도 있는 토론을 주도함.

관련 논문

생명의료윤리에서의 '자율성'에 대한 비판적 고찰(최경석, 2011)

관련 도서

《어떻게 일할 것인가》, 아툴 가완디, 웅진지식하우스
《의료윤리와 비판적 글쓰기》, 전대석, 북코리아

관련 계열 및 학과	• 의학계열: 의예과, 치의예과, 수의예과, 한의예과, 간호학과, 의료공학과, 재활학과
	• 인문계열: 심리학과, 상담심리학과, 미학과, 철학과, 철학윤리학과, 신학과, 종교학과
관련 교과	• 사회계열: 재활상담학과, 사회복지학과, 노인복지학과, 아동복지학과, 아동청소년학과

2022 개정 교육과정: 생명과학, 융합 과학 탐구, 현대사회와 윤리, 인문학과 윤리, 윤리문제 탐구

2015 개정 교육과정: 생명과학 I, 생명과학 II, 생활과 과학, 융합과학, 생활과 윤리, 윤리와 사상, 심리학

의사가 알려주는 디지털 치료제

서영준, 오창헌 | 바른북스 | 2023

대학병원 의사이자 디지털 치료제 스타트업을 운영하고 있는 현장 전문가와 디지털 치료제 연구 개발 및 사업화 컨설팅 전문가들이 소개하는 디지털 치료제에 대한 입문서이다. 책에서는 디지털 치료제를 통해 꾸준하고 질 높은 건강 관리를 저렴한 가격에 받을 수 있다고 소개한다. 현직 의사가 의료 현장에서의 경험을 바탕으로 안내하고 있어 디지털 치료제에 관심 있는 사람들에게 많은 도움이 될 책이다.

탐구 주제

주제1 《의사가 알려 주는 디지털 치료제》에서는 고품질의 소프트웨어 프로그램을 기반으로 한 디지털 치료제가 합성 신약, 바이오 의약품에 이은 제3세대 치료제가 될 것이라고 말한다. 기존 치료제와 비교하여 디지털 치료제의 차이점과 장단점을 분석해 보자.

주제2 현재 디지털 치료의 건강 보험 적용 여부에 대해서 빠르게 성장하는 디지털 치료 시장에 발맞춰 나가야 한다는 입장과 안전성이 담보되지 않은 실험에 국가 재정을 쓰면 안 된다는 입장이 대립하고 있다. 각 입장에 대해 파악하고, 어느 쪽에 공감하는지 토론해 보자.

주제3 디지털 치료제 해외 사례 조사

주제4 디지털 치료제의 효과 및 안전성 평가

학생부 기록 예시 (교과세특)

'의사가 알려주는 디지털 치료제(서영준 외)'를 읽고 디지털 치료제의 개념과 치료사례들을 추가적으로 찾아봄. 특히 디지털 치료제를 통한 주의력 결핍 과잉행동 장애 호전 사례를 찾아 데이터로 분석하는 비판적 사고력을 보임. 나아가 디지털 치료제가 어떤 원리를 통해 작동하는지 이해하고 지향점과 보완점이 무엇인지 정리하였으며, ADHD 디지털 치료를 위한 창의 교육 교재 개발도 수반되어야 한다는 입장을 밝힘.

'의사가 알려주는 디지털 치료제(서영준 외)'를 읽고 국내외 시장의 디지털 치료제 규모를 조사함. 빠른 속도로 성장하고 있다는 것을 확인한 뒤, 이런 흐름에 병원과 의료진들이 어떻게 동참할 수 있을지 국내, 해외 연구진들의 사례를 통해 탐구함. 노인성 질환이나 만성 질환에서 두각을 드러내고 있다는 것을 알고, 본인이 관심이 있는 영역인 중추신경계 관련 분야에서 어떻게 활용될 수 있을지 진지하게 고민하는 모습을 보임.

관련 논문

정신건강 영역에서의 디지털 치료제 동향과 시사점(김성현 외, 2022)

관련 도서

《디지털 치료제》, 김선현, 포르체
《의료 인공지능》, 최윤섭, 클라우드나인

관련 계열 및 학과	• 의학계열: 의예과, 치의예과, 한의예과, 의료공학과, 의공학과, 산업보건학과, 의용생체공학과
	• 사회계열: 의료경영학과, 기술경영학과, 공공행정학과, 공공인재학과, 경영정보학과
관련 교과	• 공학계열: 생명공학과, 생물공학과, 유전공학과, 로봇공학과, 생명정보공학과, 기계공학과

2022 개정 교육과정: 생명과학, 물리학, 화학, 주제 탐구 독서, 융합 과학 탐구, 진로와 직업, 보건

2015 개정 교육과정: 생명과학 I, 생명과학 II, 과학탐구 실험, 생활과 과학, 융합과학, 진로와 직업

의학 오디세이

강신익 외 | 역사비평사 | 2007

4인의 의학인문학자가 들려주는 흥미진진한 의학사와 의학 철학의 변천사를 다룬 책이다. 히포크라테스부터 현재까지 의학이 어떤 과정을 통해 만들어졌는지 알 수 있으며, 서양 의학뿐 아니라 동양 의학을 비중 있게 다루고 있다. 인간의 몸을 매개로 과학으로서의 의학뿐 아니라 의학이 지닌 인문학적 속성에 주목했다. 청소년들이 과학과 의학을 이해하기 위한 기초 교양 도서로 손색이 없는 책이다.

탐구 주제

주제1 《의학 오디세이》에서 저자는 19세기 유럽에서 전개된 위생 개혁 운동, 일제강점기의 위생 경찰 등 각국에서 일어난 위생 개선 활동에 대해 설명한다. 이러한 활동의 의의와 한계 등을 정리하고, 현재의 개발도상국, 최빈국 등에 어떻게 적용할 수 있을지 토론해 보자.

주제2 저자는 책에서 이산화질소에서 시작된 마취의 역사를 언급하였다. 마취제는 현대 의학에서 떼려야 뗄 수 없는 존재이지만, 마취제 남용 문제가 중독 문제로 이어지기도 한다. 마취제 사용 기준을 알아보고, 부작용을 최소화하기 위한 방법을 생각해 보자.

주제3 이제마의 사상 의학 탐구

주제4 생명 의료 윤리의 대두, 뉘른베르크 선언과 헬싱키 선언 탐구

학생부 기록 예시 (교과세특)

'의학 오디세이(강신익 외)'를 통해 의학의 발전 과정을 이해하고, 동서양 의학이 '생명 존중'이라는 공통의 목표를 향해 노력해 왔음을 깨달음. 동서양의 융합 의학은 더 많은 환자에게 긍정적인 전환점이 될 수 있다고 생각하고 동서양 의학의 공통점과 차이점을 분석함. 특히 난치, 노인 질환에서 가장 효과적으로 시너지를 발휘할 것으로 판단하고, 각 분야에 맞는 치료법을 찾아보고 이를 바탕으로 융합 의학 사례를 만들어 발표함.

'의학 오디세이(강신익 외)'를 읽고 데카르트, 베이컨의 기계론적 세계관이 현대 의학에 끼친 영향을 심층 탐구하여 철학적으로 분석함. 또한 19세기 유럽의 위생 개혁 운동과 일제강점기 위생 경찰을 통해 국가 주도 위생 개선 운동의 추진 배경, 효과 등에 대한 심화 탐구활동을 진행함. 이를 현재 위생 문제가 심각한 난민 수용소나 개발도상국에 적용할 수 있는 방안을 계획하고 제안하는 등 우수한 문제해결 능력과 통찰력을 보임.

관련 논문

식민지 위생경찰의 형성과 변화, 그리고 유산: 식민지 통치성의 시각에서 (정근식, 2011)

관련 도서

《역사 속의 전염병과 한의학》, 송지청, 은행나무
《간추린 서양 의학사》, 에르빈 H. 아커크네히트, 모티브북

관련 계열 및 학과	• 의학계열: 의예과, 한의예과, 건강관리학과, 보건관리학과, 의료정보학과, 산업보건학과
	• 자연계열: 생명과학과, 미생물분자생명과학과, 바이오메디컬정보학과, 바이오메디컬학과
관련 교과	• 공학계열: 생명공학과, 생물공학과, 유전공학과, 바이오생명공학과, 생명정보공학과

2022 개정 교육과정: 통합과학, 생명과학, 과학의 역사와 문화, 융합과학 탐구, 주제 탐구 독서, 논술

2015 개정 교육과정: 통합과학, 생명과학 I, 생명과학 II, 생활과 과학, 융합과학, 과학사, 논술

의학, 인문으로 치유하다

예병일 | 한국문학사 | 2015

의학을 실험실 속에만 갇혀 있는 학문으로보지 않고 역사, 예술, 윤리와 법, 과학과 함께 통합적으로 사고함으로써 의학이 인간 삶에 밀착된 학문이란 것을 이해하게 해 주는 책이다. 이 책을 통해 의학이 지닌 다양한 측면을 살피다 보면 의학이 의식을 가진 생명체를 바라보며 치유를 모색하는 학문이란 점을 이해하고, 의학의 나아가야 할 방향을 찾아볼 수 있을 것이다.

탐구 주제

주제1 《의학, 인문으로 치유하다》에서 저자는 미국의 의학 교육에 대한 '플렉스너 보고서'가 미국의 의학 교육뿐만 아니라 사회에도 큰 영향을 미쳤다고 언급했다. '플렉스너 보고서'의 주요 내용과 영향을 정리하고, 이를 참고하여 '우리나라 의학 교육 정책'에 대해 분석해 보자.

주제2 저자는 영화 〈인터스텔라〉의 인간 동면 현상을 곰의 동면과 비교하며 아직은 실현이 어렵다고 언급하였다. 현재 전 세계에서 부활을 기다리는 냉동 인간은 600여 명이 있다. '인간의 숙명인 죽음을 과학 기술의 힘으로 극복할 수 있을까?'에 대해 토론해 보자.

주제3 의료와 윤리의 4개 원칙 분석

주제4 하비의 혈액 순환 이론이 생물학과 의학에 미친 영향 탐구

학생부 기록 예시 (교과세특)

'의학, 인문으로 치유하다(예병일)'를 읽고 의료 윤리도 사회상을 반영해야 함을 이해함. 특히 건강 보험이 보장해야 하는 영역에 대해 친구들과 토론하는 시간을 가짐. 희귀 난치병을 앓고 있는 사람들의 어려움과 치료 필요성에 공감하면서도, 수명이 늘어난 만큼 보편적인 질병 쪽에 보장의 주안점을 두어야 한다는 소신을 밝힘. 친구들의 의견을 존중하면서도 자신의 생각을 주장과 근거를 조화시켜 발표하는 모습이 눈에 띔.

'의학, 인문으로 치유하다(예병일)'를 읽은 후 환경 파괴로 인한 발병 사례를 찾아 일목요연하게 정리함. 첨단 의학 기술에 대한 윤리적 성찰과 비판 능력이 뛰어나 미래 사회에 변화에 중심을 잃지 않을 학생으로 판단됨. 또한 노벨 생리의학상 수상자는 임상 의학자보다 기초 의학자가 압도적으로 많으며, 기초 의학의 연구 성과가 의학 발전에 미치는 효과가 크다는 사실에 힘입어 기초 의학자라는 진로 목표를 확실히 하는 모습을 보임.

관련 논문

인문사회의학 교육의 두 목표: 좋은 의사, 행복한 의사 (유호종, 2015)

관련 도서

《완벽이 아닌 최선을 위해》, 맥스 베이저만, 로크미디어
《펜타닐: 기적의 진통제는 어쩌다 죽음의 마약이 되었나》, 벤 웨스트호프, 소우주

관련 계열 및 학과	• 의학계열: 의예과, 치의예과, 수의예과, 한의예과, 건강관리학과, 의료정보학과, 미술치료학과
	• 인문계열: 심리학과, 상담심리학과, 철학과, 철학윤리학과, 문화인류학과, 인류학과
관련 교과	• 사회계열: 의료경영학과, 공공행정학과, 공공인재학과, 사회복지학과, 사회학과, 행정학과

2022 개정 교육과정: 통합과학, 생명과학, 과학의 역사와 문화, 융합과학 탐구, 주제 탐구 독서, 논술

2015 개정 교육과정: 통합과학, 생명과학Ⅰ, 생명과학Ⅱ, 생활과 과학, 융합과학, 과학사, 논술

의학사를 이끈 20인의 실험과 도전

크리스티안 베이마이어 |
주니어김영사 | 2010

독일에서 의학 분야 저널리스트로 일하고 있는 저자가 고대부터 현대에 이르기까지 2500년 의학사에 큰 발자취를 남긴 인물 20인을 선정해 그들이 어떤 성과를 남겼으며 현재 시점에서 어떻게 바라봐야 하는지 짚어 본 책이다. 그들의 영웅적 면모 외에도 평범한 인간으로서의 면면 등 의학자들의 치열한 일대기가 감동적이고 흥미진진하게 펼쳐지고 있어 큰 재미를 느낄 수 있다.

탐구 주제

주제1 책에서는 1000년 동안 의학에서 진리로 믿어 온 갈레노스 해부학 이론에 도전한 베살리우스의 해부학 이론을 의학의 코페르니쿠스적 혁명이라고 평가한다. 이와 같은 평가를 한 이유와 베살리우스가 오늘날 현대 의학에 미친 영향을 탐구해 보자.

주제2 저자는 책에서 과거에는 손 씻기를 주장하여 미친 사람 취급을 받았지만, 이후 감염병을 야기하는 세균의 존재를 인지한 최초의 인물로 평가받게 된 제멜바이스를 소개하였다. 이와 관련하여 '손 씻기의 중요성과 효과'에 대하여 의학적 근거를 정리해 보자.

주제3 동물 실험의 필요성에 대한 찬반 의견 고찰

주제4 뢴트겐의 X선 발견이 의학 발전에 미친 영향 탐구

학생부 기록 예시 (교과세특)

'의학사를 이끈 20인의 실험과 도전(크리스티안 베이마이어)'을 읽고, 직접 균을 마셔 콜레라를 정복한 페텐코퍼와 부작용이 올 수 있는 광선을 스스로의 몸에 실험하며 X선을 발견한 뢴트겐의 도전 정신에 깊은 감명을 받음. 또한 질병을 극복하고자 노력한 의사들 덕분에 현대인이 의학적 혜택을 누리게 된 것에 감사하며, 그들과 같은 방식은 아니더라도 많은 사람에게 도움을 줄 수 있는 의사가 되고 싶다는 다짐을 함.

'의학사를 이끈 20인의 실험과 도전(크리스티안 베이마이어)'에 나온 파레의 외상 치료 사례를 보며 중증 외상 치료 분야에 관심을 갖게 됨. 특히 상이 군인, 교통사고 피해자 등 중증 외상 환자들의 치료 과정, 재활 과정에 대한 자료를 취합하여 데이터로 정리하고, 환자-의사 간의 커뮤니케이션 방식이 치료에 미치는 영향을 분석한 탐구 결과물을 제출함. 이러한 과정을 통해 자신의 관심 분야인 외과에 대한 진로 심화활동을 전개함.

관련 논문

전 국민의 손씻기 이행 및 인식 실태(정재심 외, 2007)

관련 도서

《진료실에 숨은 의학의 역사》, 박지욱, 휴머니스트
《인류의 전쟁이 뒤바꾼 의학 세계사》, 황건, 살림Friends

관련 계열 및 학과	• 의학계열: 의예과, 치의예과, 수의예과, 한의예과, 건강관리학과, 의료정보학과, 임상병리학과
	• 인문계열: 심리학과, 역사학과, 철학과, 철학윤리학과, 문화인류학과, 인류학과
관련 교과	• 자연계열: 생명과학과, 미생물분자생명과학과, 바이오메디컬정보학과, 바이오메디컬학과

2022 개정 교육과정: 생명과학, 세포와 물질대사, 생물의 유전, 융합 과학 탐구, 과학의 역사와 문화

2015 개정 교육과정: 생명과학 I, 생명과학 II, 생활과 과학, 융합과학, 과학사, 인문학적 감상과 역사이해

이상한 의학사

이재담 | 사이언스북스 | 2020

이 책은 수백 년 전 사람의 목숨을 좌지우지했던 질병, 미신과 마법과 무지가 낳은 기상천외한 약과 의료 행위, 자신만의 신념을 지켰던 괴짜 의사들의 이야기를 이상한 병, 약, 의사, 의료라는 4개의 카테고리로 나누어 다루고 있다. 의업에 꿈을 품은 학생들은 이 책을 통해 의학을 이해하고 의학사에 가진 고정 관념을 타파해 닥쳐올 미래 의료 환경의 변화를 예측하는 데 도움을 얻을 수 있을 것이다.

탐구 주제

주제1 《이상한 의학사》에는 황당하게만 보이는 실수와 목숨을 건 실험들이 결국에는 의학 발전의 길이었음을 보여 주는 여러 이야기를 다루고 있다. 의학 발전을 위해 사람들이 어떤 위험을 감수했고, 이러한 위험을 줄이기 위해 어떤 노력을 하였는지 등을 알아보고 정리해 보자.

주제2 책에서는 물리학자 홉킨스의 내시경 발명을 의학 발전에 크게 기여한 사건으로 평가하고 있다. 이처럼 과학자들이 어떤 노력을 통해 의학 발전에 기여했는지, 어떤 영향을 미쳤는지 등을 알아보고 과학과 의학의 상관관계를 분석해 보자.

주제3 민간 요법과 현대 의학의 장단점 비교

주제4 코로나19 팬데믹이 의학 발전에 끼친 영향 탐구

학생부 기록 예시 (교과세특)

'이상한 의학사(이재담)'를 읽고 질병의 치료를 위해 자신만의 신념을 지켰던 괴짜 의사들의 이야기에 큰 관심을 보임. 또한 의학의 역사는 인류의 역사만큼이나 오래되었으며 질병에 대한 인식, 치료 방법, 의료 윤리 등은 문화에 따라 다르게 나타나 다양한 문화권에서 독자적인 발전을 이루었음을 이해함. 나아가 의학과 문화의 관계를 연구함으로써 의학의 발전을 보다 깊이 있게 이해하고 싶다는 포부를 밝힘.

이상한 질병, 이상한 약, 괴짜 의사들의 이야기를 다룬 '이상한 의학사(이재담)'를 흥미진진하게 읽는 모습을 보임. 특히 수은 연고를 통한 질병 치료 과정에서 많은 사망자가 발생한 이야기 등을 통해 많은 의사와 환자의 희생 위에 현대 의학이 존재하고 있음을 깨닫고, 과학 기술의 발전과 함께 빠르게 발전하는 미래 의료 환경에 대비하는 의료인의 자세를 키우고 싶다는 진로에 대한 구체적인 목표를 설정함.

관련 논문

의학에서 인공지능 도입의 현재와 미래(동재준, 2018)

관련 도서

《서양의학의 역사》, 이재담, 살림
《무서운 의학사》, 이재담, 사이언스북스

관련 계열 및 학과

- 의학계열: 의예과, 치의예과, 수의예과, 한의예과, 의료공학과
- 자연계열: 화학과, 물리학과, 응용화학과, 응용물리학과, 미생물분자생명과학과, 분자생물학과
- 공학계열: 생명공학과, 생물공학과, 유전공학과, 고분자공학과, 화학공학과

관련 교과

2022 개정 교육과정: 생명과학, 주제 탐구 독서, 융합 과학 탐구, 진로와 직업, 보건

2015 개정 교육과정: 생명과학 I, 생명과학 II, 생활과 과학, 융합과학, 진로와 직업

이토록 재밌는 의학 이야기

김은중 | 반니 | 2022

우리를 질병과 고통으로부터 지켜주는 의학이 고대로부터 어떠한 흐름으로 가지를 치며 발전해 왔는지 조명하며, 현대 의학이 탄생하기까지 큰 공헌을 한 인물들을 중심으로 당시의 시대 배경 위에서 그들의 업적과 생각이 왜 혁신적인가를 흥미롭게 묘사하고 있는 책이다. 저자가 재치 있게 그린 그림들이 읽는 재미를 더해 의대를 꿈꾸는 학생들의 시야와 의학적 지식을 넓힐 수 있는 계기가 될 수 있을 것이다.

탐구 주제

주제1 책에서는 의학의 아버지 히포크라테스에 대해 '의학을 미신과 종교에서 과학의 영역으로 끌어올렸다.'라고 평가하였으며, 나아가 전 세계의 의대생들이 졸업하면서 '히포크라테스 선서'를 하고 있다. '히포크라테스 선서'의 의미와 의료인의 사명에 대해 정리해 보자.

주제2 책에서는 1955년 세계보건기구가 말라리아 퇴치 목적으로 학질모기 제거용 살충제 DDT를 적극적으로 사용하라고 홍보한 탓에 생태계가 파괴되었다는 이야기가 있다. 이와 같은 환경과 생명의 갈등 사례를 찾아보고 합리적인 해결 방안을 모색해 보자.

주제3 본체론적 질병관 대 생리학적 질병관의 비교 분석

주제4 그리스 철학, 이슬람 자연 과학의 발달이 의학에 끼친 영향 탐구

학생부 기록 예시 (교과세특)

'이토록 재밌는 의학 이야기(김은중)'를 읽고 피타고라스, 플라톤, 아리스토텔레스 등 고대 그리스 자연과학과 철학이 의학에 끼친 영향, 이슬람 자연 과학이 의학에 끼친 영향을 이해하였으며, 흑사병에 의해 갈레노스를 중심으로 한 종교적인 의학 이론의 한계점에서 근대 의학 이론이 탄생하였음을 이해함. 의학의 발전 과정을 체험하며 의학자들의 탐구 정신과 그들이 품었던 혁신적인 생각을 본받고 싶다는 포부를 밝힘.

지적 호기심이 강한 학생으로 세계사의 전개 과정에 대한 기초 지식을 바탕으로 '이토록 재밌는 의학 이야기(김은중)'를 정독함. 특히 이발사의 삼색 등은 동맥, 정맥, 붕대를 상징하는 이발사의 외과 시술의 흔적이며, 프랑스 혁명을 통해 귀족 신분인 내과 의사와 평민 신분인 외과 의사의 차별이 사라졌다는 사실에 큰 관심을 보임. 독서를 통해 의학사의 발전 과정을 도표나 마인드맵으로 체계적으로 정리하고 구조화하는 능력이 탁월함.

관련 논문

의사의 직업전문성과 「히포크라테스 선서」(반덕진, 2011)

관련 도서

《위대한 의학사》, 이재담, 사이언스북스
《한국의학사》, 여인석 외, 한국출판협동조합

관련 계열 및 학과	• 의학계열: 의예과, 치의예과, 수의예과, 한의예과, 의료공학과, 의료정보학과
	• 자연계열: 생명과학과, 미생물분자생명과학과, 미생물학과, 분자생물학과, 화학과
관련 교과	• 공학계열: 생명공학과, 생물공학과, 유전공학과, 고분자공학과, 화학공학과

2022 개정 교육과정: 생명과학, 주제 탐구 독서, 융합 과학 탐구, 진로와 직업, 보건

2015 개정 교육과정: 생명과학 I, 생명과학 II, 생활과 과학, 융합과학, 진로와 직업

인간은 왜 병에 걸리는가

R. 네스, G. 윌리엄즈 |
사이언스북스 | 1999

이 책은 의학의 새로운 분야인 다윈 의학에 대한 소개서이다. 의학에 진화론적 시각을 적용하여 질병의 진화론적 기원을 이해하고, 이를 바탕으로 질병과 인간, 환경에 대한 이해도를 높임으로써 질병을 억제하고 효과적인 치료를 가능하게 하고자 하는 목적에서 쓰였다. 이 책을 통해 생명에 대한 진화적 해석을 이해하고, 질병의 원인에 대한 새로운 통찰을 하는 계기가 될 것이다.

탐구 주제

주제1 이 책에서 저자는 질병의 원인을 현상과 기능을 이용하여 설명하는 '근접 원인'과 근원적이고 발생학적인 역사를 통해 설명하는 '진화적 원인'으로 구분하여 설명하였다. 이를 토대로 현대인이 피하기 어려운 질병인 암이 발생하는 원인을 2가지 관점에서 정리해 보자.

주제2 저자는 겸상적혈구증을 사례로 들어 자연 선택에 의한 적응 반응과 장애를 구분하는 것이 중요하며, 질병의 진화적 기원을 이해하는 것이 질병 예방과 치료에 도움이 될 것이라고 하였다. 이와 관련하여 진화 의학이 어떻게 질병 치료에 영향을 주는지 분석해 보자.

주제3 햇빛과 피부 손상에 대한 진화의학적 고찰

주제4 의학에서의 진화론적 사고의 필요성 찬반 토론

학생부 기록 예시 (교과세특)

'인간은 왜 병에 걸리는가(R. 네스 외)'를 읽고 인간의 신체에서 나타나는 다양한 증상들의 진화론적 원인을 깊이 있게 탐구하려는 책의 내용에 흥미를 보임. 이에 대한 심화 탐구 활동으로 '햇빛과 피부 손상에 대한 적응과 장애'에 대한 분석적이고 우수한 발표 자료를 제작함. 나아가 직·간접적으로 의학 연구와 의료 행위에 진화적 관점이 고려된다면 질병을 좀 더 현명하게 다스리는 것이 가능할 수도 있다는 주장을 설득력 있게 전달함.

지적 호기심이 풍부하고 학업에 대한 열정이 높은 학생으로 다윈의 진화론을 학습한 후, 진화 의학으로 관심을 확장함. 특히 '인간은 왜 병에 걸리는가(R. 네스 외)'를 정독함. 이후 진화론의 적응적 반응과 장애라는 관점에서 암의 발병 원인에 대한 심화 탐구활동을 진행한 후 논리적이고 분석적인 탐구 결과물을 제출함. 나아가 진화론적 관점은 원인이 모호한 질병 치료의 방안이 될 수도 있다는 입장을 밝힘.

관련 논문
진화의학의 역사와 의학교육에의 도입가능성 (최종덕, 2016)

관련 도서
《다윈의 사도들》, 최재천, 사이언스북스
《이기적 감정》, 랜돌프 M. 네스, 더퀘스트

관련 계열 및 학과
- 의학계열: 의예과, 치의예과, 수의예과, 한의예과, 건강관리학과, 의료정보학과, 임상병리학과
- 자연계열: 생명과학과, 미생물분자생명과학과, 바이오메디컬정보학과, 바이오메디컬학과
- 공학계열: 생명공학과, 생물공학과, 유전공학과, 바이오생명공학과, 생명정보공학과

관련 교과

2022 개정 교육과정: 생명과학, 세포와 물질대사, 생물의 유전, 융합 과학 탐구, 과학의 역사와 문화

2015 개정 교육과정: 생명과학 I, 생명과학 II, 생활과 과학, 융합과학, 과학사, 인문학적 감상과 역사이해

인체 기행

권오길 | 지성사 | 2021

대중과학의 친절한 전파자 권오길 선생이 흥미진진하고 신비한 인체의 세계를 실생활과 관련해 들려주는 책이다. 눈, 귀, 입, 호흡계에서 오장육부까지 신체의 기관과 각 호르몬과 내분비계, 인간의 유전과 죽음까지 인간과 관련된 모든 사항에 살펴본다. 문신은 왜 지워지지 않을까 등등 인체에 대한 호기심을 풀어 주어 흥미 있게 읽을 수 있다.

탐구 주제

주제1 같은 민족이라도 얼굴이나 몸의 구조가 다르다. 한국인과 서양인 사이에는 더 큰 차이가 있을 것이다. 한국인과 서양인은 기본적으로 몸의 크기도 다르고, 장기의 크기에도 차이가 있다. 서양인에 비해 한국인이 잘 걸리는 질병은 무엇이고 왜 그런 차이가 나타나는지 탐구해 보자.

주제2 감기는 약 먹으면 7일, 안 먹으면 일주일이라는 말이 있다. 감기의 주범은 바이러스여서 치료제가 존재하지 않는데도 감기에 많은 항생제가 처방되고 있다. 병원에서 감기 환자에게 항생제를 처방하는 이유는 무엇이며 특히 한국에서 항생제 처방률이 높은 이유를 탐구해 보자.

주제3 계란의 콜레스테롤이 혈중 콜레스테롤에 끼치는 영향 탐구

주제4 임신초기 입덧이 발생하는 이유에 대한 탐구

학생부 기록 예시 (교과세특)

코로나 시기의 백신의 부작용이 미국과 한국이 달랐던 것에 호기심을 가지고 동양인과 서양인 사이에 질병 양상의 차이를 조사함. 한국인이 서양인에 비해 비만도가 낮은데도 당뇨병 유병률이 높은 이유가 한국인의 췌장이 서양인에 비해 크기가 작고, 그에 따라 인슐린 분비 기능에 차이가 있기 때문이라는 것을 알게 됨. 한국인들에게 적합한 식사 요법을 안내하는 포스터를 부착하는 등 당뇨병 예방을 위한 홍보활동을 적극적으로 전개함.

항생제 내성을 지닌 슈퍼 바이러스에 대한 뉴스 보도를 보고 관심이 생겨 우리나라의 항생제 사용 현황과 내성률에 대한 보고서를 작성함. '인체 기행(권오길)'과 관련 논문 및 기사를 찾아보며 OECD 국가 중 우리나라의 항생제 소비량이 네 번째로 많은 점, 잦은 항생제 사용은 다제내성균 출현을 앞당길 수 있는 점을 지적하면서 감기 등의 가벼운 질병에도 항생제를 사용하는 관행을 개선해야 한다고 발표함.

관련 논문

항생제 스튜어드십 : 항생제 내성에 대응하기 위한 핵심 전략(박세윤, 2023)

관련 도서

《바디 : 우리 몸 안내서》, 빌 브라이슨, 까치
《인체 생리학 교과서》, 이와사키 다카시, 보누스

관련 계열 및 학과	• 의약계열: 간호학과, 방사선과, 물리치료학과, 약학과, 의예과, 한의학과, 의료공학과
	• 자연계열: 미생물학과, 생명과학과, 생물학과, 생물과학과, 생물자원과학부, 분자생물학과
관련 교과	• 공학계열: 바이오생명공학과, 생명공학과, 의생명학과, 제약생명공학과, 바이오산업학부

:2022 개정 교육과정: 생명과학, 세포와 물질대사, 생물의 유전, 융합과학 탐구, 운동과 건강, 보건

2015 개정 교육과정: 생명과학 I, 생명과학 II, 생활과 과학, 운동과 건강, 보건

인턴X

닥터X | 김영사 | 2007

미국에 거주하는 익명의 저자가 '적당히 숨겨야 한다'라는 의사 세계의 관행을 깨고 인턴을 하며 직접 경험한 일을 녹음해서 매일 남긴 기록을 책으로 엮었다. 그는 병원에서 벌어지는 의료 사고, 약물 중독, 안락사, 의료 윤리 등 실제 상황을 적나라하고 거침없이 폭로하였고, 반면 시대를 초월하여 인간애와 생명의 소중함을 냉정하고 감동적으로 전달하였다. 의학도의 필독서라고 불려도 손색이 없는 책이다.

탐구 주제

주제1 《인턴 X》에는 의사들이 환자들을 살리기 위해 노력하는 여러 장면과 보호자와 환자가 모르는 사이에 일어나는 의료 사고들이 나온다. 현재 우리 사회에서는 '수술실 CCTV 설치'에 대한 찬반 의견이 첨예하게 대립하고 있다. 이에 대해 논리적 근거를 들어서 자신의 입장을 정리해 보자.

주제2 책에서 저자는 수련의 과정에서 부득이한 희생자가 발생할 수 있다고 이야기했다. 그리고 수련의가 수술에 참여하는 것은 미래의 환자를 위해 필수적인 과정이란 점도 언급했다. 최선의 서비스를 기대하는 환자의 입장에서 수련의의 수술 참여는 적정한지 친구들과 토론해 보자.

주제3 소득 수준에 따른 의료 서비스 차이와 의료 형평성 탐구

주제4 의사 수련의 제도의 현황과 장단점 비교

학생부 기록 예시 (교과세특)

의사의 경솔한 실수로 다리를 절단하고 만 젊은 여인의 이야기를 포함한 '인턴X(닥터X)'를 통해 의사들도 실수할 수 있으며, 다양한 의료 사고가 발생함을 알게 됨. 이와 관련하여 현재 우리나라의 의료법 개정안인 '수술실 CCTV 설치'의 필요성에 대한 찬반 토론에 참여하여, 수술실 CCTV 설치는 환자의 안전을 보호하고 의료 사고를 예방하기 위한 목적으로 시행되는 정책이기에 꼭 필요하다는 입장을 당당한 어조로 논리정연하게 밝힘.

'인턴X(닥터X)'를 읽고 '수련의의 수술대에 오를 환자가 당신이 될 수 있다'라는 저자의 문장에 공감하고, 미래의 유능한 의사가 되기 위해서 꼭 필요한 수련의 기간에 현재의 환자가 희생될 수 있다는 문제점을 인식하고 비판적으로 고찰함. 나아가 수련의 과정에서 벌어진 의료 사고들에 대해 찾아보고, 이를 토대로 의사 수련의 제도의 현황과 장단점을 비교하며 수련의 제도의 필요성에 대하여 고찰하는 진지한 탐구 정신을 보임.

관련 논문

의료종사자들의 환자안전문화에 대한 인식, 직무권태 및 잡 크래프팅이 안전이행에 미치는 영향(권정옥, 강정미, 2020)

관련 도서

《시골의사의 아름다운 동행》, 박경철, 리더스북
《섬 의사의 사계절》, 문푸른, 모모북스

관련 계열 및 학과	• 의학계열: 의예과, 한의예과, 의료정보학과, 임상병리학과, 건강관리학과, 보건관리학과
	• 사회계열: 의료경영학과, 재활상담학과, 사회복지학과, 노인복지학과, 사회학과
관련 교과	• 공학계열: 생명공학과, 생물공학과, 유전공학과, 생명정보공학과, 바이오생명공학과

2022 개정 교육과정: 생명과학, 융합 과학 탐구, 진로와 직업, 주제 탐구 독서, 직무 의사소통

2015 개정 교육과정: 생명과학 I, 생명과학 II, 생활과 과학, 융합과학, 진로와 직업

잠든 당신의 뇌를 깨워라

황성혁, 이영훈 | 북앤에듀 | 2020

대한민국 국민의 50%가 위험군에 속한다고 할 수 있는 치매에 관한 다루고 있는 책이다. 한국, 미국, 일본의 의사 면허를 취득한 신경외과 전문의와 음식으로 환자를 치료하는 안과 전문의가 치매 예방과 치료에 관해 논한다. 저자들은 치매를 국소화된 병변으로 보아서는 안된다고 지적한다. 이 책을 통해 치매를 어떻게 분석하고 치료하는지, 전인적인 접근 방법은 무엇인지를 알 수 있다.

탐구 주제

주제1 책에 따르면 고혈압, 당뇨, 대사증후군 같은 생활 습관 병은 치매 위험도를 증가시킨다. 이에 대한 대책으로 밀가루, 설탕 등을 제한하는 저탄수화물식이 주목받고 있다. 과도한 탄수화물 섭취가 어떻게 치매에 영향을 끼치며 저탄수화물식이 어떻게 치매를 예방하는지 탐구해 보자.

주제2 우리 몸은 미토콘드리아가 에너지를 생산할 때 부산물로 활성산소가 생성된다. 활성산소는 미토콘드리아를 공격하여 기능 이상을 발생시킬 수 있다. 활성산소를 발생시키는 생활 습관은 무엇이 있으며 활성산소를 중화하는 항산화 물질의 종류는 무엇이 있는지 탐구해 보자.

주제3 변비와 치매와의 연관성에 대한 탐구

주제4 활성산소를 발생시키는 생활 습관에 대한 조사

학생부 기록 예시 (교과세특)

인구 노령화와 함께 커다란 사회 문제로 등장하고 있는 치매에 지적 호기심을 갖고 원인과 예방책을 탐구함. '잠든 당신의 뇌를 깨워라(황성혁)'를 읽고 과도한 탄수화물 섭취로 인한 혈당 조절 이상 문제가 치매의 유발인자라는 것을 알게 되었으며 예방책으로 제시된 저탄수화물식 케톤식에 대해 조사함. 치매 예방은 단순한 뇌 병변의 문제가 아니라 혈당 조절 등 전인적인 건강 문제로 접근해야 한다는 의견을 발표함.

약 광고에서 나오는 활성산소에 호기심이 생겨 활성산소를 조사함. 우리 몸에 꼭 필요한 산소가 미토콘드리아의 에너지 생성 과정에서 불안정한 구조로 바뀌어 활성산소가 되는 과정을 이해하고 가공식품이나 고탄수화물 식이가 활성산소의 발생을 촉진시킬 수 있음을 알게 됨. 지구력 유산소 운동, 저탄수화물 케톤식 식이요법, 항산화 물질 섭취 등 활성산소 생성 예방 방법을 포스터로 제작하여 홍보함.

관련 논문
생리적 케톤상태와 뇌기능(황지선, 2022)

관련 도서
《기억의 뇌과학》, 리사 제노바, 웅진지식하우스
《장뇌력》, 나가누마 타카노리, 전나무숲

관련 계열 및 학과	• 의약계열: 간호학과, 방사선과, 물리치료학과, 약학과, 의예과, 한의학과, 의료공학과
	• 자연계열: 미생물학과, 생명과학과, 생물학과, 생물과학과, 식품영양학과, 분자생물학과
관련 교과	• 공학계열: 바이오생명공학과, 생명공학과, 의생명학과, 제약생명공학과, 바이오산업학부

2022 개정 교육과정: 생명과학, 융합과학 탐구, 세포와 물질대사, 생물의 유전, 보건

2015 개정 교육과정: 생명과학 I, 생명과학 II, 생활과 과학, 융합과학, 보건

제법 안온한 날들

남궁인 | 문학동네 | 2020

응급의학과 전문의로서 예상하지 못한 사건과 사고, 그리고 급작스러운 죽음을 수없이 마주한 저자가 그 속에서 느낀 슬픔을 담담히 고백하면서도 한편으로 기적과 회복, 사랑을 이야기한 에세이이다. 저자는 의사로서가 아니라 한 개인의 보편적인 이야기를 담고 있다. 치열한 삶 속에서 응급의학과 의사가 느낀 평범한 모두의 특별한 사랑 이야기를 통해 사람의 마음을 따뜻하게 만드는 감동을 얻을 수 있을 것이다.

탐구 주제

주제1 저자는 책에서 세상에서 가장 많은 사람을 죽인 진단명은 암, 고혈압 등이 아닌 가난이라는 교수의 말을 인용했다. 주변에 신세를 지고 싶지 않아 치료를 포기하려고 한 사례도 언급했다. 이런 가난한 죽음을 의사로서 어떻게 대처해야 하는지 고민해 보자.

주제2 《제법 안온한 날들》에는 음독 자살을 시도한 90대 할머니의 이야기가 나온다. 약 기운이 퍼지는 동안 고통스러워하던 그는 의료진의 노력에도 불구하고 결국 눈을 감는다. 저자는 죽음의 과정을 살육에 가깝다고 느끼고 있다. 죽음에 대하여 어떤 시각으로 바라볼 것인가 생각해 보자.

주제3 응급 상황에서 환자와 의사의 유대감을 높이는 방법 탐색

주제4 응급의학과 의사의 직업 만족도를 높이기 위한 방법 모색

학생부 기록 예시 (교과세특)

'제법 안온한 날들(남궁인)' 속 응급실 바탕으로 한 여러 이야기를 통해 응급의학과에 대한 이해를 높임. 생명의 가치와 삶의 의미에 대해 고찰하며, 삶과 죽음의 경계에서 희망을 발견한 저자처럼 삶을 사랑하고 그 소중함을 나누고 지키고 싶다고 느낌. 단순히 직업인으로서의 의사를 넘어 인간으로서 의사다움이 무엇인가에 대해 진지하게 성찰하며 고민함. 이를 바탕으로 자신의 진로에 대해 더 확고한 의지를 갖게 됨.

'제법 안온한 날들(남궁인)'을 읽고 가난으로 병명도 알지 못하고 죽는 사람들이 많다는 것을 깨닫고 어떻게 하면 그들에게 의사로서 현실적인 도움을 줄 수 있을지, 현재 제도에는 어떤 것들이 있고 보완점은 무엇인지 비판적으로 탐색하고 분석함. 나아가 타인의 고통을 많이 경험하고 지식을 쌓은 의사도 좋은 의사지만 직업에 대한 소명감과 환자들의 안온함을 지키는 참된 의사가 되고 싶다는 소망과 다짐을 친구들과 나눔.

관련 논문

종합병원 응급실 의사와 간호사의 탈진(burn-out) 요인에 관한 연구(김남수 외, 2002)

관련 도서

《겸손한 공감》, 김병수, 더퀘스트
《숨결이 바람 될 때》, 폴 칼라니티, 흐름출판

관련 계열 및 학과	• 의학계열: 의예과, 치의예과, 수의예과, 한의예과, 재활학과, 간호학과
	• 인문계열: 심리학과, 상담심리학과, 미학과, 철학과, 철학윤리학과, 신학과, 종교학과
관련 교과	• 사회계열: 재활상담학과, 의료경영학과, 사회복지학과, 노인복지학과

2022 개정 교육과정: 생명과학, 주제 탐구 독서, 융합 과학 탐구, 진로와 직업, 독서 토론과 글쓰기

2015 개정 교육과정: 생명과학 I, 생명과학 II, 생활과 과학, 융합과학, 진로와 직업, 심리학, 논술

죽음학 교실

고윤석 외 | 허원북스 | 2022

우리 모두 언젠가는 죽는다는 사실을 받아들일 때 비로소 우리에게 주어진 삶이 얼마나 의미 있는지를 깨닫게 된다. 그런 의미에서 죽음 준비 교육이야말로 진정한 삶에 대한 교육이다. 이 책은 죽음의 다양한 정의, 죽음을 대하는 인간의 심리, 역사와 문화 속에서의 죽음, 죽음 맞이하기 등으로 구성돼 있다. 이 책을 통해 의료인과 많은 사람이 죽음을 제대로 알고 준비해 볼 수 있을 것이다.

탐구 주제

주제1 저자는 책에서 현대 의료의 정당성은 환자의 자율성과 자기결정권을 존중하는 것에 바탕을 두고 있다고 하였다. 한편, 우리나라도 2022년부터 웰다이닝법이 시행되고 있는데 이것은 의사의 치료권과 충돌할 수 있다는 우려가 있다. 웰다이닝법의 의미와 장점, 한계점을 정리해 보자.

주제2 책에서는 뇌사와 지속 식물 상태, 뇌사 후 장기 공여에 대한 내용이 언급된다. 특히 장기 공여는 기증에 대한 찬사, 효율성의 강조 등으로 발생할 수 있는 윤리적 문제가 간과되기도 한다. 이와 관련하여 장기 기증의 윤리 문제와 필요성에 대해 토론해 보자.

주제3 존엄사에 대한 국제 동향과 국내 동향 분석

주제4 초고령화 시대 '품위 있는 죽음'을 위한 사회 의료 제도 탐구

학생부 기록 예시 (교과세특)

'죽음학 교실(고윤석 외)'을 읽고 현대 서양과 한국에서 죽음 교육의 역사에 대한 자료와 정보를 수집해 데이터로 분석하는 비판적 사고력을 보임. 특히 현대 사회에서 부각된 죽음 교육의 필요성과 의료인으로서의 죽음 교육의 필요성에 대해 정리하는 모습을 보임. 나아가 신촌 김 할머니 사건을 가독성 높은 자료로 제작해 발표하고, 친구들의 어려운 질문에도 진지한 고민에서 나온 구체적인 답변을 해 큰 호응을 이끎.

'죽음학 교실(고윤석 외)'을 읽고 생명권과 죽음을 선택할 권리에 대한 토론 활동에 적극적으로 참여하고 친구들과 의견을 공유하는 등 활동을 즐기며 수준 높은 상호 의사소통 능력을 보임. 특히 생명권 존중의 입장에서 안락사를 허용했을 때의 문제점을 예리하게 지적함. 동시에 안락사에 찬성하는 입장을 귀담아 들음으로써 균형감 있게 안락사와 존엄사 문제를 바라보며 각 입장에 대한 깊이 있는 이해를 하는 등 사고력이 확장됨.

관련 논문

미국의 죽음교육의 역사적 발전과정과 이론적 관점에 대한 고찰(심승환, 2021)

관련 도서

《동생이 안락사를 택했습니다》, 마르셀 랑어데이크, 꾸리에
《나는 죽음을 돕는 의사입니다》, 스테파니 그린, 이봄

관련 계열 및 학과	• 의학계열: 의예과, 한의예과, 건강관리학과, 의료정보학과, 보건관리학과, 응급구조학과
	• 사회계열: 공공행정학과, 노인복지학과, 사회복지학과, 사회학과, 재활상담학과
관련 교과	• 공학계열: 생명공학과, 생물공학과, 유전공학과, 생명정보공학과, 바이오생명공학과

2022 개정 교육과정: 생명과학, 주제 탐구 독서, 융합 과학 탐구, 진로와 직업, 보건

2015 개정 교육과정: 생명과학 I, 생명과학 II, 생활과 과학, 융합과학, 진로와 직업

진짜 아픈 사람 맞습니다

최세진 | 어떤책 | 2021

교정 시설 공중 보건 의사 근무를 지원한 청년 의사의 직업 에세이이다. 이제 막 의사가 된 저자는 교도소 안의 이야기에 더 많은 사람이 관심 가져 주길 바라는 마음에 우리나라 교도소 진료실을 본격적으로 다루며 환자들의 범죄 이력이나 개인적 사연에 기대지 않고 의사로서 해야만 했던 일들을 글로 풀어냈다. 감춰진 세계의 인권에 대해 이해하도록 돕는 책이다.

탐구 주제

주제1 책에서 저자는 교정 시설은 의사 한 명당 1일 진료가 평균 277건으로 일반 공공의료 시설보다 훨씬 많고, 수용자들의 민원에 빈번하게 노출되는 곳으로 의사에게 기피 근무지라고 언급했다. 이와 같은 현상을 막기 위한 국가의 보건 의료 정책에 대해 토론해 보자.

주제2 《진짜 아픈 사람 맞습니다》의 저자는 도둑놈들한테 잘해 줄 필요가 있는지 질문한다. 이와 관련하여 실제로 많은 사람이 범죄자들을 국민의 세금으로 치료해 줄 필요가 없다고 주장한다. 이에 대해 찬반의 입장을 정해 토론해 보자.

주제3 교정 시설 내 의사의 근무 환경 고찰

주제4 코로나19 당시 교정 시설 내 코로나 확산 현황 분석

학생부 기록 예시 (교과세특)

'진짜 아픈 사람 맞습니다(최세진)'를 읽고 교정 시설은 박봉에 고소 고발까지 당해 의사들의 기피 근무지이며, 진료실은 있지만 의사가 없는 경우도 있다는 것을 알게 됨. 이와 관련하여 교정 시설의 근무 환경 개선을 위한 제도적 개혁과 안전 보호 장치가 필요하다는 입장을 밝힘. 또한 '범죄자들을 국민의 세금으로 치료해 줄 필요가 있나'라는 토론 발제를 제시하고 친구들의 상반된 의견을 조율하며 심도 있는 토론을 이끎.

'진짜 아픈 사람 맞습니다(최세진)'를 읽고 수감자의 위협에도 진료해야 하고, 꾀병을 감별해야만 하며, 휴대전화 사용이 금지된 근무 환경 등 교정 시설 내 진료의의 고충을 이해함. 특히 진료 태만이라며 국가인권위에 민원을 넣겠다고 옥박지르는 수용자와 이에 지지 않고 직업인으로서 해야 할 일을 해 나가는 의사가 대결하는 상황을 바라보며 의료인이 가져야 할 공공의 책임 의식에 대해 다시 한번 생각하는 계기를 가짐.

관련 논문

코로나 19의 대응과 관련된 인권문제의 고찰(이규호, 2022)

관련 도서

《만약은 없다》, 남궁인, 문학동네
《죽고 싶은 사람은 없다》, 임세원, 알에이치코리아

관련 계열 및 학과

• 의학계열: 의예과, 건강관리학과, 보건관리학과, 의료정보학과, 임상병리학과

• 인문계열: 심리학과, 상담심리학과, 철학과, 철학윤리학과, 문화인류학과, 인류학과

• 사회계열: 의료경영학과, 공공행정학과, 사회복지학과, 노인복지학과, 사회학과

관련 교과

2022 개정 교육과정: 생명과학, 세포와 물질 대사, 융합 과학 탐구, 논술, 사회문제탐구, 윤리문제탐구

2015 개정 교육과정: 생명과학 I, 생명과학 II, 생활과 과학, 융합과학, 논술, 사회문제탐구

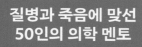

질병과 죽음에 맞선 50인의 의학 멘토

수전 앨드리지 | 책숲 | 2014

히포크라테스, 아비센나와 같은 고대의 위대한 인물들부터 몸, 질병, 약리학, 물리학과 화학 분야의 50인의 의약 분야 사상가와 과학자들의 생애와 업적을 소개하고 있는 책이다. 책에 소개된 50인의 멘토에 대한 생각을 키워드로 정리해 주고, 현대 의학의 발자취에 대해서도 언급하고 있어 기초의학 분야에 대한 관심사를 넓혀가는 데 도움을 얻을 수 있다.

탐구 주제

주제1 《질병과 죽음에 맞선 50인의 의학 멘토》에서는 사상가와 과학자들의 기초 의학 연구가 현대 의학 발전의 토대가 되었다고 했다. 우리나라는 비전이 보이지 않아 기초 의학자보다는 임상 의사의 길을 가는 의사가 많은데, 기초 의학자 양성을 위해 필요한 여건을 토의해 보자.

주제2 저자는 책에서 멘토의 사상에 덧붙여 현대 의학의 주요 이슈 열 가지를 다루며 특히 줄기세포의 잠재력은 무엇인지에 대에 언급하였다. 이와 관련하여 줄기세포의 잠재력과 '줄기세포의 대량 생산 기술이 질병 치료에 미칠 영향'을 탐구해 보자.

주제3 에드워드 제너의 천연두 백신이 인류에 미친 영향 탐구

주제4 파스퇴르의 세균설을 바탕으로 한 현대 의학의 발전 고찰

학생부 기록 예시 (교과세특)

'질병과 죽음에 맞선 50인의 의학 멘토(수전 엘드리지)'를 통해 위대한 의사와 과학자들이 어떻게 질병을 이겨내고, 인류의 건강을 지켜왔는지 의학의 발전 과정을 이해함. 특히 항생제의 아버지로 불리는 플레밍의 페니실린 발견이 인류 역사상 가장 위대한 의학적 발견이라는 사실에 깊이 감동하고, 페니실린이 인류의 건강과 복지에 끼친 영향을 정리함. 페니실린 발견 이후 항생제의 발전 과정을 추가로 탐구하며 과학적 사고력을 키움.

의학 분야에 대한 이해력과 전문성이 뛰어나며, 학습에 있어 깊이 있는 분석과 체계적인 접근 방식을 보여주는 학생으로, '질병과 죽음에 맞선 50인의 의학 멘토(수전 엘드리지)'를 정독하며 과학적 사고력을 키움. 특히 세계 최초로 천연두 백신을 개발한 에드워드 제너를 존경하여 그가 주장했던 우두법에 대한 심화 탐구활동을 전개하고, '에드워드 제너의 우두법과 천연두의 백신이 인류에 미친 영향'이라는 우수한 탐구 결과물을 제출함.

관련 논문

기초의학, 무엇을 어떻게 가르쳐야 하는가? (서덕준, 2007)

관련 도서

《하리하라의 청소년을 위한 의학 이야기》, 이은희, 살림Friends
《청소년을 위한 의학 에세이 : 의학 인물 편》, 서민, 해냄출판사

관련 계열 및 학과	• 의학계열: 의예과, 한의예과, 수의예과, 의료공학과, 의료정보학과, 보건관리학과
	• 자연계열: 생물학과, 미생물학과, 미생물분자생명과학과, 분자생물학과, 줄기세포재생공학과
관련 교과	• 공학계열: 생명공학과, 생물공학과, 유전공학과, 생명정보공학과, 바이오생명공학과

2022 개정 교육과정: 생명과학, 주제 탐구 독서, 융합 과학 탐구, 진로와 직업, 보건

2015 개정 교육과정: 생명과학 I, 생명과학 II, 생활과 과학, 융합과학, 진로와 직업

질병의 탄생

홍윤철 | 사이 | 2014

이 책은 오늘날 현대인이 앓고 있는 수많은 질병이 어떻게 시작되었는지, 또 어떤 이유로 현대인들이 과거 선조들보다 더 많은 질병에 걸리는지를 수백만 전 수렵채집 시대부터 현재에 이르는 긴 역사를 통해 설명하는 책이다. 질병은 유전적 요인과 환경적 요인 중 어느 요인에 더 큰 영향을 받는지를 인류사를 통해 살펴보고 있다.

탐구 주제

주제1 인류는 수렵과 채집을 하며 20만 년을 살았다. 급진적 환경적 변화가 일어난 지는 5000년밖에 되지 않으며, 그 변화에 적응하지 못한 유전자는 새로운 질병을 만들어 내고 있다. 인류가 농경 시대를 거쳐 현대 사회로 오면서 직면하게 된 영양학적 문제와 질병을 탐구해 보자.

주제2 우리는 화석 연료에 의존한 문명 속에서 살고 있고 그 화석 연료는 수많은 화학 물질을 만들어 낸다. 이런 화학 물질은 인류가 이전에 접해 보지 못했던 물질이어서 인체에 독으로 작용하거나 호르몬 시스템을 교란시킨다. 화학 물질이 일으킨 질병을 사례를 조사해 보자.

주제3 지구 온난화가 인류의 건강에 끼치는 영향에 대한 탐구

주제4 만성 질환과 햇빛과의 관련성에 대한 탐구

학생부 기록 예시 (교과세특)

현대인에게 흔한 질병인 비만의 원인 중 과도한 영양 섭취 이외의 원인에 대해 호기심을 가지고 조사함. '질병의 탄생(홍윤철)'과 논문을 읽고 현대 인류가 겪고 있는 비만과 만성 질환의 원인으로 유전자의 부적응을 꼽음. 인류가 수렵 채집 시대에서 농경 시대로 넘어오면서 과다한 당분과 동물성 지방을 섭취하게 되었는데, 인류의 유전자는 이런 많은 영양소에 적응하지 못하고 질병을 일으키고 있다고 발표함.

자율활동 시간에 플라스틱이 인체 유해성에 대해 배운 뒤 '왜 플라스틱이 유해할까?'라는 궁금증을 가지고 조사함. '질병의 탄생(홍윤철)'과 논문을 참고하여 화석 연료에서 만들어 내는 화학 물질은 인류가 이전에 접해 보지 못한 물질로 인체에 유입되면 호르몬 시스템을 교란하여 질병을 일으킨다고 발표하면서 아직도 현대 의학이 밝혀낸 환경 호르몬에 대한 지식은 제한적이므로 가급적 화학 물질과의 접촉은 줄여야 한다고 주장함.

관련 논문

내분비교란물질이 사람의 건강에 미치는 영향(이준형 외, 2023)

관련 도서

《죽음의 역사》, 앤드루 도이그, 브론스테인
《당신이 먹는 게 삼대를 간다》, 신동화, 믿음인

관련 계열 및 학과	• 의약계열: 간호학과, 방사선과, 물리치료학과, 약학과, 의예과, 한의학과, 의료공학과
	• 인문계열: 사학과, 국사학과, 역사문화콘텐츠학과, 역사학과, 문화인류학과, 문화재학과
관련 교과	• 자연계열: 농생물학과, 미생물학과, 생명과학과, 생물학과, 생물과학과, 분자생물학과

2022 개정 교육과정: 생명과학, 세포와 물질대사, 생물의 유전, 융합과학 탐구, 세계사, 보건

2015 개정 교육과정: 생명과학 I, 생명과학 II, 생활과 과학, 운동과 건강, 보건

질병이 바꾼 세계의 역사

로날트 D. 게르슈테 | 미래의 창 |
2020

페스트, 에이즈 등 인류를 위협한 전염병과 알렉산더 대왕부터 히틀러까지 최고 권력자들의 질병에 대한 기록이다. 질병은 수많은 사람의 생명을 위협하여 역사에 영향을 미치기도 했고, 역사적으로 중요한 의미를 가진 인물들의 건강과 목숨을 앗아감으로써 역사의 흐름을 바꾸기도 했다. 질병의 막기 위한 노력에도 불구하고 질병이 인류를 괴롭히며 바꾼 역사적 흐름에 대해 알아보자.

탐구 주제

주제1 인류의 역사는 전염병에 의해 많은 영향을 받아왔다. 페스트의 경우 지역별로 편차가 크지만 1347년부터 1352년까지 유럽 전체 인구의 약 30%가 페스트로 사망한 것으로 추정된다. 페스트의 확산 과정을 조사하고, 이후 페스트가 유럽 사회에 끼친 영향을 탐구해 보자.

주제2 인수공통 전염병이란 같은 병원체에 의해 사람과 동물이 감염되고 전염되는 병이다. 대표적인 인수공통 전염병인 결핵은 역사상 가장 많은 생명을 앗아갔다. 결핵 같은 인수공통전염병이 유행한 과거 사례를 조사하고 최근 인수공통전염병이 증가하고 있는 이유를 탐구해 보자.

주제3 지도자의 전염병으로 인해 역사가 바뀐 사례에 대한 탐구

주제4 코로나19가 바꾼 사회의 변화에 대한 탐구

학생부 기록 예시 (교과세특)

책으로 읽는 역사 발표수업에서 코로나19의 유행으로 인해 역사적으로 전염병이 사회에 어떤 영향을 끼쳤는지에 대한 호기심을 가지고 '질병이 바꾼 세계의 역사(로날트 D. 게르슈테)'를 읽고 발표함. 14세기 유럽 페스트의 확산 과정과 대응책을 당시 상황을 묘사한 그림과 함께 설명하고, 페스트로 인한 인구 감소가 영국의 사회에 끼친 영향을 알베르 카뮈의 페스트에 나타난 사회 모습과 연결하여 흥미롭게 설명하여 큰 호응을 받음.

메르스, 원숭이 두창 등 인수공통 전염병이 증가하고 있다는 뉴스를 접하고 그 이유에 대한 호기심이 생겨 조사함. 역사적으로 큰 피해를 낸 인수공통 전염병은 영장류를 숙주로 하는 RNA 바이러스에 집중되어 있으며 도시화와 가축 산업의 학장, 산림 파괴 등으로 인간과 동물의 접촉이 늘어나며 인수공통 감염병이 더욱 증가할 것이라 분석함. 무분별한 생태계 파괴를 방지하는 등 환경 보호가 중요하다는 내용을 발표함.

관련 논문

전염성 질병에 대한 고병리학적 접근: 분석기법과 최근 연구의 경향검토 (우은진외, 2018)

관련 도서

《세계사를 바꾼 전염병 13가지》, 제니퍼 라이트, 산처럼
《인수공통 모든 전염병의 열쇠》, 데이비드 콰먼, 꿈꿀자유

관련 계열 및 학과
- 의약계열: 간호학과, 방사선과, 물리치료학과, 약학과, 의예과, 한의학과, 의료공학과
- 인문계열: 사학과, 국사학과, 역사문화콘텐츠학과, 역사학과, 문화인류학과, 문화재학과
- 자연계열: 농생물학과, 미생물학과, 생명과학과, 생물학과, 생물과학과, 분자생물학과

관련 교과

2022 개정 교육과정: 생명과학, 세포와 물질대사, 생물의 유전, 융합과학 탐구, 세계사, 보건

2015 개정 교육과정: 생명과학 I, 생명과학 II, 생활과 과학, 운동과 건강, 보건

카이스트, 바이오헬스의 미래를 말하다

채수찬 | 율곡출판사 | 2020

이 책은 바이오헬스 산업의 전체 흐름에 대한 이해를 돕기 위해 구상되었다. 한국 바이오헬스 산업의 지속 가능한 발전을 위해 바이오 신기술, 4차 산업 혁명, 보건 사회, 글로벌 협력, 창업과 투자 이 다섯 가지의 핵심 주제에 대해 살펴보며 우리나라 바이오헬스 산업의 다양한 모습들을 조망하고 미래의 발전 방향에 대한 화두를 제시하는 책이다.

탐구 주제

주제1 　마이크로바이옴(microbiome)은 미생물(microbe)과 생태계(biome)의 합성어로 몸속에 사는 미생물을 뜻한다. 현재 장내 미생물 이식을 활용해서 알레르기 천식 등의 난치병을 치료하는 방안이 연구되고 있다. 그 치료법의 현재 상황과 앞으로의 가능성을 탐구해 보자.

주제2 　코로나로 인한 팬데믹 시기, 세계적인 제약사 화이자는 AI를 활용해 통상 10년이 걸리던 백신 개발을 10.8개월 만에 성공시켰다. 현재 인류를 고통스럽게 하는 여러 질병을 치료하는 신약 개발에 활용되는 AI 신약 개발 현황을 조사해 보자.

주제3 　연구하는 의사의 필요성에 대한 탐구

주제4 　유전체 정보를 활용한 개인 맞춤 진료 시대에 대핸 탐구

학생부 기록 예시 (교과세특)

'카이스트, 바이오헬스의 미래를 말하다(채수찬)'를 읽고 장내 미생물 이식(FMT)에 대한 관심이 생겨 조사함. 늙은 쥐에게 젊은 쥐의 장내 미생물을 이식하자 기억력 등 노화와 관련된 변화가 발생한 사례를 발표하면서 장내 미생물 이식이 현재는 소화기관 질병 치료에 주로 사용되고 있으나 앞으로는 인지 기능 저하 등 노화와 관련된 연구가 주목받게 될 것이고, 본인도 향후 마이크로바이옴 연구자가 되고 싶다는 포부를 밝힘.

코로나 백신 개발에 AI가 활용되었다는 보도를 접하고, 현재 우리나라의 AI가 활용한 신약 개발 현황에 대해 조사함. '카이스트, 바이오헬스의 미래를 말하다(채수찬)'와 논문을 참고하여 AI와 빅데이터를 활용하면 신약 개발 시간을 줄일 수 있고, 신약 후보 물질 발굴과 질병 맞춤형 약물 개발에 효과적임을 파악함. 우리나라도 신약을 디자인할 수 있는 AI 모델을 개발하는 등 활발한 연구가 진행되고 있어 큰 발전이 기대된다고 발표함.

관련 논문

텍스트 마이닝을 이용한 인공지능 활용 신약 개발 연구 동향 분석 (남재우, 김영준, 2023)

관련 도서

《디지털 헬스케어 : 의료의 미래》, 최윤섭, 클라우드나인
《질병 정복의 꿈, 바이오 사이언스》, 이성규, MID

관련 계열 및 학과	• 의약계열: 간호학과, 방사선과, 물리치료학과, 약학과, 의예과, 한의학과, 의료공학과
	• 자연계열: 미생물학과, 생명과학과, 생물학과, 생물과학과, 생물자원과학부, 분자생물학과
관련 교과	• 공학계열: 바이오생명공학과, 생명공학과, 식품공학과, 의생명학과, 제약생명공학과

2022 개정 교육과정: 생명과학, 세포와 물질대사, 생물의 유전, 융합과학 탐구, 운동과 건강, 보건

2015 개정 교육과정: 생명과학Ⅰ, 생명과학Ⅱ, 생활과 과학, 운동과 건강, 보건

코로나 이후 생존 도시

홍윤철 | 포르체 | 2021

공공보건의료진흥원장이자 예방 의학 전문가인 저자가 홍콩 인플루엔자, 스페인 독감, 그리고 코로나19와 같은 팬데믹 현상이 주기적으로 나타나는 이유를 살펴본 책이다. 저자는 다시 올 팬데믹을 막기 위해 지속 가능한 도시, 스마트 건강 도시 등 팬데믹을 예방하기 위한 도시 재건을 제안한다. 이 책을 통해 새롭게 나타나는 질병에 대한 예방법을 모색해 볼 수 있을 것이다.

탐구 주제

주제1 《코로나 이후 생존 도시》에서 저자는 도시가 전염병과 만성 질환의 온상이며 팬데믹 현상이 주기적으로 나타나는 이유라고 언급한다. 저자가 이와 같이 주장한 이유를 역사 속 사례를 들어서 정리해 보자.

주제2 《코로나 이후 생존 도시》에서 저자는 20세기의 급속한 산업화와 도시화가 팬데믹을 빠르게 진행시켰으며, 앞으로는 자연과 환경을 염두에 둔 도시화와 미래 사회 발전을 계획해야 한다고 주장하였다. 이와 관련하여 미래 의료를 위한 스마트 건강 도시란 무엇인지 토론해 보자.

주제3 현대인의 스트레스가 심혈관 질환에 미치는 영향 탐구

주제4 생활 환경이 암, 면역 질환 등 질병에 미치는 영향 탐색

학생부 기록 예시 (교과세특)

'코로나 이후 생존 도시(홍윤철)'를 읽고 감염병 팬데믹은 도시의 밀집 생활에서 시작했음을 이해하고, 역사 속의 다양한 사례를 찾아 정리하는 분석적 사고력을 보여 줌. 또한 상호 신뢰와 협력에 기초한 체제가 활성화된 도시가 재해나 전염병 같은 상황에서 탄력성을 가지고 대처한다는 것을 깨달음. 이를 바탕으로 언제 다시 닥칠지 모르는 질병에 대비하기 위해 공공보건 의료 체계 확립이 시급하다는 입장을 밝힘.

'코로나 이후 생존 도시(홍윤철)'를 읽고 지속 가능한 발전을 이끌어나갈 수 있는 미래도시의 모습과 미래 의료 체계가 나아가야 할 방향에 대해 진지하게 고민하는 모습을 보임. 이를 바탕으로 미래 도시에는 정보 통신 기술과 로봇을 활용한 의료 돌봄 프로그램, 지역 사회 병원과 상급병원이 협력해서 환자를 돌보는 분석적 의료 협력 체계 시스템을 갖추는 것이 꼭 필요하다는 미래지향적인 융합적 사고 능력을 보여 줌.

관련 논문

코로나의 시간, 학력격차 논쟁을 넘어 학교 공동체에 대한 재음미 (신경희, 2022)

관련 도서

《호모 커먼스》, 홍윤철, 포르체
《코로나19 이후의 미래》, 이경상, 중원문화

관련 계열 및 학과
- 의학계열: 의예과, 한의예과, 건강관리학과, 보건관리학과, 산업보건학과, 휴먼시스템의학과
- 인문계열: 철학과, 철학윤리학과, 윤리학과, 문화인류학과, 상담심리학과, 인류학과

관련 교과
- 사회계열: 의료경영학과, 공공행정학과, 공공인재학과, 사회학과, 사회복지학과, 행정학과

2022 개정 교육과정: 생명과학, 융합 과학 탐구, 윤리문제 탐구, 주제 탐구 독서, 진로와 직업, 보건

2015 개정 교육과정: 생명과학 I, 생명과학 II, 생활과 과학, 융합과학, 진로와 직업, 생활과 윤리, 보건

토닥토닥 정신과 사용설명서

박한선 외 | 에이도스 | 2018

정신 장애를 앓는 당사자와 보호자의 생생한 이야기와 조언을 문답 형식으로 실은 책이다. 장애를 겪는 환자와 보호자에게 현실적으로 도움이 되도록 했다. 정신과 외래, 재정과 법, 소아 청소년, 여성 환자, 노인과 치매, 중독환자 등 다양한 문제에 시달리는 환자와 보호자에게 꼭 필요하고 유용한 정보와 지식을 총망라하여 정신 건강 의학의 백과사전이라 할 수 있다.

탐구 주제

주제1 최근 '묻지마 범죄'라고도 불리는 이상 동기 범죄로 인해 국민의 불안감이 커지고 있다. 이런 이상 동기 범죄의 원인에는 조현병이나 피해 망상 같은 정신적 이상이 있을 것이라는 사회적 통념이 있다. 이상 동기 범죄의 원인과 정신적 이상과의 관련성을 조사해 보자.

주제2 2022년 기준 우리나라 자살 사망자 수는 OECD 국가 중 1위를 기록했다. 정신 질환은 초기에 진단하고 치료하지 않으면 자살 및 자해 시도로 이어질 가능성이 높다. 정신 질환 문제에 대해 무지, 낙인, 은폐로 대응하는 우리 사회의 분위기를 바꿀 방안을 제시해 보자.

주제3 중증 정신질환자 강제 입원 제도 활성화의 순기능과 역기능 조사

주제4 항정신병 약물의 종류의 작용기전에 대한 조사

학생부 기록 예시 (교과세특)

이상 동기 범죄의 증가로 시민들의 불안이 증가하는 현실 속에서 이상 동기 범죄의 원인을 조현병 등 정신적 이상으로 꼽는 사회적 통념을 확인하고자 조사 활동을 전개함. '토닥토닥 정신과 사용설명서(박한선 외)'와 논문을 정리한 결과 중증 정신질환자 중 범죄자 비율이 전체 인구 중 범죄자 비율보다 훨씬 낮다고 밝히면서, 정신질환자에 대한 혐오를 부추기는 보도 태도를 바로잡고 정신 질환에 대한 홍보를 강화해야 한다고 주장함.

우리나라가 자살률 세계 1위라는 언론 보도를 접하고 수년째 계속되는 상황이 왜 개선되지 않는지에 대한 의구심을 가지고 개선 방안을 탐구함. '토닥토닥 정신과 사용설명서(박한선 외)'와 관련 논문을 읽고 자살률 세계 1위였던 핀란드가 병원을 방문한 모든 환자에게 우울증과 자살 충동 여부를 점검해 고위험자를 찾아낸 사례를 발표하면서 우리나라도 국가 건강 검진 시 자살 충동 여부 조사를 의무화하는 방안을 제시함.

관련 논문

경계선 성격장애를 위한 좋은 정신과적 관리 : 모든 상황에서 적용가능한 (이창훈, 2021)

관련 도서

《멘탈싸인》, 제임스 휘트니 힉스, 밈
《어쩌다 정신과 의사》, 김지용, 심심

관련 계열 및 학과	• 의약계열 : 간호학과, 물리치료학과, 약학과, 응급구조학과, 의예과, 한의학과, 의료공학과
	• 인문계열 : 심리학과, 역사학과, 유학동양학과, 철학과, 철학생명의료윤리학과
관련 교과	• 사회계열 : 공공행정학과, 법학과, 보건의료경영학과, 사회복지학과, 행정학과

2022 개정 교육과정 : 생명과학, 융합과학 탐구, 사회와 문화, 법과 사회, 윤리문제 탐구, 보건

2015 개정 교육과정 : 생명과학 I, 생명과학 II, 사회문화, 생활과 윤리, 사회문제 탐구, 심리학, 보건

한 손에 잡히는 생명윤리

도나 디켄슨 | 동녘 | 2018

다양한 생명윤리 이슈에 목소리를 내 현대 윤리학에 기여한 공로로 여성 최초 '국제 스피노자 렌즈 상'을 수상한 영국의 의료윤리학자가 난자 판매, 유전자 중심주의, 인체조직 특허와 독점 등의 쟁점을 알기 쉽게 풀어 쓴 생명윤리 교양서이다. 생명공학에 들이닥친 거센 자본주의 물결 속에서 우리가 무엇을 놓치면 안 되는지 과학, 철학, 법, 정치를 넘나들며 짚어 주고 있다.

탐구 주제

주제1 새로운 생명공학 기술의 등장은 최대의 희망과 공포가 동시에 등장한다. 난자를 사고파는 국제적 시장이 형성되기도 하고, 인도에는 대리모 산업의 국제적 허브가 생기기도 했다. 어느 불임 부부가 돈을 주고 난자 매매를 시도한다면 난자 매매를 허용해야 하는지에 대해 탐구해 보자.

주제2 DNA는 큰 분자로서 유전 정보를 저장하고 있으며, 유전자는 유전자는 DNA 안의 작은 단위로 특정한 역할을 한다. 유전자는 생물학적 특성과 특징을 결정하는 역할을 한다고 하여 '유전자=우리'라는 인식이 있다. 이런 인식에 대한 저자의 입장을 탐구해 보자.

주제3 뉘른베르크 윤리 강령이 무엇인지에 대한 조사

주제4 배아를 거래하는 것에 대한 찬반 논란에 대한 탐구

학생부 기록 예시 (교과세특)

인도에서 대리 출산이 흔하게 벌어지고 있다는 뉴스를 보고 대리모에 대한 생명 윤리 차원에서의 관점이 궁금해 '한 손에 잡히는 생명윤리(도나 디켄슨)'를 읽고 발표함. 대리모가 되겠다는 여성이 있는데도 금지하는 것은 과하다는 의견도 있으나 이것은 생명 윤리 논란을 개인의 선택으로 환원시키는 문제점을 가지고 있다며 신체 및 신체에서 떼어 낸 어떤 것도 상품일 수 없다는 칸트의 주장을 근거로 제시함.

본인이 겪는 어려움을 유전자 탓으로 돌리고 '유전자=나'라는 생각을 하는 사람이 있어 '유전자=나'라는 등식이 성립하는지 확인하기 위해 '한 손에 잡히는 생명윤리(도나 디켄슨)'와 논문자료를 읽고 정리함. 행동과 유전자 사이에 상관성은 존재하나 후성유전학에서의 관점에선 같은 유전자라도 환경과의 상호 작용을 통해 다른 형질을 만들어 낼 수 있기에 '유전자=나'라는 생각은 지나치며 인간의 의지를 과소 평가한 것이라고 발표함.

관련 논문

생명의료윤리에서 철학이 필요한가? (김준혁, 2023)

관련 도서

《생명윤리》, 권경희 외, 양성원
《생명 의료 윤리》, 구영모 외, 동녘

관련 계열 및 학과
- 의약계열: 간호학과, 방사선과, 물리치료학과, 약학과, 의예과, 한의학과, 의료공학과
- 인문계열: 심리학과, 역사학과, 유학동양학과, 철학과, 철학생명의료윤리학과

관련 교과
- 자연계열: 농생물학과, 미생물학과, 생명과학과, 생물학과, 생물과학과, 분자생물학과

2022 개정 교육과정: 생명과학, 융합과학 탐구, 보건, 현대사회와 윤리, 법과 사회, 윤리문제 탐구

2015 개정 교육과정: 생명과학 I, 생명과학 II, 생활과 과학, 생활과 윤리, 사회문제 탐구

협력의 유전자

니컬라 라이하니 | 한빛비즈 | 2022

이 책은 '정말로 우리는 이기적 존재일까?'라는 질문에 답하고 있다. 런던대학교 생물학과 교수이자 세계적으로 주목받는 진화심리학자인 저자는 지금까지 이기적인 존재라 오해받아 온 인간의 본성이란 협력임을 지적하며, 협력이야말로 모든 생명의 탄생과 진화를 가능케 한 힘이라고 이야기한다. 과학적인 관점으로 협력을 통해 존재할 수 있었던 인간의 역사와 사례에 대해 설명하는 책이다.

탐구 주제

주제1 책에서는 왜 여성의 생식 능력이 30대 후반에 급격히 줄어드는지 설명하며 다른 포유류와는 달리 생식이 끝난 불임 상태로 삶을 이어가는 것에 대한 의구심을 제기한다. 진화학적 관점에서 이 상황을 어떻게 해석할 수 있는지 분석해 보자.

주제2 《협력의 유전자》에서는 우리 인간이 어떻게 우리의 존재를 시작으로 가족이라는 작은 공동체를 지나 국가와 세계라는 거대한 개념까지 협력의 영역을 발전시킬 수 있었는지를 진화학적 관점에서 바라본다. 인간의 사회 발전 과정을 다른 영장류와 비교해 보자.

주제3 진화적 측면에서 암 세포 고찰

주제4 진화심리학적 관점의 지구적 공공재 문제해결에 대한 탐구

학생부 기록 예시 (교과세특)

'협력의 유전자(니컬라 라이하니)'를 읽고 진화론적 시각에서 인간의 행동을 설명하는 부분이 인상깊어 내용을 정리하고 발표 자료를 제작함. 인간을 제외한 거의 모든 생명체는 죽기 전까지 생식 능력을 가지는데, 인간 여성은 폐경이 되고도 오랜 기간 생존하는 것에 대한 과학적인 설명으로 할머니의 존재가 종의 생존에 더 유리하다는 책의 주장을 정리하여 제시하며 진화론적 접근 방식을 더 깊이 공부해 보고 싶다는 포부를 밝힘.

'협력의 유전자(니컬라 라이하니)'를 읽고 '이기적인 유전자(리처드 도킨스)'와 비교하는 보고서를 제출함. 제목만 보면 대립적 관계일 것 같은 두 책이 사실 비슷한 결론에 도달하고 있으며 유전자가 가장 중요하게 여기는 관심사는 미래 세대에 있다고 평가함. 초기 인류는 열악한 상황에서 생존을 위해 모든 방면에서 협력해야 생존할 수 있었을 것이라고 이야기하면서 원시 인류의 유전자에 대해 깊이 있게 탐구해 보고 싶다고 밝힘.

관련 논문

정신의학의 진화적 접근(박한선, 2014)

관련 도서

《이기적 유전자》, 리처드 도킨스, 을유문화사
《진화심리학에서의 인간 본성》, 정재훈, 부크크

관련 계열 및 학과	• 의약계열: 간호학과, 방사선과, 물리치료학과, 약학과, 의예과, 한의학과, 의료공학과
	• 인문계열: 사학과, 역사문화콘텐츠학과, 역사문화학과, 역사학과, 역사콘텐츠학과
관련 교과	• 자연계열: 농생물학과, 미생물학과, 분자생물학과, 생명과학과, 생물학과, 식물자원학과

2022 개정 교육과정: 생명과학, 세포와 물질대사, 생물의 유전, 융합과학 탐구, 세계사, 보건

2015 개정 교육과정: 생명과학 I, 생명과학 II, 생활과 과학, 생활과 윤리, 사회문제 탐구, 세계사, 보건

히포크라시

레이첼 부크바인더, 이언 해리스 |
책세상 | 2023

이 책은 '현대 의학은 당연히 현대 과학이 맞을까?'라는 명제의 의문을 제기하며 과학적 근거에 기반하지 않는 현대 의학의 문제점들을 철저하게 고발한다. 출간 즉시 의료계에 큰 화제가 됐던 이 책은 철저하게 과학적으로 증명된 것을 근거로 삼는 '증거 기반 의학'을 토대로, 최신 연구를 받아들이지 못하고 기존의 관행에 따르는 의료계를 비판하고 있다.

탐구 주제

주제1 의료는 어느 사회에서나 어느 정도 공익적 성격을 지닌다. 대중들은 의사가 특별한 직업 윤리를 가지고 공익성을 실천하길 기대하며, 전문성을 가진 의사의 권위를 인정한다. 하지만 이 책에서는 의사들이 과학을 존중하지 않는다고 비판한다. 저자들이 왜 그런 주장을 하는지 탐구해 보자.

주제2 갑상선은 목 앞의 가운데 위치한 나비 모양의 내분비 기관이다. 초음파 검진이 보편화되면서 환자는 별다른 이상 증상을 느끼지 못하지만 갑상선암으로 진단되는 비율이 높아지고 있다. 갑상선암에 대한 과잉 진료를 지적하고 있는 책의 내용을 탐구해 보자.

주제3 숫자 치료의 위험성에 대한 조사

주제4 저자가 말하는 정상의 의료화 개념에 대한 탐구

학생부 기록 예시 (교과세특)

'히포크라시(레이첼 부크바인더 외)'를 읽다 '의사가 과학을 무시한다'는 저자의 의견에 의문이 생겨 책과 논문 자료를 종합하여 발표 자료를 작성함. 세계적으로 존경받는 의사들인 저자는 최신 연구를 받아들이지 못하고 관행에 따르는 의료계를 비판하며 의사들이 경험에만 의존해 퇴행성 무릎 환자에게 관절경 시술을 하는 것을 사례로 제시하면서 전문직인 의사에게는 엄격히 '증거 기반 의학'을 받아들이는 태도가 중요하다고 강조함.

다른 나라에서는 흔한 암이 아닌 갑상선암이 우리나라에서는 발생률 1위의 암이 된 이유가 궁금하여 관련 논문을 참고하여 조사함. 매년 4만 명이 갑상선암을 진단받고 있는데 대부분 젊은 사람들이 많고 진단받은 사람들은 갑상선 전체를 제거하는 갑상선 절제술까지 받아 평생 갑상선 호르몬 약을 먹고 부작용을 겪게 되는데 우리나라의 판정 기준이 미국보다 훨씬 엄격하여 과잉 진료 논란이 있다고 통계 자료와 함께 발표함.

관련 논문

의료인과 환자가 경험하는 환자중심의료에 대한 근거이론적 접근(이수경, 2019)

관련 도서

《좋은 의사 나쁜 의사》, 래리 R. 처칠 외, 박영사
《태어나지 않는 것이 낫다》, 데이비드 베너타, 서광사

관련 계열 및 학과
- 의약계열: 간호학과, 방사선과, 물리치료학과, 약학과, 의예과, 한의학과, 의료공학과
- 인문계열: 사회심리학과, 상담심리학과, 심리학과, 철학과, 철학생명윤리학과

관련 교과
- 사회계열: 공공행정학과, 법학과, 보건의료경영학과, 사회복지학과, 행정학과

2022 개정 교육과정: 생명과학, 융합과학 탐구, 보건, 현대사회와 윤리, 법과 사회, 윤리문제 탐구

2015 개정 교육과정: 생명과학 I, 생명과학 II, 생활과 과학, 생활과 윤리, 사회문제 탐구

히포크라테스 미술관

박광혁 | 어바웃어북 | 2020

내과 전문의인 저자가 진료실과 미술관을 오가며 의학과 미술의 경이로운 만남을 글로 풀어낸 책이다. 유럽, 미국, 일본 등 전 세계 미술관을 직접 순례하며 그림에 담긴 의학과 인문학적 코드를 찾아 관찰하고 기록했다. 특히 의학의 시선으로 미술을 보면 신화에서 문학, 예술, 역사, 인류학에 이르기까지 모든 인문학이 읽힌다는 말이 결코 과장된 수사가 아님을 이 책을 읽는 학생들은 간접 경험할 수 있을 것이다.

탐구 주제

주제1 저자는 모네의 〈임종을 맞이한 카미유〉라는 그림에 대해 모네가 '죽음의 빛'을 그렸다고 말하며, 맨 처음 '죽음의 빛'을 의학적으로 관찰해 기록한 이는 히포크라테스라고 언급하였다. 이와 관련하여 의학에서는 '히포크라테스 안모'라고 말이 있다. 그 의미를 탐색해 보자.

주제2 책에서 저자는 고흐의 〈착한 사마리아인〉이라는 그림을 '착한 사마리아인 법'과 연결지어 설명하였다. 현재 유럽 등 많은 나라에서 입법화되어 있는 이 법은 우리나라에선 '응급 의료에 관한 법률' 면책 조항만 제정되어 있다. 이 법의 도입에 대한 찬반의 근거를 정리해 보자.

주제3 도레의 〈돈키호테〉 그림을 통한 돈키호테의 행동 장애 분석

주제4 고흐의 〈영원의 문〉을 통한 고흐의 심리 상태 분석

학생부 기록 예시 (교과세특)

'히포크라테스 미술관(박광혁)'을 통해 하나의 명화를 의학의 시선으로 바라보았을 때 거의 모든 인문학이 읽힌다는 말을 이해하고, 표현 방식의 차이가 있는 인간의 삶에 대한 이야기라는 것을 깨닫는 모습을 보임. 특히 고흐의 '영원의 문' 속 비통해 하는 노인의 모습에서 당시 아버지를 여의고 극심한 절망감에 빠져 정신착란 증세를 보였던 화가의 모습을 유추할 수 있음을 알고, '고흐의 심리 상태 분석'에 대한 심화 탐구 학습을 진행함.

'히포크라테스 미술관(박광혁)'을 읽고 의학의 시선으로 명화를 바라보며 인문학을 연결하는 저자의 시각에 깊이 감동함. 특히 겨자 가스로 인해 안구 손상을 입고 고통 속에서 치료를 기다리고 있는 영국 병사들을 그린 그림을 통해 전쟁의 참혹성을 바라보는 저자의 시선에 공감함. 이를 계기로 한쪽에 치우치는 공부가 아니라 인문학적 지식을 확장하고 융합적 사고를 기르기 위한 소양을 더욱 길러야겠다는 각오를 다지는 모습을 보임.

관련 논문

반 고흐의 비정상 심리와 절정체험, 그리고 자아초월적 차원(배철영, 2013)

관련 도서

《미술관에 간 의학자》, 박광혁, 어바웃어북
《미술관에 간 해부학자》, 이재호, 어바웃어북

관련 계열 및 학과	• 의학계열: 의예과, 치의예과, 수의예과, 한의예과, 건강관리학과, 의료정보학과
	• 인문계열: 문예창작학과, 미술사학과, 미학과, 상담심리학과, 심리학과, 철학과
관련 교과	• 예체능계열: 미술학과, 서양화과, 동양화과, 회화과, 조형예술학과, 문화예술학과

2022 개정 교육과정: 생명과학, 융합 과학 탐구, 주제 탐구 독서, 미술, 미술 창작, 미술 감상과 비평

2015 개정 교육과정: 생명과학 I, 생명과학 II, 융합과학, 미술, 미술 창작, 미술 감상과 비평

K-Health를 이끄는 슬기로운 건강검진

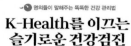

권혜령 | 예미 | 2023

건강검진에 대해 안내하고 있는 책이다. 의료 서비스의 패러다임은 치료에서 예방으로 옮겨 가고 있고 병원들은 우수한 시스템과 최첨단 장비로 우리나라 건강진단 문화를 선도해 왔다. 건강검진을 잘 활용하기 위한 조언, 백세 인생을 위한 질병 관리법, 하나로 명의들이 직접 실천하고 있는 건강 관리법으로 구성되었다. 오랜 경륜을 가진 의사들이 직접 전해 주는 건강 지킴의 정석을 담은 책이다.

탐구 주제

주제1 이 책은 건강검진 이용하는 법에 대해 안내하고 있다. 건강검진에는 CT 검사가 흔하게 활용된다. 이런 CT 검사는 어떤 원리로 검사하는 것이며 무슨 부작용이 있는지 조사해 보자.

주제2 우리나라는 다른 어느 나라에 비해서 훌륭한 국가 검진 제도를 가지고 있다. 하지만 의료계에서는 의료 현실과 동떨어진 검진 항목과 검진 주기를 지적한다. 의료계가 국가 검진 제도 개선을 위해 요구하는 사항은 무엇인지 조사하고 그 타당성을 검토해 보자.

주제3 연령별로 추천되는 운동 방법에 대한 비교 분석

주제4 간헐적 단식법이 건강에 끼치는 영향에 대한 탐구

학생부 기록 예시 (교과세특)

건강검진 중에 CT 검사의 위험성을 경고하는 뉴스를 접하고 그에 대한 호기심이 생겨 CT 검사의 원리와 방사선 피폭량에 대해 조사함. 'K-Health를 이끄는 슬기로운 건강검진(권혜령)'과 학술 자료 등을 참고하여 CT 검사는 전리방사선을 이용한 검사로 방사선 피폭량이 단순 X선 검사와 비교해 최대 수백 배여서 단순 건강검진 목적의 CT 검사를 추천하지 않다고 하면서 의료 영상 장치별 방사능 피폭량과 진단 원리를 표와 함께 설명함.

'K-Health를 이끄는 슬기로운 건강검진(권혜령)'을 읽고 의료계에서 국가 건강 검진 제도에 대해 요구하는 개선방안이 있다는 것을 알게 되었고, 학회 자료들을 참고하여 의료계의 요구 사항을 정리하고 그 타당성을 검토하여 발표함. 특히, 대형 검진 센터에서 검진이 이루어지는 경우가 많아 검진 결과만 통보되고 사후 관리가 이루어지지 않는 것을 지적하면서 대형 병원의 이윤 추구를 위한 국가 건강 검진 참여 제한을 필요성을 역설함.

관련 논문

건강검진 수검 및 검진유형 선택의 결정요인 (문관식 외, 2016)

관련 도서

《알기쉬운 건강검진》, 이성근 외, 페이지원
《건강검진의 두 얼굴》, 마쓰모토 미쓰마사, 에디터

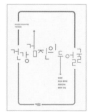

관련 계열 및 학과

- 의약계열: 간호학과, 방사선과, 물리치료학과, 약학과, 의예과, 한의학과, 의료공학과
- 자연계열: 미생물학과, 생명과학과, 생물학과, 생물과학과, 생물자원과학부, 분자생물학과

관련 교과

- 공학계열: 바이오생명공학과, 생명공학과, 식품공학과, 의생명학과, 제약생명공학과

2022 개정 교육과정: 생명과학, 세포와 물질대사, 생물의 유전, 융합과학 탐구, 운동과 건강, 보건

2015 개정 교육과정: 생명과학 I, 생명과학 II, 생활과 과학, 운동과 건강, 보건

순번	도서명	저자명	출판사명
1	100세 치아 메뉴얼	강동호, 황인성	대한나래출판사
2	30년차 치과의사 최유성의 생각	최유성	이지출판
3	구강감염과 전신건강	안네 마리 린제 페데르센	파라사이언스
4	뇌노화를 멈추려면 35세부터 치아 관리 습관을 바꿔라	하세가와 요시야	갈매나무
5	다이제스트 치의학 연구윤리	진보형 외	서울대학교출판문화원
6	쉽디쉬운 임플란트 이야기	문석준	좋은땅
7	아 해보세요	메리 오토	후마니타스
8	우리동네 1등치과 만들기	이다혜	헤세의서재
9	입속세균에 대한 17가지 질문	김혜성	파라사이언스
10	치과 사용 설명서	강혁권	라온북
11	치과의사가 말하는 치과의사	안현세 외	부키
12	치과의사는 입만 진료하지 않는다	아이다 요시테루	정다와
13	치과의사도 모르는 진짜 치과 이야기	김동오	에디터
14	치의학의 이 저런 역사	제임스 윈브랜트	지식을만드는지식
15	한국 치과의 역사	치과의사학교수협의회와 연구팀	역사공간

100세 치아 매뉴얼

강동호, 황인성 | 대한나래출판사 | 2023

현재의 치과는 예방보다는 치료에 포커싱을 두고 운영되고 있다. 한국뿐만 아니라 미국도 마찬가지이다. 그러나 예방 치과는 손상되기 전에 치아를 미리 보호하는 분야이므로 궁극적으로 추구되어야 할 치과 분야이다. 많은 치아가 발치되고 임플란트로 대체되는 지금, 가진 자연치를 지키고 싶다면 이 책에서 제안하는 최소주의 치아 사용법을 실천해 보자.

탐구 주제

주제1 이 책에서는 최소주의 치아 사용법이라는 개념을 소개하고 있다. 저자는 치아가 인체에서 가장 단단하지만 실은 가장 취약하다고 지적하면서 치아를 평생 유지하기 위해서는 치아 관리 습관을 바꿀 필요가 있다고 지적한다. 책에서 제안하는 치아 관리 방법을 정리해 보자.

주제2 많은 사람이 치아 건강을 위해 꼭꼭 씹는 습관을 가져야 한다고 생각한다. 심지어 운동하듯 단련하면 치아 건강에 유익할 것이라는 생각을 가진 사람들도 있다. 하지만 책에서는 그 습관이 치아 건강에 바람직하지 않다고 지적한다. 그 이유를 조사해 보자.

주제3 치아 크랙이 치아 건강에 미치는 영향에 대한 분석

주제4 구강건강 안정성 지수(OHSI) 산출 방법에 대한 조사

학생부 기록 예시 (교과세특)

많은 사람이 잘못된 양치질 때문에 치아 건강에 위협을 받고 있다는 뉴스를 보고 올바른 치아 관리 방법에 대한 궁금증이 생겨 조사함. '100세 치아 매뉴얼(강동호 외)'을 읽고 부드러운 양치질, 올바른 치실 사용법, 야간 이갈이 방지 등 최소주의 치아 사용법에 대해 정리한 내용을 발표하면서 예방 치과의 중요성을 강조함. 바른 치아 관리 방법에 대한 안내 자료를 제작하여 교내 화장실마다 부착하는 캠페인 활동을 전개함.

꼭꼭 씹기를 강조하는 TV 광고를 보고 '꼭꼭 씹어먹는 것이 치아 건강에 유익할까?'라는 호기심을 가지고 조사활동을 전개함. '100세 치아 매뉴얼(강동호 외)'과 학술 자료를 참고하여 치아는 단련의 대상이 아닌 소모품이 가까우며 반복적으로 강한 힘을 받게 되면 치아가 깨지는 피로파절을 당할 수 있음을 알게 됨. 질기고 단단한 음식이 치아 건강에 유익하지 않음을 쉬운 노래로 만들어 직접 부르면서 홍보하여 급우들에게 큰 호응을 받음.

관련 논문

대학치과병원 예방치과운영 전·후의 환자진료행태와 진료비용 변화(홍효경, 최성우, 2020)

관련 도서

《그치? 잘할 수 있지!》, 김태연, 대한나래출판사
《임플란트 함부로 하지 말아야 할 이유》, 김광수, 도서출판 말

관련 계열 및 학과
- 의약계열: 간호학과, 방사선과, 의학과, 의료공학과, 치기공학과, 치위생학과, 치의예과
- 자연계열: 미생물학과, 생명과학과, 생물학과, 생물과학과, 생물자원과학부, 분자생물학과
- 공학계열: 바이오생명공학과, 생명공학과, 의생명학과, 제약생명공학과, 바이오산업학부

관련 교과

2022 개정 교육과정: 생명과학, 세포와 물질대사, 생물의 유전, 융합과학 탐구, 운동과 건강, 보건

2015 개정 교육과정: 생명과학 I, 생명과학 II, 생활과 과학, 운동과 건강, 보건

30년차 치과의사 최유성의 생각

최유성 | 이지출판 | 2022

이 책은 30년 차 대한치과협회 경기지부 회장을 역임했던 저자의 경험을 바탕으로 구강정책과의 현실, 치과의사 적정 인원에 대한 고민, 비급여 자료 제출 문제점 등 치과계의 현실에 대한 고민과 생각 그리고 해결책을 총망라한 책이다. 지난 몇 년간 치과계를 관통한 굵직한 사안, 여전히 미궁에 빠져 있는 여러 사안들의 배경과 관련 사항들에 대한 설명과 해답을 만날 수 있다.

탐구 주제

주제1 치과도 의과처럼 국민의 의료선택권을 보장하기 위해 2003년에 전문의 제도를 도입했고, 현재 전체 치과의사의 약 45.8%에 이르는 치과의사 전문의가 있다. 하지만 전문 과목별 이용은 활성화되지 못하고 있다. 치과 전문의의 현황과 실효성을 거두지 못하는 이유를 탐구해 보자.

주제2 지자체 차원에서 시행했던 아동 치과 주치의제가 큰 호응을 받자 보건복지부는 아동 치과 주치의의 확대를 꾀하고 있다. 아동 청소년 치과 주치의제란 무엇이며 앞으로의 발전 방안은 무엇인지 탐구해 보자.

주제3 치료에서 예방 중심을 진료로 전환하기 위한 정책에 대한 조사

주제4 치과위생사의 의료인화에 대한 찬반 의견 조사

학생부 기록 예시 (교과세특)

치과에도 의과처럼 전문의가 있는데 분야별로 진료가 잘 이루어지지 않는 현실에 궁금증을 가지고 조사함. '30년차 치과의사 최유성의 생각(최유성)'을 읽고 치과 전문의가 실효성을 거두지 못하는 이유가 홍보 부족에 원인이 있다고 생각하게 됨. 전문 지식을 갖춘 의료 인재를 적절히 활용하지 못하는 것은 국가적 손해이기 때문에 정부 차원에서 홍보를 강화하고 건강 보험 가산 수가를 적용하는 등 다양한 제도 개선이 필요함을 주장함.

평소 아동 치과 주치의제가 굉장히 좋은 제도라고 생각해 왔는데 한 지자체에서 참여율이 저조하다는 뉴스에 의구심을 가지고 조사함. 영국과 프랑스의 치과 주치의 제도 사례를 소개하면서 경제력 차이에 따른 치과 접근성 차이 줄이기 위해 실시된 아동 치과 주치의제가 활성화되기 위해서는 본인 부담금을 줄이는 등 행정적인 지원과 해당 지역 치과, 공공기관 등의 적극적 참여의 필요성을 강력하게 주장함.

관련 논문

아동·청소년 치과 주치의 사업의 시행현황과 발전방안 (이새롬, 류재인, 2019)

관련 도서

《오늘도 이 닦으며 천만 원 법니다》, 김선이, 넥서스BOOKS
《난생처음 치과진료》, 윤지혜 외, 군자출판사

관련 계열 및 학과	• 의약계열: 간호학과, 방사선과, 의학과, 의료공학과, 치기공학과, 치위생학과, 치의예과
	• 사회계열: 공공행정학과, 법학과, 보건의료경영학과, 사회복지학과, 행정학과
관련 교과	• 자연계열: 미생물학과, 생명과학과, 생물학과, 생물과학과, 생물자원과학부, 분자생물학과

2022 개정 교육과정: 생명과학, 융합과학 탐구, 보건, 현대사회와 윤리, 법과 사회, 윤리문제 탐구

2015 개정 교육과정: 생명과학 I, 생명과학 II, 생활과 과학, 생활과 윤리, 사회문제 탐구

구강감염과 전신건강

안네 마리 린제 페데르센 |
파라사이언스 | 2017

구강 영역에서의 감염이 어떻게 전신 건강에 영향을 미치는지에 대한 광범위한 정보를 담은 책이다. 특히 균혈증이나 내독소증에 대응하는 인체의 면역 반응에 대한 고찰을 통해 감염과 염증이 전신적으로 확산되는 과정과 경로를 다룬다. 또한 구강 내 생체막의 복잡한 구조와 발달 과정을 밝히고, 진단과 예방, 환자 관리 등에 미칠 영향을 살피고 있다.

탐구 주제

주제1 책에서는 구강 세균과 전신 질환과의 관계를 다룬다. 책에 따르면 75세 이상의 노인들을 대상으로 한 핀란드의 연구에서 구강 세균 감염과 수명의 연관성이 밝혀졌다. 구강 세균이 어떻게 심혈관 질환, 치매, 패혈증 등 전신 질환에 영향을 주는지 탐구해 보자.

주제2 치주 질환의 특징은 서서히 오래 진행된다는 점이다. 염증의 정도는 약하지만 지속성으로 인해 치주 질환균은 다양한 질병과 관계된다. 당뇨병에 환자에게는 치주염이 흔히 발견되며, 뇌혈관에서도 치주 질환균이 발견된다. 치주 질환과 당뇨병이 어떻게 서로를 악화시키는지 탐구해 보자.

주제3 구강 감염 치료에 사용되는 프로바이오틱스에 대한 조사

주제4 치주염과 심혈관 질환의 연관성에 대한 탐구

학생부 기록 예시 (교과세특)

TV 프로그램에서 치주 질환과 수명 사이에 연관성이 있다는 것을 보고 지적 호기심을 가지고 탐구함. '구강감염과 전신건강(안네 마리 린제 페데르센)'을 참고하여 치주 질환이나 치주염에 의해 파괴된 구강 조직의 혈관을 통해 염증성 사이토카인과 구강 세균이 전신이 퍼진다는 것을 알게 됨. 세균성 심내막염의 원인균 중의 하나가 치아우식증 원인균이라고 밝히면서 정기적인 스케일링과 치과 진료로 치주 질환에 대응해야 한다는 주장을 폄.

생명과학 수업에서 치주 질환과 당뇨병이 연관되어 있다 내용을 듣고 호기심이 생겨 치주 질환이 당뇨병을 악화시키는 기전을 탐구함. '구강감염과 전신건강(안네 마리 린제 페데르센)'을 읽고 혈관 속에 치주염 염증 물질의 방해로 혈액 속의 당을 흡수해 혈당이 높아지지 않게 조절하는 인슐린이 제 역할을 하지 못해 당뇨병을 악화시킨다고 설명하며 치주 질환과 당뇨병의 관계를 애니메이션으로 쉽게 이해할 수 있도록 도식화함.

관련 논문
구강 질환과 감염성 심내막염 (송희상, 2014)

관련 도서
《모든 병의 시작, 염증을 다스려라》, 김상희, 홍창기, 바른북스
《치아맨 구강건강》, 심수영, 악어미디어

관련 계열 및 학과	• 의약계열: 간호학과, 방사선과, 의학과, 의료공학과, 치기공학과, 치위생학과, 치의예과
	• 자연계열: 미생물학과, 생명과학과, 생물학과, 생물과학과, 생물자원과학부, 분자생물학과
관련 교과	• 공학계열: 바이오생명학과, 생명공학과, 의생명학과, 제약생명공학과, 바이오산업학부

2022 개정 교육과정: 생명과학, 융합과학 탐구, 세포와 물질대사, 생물의 유전, 보건

2015 개정 교육과정: 생명과학 I, 생명과학 II, 생활과 과학, 융합과학, 보건

뇌노화를 멈추려면 35세부터 치아 관리 습관을 바꿔라

하세가와 요시야 | 갈매나무 | 2019

치아를 잘 관리해 건강한 뇌를 지키는 방법을 이야기하는 책이다. 저자는 20만 명 이상의 치매 환자를 치료하면서 치아 건강이 뇌 노화와 긴밀하게 연관돼 있음을 깨달았다. 치주염이나 치아 손실이 어떻게 뇌 노화를 촉진 시킬까? 책에서는 치아 건강과 뇌 노화 사이의 연관성을 알기 쉽게 설명하고 치아를 건강하게 지킬 수 있는 방법을 공개한다.

탐구 주제

주제1 나이가 들면 치아가 빠지는 게 당연한 일일까? 일본 규슈대학의 연구에 따르면 치아가 10개 미만인 노인은 20개 이상인 노인보다 치매 발생률이 81%나 높다고 한다. 이 책의 저자가 치매와 치아 건강과의 연관성을 어떻게 설명하고 있는지 정리해 보자.

주제2 치주염을 앓고 있는 사람은 '메틸메르캅탄'이란 원인 물질이 내뿜는 입 냄새가 심하다. 치매 환자에게도 특유의 냄새가 있다. 깨끗이 씻겨도 사라지지 않던 이 냄새가 구강 위생을 관리하자 사라졌다. 치매 환자 특유의 냄새는 무엇이었는지 탐구해 보자.

주제3 플라크를 제거하는 양치법에 대한 조사

주제4 치매 환자가 치아 관리로 얻을 수 있는 효과에 대한 탐구

학생부 기록 예시 (교과세특)

'스틸 앨리스'라는 영화에서 중년의 교수가 치매 진단을 받는 것에 큰 인상을 받아 치매를 일으키는 다양한 원인을 조사하던 중 '뇌노화를 멈추려면 35세부터 치아 관리 습관을 바꿔라(하세가와 요시야)'를 읽고 치아를 잃으면 뇌로 가는 혈류량이 줄어 치매를 유발한다는 사실과 구강 건강이 뇌 건강과 직결되는 것을 깨달음. 향후 최대한 환자의 자연 치아를 보존하는 치과 보존과 전문의가 되겠다는 꿈을 가지게 됨.

치매에 관한 다큐멘터리를 보던 중 치매 환자에게 특유의 냄새가 난다는 사실을 원인이 궁금하여 관련 서적과 논문 자료를 통해 조사함. 치주염을 앓는 사람은 '메틸메르캅탄'이라는 원인 물질 때문에 입 냄새가 나는데 치매 환자의 경우에도 구강 관리가 잘되지 않아 특유의 냄새가 난다는 것을 알게 됨. 씻기 싫어하고 이 닦기를 자주 잊는 치매 환자의 특성을 고려하여 치매 환자의 구강 관리 방법에 대한 안내서를 작성하여 발표함.

관련 논문
한국 성인의 당뇨병 및 씹기 문제와 치주질환의 관련성(황홍구, 이종화, 2019)

관련 도서
《입·몸 냄새 모두 싹!》, 고미 츠우네키, 황금부엉이
《통증의 뇌과학》, 리처드 앰브론, 상상스퀘어

관련 계열 및 학과	• 의약계열: 간호학과, 방사선과, 의학과, 의료공학과, 치기공학과, 치위생학과, 치의예과
	• 자연계열: 미생물학과, 생명과학과, 생물학과, 생물과학과, 생물자원과학부, 분자생물학과
관련 교과	• 공학계열: 바이오생명공학과, 생명공학과, 의생명학과, 제약생명공학과, 바이오산업학부

2022 개정 교육과정: 생명과학, 융합과학 탐구, 세포와 물질대사, 생물의 유전, 보건

2015 개정 교육과정: 생명과학 I, 생명과학 II, 생활과 과학, 융합과학, 보건

다이제스트 치의학 연구윤리

진보형 외 | 서울대학교출판문화원 | 2017

치의학계의 고민이자 과제인 연구 윤리에 대해 다룬 책이다. 2000년대 이후 연구 윤리는 더욱 강조되고 있으며 특히 의학 분야에서는 그 책임이 막중하다. 이 책은 연구 과정에서 생길 수 있는 의과학 윤리와 사회적 윤리 간의 충돌 또는 경계, 동물 실험의 비판적 접근 등을 다룬다. 서울대학교에서 치의학 연구 윤리 연구를 해 온 저자 일곱 명이 치의학계의 고민과 과제를 알기 쉽게 정리하였다.

탐구 주제

주제1 동물 실험의 필요성에 대해서 여전히 논란이 진행 중이다. 우리나라도 동물 실험을 한 화장품 판매를 금지하는 등 많은 변화가 있었다. 치의학계에서도 오랫동안 동물 실험에 관한 논란이 있었다. 치의학계에 있었던 동물 실험 논란과 가능한 대안을 탐구해 보자.

주제2 많은 사람이 연구 윤리와 생명 윤리를 혼동한다. 연구 윤리는 학문 분야에 적용되는 것이고 생명 윤리는 사람을 대상으로 하는 모든 연구와 시술에서 인권이 최우선적으로 보호되어야 한다는 명제에서 시작한다. 한국과 미국의 치과의사 윤리 강령에 대해 비교해 보자.

주제3 시험관 아기의 실험 결과가 의료 윤리에 끼친 영향에 대한 조사

주제4 인체조직을 이용한 연구의 윤리적, 법적 고찰

학생부 기록 예시 (교과세특)

애니메이션 영화 '랄프를 구해줘'를 보고 동물 실험의 잔혹성에 비해 성과가 적다는 것을 알게 되어 치의학계에서 시행되는 동물 실험의 현황과 대안을 조사함. 현재 임플란트, 레진 등 치과 재료는 피부 자극과 알러지 실험을 거쳐야 하는데, 그동안은 실험 토끼들을 사용해 왔지만 동물 실험을 줄이기 위해 한국인의 피부 각질 세포를 3D로 구현한 물질을 동물 대체 실험으로 대체하는 등 다양한 노력이 계속되고 있다고 발표함.

치과의사는 사람의 생명과 구강 건강을 지키는 직업 전문인인데 최근 들어 상업주의적 진료 형태로 비난받는 현실에 안타까움을 느껴 미국과 한국의 치과의사 윤리 강령을 조사함. 논문 자료를 참고한 결과 내용에는 큰 차이가 없으나 한국은 문제 회원에 대해 징계를 할 수는 있지만 미국에 비해 권한이 약한 점을 지적하면서 우리나라의 문화적 배경에 맞춰 윤리 강령을 수정하는 것이 필요하다는 의견을 발표함.

관련 논문

한국, 미국, 영국 치과의사 윤리강령 비교연구(허소윤, 2017)

관련 도서

《치과임상윤리》, 데이빗 T. 오자르 외, 명문출판사
《치과의료윤리》, 백대일 외, 대한나래출판사

관련 계열 및 학과

- 의약계열: 간호학과, 방사선과, 의학과, 의료공학과, 치기공학과, 치위생학과, 치의예과
- 인문계열: 심리학과, 역사학과, 유학동양학과, 철학과, 철학생명의료윤리학과
- 자연계열: 미생물학과, 생명과학과, 생물학과, 생물과학과, 생물자원과학부, 분자생물학과

관련 교과

2022 개정 교육과정: 생명과학, 융합과학 탐구, 사회와 문화, 법과 사회, 윤리문제 탐구, 보건

2015 개정 교육과정: 생명과학 I, 생명과학 II, 사회문화, 생활과 윤리, 사회문제 탐구, 보건

쉽디쉬운 임플란트 이야기

문석준 | 좋은땅 | 2023

임플란트에 대한 정보를 제공하는 책이다. 수많은 사람이 임플란트 수술을 경험하며 임플란트의 안정성에 대한 검증은 끝났다. 앞으로 더 늘어날 기대 수명에서는 식사할 시간이 더욱 길어질 것이다. 하지만 우리의 치아는 더 튼튼해지기는 어렵다. 어쩔 수 없이 임플란트를 해야 한다면 임플란트에 대해 정확히 아는 것이 중요하다. 이 책을 통해 임플란트의 방법과 장단점에 대해 이해할 수 있다.

탐구 주제

주제1 인류의 치아에 대한 고민은 수백만 년 전부터 시작되었다. 충치와 치아 빠짐, 혹은 치아 부러짐 등 다양한 치아 문제를 겪어 왔고, 현대가 되어 임플란트가 등장하면서 빠진 치아를 대체할 수 있게 되었다. 빠진 치아를 계속 방치하면 어떻게 되는지 조사해 보자.

주제2 치과 광고를 보면 저렴한 가격의 임플란트 가격을 내세우는 것을 볼 수 있다. 세상에 싸고 좋은 것은 없다는 말이 있다. 저렴한 가격의 앞세우는 치과의 숨겨진 진실은 없을까? 임플란트 가격을 저렴하게 유지하는 방법은 무엇이고 위험성은 없는지 조사해 보자.

주제3 내비게이션 임플란트와 그 장점에 대한 조사

주제4 임플란트의 수명을 늘릴 수 있는 관리법에 대한 조사

학생부 기록 예시 (교과세특)

사회 시간에 본 개발도상국 국가의 영상에서 치아가 없는 사람들이 많은 것을 보고 빠진 치아를 방치하면 치아 건강에 어떤 영향을 끼칠지에 대한 호기심이 생겨 조사함. '쉽디쉬운 임플란트 이야기(문석준)'를 참고하여 치열 변형, 안면 비대칭 등 빠진 이를 방치하면 발생할 수 있는 10가지 부작용을 그래픽으로 정리하여 발표하면서 임플란트란 무엇인지, 그리고 임플란트 시술 과정에 대해 상세하게 설명하여 급우들의 큰 호응을 받음.

지하철에서 저렴한 가격을 앞세우는 치과의 임플란트 광고를 보고 싼 가격의 임플란트 를 믿고 시술해도 되는지에 대한 의구심이 생겨 임플란트에 대해 조사함. 임플란트는 픽스처, 크라운, 어버트먼트, 스크류로 구성되는데 같은 브랜드의 픽스처라도 여러 등급이 있기에 저렴한 가격의 제품이 좋은 결과를 낼 수 있다고 확신하기 어렵다는 것을 파악하고 치과 환자도 임플란트에 대해 정확하게 이해하려는 노력이 필요하다고 주장함.

관련 논문

임플란트 보유자의 진료기관 내 구강보건교육경험에 따른 구강건강관리 수준(유진실 외, 2020)

관련 도서

《임플란트 위험하다》, 최병호, 맥스미디어
《100세 건강 이 속에 있다》, 현영근, 비엠케이

관련 계열 및 학과	• 의약계열: 간호학과, 방사선과, 의학과, 의료공학과, 치기공학과, 치위생학과, 치의예과
	• 자연계열: 미생물학과, 생명과학과, 생물학과, 생물과학과, 생물자원과학부, 분자생물학과
관련 교과	• 공학계열: 바이오생명공학과, 생명공학과, 의생명학과, 제약생명공학과, 제약학과

2022 개정 교육과정: 생명과학, 융합과학 탐구, 세포와 물질대사, 생물의 유전, 보건

2015 개정 교육과정: 생명과학Ⅰ, 생명과학Ⅱ, 생활과 과학, 융합과학, 보건

아 해보세요

메리 오토 | 후마니타스 | 2021

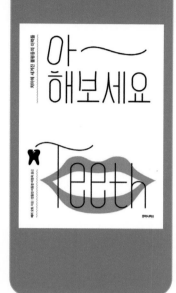

이 책은 미국의 치과 의료의 현실을 다루고 있다. 모든 미국인에게 치과 진료가 필요하겠지만 현재 제도로는 수백만 명이 진료받지 못하는 것이 현실이다. 저자는 미국의 치과가 어떻게 보건 의료 제도와 분리되어 진화했는지를 탐구하며 미국 사회가 구강 건강의 중요성을 이해하는 데 실패했다고 말한다. 이 책을 통해 미국 치과 의료의 현실을 알아보고 우리나라의 치과 의료와 비교해 보자.

탐구 주제

주제1 책에는 뇌막염으로 사망한 데몬테 드라이버의 사례가 나온다. 병원에서 살펴보니 데몬테는 썩은 치아로 인해 치아 속 신경까지 감염되고, 이 감염이 뇌까지 이어져 사망한 것으로 밝혀졌다. 데몬테의 죽음이 미국 의료 보장 제도에 끼친 영향을 탐구해 보자.

주제2 책에 따르면 메릴랜드대 치과대학 연구팀이 메릴랜드주에 사는 가난한 성인들을 대상으로 조사한 결과, 응답자의 거의 절반이 5년 동안 다섯 번 이상 치통을 경험했지만 민간 요법만 시행하고 치과를 찾아가지 않았다. 책에서 말하고 있는 미국 치과 진료의 현실을 탐구해 보자.

주제3 심미 치과의 확대가 아름다움을 표준화시킨다는 비판에 대한 탐구

주제4 미국의 '메디컬 홈' 모델에 대한 조사

학생부 기록 예시 (교과세특)

사회문화 시간에 미국 의료 보험의 보장성이 약하다는 것을 배우고 미국 치과 의료 현황을 조사함. 미국 치과 의료에 대한 책인 '아 해보세요(메리 오토)'를 읽고 2007년 치아의 감염이 뇌까지 퍼져 사망한 데몬테라는 어린이의 죽음이 미국 내 아동을 위한 건강보험 프로그램과 아동에게 포괄적 치과 보험 보장 의무화를 이끌었다는 것을 알게 됨. 우리나라도 미국을 반면 교사 삼아 영리 병원 등의 확대에 신중해야 한다는 주장을 폄.

미국 비영리 진료소에서 근무하는 치과 의사가 만난 노인 환자 중에 평생 처음 치과 진료를 받는 사람이 많았다는 인터뷰를 보고 미국의 치과 의료 현실을 탐구함. '아 해보세요(메리 오토)'와 논문 자료를 보고 미국 인구의 상당수가 의료 보험에 가입되어 있지 않으며 높은 진료비 때문에 병원 진료를 받지 못한다는 것을 알게 됨. 미국에 비해 우리나라의 건강 보험 제도는 우수하나 시대에 맞춰 발전하려는 노력을 지속해야 한다고 발표함.

관련 논문

국내 일차의료 및 공공보건의료 발전방향: 미국, 호주, 독일 그리고 쿠바 사례와의 비교(윤보영, 안정훈, 2020)

관련 도서

《우리는 바른 의료를 누리고 있는가》, 정재현, 군자출판사
《의학, 정치, 돈》, 폴 스타, 한울아카데미

관련 계열 및 학과
- 의약계열: 간호학과, 방사선과, 의학과, 의료공학과, 치기공학과, 치위생학과, 치의예과
- 사회계열: 공공행정학과, 법학과, 사회복지학과, 아동복지학과, 행정학과

관련 교과
- 자연계열: 미생물학과, 생명과학과, 생물학과, 생물과학과, 생물자원과학부, 분자생물학과

2022 개정 교육과정: 생명과학, 세포와 물질대사, 생물의 유전, 융합과학 탐구, 세계사, 보건

2015 개정 교육과정: 생명과학Ⅰ, 생명과학Ⅱ, 생활과 과학, 운동과 건강, 보건

우리동네 1등 치과 만들기

이다혜 | 헤세의서재 | 2019

이 책은 치과 경영 노하우에 관한 이야기이다. 우리나라 치과는 과포화 상태로 치과들 사이에는 치열한 생존 경쟁이 벌어지고 있어 신규 치과가 살아남기가 매우 힘들다. 치과 진료와 치과 경영은 별개의 문제이다. 아무리 수준 높은 치과 진료 실력을 갖추었더라도, 치과라는 사업을 성공적으로 운영하기 위해서는 치과에 특화된 경영 노하우가 필요하다.

탐구 주제

주제1 이 책에서는 2017년 신규 개원 치과의 절반 이상이 폐업했다는 통계를 제시한다. 이제 치과는 치열한 경쟁 속에 있으며 생존을 위한 특단의 대책을 세워야 한다. 저자가 제시하는 치과 운영 콘셉트를 결정 노하우를 탐구해 보자.

주제2 최근 들어 치과에 대한 광고가 늘어나고 있다. 좋은 치과 마케팅이란 무엇일까? 치과 병원의 중에는 지나치게 공격적인 마케팅으로 거부감을 주는 경우가 많다. 치과 병원의 마케팅은 환자가 필요한 치료를 돕는 것이어야 한다. 치과병원 마케팅 방법을 탐구해 보자.

주제3 환자 중심의 치과를 운영하는 방법에 대해 조사

주제4 치과의 직원 관리 방법에 대해 조사

학생부 기록 예시 (교과세특)

한국보건사회연구원 보건 인력 장기수급전망에서 2030년 치과 의사의 과잉 공급을 전망했다는 뉴스를 접하고, 치열해질 경쟁 속에 치과 경영에 관심을 가지고 탐구함. 치과 원장은 치과 의사이자 치과 병원의 CEO 역할이기 때문에 치과의 운영 콘셉트를 결정하고 상권, 입지 후보지에 대한 조사를 진행하고, 개원 입지를 확정해야 한다는 것을 알아 냄. 이런 과정을 이끌어야 하는 치과 원장은 경영 마인드를 갖추어야 한다는 것을 강조함.

지하철에서 접하게 되는 치과병원 광고는 저가 경쟁을 벌이는 경우가 많아 바람직한 치과 마케팅에 대해 고민하던 중 '우리동네 1등 치과 만들기(이다혜)'를 참고하여 치과병원에 적합한 마케팅 방법을 발표함. 치과 병원은 가격이 아닌 차별화된 포인트가 있는 브랜드 이미지를 가져야 하며 이를 위해 원장의 장점 부각, 바이럴 마케팅 등을 이용하여 호감 있는 이미지 메이킹이 중요하다고 강조하여 급우들의 큰 호응을 받음.

관련 논문

내부마케팅이 치과위생사의 고객지향성에 미치는 영향(이병호, 김정술, 2016)

관련 도서

《병의원, 치과, 한의원 개원 상권 분석》, 박균우, 두드림미디어
《직원의 심리를 꿰뚫어줄 치과용 인문학》, 조성용, 미다스북스

관련 계열 및 학과	• 의약계열: 간호학과, 방사선과, 의학과, 의료공학과, 치기공학과, 치위생학과, 치의예과
	• 인문계열: 사회심리학과, 상담심리학과, 심리학과, 철학과, 철학생명윤리학과
관련 교과	• 사회계열: 경영학과, 광고홍보학과, 미디어커뮤니케이션학과, 소비자학과, 행정학과

2022 개정 교육과정: 생명과학, 융합과학 탐구, 경제, 사회문제 탐구, 금융과 경제생활, 보건

2015 개정 교육과정: 생명과학 I, 생명과학 II, 융합과학, 경제, 사회문제탐구, 보건

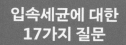

입속세균에 대한 17가지 질문

김혜성 | 파라사이언스 | 2022

우리 몸에는 어디든 그곳을 서식처로 삼고 살아가는 미생물들이 있다. 입은 물과 음식이 들어가는 입구이고, 미생물에게도 우리의 입은 입구이다. 그러다 보니 입속에는 몸속 어느 곳보다 다양한 세균들이 살고 있고 현재 알려진 것만 약 774종이 보고되고 있다. 이 책은 입속 세균 관리의 중요성을 강조하며 어떻게 이런 입속 세균들을 관리해서 충치나 치주 질환을 일으키지 않도록 할지 알려준다.

탐구 주제

주제1 인간의 몸속에 1만 종이 넘는 미생물이 살고 있다. 그중 입속에는 우리 몸 전체에 가장 많은 영향을 주는 세균들이 살고 있다. 잇몸 아래, 치주포켓 속의 치은연하 플라크에 사는 세균들이다. 이 세균들이 전신 질환에 끼치는 영향에 대해 탐구해 보자.

주제2 우리는 생활 속에서 많은 화학 물질을 접하고 살아간다. 비누, 치약 등에는 깨끗이 씻기 위해서 계면활성제가 포함되어 있다. 계면활성제 자체가 나쁜 건 아니지만 독성 물질을 함유한 합성 계면활성제는 문제가 된다. 합성 계면활성제가 우리 인체에 어떤 영향을 주는지 탐구해 보자.

주제3 플라크를 제거할 수 있는 칫솔질 방법에 대한 탐구

주제4 입속 세균이 어떻게 혈압을 낮출 수 있는지에 대한 고찰

학생부 기록 예시 (교과세특)

입속 세균이 전신 건강에 영향을 끼친다는 뉴스 보도를 접하고 호기심이 생겨 조사함. '입속 세균에 대한 17가지 질문(신지원)'을 참고하여 입속 세균은 자신들의 군집인 플라크를 만들고 항생제를 포함한 외부 환경에 적응하여 생존력을 높이는데, 쌓이는 플라크는 치주염을 일으키는 원인이 되며 잇몸 누수를 통해 혈관을 타고 전신으로 향해 암, 심혈관 질환, 류머티즘을 비롯한 여러 만성 질환의 위험 요소로 작용한다는 것을 발표함.

천연 계면활성제를 포함하고 있다는 치약 광고를 보고 합성 계면활성제가 포함된 치약은 인체에 어떤 영향을 주는지 호기심이 생겨 조사활동을 전개함. 논문 자료를 참고하여 치약에 많이 포함되는 소듐라우레스설페이트가 구강 내 상주 미생물을 없애 미생물 균형을 무너뜨려 입 냄새와 치주염을 일으킨다는 것을 알게 되었고, 구강 건강을 위해서 합성 계면활성제가 포함된 치약의 판매를 금지해야 한다고 강력하게 주장함.

관련 논문

성인용 치약의 세포독성 평가의 융합적 연구(최유리 외, 2019)

관련 도서

《내 입속에 사는 미생물》, 김혜성, 파라사이언스
《오후 3시의 입 냄새》, 김대복, 다음생각

관련 계열 및 학과	• 의약계열: 간호학과, 방사선과, 의학과, 의료공학과, 치기공학과, 치위생학과, 치의예과
	• 자연계열: 미생물학과, 생명과학과, 생물학과, 생물과학과, 생물자원과학부, 분자생물학과
관련 교과	• 공학계열: 바이오생명공학과, 생명공학과, 의생명학과, 제약생명공학과, 바이오산업학부

2022 개정 교육과정: 생명과학, 세포와 물질대사, 생물의 유전, 융합과학 탐구, 운동과 건강, 보건

2015 개정 교육과정: 생명과학 I, 생명과학 II, 생활과 과학, 운동과 건강, 보건

치과 사용 설명서

강혁권 | 라온북 | 2017

이 책은 치과의사 99%가 말하지 않는 치과 진료의 진실을 다루고 있다. 저자는 '치과'하면 떠오르는 무섭고 불편한 마음은 치과의 습성을 알면 해결될 수 있다고 말한다. 치과에 대한 고민, 불안, 공포를 털어내기 위해 필요한 것은 우리의 치아 문제를 함께 고민할 좋은 치과의사와 동행하는 것이다. 이 책을 통해 좋은 치과와 치과의사를 만나는 법을 배워 치과 치료를 올바르게 받을 수 있을 것이다.

탐구 주제

주제1 최근 들어 치과의 경쟁이 격화되면서 치과들이 병원 마케팅을 진행하고 있다. 그 광고 중 일부는 '○○조사 결과 환자 만족도 1위', '최저가 시술' 같이 과대광고처럼 보이는 것들도 있다. 의료법상 거짓·과장 광고 기준을 조사하고, 올바른 병원 고르는 법을 알아보자.

주제2 '치과'하면 떠오르는 특유의 기계 소리 때문에 치과 가기를 두려워하는 사람들이 많다. 마취하면 떠오르는 따끔함이 치과 가기를 두렵게 하기도 한다. 치과에서는 진료 상황에 따라 다양한 마취 방법을 사용하는데 치과에서 하는 마취 방법은 어떤 것이 있는지 조사해 보자.

주제3 일반인들이 가진 치과에 대한 고정 관념에 대한 조사

주제4 치과 진료 중 자연치아를 발치해야 하는 상황에 대한 조사

학생부 기록 예시 (교과세특)

인터넷 포털 사이트에서 치과나 임플란트라는 검색어를 입력해 보면 사실 여부를 확인할 수 없는 광고들이 많아 의료 광고의 법적 기준에 대해 조사함. 의료법 제56조에서는 거짓된 정보를 표시하거나 객관적인 사실을 부풀리는 과장성 광고 등을 금지하고 있으며 병원의 과장 광고는 의료업계의 치열한 경쟁을 야기한다고 말하며 의료 기관의 불법 광고를 사례별로 항목별로 정리하여 과대광고 없는 좋은 병원 고르는 법에 대해 발표함.

'치과 사용 설명서(강혁권)'를 읽고 치과에서도 전신마취를 한다는 것을 알게 되었고 전신마취와 수면마취의 차이가 무엇인지 호기심이 생겨 조사함. 전신마취는 뇌의 중추신경까지 완전히 차단해 호흡기를 착용하고 진료받게 되고, 수면마취는 약물을 소량만 주입하여 잠을 자는 듯한 가수면 상태를 유도한다는 내용을 파악한 뒤 도표로 그려 알기 쉽게 설명함. 미다졸람, 트리아졸람 등 마취에 사용되는 약물의 장단점에 대해서도 발표함.

관련 논문

의료기관 인터넷 홈페이지 광고의 부당성에 관한 질적(質的) 연구 (조재영, 2022)

관련 도서

《치과원장 백과사전》, 송윤헌, 악어미디어
《치과 시크릿1》, 조명의, 지식공감

관련 계열 및 학과	• 의약계열: 간호학과, 방사선과, 의학과, 의료공학과, 치기공학과, 치위생학과, 치의예과
	• 사회계열: 공공행정학과, 경영학과, 미디어커뮤니케이션학과, 소비자학과, 행정학과
관련 교과	• 자연계열: 미생물학과, 생명과학과, 생물학과, 생물과학과, 생물자원과학부, 분자생물학과

2022 개정 교육과정: 생명과학, 세포와 물질대사, 생물의 유전, 융합과학 탐구, 운동과 건강, 보건

2015 개정 교육과정: 생명과학 I, 생명과학 II, 생활과 과학, 운동과 건강, 보건

치과의사가 말하는 치과의사

안현세 외 | 부키 | 2015

다양한 분야에서 일하는 전·현직 치과의사 19명이 일과 일터에 대한 진솔한 이야기를 들려주는 책이다. 동네에서 흔히 볼 수 있는 작은 치과병원부터 대학병원, 국립 소록도병원, 보건복지부, 국제보건의료재단, 나아가 저 멀리 미국에 있는 치과 병원에서 일하는 치과의사들의 삶을 엿볼 수 있다. 치과의사로서의 삶에는 어떠한 애환과 애로, 기쁨과 보람이 있는지 알 수 있다.

탐구 주제

주제1 구강악안면외과는 안면 수술을 하는 치과로 불린다. 미국의 경우 구강악안면외과 의사는 고소득을 올릴 수 있어 치과교정과와 함께 치대생들의 꿈이다. 치과의 전문 분과로 구강과 악안면 부위에 발생하는 감염, 손상 등을 진료하는 구강악안면외과를 탐구해 보자.

주제2 뉴스에서 공중보건의 감소로 의료 공백이 우려된다는 보도가 있었다. 의대생들은 원래 군의관이나 공중보건의로 입대하는 경우가 많았는데 최근 들어 복무 기간이 짧은 사병으로 입대하는 경우가 늘어서라고 한다. 공중보건의란 무엇이고 어떻게 근무하는지 조사해 보자.

주제3 치과계의 숨은 해결사라고 불리는 구강내과에 대한 조사

주제4 국립 소록도병원 치과의사의 직업적 보람과 어려움에 대한 조사

학생부 기록 예시 (교과세특)

신문에서 구강악안면외과 전문의의 인터뷰를 보고 구강외과에 대한 호기심이 생겨 조사함. '치과의사가 말하는 치과의사(안현세 외)'와 보도 자료 등을 참고하여 구강악안면외과가 구강과 악안면 부위에 발생하는 감염, 손상, 기형 및 종양 등의 질병을 진단하고 치료하는 외과 분야임을 알고, 학급 친구들에게 설명함. 구순구개열 등으로 고통받는 환자를 치료하는 구강악안면외과 전문의가 되고 싶다는 꿈을 가지게 되었다고 발표함.

현역병으로 입대하는 의대생의 증가로 공중보건의가 부족하다는 뉴스를 보고 공보의 제도에 궁금증이 생겨 보건소에서 근무하는 공보의와 전화 인터뷰를 함. 공보의는 의사, 치과의사, 한의사 자격을 가진 대상자가 공중보건 업무에 종사하면서 군 복무를 대체하는 제도로 농어촌의 의료공백 해소에 큰 역할을 해 왔음을 알게 됨. 농어촌 의료공백 해소를 위해 공보의 확충 대책 수립, 공공의대 설립 등의 해결책을 강구해야 한다고 주장함.

관련 논문

구강악안면외과 수술을 위한 가상현실(VR) 시뮬레이션의 활용 (문선용, 2022)

관련 도서

《나는 치과의사다》, 박광범, 엠지뉴턴
《치과의사들이 하는 그들만의 치아 관리법》, 이수진, 북스고

관련 계열 및 학과	• 의약계열 : 간호학과, 방사선과, 의학과, 의료공학과, 치기공학과, 치위생학과, 치의예과
	• 자연계열 : 미생물학과, 생명과학과, 생물학과, 생물과학과, 생물자원과학부, 분자생물학과
관련 교과	• 공학계열 : 바이오생명공학과, 생명공학과, 의생명학과, 제약생명공학과, 바이오산업학부

2022 개정 교육과정: 생명과학, 세포와 물질대사, 생물의 유전, 융합과학 탐구, 운동과 건강, 보건

2015 개정 교육과정: 생명과학 I, 생명과학 II, 생활과 과학, 운동과 건강, 보건

치과의사는 입만 진료하지 않는다

아이다 요시테루 | 정다와 | 2016

치과와 의과 사이 연계 치료의 중요성을 강조하는 책이다. 저자는 인간의 장기는 연결되어 있고, 그 시작은 입이기 때문에 의사도 입안을 진료할 필요가 있고, 치과의사도 전신의 상태를 알지 못하면 병의 뿌리를 뽑는 것이 불가능하다고 말한다. 이 책을 통해 균혈증, 치주 질환이 전신 질환에 미치는 영향 등 입과 몸의 건강 상태에는 어떤 밀접한 관계가 있는지 알아볼 수 있다.

탐구 주제

주제1 상류 의료는 일본에서 시작된 개념으로, 상류 의료에서는 신체의 상류인 코와 입에서 많은 질병이 비롯된다고 생각한다. 《치과의사는 입만 치료하지 않는다》에서 말하는 상류 의료의 개념을 탐구해 보자.

주제2 입 호흡이 얼굴형을 망친다는 이야기가 있다. 입 호흡은 입으로 호흡하는 것으로, 비강 호흡과 비교된다. 실제로 입 호흡은 구강 구조에 영향을 끼치고 구강을 건조하게 하며 각종 질병과 얼굴형 변형 등을 유발한다. 입 호흡이 전신 건강에 어떤 영향을 끼치는지 탐구해 보자.

주제3 베체트병과 치과 진료와의 관련성에 대한 조사

주제4 구취와 치주 질환의 원인이 되는 구강건조증에 대한 조사

학생부 기록 예시 (교과세특)

'치과의사는 입만 진료하지 않는다(아이다 요시테루)'를 읽고 상류 의료에 대해 알게 되어 내용을 정리하여 발표함. 상류 의료는 상류가 오염되면 하류가 오염되는 것처럼 구강 감염이 전신에 질환을 일으킨다는 것으로 청결하게 구강을 관리했더니 류머티즘과 치질이 나았다는 보고를 통해 주목받음. 고혈압, 당뇨병 등의 많은 만성 질환이 구강 감염과 연관되어 있어 치과와 의과의 연계 치료가 중요하다고 강조함.

입 호흡이 아데노이드형 얼굴을 유발한다는 보도를 보고 입 호흡이 건강에 영향을 끼치는 영향에 대한 논문 자료를 통해 조사함. 입 호흡은 상악 무발육증 등의 안면 성장 장애, 알레르기 비염 등의 호흡기 질환과 연관되어 있다고 발표하면서 입 호흡 개선 방법을 그래픽과 함께 제시함. 심호흡 연습 등으로 코 호흡을 연습하고 필요하다면 적극적인 치과 진료로 교정기를 착용하는 등을 노력해야 한다고 강조함.

관련 논문

일개 치과내원 환자의 전신질환과 구강건강 간 연관성 및 관련 교육 필요성 인식에 영향을 미치는 요인 (신보미 외, 2018)

관련 도서

《잘못된 치아관리가 내 몸을 망친다》, 윤종일, 스타리치북스
《호흡의 기술》, 제임스 네스터, 북트리거

관련 계열 및 학과	• 의약계열: 간호학과, 방사선과, 의학과, 의료공학과, 치기공학과, 치위생학과, 치의예과
	• 자연계열: 농생물학과, 미생물학과, 생명과학과, 생물학과, 분자생물학과, 응용생물학과
관련 교과	• 공학계열: 바이오생명공학과, 생명공학과, 의생명학과, 제약생명공학과, 바이오산업공학부

2022 개정 교육과정: 생명과학, 세포와 물질대사, 생물의 유전, 융합과학 탐구, 운동과 건강, 보건

2015 개정 교육과정: 생명과학 I, 생명과학 II, 생활과 과학, 운동과 건강, 보건

치과의사도 모르는 진짜 치과 이야기

김동오 | 에디터 | 2019

스스로 치아 관리를 하고 싶은 분들께 안전한 관리지침을 제공하는 책이다. 20년 경력의 현직 치과의사인 저자는 어릴 때부터 치과를 자주 다님에도 불구하고 우리의 치아는 여전히 무너지고 있는 현실에서 최소한의 치료와 생활의 변화만으로 치아를 건강하게 할 수 있다고 주장한다. 저자의 임상 경험과 연구를 바탕으로 치과 가기 전에 꼭 알아야 할 것들에 대해 알려 준다.

탐구 주제

주제1 아이와 함께 치과를 방문하면 불소 도포를 권유받는다. 불소 도포는 치아 표면에 불소 용액을 적용하면 불소 이온이 치아 표면과 결합하여 단단한 막을 형성하는 현상을 이용하여 충치 세균에 대한 저항력을 높이는 시술이다. 불소 도포의 실제적인 효과는 어떤지 탐구해 보자.

주제2 사랑니는 가장 뒤에 난 어금니를 일반적으로 가리키는 말로 전문용어로는 '제3대 구치'라고 한다. 영구치 중 가장 안쪽에 있는 사랑니 발치는 치의학적 수술에 해당한다. 저자는 사랑니 발치에 신중히 접근해야 한다고 말한다. 사랑니 발치에 신중해야 하는 이유를 탐구해 보자.

주제3 실란트가 큰 의미 없다고 지적하는 이유에 대한 분석

주제4 치과 진료에서 아말감이 잘 사용되지 않는 이유에 대한 탐구

학생부 기록 예시 (교과세특)

'치과의사도 모르는 진짜 치과이야기(김동오)'에서 불소 도포에 대해 언급한 내용을 정리해서 발표함. 구강 관리가 어려운 어린이들의 경우 충치 예방을 위해 불소 도포를 실시하며, 이를 통해 치아 표면에 불소 이온이 침착되어 치아우식증에 잘 견디는 형태가 된다고 설명함. 다만 올바른 칫솔질, 식생활을 하지 않으면 충치는 언제든지 생길 수 있다고 강조하며 치아 모형을 직접 만들어 올바른 칫솔질과 치실 사용법을 설명함.

사랑니는 무조건 뽑아야 한다는 통념이 있는데 사랑니 발치에 그 통념에 대한 진위를 검증하기 위해 조사활동을 전개함. 책과 학술 자료를 참고하여 부분적으로 자라거나 매복된 사랑니는 뽑는 것이 일반적이지만 정상적인 저작 기능이 가능하고 위생상의 문제가 없다면 굳이 발치할 필요가 없다는 의견을 제시함. 사랑니의 다양한 사례에 대한 X-Ray 사진을 가져와 설명하여 급우들에게 치과에서 설명을 듣는 것 같다는 평가를 받음.

관련 논문

대전 동구 노인 불소도포 스케일링 사업 사례 보고(송은주, 황수정, 2016)

관련 도서

《슬기로운 어린이 치과생활》, 박소연, 클라우드나인
《쉽디쉬운 치과 이야기》, 문석준 외, 좋은땅

관련 계열 및 학과	• 의약계열: 간호학과, 방사선과, 의학과, 의료공학과, 치기공학과, 치위생학과, 치의예과
	• 자연계열: 생명과학과, 생물학과, 분자생물학과, 응용생물학과, 생물공학과, 화학생물공학부
관련 교과	• 공학계열: 바이오생명공학과, 생명공학과, 의생명학과, 의생명과학과, 제약생명공학과

2022 개정 교육과정: 생명과학, 세포와 물질대사, 생물의 유전, 융합과학 탐구, 운동과 건강, 보건

2015 개정 교육과정: 생명과학 I, 생명과학 II, 생활과 과학, 운동과 건강, 보건

치의학의 이 저린 역사

제임스 윈브랜트 |
지식을만드는지식 | 2015

치과의 역사를 다루고 있는 책이다. 당신에게 치과란 어떤 곳인가? 두려움의 대상인가? 저자는 과거의 치과의사가 제공한 것은 볼썽사나운 고통, 쓸데없는 발치, 느리고 고통스러운 죽음이었다며 오늘날 치과에서 겪는 쏜살같이 지나가는 불편함은 그때와 비교하면 아무것도 아니라고 이야기한다. 마취와 이 저리게 하는 고속 모터음이 들리지 않던 시절로 돌아가 치의학의 발자취를 더듬어 가 보자.

탐구 주제

주제1 심미적인 측면에서 얼굴 아래 3분의 1을 차지하고 있는 구강, 그리고 치아라는 영역은 매우 중요하다. 중세 유럽에서는 질산에 담가 둔 막대기로 치아를 닦아 미백 효과를 기대하기도 했다. 질산으로 치아를 닦을 때 구강 건강에 어떤 영향을 끼쳤을지 탐구해 보자.

주제2 구취 제거는 오래전부터 다뤄진 구강 위생의 주요 이슈 중 하나였다. 구취는 유대인의 탈무드뿐만 아니라 그리스와 로마의 문인들에 의해 수천 년에 걸쳐 여러 문헌에 등장했다. 17세기 사람들이 구취 제거를 위해 사용했던 방법과 효과에 대해 탐구해 보자.

주제3 이산화질소를 치과용 마취제로 사용한 역사에 대한 탐구

주제4 발명가 찰스 굿이어가 만든 고무로 만든 의치에 대한 조사

학생부 기록 예시 (교과세특)

'치의학의 이 저린 역사(제임스 윈브랜트)'를 읽으면서 중세에도 치아 미백에 관심이 많아 치아를 긁어낸 뒤에 질산에 담가 둔 막대기로 치아를 닦았다는 내용을 읽고 질산이 치아에 어떤 영향을 끼쳤을지를 탐구함. 질산이 치아를 하얗게 만드는 미백 효과는 있었겠지만 치아의 법랑질을 탈회시키는 작용을 해서 회복할 수 없는 손상을 입혔음을 지적하면서 지금도 사용되고 있는 과학적 근거 없는 민간요법을 경계해야 한다고 발표함.

사회 생활에도 지장을 끼칠 수 있는 구취에 대해 중세 사람들은 어떻게 대응했을지에 대한 궁금증이 생겨 '치의학의 이 저린 역사(제임스 윈브랜트)'를 읽으며 내용을 정리함. 중세엔 구취 제거를 위해 식초 물로 입 안을 행군 뒤, 유향나무를 씹는 등의 방법을 사용했는데 아직 구강 위생의 개념이 정립되지 않아 구취의 주요 원인인 치석과 충치, 설태 등에 대한 해결책은 제시되지 못했다는 것을 그림 자료와 함께 발표함.

관련 논문
구강 위생의 역사와 치위생의 정체성 (황윤숙, 허소윤, 2020)

관련 도서
《치의학 역사 단편집》, 제럴드 슈클라, 애니프린팅
《진료실에 숨은 의학의 역사》, 박지욱, 휴머니스트

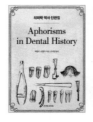

관련 계열 및 학과
- 의약계열: 간호학과, 방사선과, 의학과, 의료공학과, 치기공학과, 치위생학과, 치의예과
- 인문계열: 사학과, 역사문화콘텐츠학과, 역사문화학과, 역사학과, 역사콘텐츠학과
- 자연계열: 바이오생명공학과, 생명공학과, 의생명학과, 제약생명공학과, 제약학과

관련 교과

2022 개정 교육과정: 생명과학, 세포와 물질대사, 생물의 유전, 융합과학 탐구, 세계사, 보건

2015 개정 교육과정: 생명과학 I, 생명과학 II, 생활과 과학, 세계사, 보건

한국 치과의 역사

치과의사학교수협의회와 연구팀 |
역사공간 | 2021

한국의 선사시대부터 현재까지 시대 순서대로 치과와 치과 진료의 역사를 담은 책이다. 더불어 21세기에 대두된 한국 치과 의료 체계의 여러 문제에 주목하였다. 한국 치과의 역사를 세계 문명과의 단절과 교류라는 측면에서 살피며 한국 치과의 발전 과정을 객관적인 시각에서 파악하고, 한국의 지정학적 위치가 한국 치과 의료의 특성과 정체성 발달에 어떤 영향을 끼쳤는지 살펴볼 수 있다.

탐구 주제

주제1 조선왕조실록에는 조선 제9대 임금 성종이 충치로 고생했던 기록이 남아 있다. 성종은 신하가 죽으면 그 유족들에게 치아 보호제 역할을 했던 '유행'을 하사했다는 기록도 전해진다. 조선 시대에는 구강 위생을 어떻게 관리했는지 《한국 치과의 역사》를 통해 탐구해 보자.

주제2 우리나라는 질병이나 부상으로 인한 진료비가 가계 부담으로 연결되는 것을 막기 위해 건강 보험 제도를 운영하고 있다. 지속적으로 보장성 확대를 위해 노력하고 있지만 치과에 대한 보장성이 부족하다는 여론이 크다. 국민 건강 보험 치과 관련 발전 방향을 탐구해 보자.

주제3 대한제국 대민 의료 기관 제중원에서의 치과 진료에 대한 조사

주제4 최초의 한국인 치과의사인 함석태에 대해 조사

학생부 기록 예시 (교과세특)

'조선 시대 사람들은 어떻게 구강위생을 관리했을까?' 하는 호기심이 생겨 '한국 치과의 역사(치과의사학교수협의회와연구팀)'와 관련 자료를 읽고 궁금한 내용을 정리함. 동의보감에는 매일 소금과 따뜻한 물로 양치하는 것이 치아 건강에 좋다는 기록이 있어 소금을 치약처럼 사용했음을 알게 됨. 소금의 효과를 조사하여 삼투 현상으로 잇몸의 붓기를 줄일 수는 있지만 치아와 잇몸의 손상을 일으킬 수도 있다고 발표함.

임플란트 시술 시 왜 건강 보험 혜택을 받을 수 없는지에 대한 궁금증으로 국민 건강보험 치과 급여항목을 조사함. 그간 건강보험 치과 급여항목은 재정 부담, 필요성 등을 고려하여 틀니, 임플란트 등 우선순위가 높은 보장성 필요 분야로 확대되어 왔지만 여전히 치과에 대한 건강보험 보장률은 우리나라 국민 중 미충족 치과의료율이 30.9%에 달하는 등 낮은 편에 속해 치과의료 접근성을 높이는 정책의 시급함을 발표함.

관련 논문

한국 전근대 및 근대 치의학의 역사 (신재의, 2023)

관련 도서

《우리나라 치의학교육, 그 100년의 역사》, 서울대학교 치의학대학원, 역사공간
《건강보험이 아프다》, 이은혜, 북앤피플

관련 계열 및 학과	• 의약계열: 간호학과, 방사선과, 의학과, 의료공학과, 치기공학과, 치위생학과, 치의예과
	• 인문계열: 사학과, 국사학과, 역사문화콘텐츠학과, 역사학과, 문화인류학과, 문화재학과
관련 교과	• 공학계열: 바이오생명공학과, 생명공학과, 의생명학과, 의생명화학과, 제약생명공학과

2022 개정 교육과정: 생명과학, 세포와 물질대사, 생물의 유전, 융합과학 탐구, 한국사1, 한국사2, 보건

2015 개정 교육과정: 생명과학Ⅰ, 생명과학Ⅱ, 생활과 과학, 한국사, 보건

순번	도서명	저자명	출판사명
1	100년 건강수명을 위한 건강관리법	이선동	푸른솔
2	교감하는 마음치료 이야기	고영협 외	한국경제신문i
3	나는 한의원에서 인생의 모든 것을 배웠다	전대성	매일경제신문사
4	내과 한방진료	이와사키 코우 외	청홍
5	동양의학 치료 교과서	센토 세이시로	보누스
6	동의보감, 과학을 논하다	박석준	바오
7	몸, 한의학으로 다시 태어나다	안세영, 조정래	와이겔리
8	생긴 대로 병이 온다	조성태 외	라의눈
9	서사의학이란 무엇인가	리타 샤론 외	동아시아
10	염증 해방	정세연	다산라이프
11	체질을 알고 체질대로 살아라	구환석	지식과감성
12	침과 침술	홍도현	일취월장
13	하이브리드 의학	오카베 테츠로	청홍
14	하이브리드 한의학	김종영	돌베개
15	한의학의 현대적 해석과 고혈압	이준우	군자출판사

100년 건강수명을 위한 건강관리법

이선동 | 푸른솔 | 2020

옛 한의학 문헌에 의사는 자신을 찾아온 환자에게 두 손 모아 사죄하라는 말이 있다. 사람을 병들게 하지 않는 것이 의사의 임무라는 의미이다. 건강 관리 역시 건강할 때 관리를 잘하여 아예 병에 걸리지 않도록 하는 게 목적이다. 서양의학, 한의학과 중의학, 공중보건학에서 건강 관리에 중요한 방법을 선정하여 소개한 이 책을 통해 병원을 찾지 않아도 건강한 상태를 유지하는 법을 알 수 있다.

탐구 주제

주제1 건강관리는 주변 사람과 큰 관련이 있다. 책에 따르면 실제로 친구가 비만이면 내가 비만이 될 가능성이 57% 증가하며 형제가 비만이면 40% 증가하는 등 대인 관계는 건강에 직접적인 영향을 끼친다. 대인 관계가 건강에 어떤 영향을 끼치는지 분석해 보자.

주제2 한의학은 오랜 시간 동안 중의학의 영향을 받아 중요 이론과 생명관들은 중의학과 동일한 학문 체계를 갖고 있었다. 그러나 최근 20~30년 동안 한의학과 중의학과의 교류가 단절된 동안 많은 변화가 있었다. 최근 중의학의 발전 방향이 우리에게 주는 시사점을 조사해 보자.

주제3 저자가 제시하는 치료 의학의 한계에 대한 정리

주제4 저자가 제시하고 있는 음식 건강 관리법에 대한 정리

학생부 기록 예시 (교과세특)

혼술과 혼밥을 즐기는 2030남성 사이에 위암이 증가했다는 보도를 접하고 대인관계와 건강과의 관계를 파악하기 위해 '100년 건강수명을 위한 건강관리법(이선동)'과 논문을 참고해 조사함. 노인을 대상으로 분석한 결과 친구가 많은 남성 노인은 고혈압 확률이 3/4으로 줄어든다는 논문 결과를 바탕으로 대인 관계는 건강에 직접적인 영향을 미치며 공공복지를 위해 노인들을 위한 커뮤니티 공간 확충과 지원이 필요하다고 발표함.

2015년 노벨생리의학상 수상자가 중의학자 투유유라는 사실을 알고 중의학의 발전상에 대해 알고 싶어 논문 등을 참고하여 중의학을 조사함. 중의학의 특징을 치료 위주와 현장성으로 꼽으면서 코로나19 상황에서 중의사들은 치료와 예방에 적극 참여했고, 응급 의학 분야에서도 역할을 하고 있는데 이는 학문적 연구를 통한 표준화에서 얻은 결과라고 지적하면서 한의학의 발전 방향에도 큰 시사점이 있다고 발표함.

관련 논문

최근 중의학에서 시스템생물학의 발전 현황–한의학에 미치는 영향 및 시사점을 중심으로(이승은, 이선동, 2017)

관련 도서

《실용 동양의학》, 네모토 유키오, 당그래
《습 없애고 열 내려야 병이 없다》, 쿵판시앙, 비타북스

관련 계열 및 학과	• 의약계열: 간호학과, 약학과, 바이오의약학과, 의예과, 치의예과, 의료공학과, 한의예과
	• 자연계열: 분자생물학과, 생명과학과, 분자생명과학과, 생물학과, 수산생명의학과
관련 교과	• 공학계열: 생명공학과, 식품공학과, 바이오식품공학과, 식품생명공학과, 제약공학과

2022 개정 교육과정: 생명과학, 세포와 물질대사, 생물의 유전, 융합과학 탐구, 운동과 건강, 보건

2015 개정 교육과정: 생명과학 I, 생명과학 II, 생활과 과학, 융합과학, 운동과 건강, 보건

교감하는 마음치료 이야기

고영협 외 | 한국경제신문i | 2020

이 책은 다소 생소할 수 있는 '정신과 질환의 한의학 치료'라는 주제를 다루고 있다. 불안 장애, 틱장애, 불면증, 우울증은 물론 요즘 아이들에게 많이 발병하는 틱과 ADHD에 이르기까지 수많은 정신과 질환을 한약으로 치료한 사례를 엄선해 실었다. 또한 각 질병의 정의, 발병 원인, 진단 방법, 한의학을 통한 치료와 예후 등을 다룸으로써 독자들의 이해를 돕는다.

탐구 주제

주제1 책에서는 똑같은 정신적 문제를 가진 환자라도 각각의 신체적 문제가 달라 개개인에 맞춘 처방이 필요하다고 말한다. 한의학에서는 몸이 평안해지면 자연스럽게 정신적인 문제도 해결된다고 본다. '정신과 질환을 한약으로 치료할 수 있을까?'라는 질문의 답을 탐구해 보자.

주제2 불면증은 여러 요인으로 발생한다. 불면증의 원인은 생활 리듬의 변화, 시차, 소음 등 환경적 요인, 통증, 관절염 등의 신체적 요인, 스트레스, 불안 등의 심리적 요인 등 다양하다. 한의학에서 바라보는 불면증의 원인과 해결책은 무엇인지 탐구해 보자.

주제3 한약으로 ADHD를 치료한 사례에 대한 조사

주제4 한의학에서 공황 장애를 바라보는 관점에 대한 조사

학생부 기록 예시 (교과세특)

서양 의학의 영역이라고만 생각했던 정신과 분야에도 한의학적 치료 방법에 시도된다는 것이 호기심을 느껴 '교감하는 마음치료 이야기(고영협 외)'를 정리하여 발표함. 서양 의학이 주로 약물 치료로 정신 질환에 접근한다면 한의학에서는 몸의 근본 치료에 중점을 두어 평안해진 몸이 자연스럽게 정신적인 문제를 해결해 준다고 보아 몸 상태에 맞는 처방으로 치료하면 정신 질환 극복이 가능하다는 것을 상세한 임상 사례를 들어 설명함.

불면증 치료를 위해 수면제 처방 약을 복용하다 내성이 생겨 부작용을 겪는 사례를 접하고 한의학을 통해 불면증을 부작용 없이 치료할 수 있을지에 대해 조사함. 한의학에서는 불면증의 원인을 오장육부의 허실, 한열의 불균형으로 보고 한약을 통해 약해진 심장의 힘을 키워 정신을 안정시키고 신체 균형을 회복하여 깊은 수면에 들도록 돕는데, 이런 근본적인 치료가 대증요법보다 더 효율적일 수 있다는 것을 임상 사례와 함께 발표함.

관련 논문
브레인스포팅의 이해와 한의학적 적용 (이도은, 서주희, 2022)

관련 도서
《한의학과 심리학의 만남》, 김태형, 양웅모, 세창출판사
《EFT로 낫지 않는 통증은 없다》, 최인원, 몸맘얼

관련 계열 및 학과	• 의약계열: 간호학과, 약학과, 의학과, 의료공학과, 한의예과
	• 인문계열: 상담심리학과, 심리학과, 청소년 상담심리학과, 의료상담학과, 의료심리학과
	• 자연계열: 분자생물학과, 미생물학과, 생명과학과, 농생명과학과, 생물학과, 식물자원학과

관련 교과	
2022 개정 교육과정: 생명과학, 생물의 유전, 융합과학 탐구, 보건, 인간과 심리, 보건	
2015 개정 교육과정: 생명과학 I, 생명과학 II, 생활과 과학, 생활과 윤리, 융합과학, 심리학, 보건	

나는 한의원에서 인생의 모든 것을 배웠다

전대성 | 매일경제신문사 | 2022

순자산 마이너스 6,000만 원에서 시작해
직원 수 25인의 한의원을 만들기까지

**나는 한의원에서
인생의 모든 것을
배웠다**

전대성 지음

진료만 잘해서 성공하는
병원의 시대는 지났다!
한의원에서 배우는 경영 법칙

매일경제신문사

이 책은 한의원을 시작하거나 경영에 어려움을 겪는 이들의 시행착오를 줄여 줄 경영 가이드이다. 저자는 한의원을 운영할 때 어떻게 원칙을 만들고, 신뢰를 쌓고, 정성을 들였는지, 경영 관련 거의 모든 노하우를 친절하게 설명한다. 2명으로 직원으로 시작했던 한의원을 현재 25명의 직원이 있는 성공적인 한의원으로 발전시킬 수 있었던 10여 년간의 경영 노하우를 배울 수 있다.

탐구 주제

주제1 한의사협회는 한의 건강보험 보장성 미흡으로 실 수진자 수 감소 및 폐업률 증가 상황에 놓여 있다고 발표했으며, 한방병원은 10.2%로 병원급 중 가장 높은 폐업률을 기록했다. 이런 치열한 경쟁 상황 속에서 성공적으로 한의원을 성장시킨 저자의 경영 제1원칙은 무엇인지 탐구해 보자.

주제2 요즘 신조어 중에 쿼터리즘(quarterism)이 있다. 4분의 1을 뜻하는 'Quarter'에서 나온 용어로 사람이 집중할 수 있는 시간이 15분밖에 안된다고 해서 생겨난 단어이다. 저자는 이 15분의 법칙을 한의원 운영에 적용했다. 한의원에서 15분의 법칙은 무엇인지 탐구해 보자.

주제3 한의원에서 초진 환자를 대하는 방법에 대한 탐구

주제4 한의원 직원들의 동기부여 방법에 대한 탐구

학생부 기록 예시 (교과세특)

건강보험의 낮은 보장성으로 인해 한의원 실 수진자 수가 감소하고 있어 한의원의 폐업이 증가한다는 뉴스를 보고 한의원 경영에도 기업가 정신이 필요하다고 생각되어 '나는 한의원에서 인생의 모든 것을 배웠다(전대성)'의 경영 원칙을 정리하여 발표함. 저자의 경영 제1원칙인 '모든 것을 환자의 관점에서 생각하는 것'을 소개하면서 환자들의 기대를 충족시켜주는 경영학적 접근하는 것이 중요하다고 발표함.

환자가 많은 병원에 가면 대기실에 무료하게 기다리는 경우가 많았는데 '나는 한의원에서 인생의 모든 것을 배웠다(전대성)'에서 한의원에 15분 법칙을 적용한 사례를 찾아 발표함. 환자 대기실에서 은은한 한방차 내음 등으로 환자의 오감 만족시키고 대기실에서 15분 이상 기다리지 않도록 하며 치료 시간을 통일시켜 환자가 치료 시간을 예상할 수 있게 하는 등 환자 중심의 한의원 경영한 것이 한의원의 성공 비결의 하나라고 발표함.

관련 논문

한의원의 디자인 전략을 위한 뉴트로 기반 브랜드 디자인 연구(장순규, 2022)

관련 도서

《한의원으로 출근하기》, 황진철 외, 대한나래출판사
《리뉴얼 병원 브랜딩 마케팅 실무》, 정혜연, 리즈앤북

관련 계열 및 학과	• 의약계열: 간호학과, 보건관리학과, 약학과, 의학과, 의료공학과, 한의예과
	• 인문계열: 심리학과, 산업심리학과, 심리상담학과, 상담학과, 의료상담학과, 아동심리학과
관련 교과	• 사회계열: 경영학과, 국제의료경영학과, 보건의료경영학과, 의료경영학과, 보건의료관리학과

2022 개정 교육과정: 생명과학, 융합과학 탐구, 경제, 사회문제 탐구, 금융과 경제생활, 보건

2015 개정 교육과정: 생명과학Ⅰ, 생명과학Ⅱ, 융합과학, 경제, 사회문제탐구, 보건

내과 한방진료

이와사키 코우 외 | 청홍 | 2020

수준 높은 최신 논문들을 바탕으로 쓰여진 EBM 실용서다. EBM은 근거 기반 의학으로 '현재까지 축적된 체계적인 연구 결과를 통해 얻어진 과학적 근거를 바탕으로 판단자가 자신의 의학적 판단을 검토하는 행위'로 정의된다. 한의사들이 참조할 만한 EBM 실용서는 부족한 것이 현실이다. 그런 의미에서 최신 근거를 제시하고 있는 이 책은 충분히 읽을 가치가 있다.

탐구 주제

주제1 모든 의료 체계가 그렇겠지만 한, 중, 일 세 나라의 전통 의학은 그 나라의 특성과 발전 양상에 따라 다른 방향으로 발전했다. 저자는 현재는 일본 한방에 비해 중의학이 압도적인 학문적 우위성을 보인다고 평가한다. 그렇게 평가한 근거를 책에서 찾아 탐구해 보자.

주제2 아토피는 정상인에게는 볼 수 없는 비정상적인 알레르기 반응을 의미한다. 피부과 질환인 아토피는 쉽게 호전되지 않아 고생하는 환자들이 많다. 저자가 '스테로이드를 사용하고 싶지 않다.'라고 말했던 환자를 치료했던 사례를 살펴 보고 치료 방법을 탐구해 보자.

주제3 오장육부에 대한 현대적인 해석에 대한 탐구

주제4 한방에서 환자를 진찰하기 위해 사용하는 방법에 대한 조사

학생부 기록 예시 (교과세특)

'내과 한방진료(이와사키 코우)'를 읽고 중의학과 일본 한방을 비교하는 부분이 한의학에도 주는 시사점이 있다는 생각이 들어 탐구함. 논문 검색 사이트 펍메드에서 검색하면 중의학은 지속적으로 임상, 기초 모두 수준 높은 논문이 나오고 있고 신약을 개발하여 그 효과를 검증하고 있다는 것에 큰 인상을 받음. 한의학도 근거중심의학(EBM)을 적극 채용하여 우리나라 상황에 맞는 발전 방향을 모색해야 한다고 주장함.

아토피는 자가면역질환으로 잘 치료가 안 되는데 '내과 한방진료(이와사키 코우)'에서 아토피 환자를 치료한 사례가 인상적이어서 내용을 정리하여 발표함. 저자는 스테로이드 치료를 필요한 중등도 이상의 아토피 환자에게 부작용을 줄이기 위해 한방약을 병용하기를 추천한다. 전통 의학만을 고집하는 것이 아니라 양방의 장점을 받아들이는 태도가 인상 깊었으며 의사는 환자 치료를 위해 최선의 방법을 찾아야 한다는 견해를 밝힘.

관련 논문

중국 중의약 산업정책의 추진과 평가(김용선, 2019)

관련 도서

《비려비마》, 레이샹린, 인다
《아토피 반드시 나을 수 있다》, 방성혜, 트로이목마

관련 계열 및 학과
- 의약계열: 간호학과, 약학과, 의학과, 의료공학과, 한의예과, 재활의료공학과
- 자연계열: 분자생물학과, 생명과학과, 분자생명과학과, 생물학과, 생물과학과, 식물자원학과
- 공학계열: 동물자원학과, 생명공학과, 동물생명공학과, 분자생명공학과, 식품공학과

관련 교과

2022 개정 교육과정: 생명과학, 융합과학 탐구, 세포와 물질대사, 생물의 유전, 운동과 건강, 보건

2015 개정 교육과정: 생명과학 I, 생명과학 II, 생활과 과학, 융합과학, 운동과 건강, 보건

동양의학 치료 교과서

센토 세이지로 | 보누스 | 2023

의학박사이자 한방 전문의인 저자가 동양 의학의 개념을 알기 쉽게 해설한 책이다. 동양 의학은 역사가 2000년이 넘는 오랜 경험이 축적된 전통 의학이다. 동양 의학의 기초 이론부터 진찰·진단법, 한약 치료법, 침구·기공 치료법, 동양 의학의 식양생 등 넓은 내용을 다루고 있다. 동양 의학에 대한 이해를 통해 자신의 몸을 더 잘 알고 스스로 건강을 유지할 기회를 제공한다.

탐구 주제

주제1 동양 의학과 서양 의학은 기본적인 철학과 이론이 달라서 질병에 접근하는 방식에 많은 차이가 있다. 동양 의학에서는 몸은 끊임없이 변화한다고 여기고 치료와 건강법 또한 복합적이다. 동양 의학과 서양 의학의 질병에 대한 접근 방식의 기본적인 차이를 비교해 보자.

주제2 동양 의학에서는 설진, 맥진 등 다양한 방식으로 환자를 진료한다. 영화나 드라마에서 가장 흔히 보는 한의사의 모습은 환자를 맥진하는 장면이다. 동양 의학에서 맥진으로 어떻게 환자를 진료하는지 탐구해 보자.

주제3 동양 의학의 진단 방법 중 '설진'에 대한 조사

주제4 동양 의학의 치료 원리 중 '동병이치 이병동치'에 대한 탐구

학생부 기록 예시 (교과세특)

환자 치료라는 같은 목적이 있는데도 동양과 서양의 의학은 왜 큰 차이를 보이며 발전했는지 호기심이 생겨 조사함. 서양 의학은 정상치와 기준치를 중요시하고 기준치를 벗어나는 것을 병으로 보고 처방과 치료를 하는 반면 동양의학은 우리의 몸 상태를 늘 변하는 것으로 보아 몸속 균형이 무너지지 않게 돕는 것을 중요하게 본다는 것을 이해함. 이런 동서양의 의학의 철학 차이가 질병에 대한 접근 방식이 큰 차이를 만들었다고 발표함.

한의학의 대표적인 진단 방법인 맥진의 원리가 궁금하여 '동양 의학 치료 교과서(센토 세이지로)'와 학술 자료를 참고하여 발표함. 한의학에서 맥은 기가 흐르는 통로이며 맥진으로 환자의 맥박을 측정하여 '촉맥', '결맥', '대맥' 등의 맥상을 분석하고 이상 징후를 파악해 문진과의 조합으로 진단함을 깨달음. 최근에는 한의사의 감각에만 의존하던 맥진을 맥전도 검사로 대체하는 등의 변화가 있어 앞으로의 발전이 더욱 기대된다고 강조함.

관련 논문

동양의학의 의역사상과 의학적 학문체계 고찰(홍성찬, 2023)

관련 도서

《근대 중국 동서의학 논쟁사》, 자오홍쥔, 집문당
《중국 의학은 어떻게 시작되었는가》, 야마다 게이지, 사이언스북스

관련 계열 및 학과
- 의약계열: 간호학과, 약학과, 바이오의약학과, 의예과, 치의예과, 의료공학과, 한의예과
- 자연계열: 분자생물학과, 생명과학과, 분자생명과학과, 생물학과, 수산생명의학과

관련 교과
- 공학계열: 생명공학과, 식품공학과, 바이오식품공학과, 식품생명공학과, 제약공학과

2022 개정 교육과정: 생명과학, 융합과학 탐구, 세포와 물질대사, 생물의 유전, 운동과 건강, 보건

2015 개정 교육과정: 생명과학 I, 생명과학 II, 생활과 과학, 융합과학, 운동과 건강, 보건

동의보감, 과학을 논하다

박석준 | 바오 | 2015

동의보감에 대한 쉽고 친절한, 그렇지만 기존의 해석과는 구분되는 완전히 새로운 해석서이다. 방대한 내용의 동의보감을 관통하는 하나의 단어는 '정기신'이다. 이 책은 우리 몸의 구조와 원리, 몸과 질병과의 연관성과 그 처방, 양생, 수련법, 약재와 그 효능 등 동의보감이 담고 있는 모든 내용을 동의보감의 핵심인 정기신의 관점에서 해설하고 있다.

탐구 주제

주제1 최근 동의보감과 한의학의 치료 효과에 대한 의심과 불신이 자리 잡고 있다. 저자는 그 의심의 이유를 동의보감에 대한 이해가 부족하기 때문이라고 말한다. 동의보감의 가장 중요한 키워드인 정기신이 무엇인지 탐구해 보자.

주제2 동의보감 속 투명 인간을 만든다거나 귀신을 볼 수 있게 해준다거나 하는 대목을 들어 비과학적이라고 비난하는 사람들이 있다. 저자는 동의보감에 나오는 투명 인간이 되는 법에 대한 비과학성 논란은 오해 때문이라고 말한다. 그 이유를 탐구해 보자.

주제3 동의보감에 나오는 '전녀위남(轉女爲男)'에 대한 탐구

주제4 동의보감에 제시된 정기신을 잘 기르는 양생법에 대한 탐구

학생부 기록 예시 (교과세특)

세계 문화 유산으로 지정된 최초의 의학서가 동의보감이라는 것을 알고 기존 의서와의 차별성이 궁금하여 '동의보감, 과학을 논하다(박석준)'를 읽고 발표함. 동의보감에서는 사람이 '정기신'으로 이루어져 있다고 보는데 정은 사람의 몸을 만드는 근본적인 물질이고, 기는 오장육부와 같이 다양한 역할을 하며, 기의 작용으로 드러나는 생명 현상이 신임을 이해함. 동의보감의 근본적 차별성은 '정기신'이란 독창적인 이론에 근거한다고 강조함.

동의보감에 투명 인간을 만드는 법이 나온다는 것에 의구심을 가지고 논문과 학술 자료를 통해 탐구함. 투명 인간이 되는 법으로 알려진 은형법은 본격적인 치료법이 아닌 헛것을 보는 질환에 쓸 수 있는 민간요법을 소개한 것으로 투명 인간이 되는 법과는 관련이 없는 것인데 잘못된 이해가 오해를 낳은 것으로 분석함. 이런 오해를 막기 위해 동의보감을 현대의 과학과 관점으로 분석하려는 노력이 중요하다고 강조함.

관련 논문

최근 북한 고려 의학에 반영된 『동의보감』 연구(張梓立, 金軍, 2018)

관련 도서

《스토리 동의보감》, 박정복, 북드라망
《한 권으로 읽는 동의보감》, 허준, 아이템하우스

관련 계열 및 학과	• 의약계열: 간호학과, 약학과, 바이오의약학과, 의예과, 치의예과, 의료공학과, 한의예과
	• 자연계열: 분자생물학과, 생명과학과, 분자생명과학과, 생물학과, 수산생명의학과
관련 교과	• 공학계열: 생명공학과, 식품공학과, 바이오식품공학과, 식품생명공학과, 제약공학과

2022 개정 교육과정: 생명과학, 세포와 물질대사, 생물의 유전, 융합과학 탐구, 한국사, 보건

2015 개정 교육과정: 생명과학 I, 생명과학 II, 생활과 과학, 운동과 건강, 한국사, 보건

몸, 한의학으로 다시 태어나다

안세영, 조정래 | 와이겔리 | 2020

인체에 대한 한의학과 서양 의학의 관점을 서로 비교하며 파악하는 책이다. 몸에만 집중했던 서양 의학과 달리 인체를 몸과 마음, 시간과 공간이 결합된 소우주로 보는 한의학의 본질을 탐색하여 우리 몸에 대해 독자들이 정확하게 인식할 수 있도록 구성하였다. 각각의 의학 체계를 구성하는 본질부터 살피며 한·양방의 특장점과 취약점 그리고 한계점 등을 정확히 알 수 있다.

탐구 주제

주제1 저자는 TV 드라마나 영화에서 한약이 간에 나쁘다는 취지의 대사가 방영되면서 시청자들에게 한약에 대한 잘못된 인식을 심어주고 있다는 우려를 한다. 예전부터 한약이 간에 해롭다는 속설은 있었다. 한약이 간에 유해하다는 논쟁에 대한 저자의 입장을 탐구해 보자.

주제2 책에서는 한·양방의 건강 및 질병에 대한 관점을 다룬다. 부종은 몸의 어느 부위에 물이 고여 부풀어 오른 상태를 말한다. 그런데 양방에서는 부종을 질병에 수반되는 증상 정도로 생각하고 질병으로 간주하지 않는다. 부종에 접근하는 양방과 한방의 관점의 차이를 탐구해 보자.

주제3 책에서 제시하는 천원지방설의 한의학적 의미에 대한 탐구

주제4 한의학에서 딸꾹질을 어떻게 보고 있는지에 대한 탐구

학생부 기록 예시 (교과세특)

한약이 간에 부담을 준다는 주장에 대한 한의학계의 주장이 궁금하여 '몸, 한의학으로 다시 태어나다(안세영 외)'와 논문 등을 참고하여 탐구함. 한의학계에선 해당 속설은 간에 부담을 주는 약재를 자격없는 건강원 등에서 무분별하게 사용한 결과라고 발표한 점을 밝히고 한의사의 정확한 처방으로 조제된 한약재는 간 기능 회복에 도움을 준 사례가 많다고 발표함. 속설을 그냥 믿기보다는 과학적으로 검증하려는 자세가 중요하다고 주장함.

'몸, 한의학으로 다시 태어나다(안세영 외)'를 읽고 환자를 진단할 때 서양 의학은 질병의 유무로 나눈다면, 한의학에서는 건강의 유무로 나눈다며 양방과 한방의 건강 및 질병에 대한 관점 차이를 정리하여 발표. 부종을 대하는 방식을 예로 들며 양방에서 부종을 질병에 수반되는 증상으로 보지만 한방에서는 물이 몰려서 생긴 기병으로 인한 병증으로 접근한다고 것을 도표로 정리하여 양방과 한방의 관점 차이를 알기 쉽게 발표함.

관련 논문

장기간 한약복용이 부인과 환자의 간 및 신장기능에 미치는 영향(양준모 외, 2020)

관련 도서

《한의사, 한약으로 말하다》, 곽도원, 생각나눔
《플로차트 한약치료 2》, 니미 마사노리, 청홍

관련 계열 및 학과	· 의약계열: 간호학과, 약학과, 바이오의약학과, 의예과, 치의예과, 의료공학과, 한의예과
	· 자연계열: 분자생물학과, 생명과학과, 분자생명과학과, 생물학과, 수산생명의학과
관련 교과	· 공학계열: 생명공학과, 식품공학과, 바이오식품공학과, 식품생명공학과, 제약공학과

2022 개정 교육과정: 생명과학, 융합과학 탐구, 세포와 물질대사, 생물의 유전, 운동과 건강, 보건

2015 개정 교육과정: 생명과학 I, 생명과학 II, 생활과 과학, 융합과학, 운동과 건강, 보건

생긴 대로 병이 온다

조성태 외 | 라의눈 | 2020

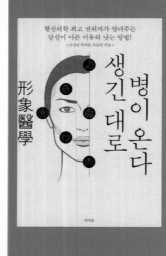

이 책은 우리의 겉모습 속에 아픈 이유와 낫는 방법에 대한 단서가 숨겨져 있다고 주장하는 형상 의학을 다루고 있다. 현대인들은 첨단 의료의 혜택을 받고 있지만 난치성 질환과 통증에서 벗어나지 못한다. 형상 의학은 새로운 관점에서 오래된 병과 잘 낫지 않는 병의 해결의 실마리를 찾아낸다. 환자들의 불편한 증상들이 모두 하나에서 비롯되었고, 그 흠을 보완하면 모든 증상이 일시에 해결된다는 해석이 흥미롭다.

탐구 주제

주제1 형상의학은《황제내경》과《동의보감》을 바탕으로 체계화시킨 의학으로 '생긴 대로 병이 오고 생긴 대로 치료한다'라는 개별 맞춤 의학이다. 사람의 생긴 모습이 다르면 성격이 다르듯이, 생긴 모습이 다르면 치료법도 다르다는 형상 의학이 무엇인지 탐구해 보자.

주제2 과거 서양 의학에서는 남녀가 생식기를 제외하면 생물학적으로 큰 차이가 없다고 생각해 질병을 치료할 때 남녀를 구분하지 않았다. 최근에야 남성과 여성의 의학적 차이를 인정하는 움직임이 나오고 있다. 형상 의학에서는 남자와 여자의 차이를 어떻게 보는지 탐구해 보자.

주제3 형상 의학에서 귀의 형상에 따른 질병 양상에 대한 탐구

주제4 형상 의학에서 여러 증상이 한 번에 개선되는 원리에 대한 탐구

학생부 기록 예시 (교과세특)

'생긴 대로 병이 온다(조성태 외)'를 읽고 형상 의학에 대해 정리하여 발표함. 형상 의학은 동의보감 속 '사람의 생김새에 따라 오장육부가 다르니 증상이 같아도 치료를 달리해야 한다'라는 내용에 근거로 발전한 체질 맞춤 의학인 것을 이해함. 생긴 모습이 다르면 성격도 다르듯이, 모습에 따라 각각의 장부 기능도 다르고 병이 오는 양식도 다르므로 증상이 같더라도 다른 치료법으로 접근한다는 형상 의학의 의견을 상세히 설명함.

평소 체질 의학에 관심을 가지고 관련 서적을 탐독하다 생긴 모습이 곧 체질이라고 하는 형상 의학을 알게 되어 책과 논문을 통해 탐구함. 형상 의학에서는 원기에 의해서 형성된 사람을 정기신혈, 장부와 외형 등에 따라 형상을 구분하고 기본적으로 사람을 남녀로 구분함을 알게 됨. 남녀는 공통적인 특성을 가지지만 다른 분별상을 가지기 때문에 성별에 따라 진단과 치료 방법이 달라야 한다는 것을 다양한 질병의 사례를 들어 설명함.

관련 논문

형상의학적 관점에서 바라본 비만(정환수, 2019)

관련 도서

《생긴대로 먹어야 건강하다》, 조성태, 샘이깊은물
《한의학 교실》, 네모토 유키오, 청홍

관련 계열 및 학과
- 의약계열: 간호학과, 약학과, 바이오의약학과, 의예과, 치의예과, 의료공학과, 한의예과
- 자연계열: 분자생물학과, 생명과학과, 분자생명학과, 생물학과, 수산생명의학과
- 공학계열: 생명공학과, 식품공학과, 바이오식품공학과, 식품생명공학과, 제약공학과

관련 교과

2022 개정 교육과정: 생명과학, 융합과학 탐구, 세포와 물질대사, 생물의 유전, 운동과 건강, 보건

2015 개정 교육과정: 생명과학Ⅰ, 생명과학Ⅱ, 생활과 과학, 융합과학, 운동과 건강, 보건

서사의학이란 무엇인가

리타 샤론 외 | 동아시아 | 2021

감정이 사라진 의료 환경에 의문을 제기하는 책이다. 환자와 눈조차 마주치지 않은 채 기계적으로 의무기록만 읽는 의사를 본 적 있을 것이다. 이것이 올바른 방향일까? 저자들은 의료 시 의사와 환자 사이에 있어야 할 공감의 중요성을 강조한다. 공감이 구체적으로 어떤 효과가 있는지, 그것을 실현시키기 위해 무엇을 해야 하는지를 엄정한 이론적 근거를 기반으로 연구해 나간다.

탐구 주제

주제1 서사는 인간의 행위와 사건을 상호 관련지어 이해할 수 있도록 만들어 주는 기본적인 도식으로 경험을 의미화하는 역할을 한다. 의학에서도 의학 교육과 의료인문학을 중심으로 서사가 도입되었다. 서사 의학이란 무엇인지 탐구해 보자.

주제2 의사는 치료만 잘하면 의사로서 의무를 다한 것일까? 이 책은 이런 생각이 옳지 않다며 환자의 아픔에 대한 공감이 의학 분야에 종사하는 이들이 기본적으로 갖춰야 할 소양이라고 말한다. 책에서 리타 샤론의 사례를 통해 공감과 치료가 어떻게 연관되는지 탐구해 보자.

주제3 의료인이 알아야 할 서사 윤리에 대한 탐구

주제4 보건 의료 전문가 글쓰기를 위한 전략에 대한 탐구

학생부 기록 예시 (교과세특)

'병원 분위기는 왜 이리 차가울까?'라는 생각을 의문을 가지고 있던 중 '서사 의학이란 무엇인가(리타 샤론 외)'를 읽고 서사 의학의 개념을 조사함. 서사 의학은 질병 중심의 현대 의학에서 벌어지는 비인간화에 대한 반성과 보완으로 의료인문학이 시작된 후 의학의 인본주의 회복을 위해 노력하는 학문이라고 설명함. 향후 한의사 꿈을 밝히면서 인문학적인 공부를 바탕으로 환자의 고통에 공감하는 보건 의료인이 되겠다는 포부를 밝힘.

한의사를 꿈꾸는 학생으로 진로 관련 도서 발표하기 활동에서 '서사 의학이란 무엇인가(리타 샤론 외)'를 읽고 보건의료인이 갖춰야 할 기본 자세를 탐구함. 책에서 의사인 리타 샤론이 당뇨병 환자를 진료하면서 환자의 말의 행간을 읽고 치과 진료를 한 사례를 발표하면서 문학 텍스트를 해석하는 것처럼 환자의 말의 의미 해석이 중요하기 때문에 의료인에게 인문학적 지식을 배경으로 한 공감 기술이 중요하다고 강조함.

관련 논문

의학계열 글쓰기의 지향점과 구성방안-환자·의사 간 소통의 중요성을 중심으로(염원희, 2020)

관련 도서

《모두를 위한 의료윤리》, 김준혁, 휴머니스트
《좋은 삶을 위한 가치 수업》, 이석재 외, 북하우스

관련 계열 및 학과	• 의약계열: 간호학과, 의학과, 의료공학과, 치기공학과, 치위생학과, 치의예과
	• 인문계열: 심리학과, 심리상담학과, 상담학과, 철학과, 철학생명의료윤리학과, 유학·동양학과
관련 교과	• 사회계열: 경영학과, 국제의료경영학과, 법학과, 보건의료경영학과, 사회복지학과

2022 개정 교육과정: 생명과학, 융합과학 탐구, 사회와 문화, 법과 사회, 윤리문제 탐구, 보건

2015 개정 교육과정: 생명과학 I, 생명과학 II, 사회문화, 생활과 윤리, 사회문제 탐구, 보건

염증 해방

정세연 | 다산라이프 | 2022

암, 심장질환, 당뇨, 관절염, 치매는 백세 시대를 살아가는 데 있어 인류에게 가장 위협이 되는 다섯 가지 대표 질병이다. 이 질병에 대해서는 증상도 치료법도 다양한데, 이 책은 이들을 관통하는 단 하나가 모두 염증에서 시작되었으며, 초기 발생한 염증을 제때 잡지 못해 거대한 질병으로 돌아오는 것으로 본다. 한의학을 기반으로 다양한 염증의 종류와 해결 방안을 설명하는 책이다.

탐구 주제

주제1 몸이 아파 병원에 가면 의사에게 염증이 생겼다는 말을 자주 듣는다. 저자는 크든 작든 병이 생기는 모든 원인에는 반드시 염증이 존재하며 염증은 모든 병의 시작이고 끝이라고 말한다. 저자는 염증을 다스리는 방법으로 '식치'를 제시한다. '식치'란 무엇인지 탐구해 보자.

주제2 과민성대장증후군은 확인된 원인은 없지만 식사 이후에 복통, 복부 불편감의 소화기 증상이 반복되며 설사 또는 변비 등의 배변 장애를 나타내는 기능성 질환이다. 이런 과민성대장증후군 환자에게 추천되는 포드맵 식사법이란 무엇인지 탐구해 보자.

주제3 스트레스를 다스리는 꿀법 호흡법 방법과 효능에 대한 탐구

주제4 당 독소를 줄이는 식사법에 대한 조사

학생부 기록 예시 (교과세특)

체내염증은 우리 몸의 방어 기제로 자연적인 반응인데 체내염증이 만성화되면 질병을 유발하게 된다는 뉴스를 접하고 체내염증에 대한 한방적인 접근 방법이 궁금하여 '염증 해방(정세연)'을 읽고 내용을 정리함. 책에서 '음식으로 병을 다스린다'는 식치를 제안하는데 체질과 증상에 맞는 음식을 찾고 건강하게 조리하여 섭취하면 염증을 다스릴 수 있다고 하면서 질병과 체질에 따라 추천되는 음식과 조리법을 정리하여 발표함.

과민성대장증후군으로 고생하는 친구를 도울 방법을 찾다 저포드맵 식사법을 알게 되어 친구의 식단 관리에 적용해 본 결과를 발표함. 포드맵은 장내 가스를 생성시키는 음식을 의미하는데 '염증 해방(정세연)'을 참고하여 저포드맵 식사법에서 피해야 할 십자화과 채소 등의 음식을 알려주고 식사 일기를 쓰며 식이요법을 실천하자 증상이 개선되었다고 발표함. 장에 이상이 없는 일반인에겐 저포드맵 식사법을 추천하지 않는다고 강조함.

관련 논문

국내 한의학 학술지에 발표된 항염증 한약재 및 한약처방 연구동향(유병국, 유재환 2021)

관련 도서

《생활한의학》, 김형찬, 북하우스
《한방에서 답을 찾다》, 매일경제TV〈건강한의사〉, 매일경제신문사

관련 계열 및 학과	• 의약계열: 간호학과, 약학과, 바이오의약학과, 의예과, 치의예과, 의료공학과, 한의예과
	• 자연계열: 분자생물학과, 생명과학과, 분자생명과학과, 생물학과, 수산생명의학과
관련 교과	• 공학계열: 생명공학과, 식품공학과, 바이오식품공학과, 식품생명공학과, 제약공학과

2022 개정 교육과정: 생명과학, 융합과학 탐구, 세포와 물질대사, 생물의 유전, 운동과 건강, 보건

2015 개정 교육과정: 생명과학 I, 생명과학 II, 생활과 과학, 융합과학, 운동과 건강, 보건

체질을 알고 체질대로 살아라

구환석 | 지식과감성 | 2022

이 책은 사상체질과 체질별로 달라지는 병에 대해 다루고 있다. 그동안 여기저기 흩어져 있던 사상체질의학의 전면을 드러내며 사람과 세상이 점점 복잡해지는 오늘날 진실로 주목해야 할 것이 무엇인지를 밝히는 책이다. 특히 넘치는 건강 상식, 건강 정보들 속에서 특별히 사상체질 의학이 무엇인지, 왜 사상체질이 건강한 삶을 위한 궁극의 답이 될 수 있는지를 알려 주려 노력한다.

탐구 주제

주제1 '사상체질'이라는 말이 익숙하지 않더라도 태양인, 태음인, 소양인, 소음인이라는 말은 들어 봤을 것이다. 사상체질 중 어떤 체질이냐에 따라 외향적으로 보이는 체형이나 모습도 달라지고, 성격에도 영향을 미치게 된다. 사상체질이란 무엇인지 탐구해 보자.

주제2 사상체질은 사람은 일반적으로 타고난 체질이 있고 자신의 체질을 잘 파악하고 있으면 질병 예방, 음식 등 다양한 부분에서 도움이 될 수 있다는 이론이다. 비만 환자의 75%, 중풍 환자의 50% 이상이 태음인인데 이런 태음인의 체질적 특성을 탐구해 보자.

주제3 사상체질 판별법에 대한 탐구

주제4 조선 시대 이제마 선생의 일생과 업적에 대한 탐구

학생부 기록 예시 (교과세특)

사상체질의 구체적인 내용이 궁금하여 '체질을 알고 체질대로 살아라(구환석)'와 관련 논문을 읽고 탐구함. 사상체질은 조선 시대 이제마 선생의 '동의수세보원'에서 시작된 이론으로, 질병의 원인을 타고난 내부 장기 기능이 항진되거나 저하되는 불균형으로 보기 때문에 체질에 따라 걸리기 쉬운 질병이 다르다고 해석하는 것을 이해함. 최근 표준화된 신체 지표로 하는 체질 진단법 등 체질 진단을 표준화하려는 노력이 있다고 발표함.

'체질을 알고 체질대로 살아라(구환석)'를 참고하여 사상체질별 수험생의 건강 관리법을 소개함. 일률적인 건강 관리법을 제안하는 서양의학과는 달리 한의학에서는 사상체질에 따라 섭생법이 달라야 한다고 강조하는데 그중 태음인은 비만과 당뇨병이 오기 쉬운 체질로 육류 등 고열량 식품을 피해야 한다고 소개함. 사상체질별 좋은 음식과 피해야 할 음식, 추천하는 운동 등을 표로 정리, 발표하여 큰 박수와 호응을 얻음.

관련 논문

유전지표를 활용한 사상체질 분류모델(반효정 외, 2020)

관련 도서

《사상체질과 건강》, 유준상, 행림서원
《사상체질, 사람과 세계가 보인다》, 황태연, 생각굽기

관련 계열 및 학과
- 의약계열: 간호학과, 약학과, 바이오의약학과, 의예과, 치의예과, 의료공학과, 한의예과
- 자연계열: 분자생물학과, 생명과학과, 분자생명과학과, 생물학과, 수산생명의학과
- 공학계열: 생명공학과, 식품공학과, 바이오식품공학과, 식품생명공학과, 제약공학과

관련 교과

2022 개정 교육과정: 생명과학, 융합과학 탐구, 세포와 물질대사, 생물의 유전, 운동과 건강, 보건

2015 개정 교육과정: 생명과학 I, 생명과학 II, 생활과 과학, 융합과학, 운동과 건강, 보건

침과 침술

홍도현 | 일취월장 | 2022

침의학은 침이라는 도구로 인체를 적절히 자극하여 치료 효과를 내는 아주 오래된 술법임에도 여전히 침술에 대한 이해가 부족하고 연구는 편중적이며, 침에 대한 연구는 거의 이루어지지 않았다. 공학 연구원에서 한의사로변신한 저자가 고대와 달라진 환경을 살아가는 한 명의 현대인으로서 오래전에 살던 이들이 전해 준 침과 침술을 차분히 살펴보는 이 책을 통해 침술을 이해할 수 있을 것이다.

탐구 주제

주제1 침술은 다른 대부분의 전통 의학과 마찬가지로 정확한 기원이 불분명하다. 침술은 한의학적 원리를 바탕으로 소위 '경혈'로 불리는 피부 지점 등에 가느다란 바늘을 찔러 넣어 치료하는 방법으로 설명되고 있다. 침술에서 말하는 '경혈'이라는 것이 무엇인지 탐구해 보자.

주제2 침술은 2200년 전에 쓰여진 《황제내경》에도 있을 정도로 오랜 역사를 가졌지만 여전히 효과를 의심하는 사람들이 있다. 책에서는 침술을 소개하면서 침술이 자극-반응의학적 범주로 이해되길 바란다는 내용이 있다. 자극-반응의학이란 무엇인지 탐구해 보자.

주제3 침 의학적 인체 구조에 대한 탐구

주제4 새로 도입된 침술 관련 기술에 대한 조사

학생부 기록 예시 (교과세특)

한의학에서 말하는 경혈이 무엇인지 궁금하여 '침과 침술(홍도현)'과 논문 자료를 탐구함. 한의학에서의 기본적인 경혈은 12경맥에 임맥과 독맥을 더한 14경맥에 속하는 혈을 말하는데 WHO에서는 경혈 표준화 작업을 진행하여 경혈의 이름과 위치에 대한 국제적인 표준안을 제정함. 최근 들어 각종 의료 기기로 경혈의 효과를 과학적으로 입증하려는 노력이 있는데 앞으로의 경혈 연구에 기여하는 한의사가 되고 싶다는 포부를 밝힘.

한국 스켑틱의 칼럼 '침술의 신화에 침을 놓다'에서는 침술을 플라시보 효과라고 보았는데 이에 대한 반론이 궁금하여 논문 자료를 참고하여 탐구함. 한의학에서 침술의 본질은 침이라는 자극 수단을 사용, 인체를 침습하고 경락 체계에 작용시킴으로써 불균형화된 기혈을 정상화하는 것으로 봄. 펍메드에서 침술의 효과를 인정하는 하버드대의 논문을 찾아 소개하면서 침술은 부작용이 적은 효과적인 치료 수단이라고 강조함.

관련 논문

조선 침구의 지향에 대한 소고(천종욱, 2019)

관련 도서

《경락의 기원》, 황보연, 타임라인
《해부학에 근거한 MIO 침법》, 두솔 김동현, 북랩

관련 계열 및 학과	• 의약계열: 간호학과, 약학과, 바이오의약학과, 의예과, 치의예과, 의료공학과, 한의예과
	• 자연계열: 분자생물학과, 생명과학과, 분자생명과학과, 생물학과, 수산생명의학과
관련 교과	• 공학계열: 생명공학과, 식품공학과, 바이오식품공학과, 식품생명공학과, 제약공학과

2022 개정 교육과정: 생명과학, 융합과학 탐구, 세포와 물질대사, 생물의 유전, 운동과 건강, 보건

2015 개정 교육과정: 생명과학Ⅰ, 생명과학Ⅱ, 생활과 과학, 융합과학, 운동과 건강, 보건

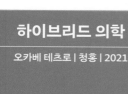

하이브리드 의학

오카베 테츠로 | 청홍 | 2021

이 책은 '서양 의학의 한계'를 테마로 서양 의학이 가지고 있는 약점과 문제점, 동양 의학이 아니면 할 수 없는 점을 풀어냈다. 의학을 동서로 나누어 보는 시대는 끝났다. 저자는 이 세상에 존재하는 모든 의학 지식과 기술을 총동원하여 가장 최선의 의료를 실현하는 것, 즉 하이브리드 의학을 목표로 삼는 것이 의사들이 담당해야 할 사명이라고 확신한다.

탐구 주제

주제1　양의사와 한의사 부부의 어린 자녀가 감기로 열이 난다면 아세트아미노펜을 투약하고 얼음 찜질로 열을 낮춰야 한다는 양의사와 한방 해열제를 주고 방을 따뜻하게 하자는 한의사 사이 갈등이 일어날 것이다. 감기나 독감으로 열이 날 때 한의학에서의 접근 방법을 탐구해 보자.

주제2　책에선 검사 결과만 중시하는 의사에게 몸을 맡기지 말라고 이야기한다. 동양 의학에서는 환자가 본인 상태를 가장 잘 이해하고 있다고 생각한다. '겉보기에는 이상하지 않더라도, 환자가 이상하다고 하면 이상한 것이다'라고 하는 동양 의학의 '미병(未病)' 개념을 탐구해 보자.

주제3　중의학자인 투유유 박사의 업적에 대한 조사

주제4　하버드 대학에서 '보완 대체 의료'에 관심을 가지는 원인 분석

학생부 기록 예시 (교과세특)

한의원에서는 감기로 열이 날 때 해열제를 권하지 않는데 그 이유가 궁금하여 '하이브리드 의학(오카베 테츠로)'과 논문을 참고하여 조사함. 한의학에서는 올라간 열을 내리는 것이 아니라 몸의 방어력을 강화하는 것을 근본으로 하는 점을 이해함. 바이러스 감염으로 열이 날 때 강제로 열을 내리면 체내에서 바이러스가 더 쉽게 증식한다는 연구 결과도 있어, 열이 날 때 바로 해열제를 투약하는 것은 신중할 필요가 있다는 의견을 제시함.

'하이브리드 의학(오카베 테츠로)'을 읽고 한의학에 있는 '미병'의 개념으로 동·서양 의학을 비교함. 동양 의학에서 미병이란 질병에까지 이르지는 않았지만 몸 상태가 나빠진 상태를 지칭하는 용어로 질병으로 이어질 위험성이 있어 환자에게 적절하게 대처해야 하는 것으로 보는 반면, 서양 의학에는 미병의 개념이 없어 검사 결과 이상이 없으면 질병으로 다루지 않는다는 것을 밝히고 이 관점 차이가 동·서양 의학 차이의 시작이라고 설명함.

관련 논문

의·한 협진 병원 인증 모형 개발을 위한 탐색적 연구(김남권 외, 2021)

관련 도서

《양한방 협진을 통한 바른의학》, 이종진, 책과나무
《한의학과 현대 수학의 만남》, 김상일, 지식산업사

관련 계열 및 학과	• 의약계열: 간호학과, 약학과, 바이오의약학과, 의예과, 치의예과, 의료공학과, 한의예과
	• 자연계열: 분자생물학과, 생명과학과, 분자생명과학과, 생물학과, 수산생명의학과
관련 교과	• 공학계열: 생명공학과, 식품공학과, 바이오식품공학과, 식품생명공학과, 제약공학과

2022 개정 교육과정: 생명과학, 융합과학 탐구, 세포와 물질대사, 생물의 유전, 운동과 건강, 보건

2015 개정 교육과정: 생명과학 I, 생명과학 II, 생활과 과학, 융합과학, 운동과 건강, 보건

하이브리드 한의학

김종영 | 돌베개 | 2019

한의학 실험실을 관찰하던 20대의 사회학과 대학원생이 40대가 되어 한의학을 주제로 책을 펴냈다. 사회학자인 저자는 한의학의 근대화, 과학화, 산업화, 세계화를 탐구하고, 나아가 한국 사회의 근대성을 이해하는 새로운 관점을 제기하고자 한다. 현장의 경험이 연구의 탄탄한 사실성을 보장하고 과학기술학과 사회과학, 인문학이 융합된 이론적 사유가 경험적 사실을 논리적으로 뒷받침하는 책이다.

탐구 주제

주제1 천연물 신약은 한약재 또는 한약 제제를 이용하여 만든 의약품을 말한다. 이러한 신약은 기존의 합성 의약품과는 달리 자연 그대로의 식물 성분을 사용하여 만들어지기 때문에 부작용이 적다는 장점이 있다. 천연물 신약이란 무엇인지 더 구체적으로 탐구해 보자.

주제2 동양의학에서 이야기하는 '경락'의 존재를 증명할 수 있을까? 1960년대 김봉한은 한방 침술 치료의 효과를 설명하던 중 경락을 형성하는 새로운 해부학적 순환 체계가 존재한다는 주장을 펼쳤다. 김봉한이 주장한 봉한학이 무엇인지 탐구해 보자.

주제3 1990년대에 있었던 한약 분쟁에 대한 조사

주제4 양한방협진이 이루어지는지는 과정에 대한 탐구

학생부 기록 예시 (교과세특)

우리나라의 바이오 벤처 회사가 천연물 기반으로 알츠하이머에 대한 신약을 개발하고 있다는 뉴스를 접하고 천연물 신약에 대한 조사 활동을 전개함. 천연물은 약리 활성이나 생리 활성기능이 있어 신약 개발에 도움을 주는 생물을 기반으로 만들어지는 물질을 이르며, 한약재는 오랜 역사 동안 효능이 입증되어 천연물 신약 개발의 원천으로 주목받고 있다고 강조함. 한약재를 기반으로 개발된 천연물 신약 사례를 소개한 것이 인상적임.

'하이브리드 한의학(김종영)'을 읽고 경락의 존재를 증명하려고 하는 봉한학에 대해 탐구함. 봉한학은 혈액 순환계·림프계와 더불어 몸의 면역 등을 담당하는 제3의 순환계가 경락이라는 주장으로, 2010년 염료를 통해 일부 경락의 시각화에 성공했다고 발표하여 주목을 받았으나 전체 경락을 시각화하지 못해 아직까지 논쟁 중이라고 발표. 동양 의서의 있던 이론을 과학적으로 입증하는 것은 어렵지만 꼭 해내야 하는 과정이라고 강조함.

관련 논문

양한방 의료 서비스 선택요인에 관한 연구(이정원 외, 2014)

관련 도서

《양한방 협진 암케어》, 호시노 에츠오, 군자출판사
《의학의 역사》, 재컬린 더핀, 사이언스북스

관련 계열 및 학과	• 의약계열: 간호학과, 약학과, 바이오의약학과, 의예과, 치의예과, 의료공학과, 한의예과
	• 자연계열: 분자생물학과, 생명과학과, 분자생명과학과, 생물학과, 수산생명의학과
관련 교과	• 공학계열: 생명공학과, 식품공학과, 바이오식품공학과, 식품생명공학과, 제약공학과

2022 개정 교육과정: 생명과학, 융합과학 탐구, 세포와 물질대사, 생물의 유전, 운동과 건강, 보건

2015 개정 교육과정: 생명과학 I, 생명과학 II, 생활과 과학, 융합과학, 운동과 건강, 보건

한의학의 현대적 해석과 고혈압
이준우 | 군자출판사 | 2023

저자가 3년간 신문에 연재했던 '현대적 언어로 풀어쓴 한의학 이야기'라는 제목의 칼럼들을 묶어서 만든 책이다. 한의학에서 시작해서 한의학과 고혈압에 대한 이야기로 이어진다. 저자는 충분히 검증되고 보편적으로 널리 받아들여지는 대기과학과 의학 생리학을 통해서 한의학을 재해석하고자 했다. 보편적으로 알고 있던 한의학에서 잠시 벗어나 새로운 시각으로 한의학에 접근해 보자.

탐구 주제

주제1 사상체질은 1894년 이제마 선생에 의해 창안된 것으로 사람의 체질을 그 특성에 따라 네 가지로 구별한 것이다. 사람은 그 체질적 특성에 따라 생리, 병리, 진단, 치료 등이 모두 달라질 수 있다. 사상체질 중 태음인에게 고혈압이 많은 이유를 탐구해 보자.

주제2 고혈압은 젊은 층보다 중년 이후의 나이에 압도적으로 많다. 유전적 발병 가능성이 있는 사람에게는 비만, 스트레스, 흡연, 과도한 염분 섭취 등이 고혈압을 발병시키는 원인이 된다. 한방에서 고혈압 치료에 사용하는 여러 가지 방법 중 침술을 이용한 치료법을 탐구해 보자.

주제3 오수혈이 무엇인지에 대한 탐구

주제4 한의학에서 생각하는 고혈압의 원인에 대한 조사

학생부 기록 예시 (교과세특)

사상체질 중 태음인이 고혈압과 당뇨병에 잘 걸린다고 하여 그 이유가 궁금하여 조사함. 사상체질 의학에서 간은 흡수를 담당하고 폐는 배출을 담당한다고 보며, 태음인은 간대폐소 즉 간의 기능이 좋고 폐의 기능이 약한 체질로 에너지를 저장하려는 경향이 강해 비만이 많고 그로 인해 대사증후군이 되기 쉬워 고혈압과 당뇨병이 흔한 것으로 분석함. 태음인 사람들에게 건강에 좋은 음식 등 건강 유지법을 도표로 정리하여 발표함.

한의학에서는 고혈압에 강압제를 쓰지 않는다는 것에 호기심이 생겨 '한의학의 현대적 해석과 고혈압(이준우)'과 논문을 참고하여 고혈압 치료에 사용하는 침 치료에 대해 조사함. 최근 발표된 논문에서 침 치료를 적용한 고혈압 환자의 경우 대조군보다 약 2배 가량 높은 치료 효과를 보인 사례를 발표함. 양방에서 고혈압을 약물로 치료하는 경우 부작용 우려가 있는데 부작용 없는 침 치료에 대한 연구를 더 강화해야 한다고 주장함.

관련 논문
고혈압 환자에서 한방의료기관 이용과 심혈관 위험 요소와의 관계 (조현주 외, 2019)

관련 도서
《한의약으로 HIV/AIDS를 떠나보내자》, 안상영, 한국한술정보
《고혈압 치료, 나는 혈압약을 믿지 않는다》, 선재광, 전나무숲

관련 계열 및 학과	• 의약계열: 간호학과, 약학과, 바이오의약학과, 의예과, 치의예과, 의료공학과, 한의예과
	• 자연계열: 분자생물학과, 생명과학과, 분자생명과학과, 생물학과, 수산생명의학과
관련 교과	• 공학계열: 생명공학과, 식품공학과, 바이오식품공학과, 식품생명공학과, 제약공학과

2022 개정 교육과정: 생명과학, 융합과학 탐구, 세포와 물질대사, 생물의 유전, 운동과 건강, 보건

2015 개정 교육과정: 생명과학Ⅰ, 생명과학Ⅱ, 생활과 과학, 융합과학, 운동과 건강, 보건

순번	도서명	저자명	출판사명
1	10대와 통하는 동물 권리 이야기	이유미	철수와영희
2	개와 고양이를 위한 반려동물 영양학	왕태미	어니스트북스
3	고기로 태어나서	한승태	시대의창
4	그 개는 정말 좋아서 꼬리를 흔들었을까?	설채현	동아일보사
5	미리 가보는 수의학 교실	충북대학교 수의학교재편찬위원회	충북대학교출판부
6	반려견 행동심리학	재지 토드	동글디자인
7	수의사가 말하는 수의사 Episode 2	이학범 외	부키
8	수의정책 콘서트	김용상	비앤씨월드
9	의사와 수의사가 만나다	바버라 내터슨 호러위츠 외	모멘토
10	인류 역사를 바꾼 동물과 수의학	임동주	마야

10대와 통하는 동물 권리 이야기

이유미 | 철수와영희 | 2017

이 책은 우리가 그동안 몰랐거나 외면해 왔던 동물 문제와 동물의 권리에 대해 인간과 동물의 역사, 동물 철학 이야기, 동물 보호법의 발전 과정, 주변에서 고통받는 동물들의 문제 등 다양한 주제를 통해 청소년 눈높이에서 다룬 책이다. 저자는 동물들의 최소한의 권리를 지키기 위해 인류가 책임을 다한다면 인류와 동물이 평화롭게 공존하는 세상을 만들 수 있다고 말한다.

탐구 주제

주제1 돌고래는 특유의 미소를 띤 표정과 친화력 때문에 과거부터 많은 사랑을 받아 왔다. 서울대공원에서 사랑받던 돌고래 '제돌이'가 제주도 앞바다에서 불법적으로 포획된 '남방큰돌고래'라는 사실이 밝혀져 논란이 되었다. 서울대공원의 '제돌이' 자연 방류 과정을 탐구해 보자.

주제2 야생 동물이 도로에서 자동차 등에 치여 죽는 것을 '로드킬'이라고 부른다. 우리나라에서는 로드킬이 사회적인 이슈가 되면서 생물 다양성 손실, 경제적 손실, 운전자의 안전 문제, 윤리 문제 등이 대두되고 있다. 로드킬을 줄일 수 있는 대책을 탐구해 보자.

주제3 애니멀 호딩을 막기 위한 대책에 대한 탐구

주제4 길고양이 보호에 관한 찬반 주장에 대한 탐구

학생부 기록 예시 (교과세특)

불법 포획되어 서울대공원 돌고래쇼에 동원됐던 남방큰돌고래들이 자연 방류되어 10년째 건강하게 살고 있다는 뉴스에 자연 방류 과정이 궁금하여 '10대와 통하는 동물 권리 이야기(이유미)'와 기사를 통해 탐구함. 제돌이의 자연 방류 과정을 설명하며 돌고래는 하루 100km가량을 유영하는 동물인데 작은 수족관에 사육하는 것은 가혹하다며 돌고래 보호를 위해 정부 차원의 돌고래 바다 쉼터 조성 등 노력이 필요하다고 강조함.

매년 1만 마리 이상의 야생 동물이 로드킬을 당한다는 뉴스를 접하고 야생 동물을 죽이는 윤리적인 문제와 운전자의 안전 문제 등을 일으키는 로드킬 감소 방안을 조별 토의 활동을 통해 탐색함. 발표자 역할을 맡아 우리나라가 다른 국가보다 도로 밀도가 높아 로드킬이 빈발한다고 분석하고, 이를 방지하기 위해 생태 통로와 울타리를 이질감이 느껴지지 않도록 동물 친화적으로 설치해야 한다며 외국의 사례 사진을 함께 제시함.

관련 논문

동물권 운동과 다문화주의(최훈, 2019)

관련 도서

《동물해방》, 피터 싱어, 연암서가
《침묵의 봄》, 레이첼 카슨, 에코리브르

관련 계열 및 학과
- 의약계열: 방사선과, 수의예과, 의료공학과, 약과학과, 약학과, 제약학과, 한약학과
- 인문계열: 심리학과, 역사학과, 유학동양학과, 철학과, 철학생명의료윤리학과
- 자연계열: 농생물학과, 동물자원과학과, 생명과학과, 생물학과, 수산생명의학과, 축산학과

관련 교과

2022 개정 교육과정: 생명과학, 융합과학 탐구, 보건, 현대사회와 윤리, 법과 사회, 윤리문제 탐구, 보건

2015 개정 교육과정: 생명과학 I, 생명과학 II, 생활과 과학, 생활과 윤리, 사회문제 탐구, 보건

개와 고양이를 위한 반려동물 영양학

왕태미 | 어니스트북스 | 2018

이 책은 반려동물과 건강하게 오래도록 함께 사는 비결로 올바른 먹거리를 제시한다. 가족과 다름없는 우리 집 반려동물과 오래도록 함께 살기 위한 첫걸음은 건강을 해치지 않을 안전한 먹거리를 올바른 방식으로 제공하고 질병으로부터 보호하는 일일 것이다. 반려동물의 질병을 예방하고 평소에도 건강을 유지할 수 있는 올바른 결정을 내리는 데 도움을 줄 것이다.

탐구 주제

주제1 반려견은 하루에 얼마나 먹여야 할까? 반려견의 식사량을 조절하는 것은 무척 중요하다. 개의 체형, 건강, 성격까지 모두 급식에 영향받기 때문이다. 성견인 반려견이 하루에 몇 끼를 먹어야 하는지 탐구해 보자.

주제2 비타민D는 칼슘 대사를 조절하여 체내 칼슘 농도의 항상성과 뼈의 건강을 유지하는 데 관여하고 세포의 증식 및 분화의 조절, 면역 기능 등에 관여하는 것으로 알려져 있다. 고양이는 어떻게 비타민D를 보충하는지 탐구해 보자.

주제3 비만견의 다이어트 식이요법에 대한 조사

주제4 반려동물에게 우유를 주어도 되는지에 대한 조사

학생부 기록 예시 (교과세특)

보호자가 먹을 때 음식을 달라고 하는 반려견을 보며 개도 사람처럼 하루 세 끼를 먹어도 되는지 궁금해 '개와 고양이를 위한 반려동물 영양학(왕태미)'과 학술 자료를 참고하여 조사함. 개의 소화 시간은 8~10시간으로 인간보다 느려 하루 2끼를 기본으로 하지만 양과 식사 간격을 배분한다면 3끼도 가능하다고 발표함. 하지만 더 중요한 것은 정해진 시간의 규칙적인 식사로, 배변 훈련부터 개의 성격에까지 영향을 줄 수 있다고 강조함.

인간은 피부에서 햇빛으로 비타민D를 합성하는데 고양이는 그럴 수 없다는 것을 알게 되어 '개와 고양이를 위한 반려동물 영양학(왕태미)'을 읽고 비타민D 보충 방법을 조사함. 야생에서는 쥐와 같은 먹이에 비타민D가 풍부해 따로 섭취할 필요가 없지만 사료를 주식으로 하는 반려 고양이는 비타민D를 따로 섭취해야 하는데, 비타민D를 과잉 섭취하면 비타민D 중독 증상이 있을 수 있어서 주의가 필요함을 사례를 들어 설명함.

관련 논문

노령견의 생리적 변화에 따른 필요 영양소 및 질병에 관한 연구(정형학, 2018)

관련 도서

《고양이 영양학》, 조우재, 동그람이
《개 고양이 사료의 진실》, 앤 N. 마틴, 책공장더불어

관련 계열 및 학과
- 의약계열: 방사선과, 수의예과, 의료공학과, 약과학과, 약학과, 제약학과, 한약학과
- 자연계열: 농생물학과, 동물자원과학과, 생명과학과, 생물학과, 수산생명의학과, 축산학과
- 공학계열: 동물생명공학과, 바이오융합학부, 생명공학과, 식품공학과, 제약공학과

관련 교과

2022 개정 교육과정: 생명과학, 세포와 물질대사, 생물의 유전, 융합과학 탐구, 운동과 건강, 보건

2015 개정 교육과정: 생명과학 I, 생명과학 II, 생활과 과학, 운동과 건강, 보건

고기로 태어나서

한승태 | 시대의창 | 2018

제59회 한국출판문화상
교양 부문 수상작

《한겨레》《경향신문》《시사IN》《환경책큰잔치》 선정 2018 올해의 책

자연에 대한 인간의 권리를 어디까지 인정할 수 있을 것인가에 대한 철학적 고찰부터 한국 식용 고기 산업에 대한 사회적 관찰까지 다양한 문제를 제기하고 저자의 생각을 담은 책이다. 식용 고기 문화 자체가 야만적인 것은 아니지만 현대 사회를 살아가는 우리가 일상생활 속에서 접하는 닭, 돼지 같은 고기들이 생산되는 과정은 생명에 대한 '비윤리적인 과정'을 거친 것은 아닐지 고민하게 한다.

탐구 주제

주제1 우리나라에서는 2022년 기준 5억 마리 이상의 닭을 소비하고 있다. 닭고기는 다른 고기에 비해 가격이 매우 싸다. 또한 건강에 대한 인식이 높아지면서 칼로리는 낮고 단백질 함량이 높은 닭고기의 인기는 매우 높다. 그런 닭은 어떤 환경에서 키워지고 있는지 탐구해 보자.

주제2 2023년 기준 세계에서 연간 1인당 돼지고기 소비량이 가장 많은 나라는 베트남으로 1인당 32.72kg을 먹는다. 2위는 바로 대한민국으로 연간 1인당 32.31kg의 돼지고기를 소비하고 있다. 돼지고기 생산 과정에서 모돈(어미 돼지)이 어떤 삶을 살고 있을지 조사해 보자.

주제3 저자가 제시하는 '윤리적인 고기'에 대한 내용 탐구

주제4 책에 나오는 개 농장을 사육 실태에 대한 정리

학생부 기록 예시 (교과세특)

동물복지 닭고기는 일반 닭고기보다 비싸 그 이유가 궁금하여 '고기로 태어나서(한승태)'를 참고하여 닭고기가 치킨이 되는 과정을 탐구함. 동물복지 닭은 평사에서 길러지는 데 반해 대부분의 일반 닭은 빽빽한 틀에 넣어져 30~60일 정도 사료로 살찌운 후 도축되는데, 이런 비좁은 공장형 닭장 사육이 조류 인플루엔자 발생의 근원적인 문제라는 지적이 있을 정도로 위생에 취약해 항생제 과다 사용 등의 문제가 발생한다고 발표함.

공장형 축산이 많은 문제를 야기한다는 뉴스를 접하고 식탁에 오르는 돼지가 어떤 환경에서 길러지는지 궁금증이 생겨 조사함. 번식을 위해 평생 강제 임신 상태에 있고 비위생적인 철창에 갇힌 채 폐경이 될 때까지 임신과 출산만을 반복하는 어미 돼지의 일생을 '어미 돼지 옥자의 갓생'이라는 카드 뉴스 형태로 제작하여 급우들은 큰 호응을 받음. 동물복지를 실천하는 것이 인간에게도 유익하다는 것을 다양한 사례를 들어 설명함.

관련 논문

윤리적 육식주의의 가능성 연구(이기훈, 2019)

관련 도서

《육식의 종말》, 제러미 리프킨, 시공사
《육식의 불편한 진실》, 존 로빈스, 아름드리미디어

관련 계열 및 학과
- 의약계열: 방사선과, 수의예과, 의료공학과, 약과학과, 약학과, 제약학과, 한약학과
- 인문계열: 심리학과, 역사학과, 유학동양학과, 철학과, 철학생명의료윤리학과
- 공학계열: 동물생명공학과, 바이오융합학부, 생명공학과, 식품공학과, 제약공학과

관련 교과

2022 개정 교육과정: 생명과학, 융합과학 탐구, 보건, 현대사회와 윤리, 법과 사회, 윤리문제 탐구, 보건

2015 개정 교육과정: 생명과학 I, 생명과학 II, 생활과 과학, 생활과 윤리, 사회문제 탐구, 보건

그 개는 정말 좋아서 꼬리를 흔들었을까?

설채현 | 동아일보사 | 2019

이 책의 저자는 환경적인 문제가 전혀 없는 상태에서 반려견의 행동이 바뀌었다면 의학적인 문제가 있는지 확인해봐야 한다고 말한다. 이유 없이 예민하게 행동한다면 신장을 확인해 보라고 조언하며 이 밖에도 분리불안을 없애는 크레이트 교육법, 대소변 천재가 되는 화장실 교육법, 외출 시 손쉬운 입마개 착용법 등 반려견 보호자들에게 꼭 필요한 정보를 소개한다.

탐구 주제

주제1 반려견과 다양한 활동을 함께 하는 사람들은 반려견의 보디랭귀지를 통해 반려견의 마음을 알고 싶어 한다. 흔히 반려견이 꼬리를 흔드는 것은 반가움의 표시로 받아들여지는데 책에서는 이것이 잘못된 상식이라고 말한다. 반려견이 꼬리를 흔드는 이유를 탐구해 보자.

주제2 강아지는 원래 무리 생활을 하던 동물이라 인정받는 것을 좋아한다. 보호자의 칭찬을 표정, 어조 등을 통해 어느 정도 이해한다고 하는데 보호자가 말로만 칭찬하면 반려견은 칭찬이 아닌 단지 소리로 받아들인다고 한다. 반려견을 어떻게 칭찬해야 하는지 탐구해 보자.

주제3 저자가 교육의 위한 체벌은 없다고 말하는 이유에 대한 탐구

주제4 강아지가 택배 기사를 싫어하는 이유에 대한 탐구

학생부 기록 예시 (교과세특)

반려견이 꼬리를 흔드는 보디랭귀지는 반가움의 표시로 알려져 있는데 '그 개는 정말 좋아서 꼬리를 흔들었을까?(설채현)'에서 그 상식이 틀렸다는 지적이 인상 깊어 반려견의 보디랭귀지를 조사함. 반려견의 꼬리는 뇌와 연결된 척추의 가장 끝부분으로 뇌가 활성화될 때 움직이는데 우호적 감정뿐만 아니라 불안을 느낄 때도 흔든다고 하면서 잘못 알려진 반려견의 보디랭귀지를 동영상, 사진과 함께 설명하여 급우들의 큰 호응을 받음.

개를 의인화해서 대하지 말라는 전문가들의 의견을 듣고 올바른 반려견 칭찬법이 궁금하여 조사함. 칭찬은 반려견에게 좋은 기억을 심어 주어 긍정적인 행동을 유도하는 것이 목적인데 반려견은 사람의 언어를 이해할 수 없어 쉬운 문장과 칭찬 톤의 어조로 칭찬해야 한다고 강조함. 간식을 활용한 칭찬 방법은 과유불급이 될 수 있으므로 원칙 준수를 강조하면서 상황별로 간식 제공 방법을 안내하여 제2의 설채현이라는 칭찬을 받음.

관련 논문

인간과 반려견의 커뮤니케이션을 위한 반려견의 행동분류 고도화 연구(김혜진, 2018)

관련 도서

《강아지 심리백과》, 이웅용, 예문아카이브
《카밍 시그널》, 투리드 루가스, 혜다

관련 계열 및 학과	• 의약계열 : 방사선과, 수의예과, 의료공학과, 약과학과, 약학과, 제약학과, 한약학과
	• 자연계열 : 농생물학과, 동물자원과학과, 생명과학과, 생물학과, 수산생명의학과, 축산학과
관련 교과	• 공학계열 : 동물생명공학과, 바이오융합학부, 생명공학과, 식품공학과, 제약공학과

2022 개정 교육과정 : 생명과학, 세포와 물질대사, 생물의 유전, 융합과학 탐구, 운동과 건강, 보건

2015 개정 교육과정 : 생명과학 I, 생명과학 II, 생활과 과학, 운동과 건강, 보건

미리 가보는 수의학 교실

충북대학교 수의학교재편찬위원회 |
충북대학교출판부 | 2020

수의예과와 수의사에 관심을 가지고 있는 모든 사람이 수의예과를 이해할 수 있도록 쓰인 책으로 수의예과에서 배우는 과목별 소개를 비롯하여 전공내용을 개략적으로 서술하고 있다. 내용이 방대한 수의학을 한 권의 책으로 요약한다는 것은 매우 어려운 일이지만, 수의학의 분야별 전문 교수들이 일목요연하게 정리하여 수의학의 개념을 친절하고 알기 쉽게 소개한 책이다.

탐구 주제

주제1 기생충은 다른 생물체의 몸속에서 먹이와 환경을 의존하여 기생생활을 하는 무척추동물이다. 가축은 물론 동물에 기생하는 기생충은 흡충, 조충, 선충 등의 연충류, 곤충, 거미 등의 절지동물 및 원생동물이 있다. 이러한 기생충을 다루는 수의기생충학이 무엇인지 탐구해 보자.

주제2 매년 축산 농가에 구제역이 발생하여 큰 피해를 주고 있다는 뉴스가 나온다. 구제역에 걸린 동물은 입안에 물집이 생기고, 침을 흘리며, 발굽이 헐어서 제대로 서 있기가 힘들어진다. 소, 돼지, 양, 염소 및 사슴 등 우제류가 감염되는 구제역을 탐구해 보자.

주제3 수의병리학에서 진단 병리와 실험 병리에 대한 탐구

주제4 전염성 해면양뇌증의 일종인 스크래피 대한 조사

학생부 기록 예시 (교과세특)

유기견에게 빈발하는 심장사상충에 대해 조사하는 과정에서 동물의 기생충을 연구하는 수의기생충학에 대해 알게 되어 탐구함. 수의기생충학은 기생충이 숙주 동물에게 일으키는 기생충성 질병을 연구하는 학문으로 조기에 진단하고 적절한 방법으로 치료 및 예방을 목적으로 한다고 발표함. 향후 수의예과 입학하여 말라리아 등 인수공통 기생충을 깊이 있게 공부하여 인명 피해를 줄이는 데 기여하고 싶다는 포부를 밝힘.

축산농가에 구제역 발생했다는 뉴스를 접하고 구제역이 어떤 병인지 조사함. 구제역은 소, 돼지 등 발굽이 있는 우제류 동물에게 퍼지며 한번 발생하면 빠르게 번져서 막대한 피해를 주기 때문에 정부는 구제역 백신 접종을 의무화하고 국경검역을 통한 해외 바이러스 유입 차단을 위해 노력한다고 발표함. 현재 구제역이 발생한 농가는 사육하는 동물을 전부 살처분하는데, 이에 대한 급우들의 찬반 토론 활동을 주도적으로 전개함.

관련 논문

수의과대학 입학전형별 합격자의 학업성취도, 졸업역량, 학업지속비율 비교 연구 (남상섭, 2021)

관련 도서

《동물보건사를 위한 반려동물학》, 동물보건사교재편찬연구회, 형설출판사
《기생충이라고 오해하지 말고 차별하지 말고》, 서민, 샘터

관련 계열 및 학과	• 의약계열: 방사선과, 수의예과, 의료공학과, 약과학과, 약학과, 제약학과, 한약학과
	• 자연계열: 농생물학과, 동물자원과학과, 생명과학과, 생물학과, 수산생명의학과, 축산학과
관련 교과	• 공학계열: 동물생명공학과, 바이오융합학부, 생명공학과, 식품공학과, 제약공학과

2022 개정 교육과정: 생명과학, 세포와 물질대사, 생물의 유전, 융합과학 탐구, 운동과 건강, 보건

2015 개정 교육과정: 생명과학 I, 생명과학 II, 생활과 과학, 운동과 건강, 보건

반려견 행동심리학

재지 토드 | 동글디자인 | 2022

심리학 박사이자 과학 저술가, 반려견 훈련사인 저자가 전하는 반려견 행동심리학서이다. 행동심리학은 객관적인 관찰법을 통해 행동을 중점으로 연구하는 심리학을 말한다. '개'라는 존재를 객관적인 연구로 분석하는 반려견 행동심리학과 이를 기반으로 한 반려견 양육법을 함께 다루는 이 책을 통해 정확한 정보를 바탕으로 반려인과 반려견 모두 행복할 수 있을 것이다.

탐구 주제

주제1 요즘 들어 애견 인구가 늘고 있다. 하지만 도시에서 강아지를 키운다는 일이 쉽지는 않다. 들판에서 뛰어놀던 개에게도 실내 생활은 쉽지 않은 일이다. 반려인들은 자기의 반려견이 행복하길 바란다. 어떻게 반려견의 행복을 평가할 수 있는지 탐구해 보자.

주제2 개들에게는 전형적 행위 패턴이라고 불리는 종 특이성 행동이 나타난다. 유전적 특징을 바탕으로 하는 행위 패턴인데 이건 학습을 통해 고칠 수 있다. 책에서는 개들의 학습 방법으로 비연합 학습과 연합 학습을 제시한다. 연합 학습 중 스키너의 학습법을 탐구해 보자.

주제3 반려견 학습이론 중 비연합 학습에 대한 탐구

주제4 반려견이 어린아이를 무는 이유에 대한 탐구

학생부 기록 예시 (교과세특)

반려견에게 행복이 무엇인지 알고 싶어 '반려견 행동심리학(재지 토드)'에서 제시하는 반려견 행복의 기준을 조사함. 반려견을 행복하게 하기 위해서는 우선 개의 인지와 정서를 이해하는 것이 중요하다고 강조하면서 동물복지 향상을 위한 인간의 행동을 평가할 때 사용하는 영양, 환경, 건강, 행동, 정신 건강의 다섯 가지 평가 영역을 제시함. 영역별로 행복의 기준을 제시하며 과학적 근거로 접근해야 반려견의 행복에 다가갈 수 있다고 강조함.

'반려견 행동심리학(재지 토드)'을 읽고 반려견 학습 이론 중 스키너의 조작적 조건형성 이론에 관심을 가지고 조사함. 조작적 조건형성 이론은 어떤 행동으로 인한 즐거운 결과는 행동을 반복하게 하고, 즐겁지 않은 결과는 그 행동을 덜 하게 한다는 것으로 반려견이 좋아하는 강화물을 선택하고, 원하는 행동 직후 자주 강화해 주면 반려견의 행동을 유도할 수 있다는 것으로 배변 훈련, 사회성 훈련 등의 예를 들어 알기 쉽게 설명함.

관련 논문
이미지 학습 기반 반려견 이상 행동 분류 모델(이혜진, 2021)

관련 도서
《개는 어떻게 말하는가》, 스탠리 코렌, 보누스
《말하지 않고 동물과 대화하는 법》, 피 호슬리, 김영사

관련 계열 및 학과	• 의약계열: 방사선과, 수의예과, 의료공학과, 약과학과, 약학과, 제약학과, 한약학과
	• 자연계열: 농생물학과, 동물자원과학과, 생명과학과, 생물학과, 수산생명의학과, 축산학과
관련 교과	• 공학계열: 동물생명공학과, 바이오융합학부, 생명공학과, 식품공학과, 제약공학과

2022 개정 교육과정: 생명과학, 세포와 물질대사, 생물의 유전, 융합과학 탐구, 운동과 건강, 보건

2015 개정 교육과정: 생명과학Ⅰ, 생명과학Ⅱ, 생활과 과학, 운동과 건강, 보건

수의사가 말하는 수의사 Episode 2

이학범 외 | 부키 | 2019

동물병원, 수족관과 동물원, 야생동물구조센터, 농림축산식품부, 국제기구 등 다양한 분야에서 활약하는 23인의 전·현직 수의사가 일과 일상, 보람과 애환을 진솔하고 생생하게 들려주는 책이다. 반려동물 인구와 반려동물 산업은 점점 성장하고 있다. 수의사를 꿈꾸는 학생이라면 이 책을 통해 수의사는 구체적으로 어떤 일을 하는지, 수의사가 되려면 어떻게 준비해야 하는지 등을 배울 수 있다.

탐구 주제

주제1 말 산업이란 경마나 승마 등 말을 이용하는 다양한 산업과 말의 생산, 훈련, 유통 등과 연관된 모든 경제적 활동을 포함하는 개념이다. 구체적으로 말 산업은 '말의 생산·사육·조련·유통·이용'에 관한 산업으로 정의된다. 말 산업에서 중요한 역할을 하는 '말 수의사'를 탐구해 보자.

주제2 사람이 아플 때 한의원을 방문하여 침을 맞곤 한다. 침술은 가늘고 긴 바늘 형태의 침을 정해진 혈 자리에 일정한 굵기와 깊이로 찔러넣어 치료 효과를 기대하는 의술이다. 개를 비롯한 소동물과 소를 포함한 대동물을 대상으로 한 '수의침구학'에 대해 탐구해 보자.

주제3 특수동물을 담당하는 수의사에 대한 탐구

주제4 공무원으로 일하는 수의사에 대한 탐구

학생부 기록 예시 (교과세특)

한국의 대표적인 레저 산업인 경마 산업의 경주마의 건강을 관리하는 말 수의사에 관심이 생겨 조사함. 말 수의사는 말의 생산과 육성, 활용 과정에서 말이 건강하게 성장할 수 있도록 각종 질병 및 전염병의 예방, 치료 등을 하는 직업으로 경주마와의 교감과 이해가 중요하다고 강조함. 산통, 아프리카마역 등 말에게 자주 생기는 질병을 정리하고 말을 진단하는 방법을 사진과 함께 상세히 설명하여 급우들에게 좋은 평가를 받음.

반려견에게 침을 놓는 수의사가 있는 것에 호기심이 생겨 '수의사가 말하는 수의사(이학범 외)'를 참고하여 조사함. 수의학의 분야 중 수의침구학이 있어 반려견의 경락과 경혈, 주요 질환의 침구 치료 방법이 연구되고 있다고 소개함. 통증으로 고통받는 반려견의 경우 레이저 치료, 초음파 치료와 함께 높은 주파수의 전침 치료를 병행하면 통증을 줄여 반려동물 삶의 질 개선이 도움이 될 수 있다는 것을 치료 사례를 들어 발표함.

관련 논문

수의사의 직무스트레스가 심리적 소진에 미치는 영향: 성별과 진료직무의 조절효과(김무석, 2023)

관련 도서

《수의사라서 행복한 수의사》, 김희진, 토크쇼
《어쩌다 보니 열혈 수의사》, 정정석, 꿈공장플러스

관련 계열 및 학과	• 의약계열: 방사선과, 수의예과, 의료공학과, 약과학과, 약학과, 제약학과, 한약학과
	• 인문계열: 심리학과, 역사학과, 유학동양학과, 철학과, 철학생명의료윤리학과
관련 교과	• 공학계열: 동물생명공학과, 바이오융합학부, 생명공학과, 식품공학과, 제약공학과

2022 개정 교육과정: 생명과학, 융합과학 탐구, 보건, 현대사회와 윤리, 법과 사회, 윤리문제 탐구, 보건

2015 개정 교육과정: 생명과학 I, 생명과학 II, 생활과 과학, 생활과 윤리, 사회문제 탐구, 보건

수의정책 콘서트
김용상 | 비앤씨월드 | 2020

이 책은 수의 정책의 거의 모든 분야를 통합적으로 설명한 수의 정책 안내서이다. 전통적 수의 분야인 동물 위생, 동물 복지, 동물 약품, 수의 공중보건, 원헬스 등에 대해 자세히 기술함은 물론 최근 대두되고 있는 기후 변화와 생물 테러 등에 대해서도 다루고 있다. 우리나라 현실에 부합되는 수의 정책 방향도 세부적으로 제시하고 있어 수의사를 꿈꾸는 학생들에게 도움이 될 책이다.

탐구 주제

주제1 흔히 국내 동물 약품 산업 규모는 인체용 자양강장제 규모라는 말을 한다. 동물 약품 산업 규모가 미미하다는 것을 빗댄 이야기다. 우리나라에서 반려동물을 기르는 인구가 1500만 명에 육박할 것으로 예상된다. 앞으로의 동물 약품 산업의 발전 방향을 탐구해 보자.

주제2 인수공통 감염병이란 인간과 동물 사이에 전파가 가능한 질병을 말한다. 동물과 인간의 접촉이 늘어나고, 가축에서 서식하던 병균들의 돌연변이종이 생겨나 종간 장벽을 뛰어넘어 사람에게로 감염되기 시작하면서 생겨났다. 인수공통 감염병을 원헬스의 관점으로 탐구해 보자.

주제3 동물위생법령이 고려해야 할 사항에 대한 조사

주제4 국제동물보건기구(OIE)의 역할과 역사에 대한 조사

학생부 기록 예시 (교과세특)

세계 최초 반려견 인지 기능 장애 증후군 신약을 우리나라 제약사가 개발했다는 것을 알고 우리나라 동물 약품 산업의 발전 방향이 궁금하여 '수의정책 콘서트(김용상)'를 읽고 조사함. 동물 치료 시 동물 전용 의약품이 없어 인체용 약품을 사용하는 비율이 높다는 것을 알게 되었고, 성장하고 있는 세계 동물 약품 시장에서 경쟁하기 위해 국내에서도 동물 신약 개발에 나서고 있다고 발표하면서 현재 개발 중인 주요 신약들을 소개함.

희망 진로 관련 북 콘서트 수업하기에서 '수의정책 콘서트(김용상)'를 읽고 인수공통 전염병에 대해 발표함. 현대 이전의 유행했던 홍역, 결핵 등 치명적인 전염병들은 모두 가축에서 비롯된 인수공통 감염병이고 현대에도 많은 반려동물이 사람과 같이 생활하고 있는 만큼 반려동물에게 먼저 증상이 나타나고 그 피해가 인간에게 이어질 수 있기에 수의사와 의사가 정보를 교류하는 '원헬스 협력 시스템'의 필요함을 강조함.

관련 논문

동물복지정책에 관한 국가비교연구: 7개국 동물복지법과 제도를 중심으로(박연진, 2019)

관련 도서

《동물복지 및 법규》, 김복택, 박영스토리
《이기적인 방역 : 살처분·백신 딜레마》, 김영수, 윤종웅, 무블출판사

관련 계열 및 학과	• 의약계열: 방사선과, 수의예과, 의료공학과, 약과학과, 약학과, 제약학과, 한약학과
	• 사회계열: 공공행정학과, 법학과, 보건의료경영학과, 사회복지학과, 행정학과
관련 교과	• 공학계열: 동물생명공학과, 바이오융합학부, 생명공학과, 식품공학과, 제약공학과

2022 개정 교육과정: 생명과학, 융합과학 탐구, 보건, 현대사회와 윤리, 법과 사회, 윤리문제 탐구, 보건

2015 개정 교육과정: 생명과학Ⅰ, 생명과학Ⅱ, 생활과 과학, 생활과 윤리, 사회문제 탐구, 보건

의사와 수의사가 만나다

바버라 내터슨 호러위츠 외 |
모멘토 | 2017

이 책은 세계 의료계에 새로운 바람을 일으키고 있는 '주비퀴티(zoobiquity)' 개념을 설명하는 대중과학서다. '주비퀴티'는 수의학과 인간 의학의 관계와 경계를 재정립하는 접근법이다. 이 관점으로 진화 이론과 사회학, 생물학, 수의학 등을 넘나들며 인간을 포함한 모든 종의 질병 치료에서 진전을 이루기 위해서는 인간 의학과 동물 의학이 손을 잡아야 한다고 강조하는 저자들의 이야기를 들어 보자.

탐구 주제

주제1 '주비퀴티(zoobiquity)'는 동물을 뜻하는 그리스어 'zo'에 모든 곳이라는 뜻의 라틴어 'ubique'를 붙여 만든 것이다. 동물 의학과 인간 의학 사이의 경계선을 허물고 둘을 아우르는 통일적 관점이 필요하다고 주장하는 주비퀴티란 무엇인지 탐구해 보자.

주제2 실연 증후군이라고 불리는 타코츠보 심근증은 갑작스러운 스트레스로 인한 심장 질환이다. 심장마비는 아니지만 흉통이나 호흡 곤란과 같은 심장마비와 유사한 증상이 있고 사망에까지 이를 수 있다. 인간의 타코츠보 심근증과 동물의 포획근병증 심장병의 연관성을 탐구해 보자.

주제3 동물의 섭식 장애에 대한 고찰

주제4 동물의 암이 인간의 암 치료의 주는 시사점에 대한 고찰

학생부 기록 예시 (교과세특)

1999년 미국 뉴욕에서 발병한 웨스트나일바이러스가 CDC와 수의사 간의 원활한 의사소통이 되지 않아 1000여 명의 사상자를 낸 사례를 보고 동물의 병은 인간의 병에서, 인간의 병은 동물의 병에서 해법을 찾는 주비퀴티에 관심을 가지고 조사. 흑색종의 걸린 반려견, 열두점박이 잠자리의 감염성 비만 등의 다양한 사례를 제시하며 수의사와 의사가 정보를 공유하며 질병을 해결해 나가야 한다고 강조함.

자율활동에서 코로나19에 대해 배우면서 주비퀴티의 개념을 접하고 사례가 궁금하여 '의사와 수의사가 만나다(바버라 내터슨 호러위츠 외)'를 읽고 탐구함. 수의사들은 1980년대에 동물의 스트레스 호르몬이 심장 근육의 기능 저하를 유발하는 포획근병증 심장병을 밝혀냈는데, 의사들은 2000년대 초에나 비슷한 증상의 타코츠보 심근증을 발견한 사례를 들며 수의사와 의사가 정보를 교류하는 주비퀴티의 중요성을 강조함.

관련 논문

보건의료에서 원헬스에 대한 인식 및 적용의 필요성 (최은주, 2022)

관련 도서

《원헬스》, 로널드 아틀라스, 스탠리 말로이, 범문에듀케이션
《우리를 구할 가장 작은 움직임, 원헬스》, 듣똑라, 중앙북스

관련 계열 및 학과	• 의약계열: 방사선과, 수의예과, 의료공학과, 약과학과, 약학과, 제약학과, 한약학과
	• 자연계열: 농생물학과, 동물자원과학과, 생명과학과, 생물학과, 수산생명의학과, 축산학과
관련 교과	• 공학계열: 동물생명공학과, 바이오융합학부, 생명공학과, 식품공학과, 제약공학과

2022 개정 교육과정: 생명과학, 세포와 물질대사, 생물의 유전, 융합과학 탐구, 운동과 건강, 보건

2015 개정 교육과정: 생명과학 I, 생명과학 II, 생활과 과학, 운동과 건강, 보건

인류 역사를 바꾼 동물과 수의학

임동주 | 마야 | 2018

이 책은 인간과 동물의 상호 관계를 생각하면서 인류 역사와 사회를 통찰해 보는 색다른 책이다. 수의학자인 저자는 인간은 동물에게 큰 빚을 지고 있으며, 동물이 없었다면 현대 문명은 불가능했을 것이라고 말한다. 동물을 사냥감으로만 생각하지 않고, 데려다 사육하고 다룰 줄 알게 됨으로써 지금의 현대 문명이 가능했다고 말한다. 동물과 인간의 관계에 대해 고찰할 수 있게 하는 책이다.

탐구 주제

주제1 역사적으로는 인간은 동물을 잡은 뒤 번식시키고, 인간의 명령을 어느 정도 따르면 가축으로 분류한 것으로 보인다. 이 책의 저자는 인간이 동물을 데려다 사육하고 다루게 되어 인간의 문제를 해결한 것을 '가축 혁명'이라 부른다. '가축 혁명'이 무엇인지 탐구해 보자.

주제2 동물원은 동물을 보호, 연구하면서 일반인에게는 관람을 통하여 동물에 대한 지식을 넓히고 오락 및 휴식을 제공하기 위하여 여러 가지 동물을 모아 기른다. 최근 들어 이런 동물원을 폐지해야 한다는 의견도 나오고 있다. 동물원 폐지에 대한 찬반 의견을 탐구해 보자.

주제3 동물 복지가 점점 더 중요해지는 이유에 대한 조사

주제4 책에서 제시된 20세기 고기 혁명에 대한 조사

학생부 기록 예시 (교과세특)

마야나 아즈텍 문명에 소, 말 같은 대형 가축이 없던 것에 호기심이 생겨 가축이 인류 문명 발전에 끼친 영향을 '인류 역사를 바꾼 동물과 수의학(임동주)'과 관련 자료를 참고하여 탐구함. 인류는 가축을 기르게 되면서 농업 생산성을 증대시켰고 대형 가축류로부터 얻은 노동력으로 대도시 건설이 가능해졌다고 분석하면서 대형 가축류가 없었던 마야, 아즈텍 문명이 더 발전하지 못했던 이유를 문명별 가축의 특징과 함께 상세하게 설명함.

동물원 폐지 찬반 논쟁을 주제로 한 시사 이슈 토론 활동에서 동물원 폐지를 주장하는 편에서 토론 활동을 전개함. '인류 역사를 바꾼 동물과 수의학(임동주)'과 관련 자료를 참고하여 제한된 공간으로 인한 동물 복지 침해, 한정된 개체 수로 인한 유전성 다양성 저하, 디지털 시대로 인한 교육 대안의 존재 등을 근거로 한 동물원 폐지 주장을 다양한 영상자료와 함께 설득력 있게 제시하여 급우들의 많은 동의를 이끌어 냄.

관련 논문

가축 사육과 치즈를 통해서 본 서양 문명 (정기문, 2017)

관련 도서

《근대 수의학의 역사》, 천명선, 한국학술정보
《동물 윤리 대논쟁》, 최훈, 사월의책

관련 계열 및 학과	• 의약계열: 방사선과, 수의예과, 의료공학과, 약과학과, 약학과, 제약학과, 한약학과
	• 인문계열: 심리학과, 역사학과, 유학동양학과, 철학과, 철학생명의료윤리학과
관련 교과	• 공학계열: 동물생명공학과, 바이오융합학부, 생명공학과, 식품공학과, 제약공학과

2022 개정 교육과정: 생명과학, 융합과학 탐구, 보건, 현대사회와 윤리, 법과 사회, 윤리문제 탐구, 보건

2015 개정 교육과정: 생명과학Ⅰ, 생명과학Ⅱ, 생활과 과학, 생활과 윤리, 사회문제 탐구, 보건

MEMO

MEMO

약학

순번	도서명	저자명	출판사명
1	2022 한 권으로 끝내는 약학시사	곽혜민 외	참약사
2	같기도 하고 아니 같기도 하고	로얼드 호프만	까치
3	곽재식의 세균 박람회	곽재식	김영사
4	꿈을 찾는 약대생	박정원	렛츠북
5	나도 내 몸을 잘 몰라서	천제하	곰출판
6	내 장은 왜 우울할까	윌리엄 데이비스	북트리거
7	내성 전쟁	무하마드 H. 자만	7분의언덕
8	당신은 영양제를 잘못 고르고 있습니다	장무현	영진닷컴
9	디지털 치료제 혁명	하성욱, 김유영	클라우드나인
10	면역의 힘	제나 마치오키	월북
11	면역체계	핸드리크 슈트레크	사람의집
12	모르는 게 약?	최혁재	스푼북
13	바이러스 폭풍의 시대	네이선 울프	김영사
14	바이오 신약 혁명	이성규	플루토
15	바이오의약품 시대가 온다	이형기 외	청년의사
16	박테리오파지	인트론바이오	크레파스북
17	블루드림스	로렌 슬레이터	브론스테인
18	사회약학	마크 로버츠, 마이클 라이히	한울아카데미
19	생명과 약의 연결고리	김성훈	웅진지식하우스
20	세균, 두 얼굴의 룸메이트	마르쿠스 에거트, 프랑크 타데우스	책밥
21	세상을 바꾼 항생제를 만든 사람들	고관수	계단
22	송 약사의 영양소 요법	송정숙	리더북스
23	송기원의 포스트 게놈 시대	송기원	사이언스북스
24	스물넷, 약사가 되기로 결심했다	이주연	미래북
25	신약 개발 전쟁	이성규	플루토

순번	도서명	저자명	출판사명
26	신약의 탄생	윤태진	바다출판사
27	아주 특별한 생물학 수업	장수철, 이재성	휴머니스트
28	알쓸신약	이정철, 임성용	시대인
29	약, 먹으면 안 된다	후나세 순스케	중앙생활사
30	약물나무	최철희	범문에듀케이션
31	약물치료 핸드북	유봉규	군자출판사
32	약사가 말하는 약사	홍성광 외	부키
33	약사들이 답하는 스포츠 영양 Q&A	정상원 외	참약사
34	약의 과학	크리스티네 기터	초사흘달
35	예술 속의 파르마콘	허문영	달아실
36	오늘도 약을 먹었습니다	박한슬	북트리거
37	우리는 얼마나 깨끗한가	한네 튀겔	반니
38	위대하고 위험한 약 이야기	정진호	푸른숲
39	육일약국 갑시다	김성오	21세기북스
40	이 약 먹어도 될까요	권예리	다른
41	인류를 구한 12가지 약 이야기	정승규	반니
42	인류에게 필요한 11가지 약 이야기	정승규	반니
43	인류의 운명을 바꾼 약의 탐험가들	도널드 커시, 오기 오거스	세종서적
44	자신만만 약처방	김영설, 임형식	군자출판사
45	제약바이오 직무 바이블	강동훈 외	렛유인
46	질병 정복의 꿈, 바이오 사이언스	이성규	MID
47	프셉마음: 약물계산편	신영미	드림널스
48	항산화제, 내 몸을 살린다	정윤상	모아북스
49	항생제 열전	유진홍	군자출판사
50	MT약학	대한약학회	장서가

2022 한 권으로 끝내는 약학시사

곽혜민 외 | 참약사 | 2021

약사, 의약품과 관련된 시사 정보를 집대성한 책으로 비전문가도 약학 이슈에 관한 정보를 이해할 수 있도록 약학 상식 이해하기 쉽게 풀어 놓았다. 약사를 단순히 처방전에 맞게 약을 조제해 주는 직업으로 보지 않고 다양한 약학 이슈 안에서 약사의 직능을 어떻게 넓힐 수 있을지 고민하였다. 최근 약학 트렌드에 맞는 시사 정보와 각 이슈에 대한 약사의 시각을 보여 준다.

탐구 주제

주제1 약학을 전공하면 약사로서 처방전에 맞게 약을 조제하는 일 외에도 다양한 직무를 수행할 수 있다. 약사가 할 수 있는 다양한 직능에 대해 조사하고 미래 사회 약사의 직능을 넓히는 방법을 최근 약학 트렌드 관점에 초점을 두고 연구해 보자.

주제2 제약회사 사업 모델의 변화와 AI 로봇 조제, 디지털 헬스 등 미래 사회의 변화에 따른 약학 분야의 다양한 변화와 흐름을 조사해 보고, 약사에게 필요한 미래 역량과 사회적 요구에 대해 토론해 보자.

주제3 의약 제도의 변화에 따른 제약산업 관련 제도 변화에 관한 연구

주제4 포스트 코로나 시대의 의약 사회의 변화에 관한 연구

학생부 기록 예시 (교과세특)

'2022 한 권으로 끝내는 약학시사(곽혜민 외)'를 읽고 약사가 약을 조제하고 처방하는 업무 외에 현대 사회에서 다양한 분야에서 다양한 직능을 하는 사례에 대해 연구하고 약사 변리사, 약사 유튜버, 바이오 애널리스트 등 다양한 직업에 대해 조사하여 발표함. 또한 다가오는 미래 사회에 약사의 직능이 어떻게 더 확장될 수 있는지에 대해 그룹 프로젝트를 진행하여 약학의 최근 트렌드와 전망과 함께 발표함.

'2022 한 권으로 끝내는 약학시사(곽혜민 외)'를 읽고 새롭게 등장하는 신약 트렌드와 변화하는 미래 사회에 등장할 AI 로봇 조제, 디지털 헬스 등 약학 분야의 다양한 변화에 대해 연구함. 특히 디지털 헬스 케어와 관련하여 디지털 치료제와 융복합 의료제품의 예를 들며 구체적으로 미래 사회에 이러한 변화가 미칠 긍정적 영향과 주의할 점을 살펴 약사에게 필요한 역량에 대해 토론함.

관련 논문
디지털헬스 시대와 의료기기의 정의 (이원복, 2022)

관련 도서
《디지털 헬스케어 전쟁》, 노동훈, 청춘미디어
《디지털 헬스케어 : 의료의 미래》, 최윤섭, 클라우드나인

관련 계열 및 학과
- 의약계열: 의학과, 약학과, 임상의약학과, 제약학과, 바이오제약공학부
- 자연계열: 생명과학과, 화학과, 융합생명공학과, 분자생명공학과, 응용생명화학과
- 공학계열: 화학공학과, 생명나노공학과, 환경생명공학과, 융합바이오화학공학과

관련 교과

2022 개정 교육과정: 생명과학, 화학, 화학 반응의 세계, 세포와 물질대사, 생물의 유전

2015 개정 교육과정: 화학 I, 생명과학 I, 생활과 과학, 융합과학

같기도 하고 아니 같기도 하고

로얼드 호프만 | 까치 | 2018

화학이 무엇이고 화학자가 어떤 마음으로 화학 문제를 해결하는지를 설명하는 책이다. 화학은 우리의 일상과는 먼 것처럼 느껴지지만 사실 우리의 생명 현상과 신체적 작용들도 화학에 의해 설명될 수 있을 만큼 화학이 우리의 삶과 밀접하게 연관되어 있음을 소개한다. 화학의 핵심 문제 이해를 통해 우리가 속한 세계를 능동적으로 이해하게 한다.

탐구 주제

주제1 화학은 환경 오염과 생태계 문제 등 인류에게 많은 부정적 영향을 주었지만 동시에 인간의 삶을 풍요롭게 하고 건강한 삶과 수명 연장에 크게 이바지하였다. 화학이 우리의 삶에 미치는 영향을 이원적 관점에서 탐구해 보고 소논문 형식으로 보고서를 작성해 보자.

주제2 과학이 자연의 비밀을 발견하는 것이라는 생각은 환원주의적 사고방식에서 기인한 것으로 진리를 발견하는 것이 과학이라는 논리이다. 하지만 과학은 발견뿐만 아니라 창조의 과정이기도 하다. 과학이 창조의 과정임을 보여 주는 사례를 조사하고 탐구해 보자.

주제3 야누스의 비선형성과 관련지어 화학의 긍정성과 부정성 토론

주제4 프리츠 하버의 발견과 창조가 인류에 미친 영향에 대한 연구

학생부 기록 예시 (교과세특)

'같기도 하고 아니 같기도 하고(로얼드 호프만)'를 읽고 화학이 인간에게 주는 긍정적 효과와 부정적 효과에 대한 양면성에 관한 글쓰기 활동과 토론 활동에 적극적으로 참여함. 특히 부정적 영향에 초점을 맞춰 화학이 인간에게 초래할 수 있는 위험성에 대해 토론함. 우리의 일상 속에 밀접한 화학물질과 화학반응에 대한 연구를 통해 긍정적 효과를 상승시키고 부정적 문제를 해결할 수 있는 실천적인 방안에 관해 탐구함.

'같기도 하고 아니 같기도 하고(로얼드 호프만)'를 읽고 과학이 이미 존재하는 것을 발견하는 것에 대한 탐구라는 좁은 시야에서 벗어나 과학이 창조의 학문임을 증명할 수 있는 사례 연구에 참여함. 과학이 창조의 과정임을 보여주는 프로젝트 활동에서 주제에 따른 실험 과정을 보고서로 작성해 논리적이고 합리적인 증명을 통해 자신만의 독자적이고 창의적인 결론을 도출함.

관련 논문

유해화학물질 대응시스템 적용을 위한 제도 개선 연구(옥영석, 이영섭, 2017)

관련 도서

《하루 한 권, 일상 속 화학반응》, 사이토 가쓰히로, 드루
《유기화학》, John E. Mcmurry, 사이플러스

관련 계열 및 학과
- 의약계열: 의학과, 약학과, 임상의약학과, 제약학과, 바이오메디컬학과, 바이오의약학과
- 자연계열: 의생명화학과, 화학과, 생물환경학과, 응용생명화학과, 의약생명공학과

관련 교과
- 공학계열: 화학공학과, 생명화학공학과, 환경생명공학과, 융합바이오화학공학과

2022 개정 교육과정: 생명과학, 화학, 화학 반응의 세계, 세포와 물질대사, 생물의 유전

2015 개정 교육과정: 화학 I, 생명과학 I, 생활과 과학, 융합과학

곽재식의 세균 박람회

곽재식 | 김영사 | 2020

이 책은 '우리가 어떻게 삶이라는 것을 살게 되었는가'라는 질문에 초점을 맞춰 삶을 설명하고 있다. 삶을 생명체가 후손을 남기며 살고자 하는 습성 때문에 시작된 것이라고 이야기하며 세균의 기원과 생물로 진화하게 된 원인, 세균이 우리의 삶을 파괴하는 과정, 세균의 긍정적 역할과 미래 시대의 우주 속 세균에 대해 자세히 설명하고 있다. 미래 사회에 인류가 세균과 함께 공존할 수 있는 방향을 제시한다.

탐구 주제

주제1 '인간은 왜 사는가'에 대한 질문과는 다른 방식으로 '인간이 어떻게 살게 되었는가'에 초점을 맞추어 생명의 습성과 생명체의 기원을 토대로 인간의 삶을 과학적으로 서술한 뒤 주제에 대한 생각을 원인과 결과 형식으로 담은 보고서를 작성해 보자.

주제2 세균은 우리 몸속에 살면서 우리의 생존을 돕거나 해치는 존재이고, 우리가 사용하는 다양한 물건들을 만들어 내는 데 필수적인 역할을 담당하는 생산자이며, 인류가 나타나기 전에 존재했던 우리의 뿌리이다. 세균을 지구와 생명의 창조자의 관점에서 탐구하고 토론해 보자.

주제3 세균이 인류를 위협하며 생명체를 파괴하는 과정에 대한 연구

주제4 미래 사회에 세균이 인류에게 미치는 긍정적 효과에 관한 연구

학생부 기록 예시 (교과세특)

'곽재식의 세균 박람회(곽재식)'를 읽고 세균의 기원과 세균이 인류에게 미치는 긍정적, 부정적 영향에 대한 다양한 사례 연구에 적극적으로 참여함. 특히 부정적 영향에 초점을 맞춰 해결법과 실천 과제를 제시함. 세균이 생물로 진화하면서 인류가 어떻게 삶을 살게 되었는가에 대한 과학적 해석과 탐구를 통해 보다 깊은 사고로 생물학적 인류의 기원을 이해하고 탐구하는 능력이 우수함.

'곽재식의 세균 박람회(곽재식)'를 읽고 세균이 인류에게 미치는 긍정적인 영향에 대해 심도 있게 탐구하여 사례를 연구하고 세균의 부정적 영향을 줄이고 긍정적 영향을 최대화하기 위한 방안에 대해 토론함. 세균을 새로운 시각으로 접근하여 창조자의 관점으로 연구함으로써 미래 사회에 세균이 만들어 낼 새로운 세상에 관한 프로젝트 활동에 참여해 우수한 평가를 받음.

관련 논문

세균과 식물 유래 항균물질의 다양한 미생물에 대한 상호작용(이다솔, 송홍규, 2020)

관련 도서

《나를 나답게 만드는 것들》, 빌 설리번, 브론스테인
《전염병 치료제를 내가 만든다면》, 예병일, 다른

관련 계열 및 학과	• 의약계열: 의학과, 약학과, 임상의약학과, 바이오공학부, 혁신신약학과, 바이오의약학과
	• 자연계열: 생명과학과, 화학과, 생물환경학과, 분자생명공학과, 의약생명공학과
관련 교과	• 공학계열: 화학공학과, 생명화학공학과, 환경생명공학과, 융합바이오화학공학과

2022 개정 교육과정: 생명과학, 화학, 화학 반응의 세계, 세포와 물질대사, 생물의 유전

2015 개정 교육과정: 화학 I, 생명과학 I, 생활과 과학, 융합과학

꿈을 찾는 약대생

박정원 | 렛츠북 | 2018

약대생이 진로를 선택하게 된 계기와 과정에서 겪은 다양한 경험을 사례를 중심으로 소개하는 책이다. 약대생이 배우는 필수 과목 소개나 여러 가지 진로를 앞두고 고민하는 약대생들을 위해 현재 다양한 분야에서 활동하는 약사들의 인터뷰는 약대 진학을 꿈꾸는 학생들에게 도움이 될 것이다. 약사로서 20대의 끝에 서 있는 저자가 독자들에게 전하고 싶은 이야기와 인생 철학도 함께 담겨 있다.

탐구 주제

주제1 약사가 일상에서 사람들에게 베풀 수 있는 선한 영향력에 대해 생각해 보고 내가 약사가 되었을 때 어떠한 모습의 약사가 되고 싶은지에 대해 직업적 가치관을 토대로 보고서 형식의 구체적인 진로 로드맵을 작성해 보자.

주제2 저자가 약대 진학 후 경험했던 약대생의 하루 일상을 토대로 약사의 삶과 약사가 배워야 하는 다양한 기술과 경험들에 대해 알아보고, 약사로서 필요한 핵심 역량을 중심으로 미래 계획을 세워 진로 로드맵을 작성해 보자.

주제3 약사가 되기 위한 독서의 중요성에 관한 연구

주제4 약사로서 병원 근무와 제약회사 근무의 장단점에 관한 연구

학생부 기록 예시 (교과세특)

'꿈을 찾는 약대생(박정원)'을 읽고 약사로서 사람들에게 어떤 직업적 가치관과 마인드로 선한 영향력을 미칠 수 있는가에 대한 탐색과 연구에 몰두함. 약대 진학과 약사로서의 전문성 개발을 위한 진로 로드맵 설계에 적극적으로 참여함. 약사로서 근무할 수 있는 다양한 직업 환경과 조건을 구체적으로 탐색하고 자신에게 적합한 진로 설정을 위해 포트폴리오를 제작함.

'꿈을 찾는 약대생(박정원)'을 읽고 약사에 대한 삶을 간접적으로 경험하고 이를 토대로 자신의 진로를 적극적으로 설계함. 약대 입학을 위한 구체적인 진로 로드맵을 설정하고 이를 실천하기 위한 다양한 방법에 대해 자기주도적으로 탐색함. 약사가 된 이후에 자신이 추구하는 직업적 가치관과 전문성 개발에 대한 토론에 참여함. 약사로서 직업적, 사회적으로 선한 영향력을 끼칠 수 있는 방법에 대해 연구함.

관련 논문

약사의 전문직업성개발과 약학대학의 역할(박혜민, 윤정현, 2022)

관련 도서

《의사와 약사는 오늘도 안 된다고 말한다》, 강준, 박영스토리
《약사가 말하는 약사》, 홍성광 외, 부키

관련 계열 및 학과	• 의약계열: 의학과, 약학과, 임상의약학과, 제약학과, 바이오제약공학부
	• 자연계열: 생명과학과, 화학과, 융합생명공학과, 분자생명공학과, 응용생명화학과
관련 교과	• 공학계열: 화학공학과, 생명화학공학과, 환경생명공학과, 융합바이오화학공학과

2022 개정 교육과정: 생명과학, 화학, 화학 반응의 세계, 세포와 물질대사, 생물의 유전

2015 개정 교육과정: 화학 I, 생명과학 I, 생활과 과학, 융합과학

나도 내 몸을 잘 몰라서

천제하 | 곰출판 | 2020

현대인이 자주 호소하는 만성 피로에 대한 오해를 풀고 피로도에 따른 맞춤형 진단을 통해 내 몸의 피로 상태와 그에 맞는 해결 방법을 알려 주는 책이다. 특히 여성 피로에 대한 궁금증을 여성과 약사의 입장에서 자세히 풀어 낸 것이 인상적이다. 피로 해결책뿐만 아니라 사소한 의약과 건강 지식, 사람들이 잘 알지 못하는 약국을 활용하는 팁까지 설명하고 있어 유용한 책이다.

탐구 주제

주제1 현대인이 자주 어려움을 호소하는 만성 피로는 세포가 스트레스에 방어하는 방법과 관련이 있다. 스트레스를 받았을 때 일어날 수 있는 신체적인 변화와 세포가 스트레스에 잘 방어할 수 있도록 하는 기능 회복 방법에 대해 연구해 보자.

주제2 호르몬은 우리 몸속 내분비 기능을 원활하게 만들어 주고, 질 건강을 포함해 비뇨생식기계를 건강하게 유지해 주는 역할을 한다. 현대인들의 건강한 생활을 위해 의약학적 지식과 정보를 바탕으로 호르몬의 균형을 맞추며 살아가는 구체적인 방법을 토론해 보자.

주제3 만성 피로와 무기력증의 상관관계에 관한 연구

주제4 피로 회복을 위한 영양제의 역할과 효과에 관한 연구

학생부 기록 예시 (교과세특)

'나도 내 몸을 잘 몰라서(천제하)'를 읽고 만성 피로와 세포의 의학적 연관성에 관한 연구 계획을 세우고 시각화하여 보여줄 수 있는 자료를 제작함. 일상에서 스트레스를 받았을 때 일어날 수 있는 신체적인 변화에 대해 조사하고 호르몬과 세포 활동과의 연관성을 토대로 스트레스를 줄이고 건강을 지키는 구체적인 방법에 대해 토론함. 실험 결과와 분석을 토대로 결과를 도출하여 보고서를 작성함.

'나도 내 몸을 잘 몰라서(천제하)'를 읽고 호르몬이 몸속에서 어떻게 다양한 기능을 하는지에 대해 연구하여 영상 프로젝트를 제작함. 영상 속에 의학적 정보와 지식을 시각적으로 보여줄 수 있는 호르몬의 화학 작용과 신체 반응과의 관계를 표현함. 건강한 생활을 위해 호르몬의 균형을 맞추며 살아가기 위한 구체적인 방법에 대해 토론하고 호르몬이 인간의 신체와 감정에 미치는 영향에 관해 연구함.

관련 논문
스트레스 호르몬과 신경면역학적 반응의 연관성(박창은, 2014)

관련 도서
《호르몬과 건강의 비밀》, 요하네스 뷔머, 현대지성
《여성호르몬이 살아야 내 몸이 산다》, 마쓰무라 게이코, 이상미디어

관련 계열 및 학과	• 의약계열: 의학과, 약학과, 임상의약학과, 제약학과, 혁신신약학과, 바이오의약학과
	• 자연계열: 생명과학과, 화학과, 생물환경학과, 분자생명공학과, 의약생명공학과
관련 교과	• 공학계열: 화학공학과, 생명나노공학과, 시스템생명공학과, 바이오화학공학과

2022 개정 교육과정: 생명과학, 화학, 화학 반응의 세계, 세포와 물질대사, 생물의 유전

2015 개정 교육과정: 화학 I, 생명과학 I, 생활과 과학, 융합과학

내 장은 왜 우울할까

윌리엄 데이비스 | 북트리거 | 2023

이 책은 수면장애, 알레르기 등 해결되지 못한 고통을 호소하는 사람들을 위해 질병의 근원적인 지점을 '장'이라고 본다. 단순히 소화기관으로만 알고 있지만 실제로는 '제2의 뇌', '작은 뇌'라고도 할 수 있는 장과 그 안에 사는 미생물에 대해 과학적이고 의학적인 상식과 지식을 들려준다. 그저 몇 가지 건강 문제를 표면적으로 해결하기보다는 근본적으로 완전하게 건강해지는 법을 제시한다.

탐구 주제

주제1 장내미생물 균총의 집합체인 마이크로바이옴은 우리 몸속 구석구석에 다양한 미생물로 생태계를 이루어 살고 있다. 장내미생물이 우리의 일상에 미치는 다양한 영향에 대해 조사해 보고 인간과 공존 관계로 어떻게 진화해 왔는가에 대해 보고서를 작성해 보자.

주제2 영양제 및 건강보조식품을 복용하는 인구가 가파르게 늘어나고 있으며, 그중에서도 프로바이오틱스 제품은 최우선 순위로 꼽는다. 그 이유는 장 트러블을 겪는 사람이 증가하기 때문인데 장내미생물 환경에 따라 장트러블을 예방할 수 있는 방법에 대해 연구해 보자.

주제3 소장세균 과증식의 원인과 예방법에 관한 연구

주제4 불안과 우울을 줄이는 미생물을 키우는 방법에 관한 연구

학생부 기록 예시 (교과세특)

'내 장은 왜 우울할까(윌리엄 데이비스)'를 읽고 마이크로바이옴이 우리 몸속에서 어떻게 생태계를 이루고 사는지를 시각화하여 보여 주고 장내미생물이 우리의 일상 곳곳에서 어떤 영향을 미치는지를 연구하여 발표. 또한 장내미생물과 인간의 공존 관계가 진화해 온 역사를 연구하고 장내미생물이 없는 경우 사람의 몸이 겪을 수 있는 불편과 질환에 대해 조사해 장내 건강을 유지하는 방법에 대해 토론함.

'내 장은 왜 우울할까(윌리엄 데이비스)'를 읽고 장을 보호해 주는 영양제 및 건강보조식품에 관해 조사하고 프로바이오틱스 제품이 우리 몸속에서 어떤 의학적 효과를 일으키는지에 대해 연구하여 발표. 현대 사회 스트레스로 인한 만성 장 질병의 구체적인 원인과 발병 과정에 대해 시각적으로 보여 주고 장내 트러블을 예방할 수 있는 다양한 방법에 대해 연구함. 특히 장내 질병이 있을 때 겪을 수 있는 우울증에 대해 보고서를 작성함.

관련 논문

소아과학 관점에서 바라본 장내 미생물 연구 동향과 향후 방향(유동렬, 김기봉, 2019)

관련 도서

《나는 미생물과 산다》, 김응빈, 을유문화사
《미생물과의 마이크로 인터뷰》, 김응빈, 자음과모음

관련 계열 및 학과	· 의약계열: 의학과, 약학과, 임상의약학과, 제약학과, 바이오메디컬학과, 바이오의약학과
	· 자연계열: 의생명화학과, 화학과, 생물환경학과, 응용생명화학과, 의약생명공학과
관련 교과	· 공학계열: 화학공학과, 생명화학공학과, 환경생명공학과, 융합바이오화학공학과

2022 개정 교육과정: 생명과학, 화학, 화학 반응의 세계, 세포와 물질대사, 생물의 유전

2015 개정 교육과정: 화학 I, 생명과학 I, 생활과 과학, 융합과학

무하마드 H. 자만 | 7분의언덕 | 2021

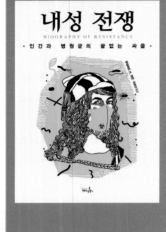

이 책은 수백 건의 인터뷰와 최신 연구 결과를 토대로 항생제 개발의 역사, 전쟁과 항생제의 관계, 항생제 내성균의 출현을 설명하며 인간과 병원균의 끝없는 투쟁사를 들려준다. 치열한 순간의 주인공이었던 과학자들의 활약과 노고, 시기와 거짓을 담담하게 서술하고, 항생 물질을 품고 있는 미개발 천연 자원 개발을 위한 인간의 연대 협력을 강조하며 희망을 이야기한다.

탐구 주제

주제1 연령대, 지리적 위치, 경제 상태를 불문하고 모든 환자는 각종 난치성 감염증의 얽히고 설킨 관계망 속에서 연결되어 있다. 이는 약제 내성 감염증을 치료하는 데 어려움이 많은 것이 그 이유이다. 약제 내성 감염증을 의학적으로 정의하고 그 심각성에 대해 연구해 보자.

주제2 내성이 동물에게서 인간에게로 옮아가는 현상이 세계적인 규모로 일어나고 있다. 플라스미드라는 작은 DNA 분자는 한 세균 종에서 다른 세균 종으로 이동해 비내성균을 내성균으로 전환시킨다. 동물과 인간의 건강을 함께 다루는 문제 해결책에 대해 토론해 보자.

주제3 인도에서 확산 중인 슈퍼버그에 관한 심각성에 관한 연구

주제4 항생제 내성으로 발생하는 부작용과 해결책에 관한 연구

학생부 기록 예시 (교과세특)

'내성 전쟁(무하마드 H. 자만)'을 읽고 항생제 개발의 역사와 내성균 출현에 대해서 연구함. 인간과 병원균과의 계속되는 싸움에 대해 과거의 사례를 조사하고 전 세계적으로 큰 문제로 대두되고 있는 약제 내성 감염증에 관해 자세히 연구함. 약제 내성 감염증의 구체적인 증상과 발생 이유, 예방과 해결책에 관해 토론하고 각국에서 어떤 노력을 기울이고 있는지 조사하여 우리나라에 적용 가능한 방안에 관해 보고서를 작성함.

'내성 전쟁(무하마드 H. 자만)'을 읽고 세계적 규모로 문제가 대두되고 있는 동물의 내성이 인간에게 옮아가는 현상에 대해 조사함. 한 세균 종에서 다른 세균 종으로 이동해 내성균으로 전환되는 과정을 연구하여 시각적 자료로 제시하고, 인간과 동물을 분리하지 않고 모두 고려한 해결책을 위한 토론에 참여함. 원 헬스 접근법의 정의와 사례를 조사하고 인간과 동물에게 모두 실행 가능한 해결책에 관해 탐구함.

관련 논문

항생제 스튜어드십 : 항생제 내성에 대응하기 위한 핵심 전략(박세윤, 2023)

관련 도서

《아이를 위한 면역학 수업》, 박지영, 창비
《항생제 중독》, 고와카 준이치 외, 시금치

관련 계열 및 학과	• 의약계열 : 의학과, 약학과, 임상의약학과, 제약학과, 혁신신약학과, 바이오의약학과
	• 자연계열 : 생명과학과, 화학과, 의료생명공학과, 분자생명공학과, 응용생명화학과
관련 교과	• 공학계열 : 화학공학과, 의생명공학과, 바이오화학공학과, 융합바이오화학공학과

2022 개정 교육과정 : 생명과학, 화학, 화학 반응의 세계, 세포와 물질대사, 생물의 유전

2015 개정 교육과정 : 화학 I, 생명과학 I, 생활과 과학, 융합과학

당신은 영양제를 잘못 고르고 있습니다

장무현 | 영진닷컴 | 2022

이 책은 영양제를 찾는 현대인들이 늘어남에 따라 영양제에 대한 정확한 정보와 의학적 지식을 들려준다. 내 신체의 특성에 맞는 영양제를 고르는 기준, 함께 복용해도 좋은 영양제 등 건강 컨디션에 다른 영양제 제품을 소개하고 구체적인 구매 요령을 보기 쉽게 체크리스트로 제시하고 있다. 알기 쉽게 다양한 영양제의 정보를 전달하는 책이다.

탐구 주제

주제1 현대인들에게 영양제는 식사만큼이나 중요하고 신체 관리를 위한 필수품으로 여겨지고 있다. 흔히 알려진 영양제의 성분과 효과에 대해 연구하고 영양제를 구매할 때 확인해야 할 중요한 의학 상식을 조사해 보자.

주제2 현대인이 일상에서 자주 느끼는 다양한 통증과 만성 질환에 대해 조사하고 통증과 질환에 따라 어떤 영양제를 섭취해야 효과적인지 연구해 보자. 다양한 영양제의 종류에 대해 함께 연구하고 함께 복용해도 좋은 영양제에 대해 조사해 보자.

주제3 현대인의 일상 회복을 위한 최고의 영양제 조합에 관한 연구

주제4 영양제의 섭취량에 따른 효과의 정도에 관한 연구

학생부 기록 예시 (교과세특)

'당신은 영양제를 잘못 고르고 있습니다(장무현)'를 읽고 현대인에게 강조되는 영양제의 효과와 내 신체에 맞는 영양제 선택의 기준에 대해 조사하여 발표함. 흔히 잘 알려진 영양제 제품의 성분을 조사하고 영양제를 구매할 때 반드시 확인해야 할 중요한 의학 상식에 대해 정리하여 포스터를 제작함. 영양제 구매를 원하는 소비자를 위한 건강 컨디션 체크리스트를 제작하여 웹사이트에 공유함.

'당신은 영양제를 잘못 고르고 있습니다(장무현)'를 읽고 빠르게 변화하는 사회를 살아가는 현대인이 일상에서 자주 느끼는 통증과 만성 질환에 대해 조사한 뒤, 각 통증과 질환에 따라 섭취해야 하는 영양제와 복용 시 주의점에 관해 연구하여 발표함. 특히 함께 복용해도 좋은 영양제에 대해 조사하고 영양제를 잘못 선택하여 복용할 경우 발생할 수 있는 부작용에 대해 조사한 점이 인상적임.

관련 논문

중년기의 비타민, 무기질보충제 사용량과 건강관련 생활습관 조사 (김윤정 외, 2004)

관련 도서

《영양제 처방 에센셜 처방편》, 김갑성, 임종민, 엠디월드
《영양제 처방을 말하다》, 미야자와 겐지, 청홍

관련 계열 및 학과
- 의약계열: 의학과, 약학과, 임상의약학과, 제약학과, 혁신신약학과, 바이오의약학과
- 자연계열: 생명과학과, 화학과, 의료생명공학과, 분자생명과학과, 응용생명화학과

관련 교과
- 공학계열: 화학공학과, 의생명공학과, 바이오화학공학과, 융합바이오화학공학과

2022 개정 교육과정: 생명과학, 화학, 화학 반응의 세계, 세포와 물질대사, 생물의 유전

2015 개정 교육과정: 화학 I, 생명과학 I, 생활과 과학, 융합과학

디지털 치료제 혁명

하성욱, 김유영 | 클라우드나인 | 2022

이 책은 일반인들에는 다소 생소할 수 있는 바이오 헬스와 디지털 헬스 케어 분야에 관한 전문가의 이야기를 들려준다. 의료 기술과 정보통신 기술 ICT의 융합은 새로운 디지털 소프트웨어 약인 디지털 치료제라는 신분야를 개척해 나가고 있다. 기존 의료체계가 가진 장벽을 허물고 많은 환자에게 더 쉽고 빠르게 의료 혜택을 제공할 것으로 기대되는 디지털 치료제에 대해 알아볼 수 있다.

탐구 주제

주제1 디지털 치료제가 현대 사회의 의약 분야에 어떠한 방식으로 혁명을 가져와 어떤 긍정적인 효과를 거두었는지 조사하고, 기존의 약제와 치료제와는 어떠한 점이 다른지 차별성에 초점을 두어 탐구해 보자. 또한, 디지털 치료제가 미래 사회에 미칠 영향을 연구해 보자.

주제2 디지털 치료제를 만드는 방법과 사용성을 높이는 방법에 대한 연구를 실시해 보고 바이오산업의 동력이 될 디지털 치료제의 미래 역할과 이로 인해 발생할 수 있는 다양한 문제점에 대해 탐구해 보자.

주제3 디지털 치료제가 바이오산업에 미치는 영향에 관한 연구

주제4 디지털 헬스케어 플랫폼의 다양한 형태에 관한 연구

학생부 기록 예시 (교과세특)

'디지털 치료제 혁명(하성욱 외)'을 읽고 디지털 치료제와 바이오산업이 어떻게 사회에 중요한 역할을 하는지 주제 탐구에 참여함. 디지털 치료제 개발의 이해 단계에서 개발의 과정과 사례를 연구하고 그룹 토론을 통해 바이오산업이 경제 구조에 미치는 다양한 영향에 대해 토의함. 디지털 치료제 개발과 경제와의 관련성을 주제로 프로젝트를 수행하는 과정에서 자신의 연구 결과를 우수한 논리력으로 발표함.

'디지털 치료제 혁명(하성욱 외)'을 읽고 디지털 치료제 개발이 경제력 향상에 미치는 인과 관계를 주제로 하는 학술 발표에 참여함. 특히 미래 사회 인공지능이 신약 개발에 어떻게 활용되는지를 탐구하고 투자자들의 관점에서 장단점과 리스크를 분석하여 발표함. 인공지능 디지털 치료제 개발의 시뮬레이션 모델을 프레젠테이션으로 발표하고 경제 효과를 시각화하여 제약산업과 미래 바이오산업의 관계성에 대해 연구함.

관련 논문

제약바이오산업 혁신 효율성 국가 비교 연구 (박하영 외, 2020)

관련 도서

《빅데이터 기반 신약 경제성 평가에 필요한 의학통계학》, 강승호, 르네싸이
《바이오산업혁명》, 유영제, 나녹

관련 계열 및 학과	• 의약계열: 의학과, 약학과, 임상의약학과, 제약학과, 혁신신약학과, 바이오의약학과
	• 자연계열: 의생명화학과, 화학과, 생물환경학과, 분자생명공학과, 의약생명공학과
관련 교과	• 공학계열: 화학공학과, 생명화학공학과, 환경생명공학과, 융합바이오화학공학과

2022 개정 교육과정: 생명과학, 화학, 화학 반응의 세계, 세포와 물질대사, 생물의 유전

2015 개정 교육과정: 화학Ⅰ, 생명과학Ⅰ, 생활과 과학, 융합과학

면역의 힘

제나 마치오키 | 윌북 | 2021

이 책은 인체 면역의 작동 원리부터 삶에서 마주하는 면역 관련 궁금증, 면역력을 높일 수 있는 검증된 방법들을 과학자의 눈으로 쉽고 명확하게 전달하는 책이다. 저자는 면역력을 높인다는 각종 광고와 무분별한 비과학적 정보에 대해 경계의 메시지를 전달하고 면역에 대한 기초 과학적 사실과 면역을 둘러싼 오해와 진실에 대해 이야기한다. 이 책을 통해 면역을 바르게 이해할 수 있을 것이다.

탐구 주제

주제1 면역력을 높인다는 건강 식품 광고와 비과학적 정보의 사례를 찾아 연구하고 진실과 거짓의 구분 없이 면역을 잘못 이해할 때 발생할 수 있는 다양한 문제점과 면역에 대한 올바른 이해의 중요성에 대해 연구하여 발표해 보자.

주제2 일상 속에서 면역을 높일 수 있는 다양한 의학적 방법에 대해 면역을 위한 운동법, 면역을 높이기 위한 수면 가이드, 면역을 위한 영양 습관 등과 같이 주제별로 짧은 동영상을 제작해 보고 면역의 중요성에 대해 공감하고 토론해 보자.

주제3 면역에 대한 기초 과학적 사실과 오해에 대한 연구

주제4 나의 면역을 높이기 위한 구체적 실천 방안에 대한 연구

학생부 기록 예시 (교과세특)

'면역의 힘(제나 마치오키)'을 읽고 면역에 대한 오해와 진실, 과학적 사실에 기초한 면역에 관한 다양한 연구 결과를 탐색함. 면역에 대한 비과학적 사실을 사례 중심으로 소개하고 면역을 높이기 위한 구체적인 실천 방안에 대해 탐구함. 면역을 높인다는 각종 의료 광고 및 비과학적 정보에 대해 사례를 분석하고 면역에 대한 올바른 이해를 돕고자 인포그래픽을 활용해 의료과학적 자료를 제작함.

'면역의 힘(제나 마치오키)'을 읽고 면역이 인간에게 중요한 이유와 면역을 높일 수 있는 다양한 방법에 대한 의학 광고를 제작함. 광고 제작 과정에서 느꼈던 점과 강조하고 싶은 점을 경험을 토대로 잘 설명함. 면역에 대한 올바르지 않은 정보와 비과학적 지식에 대해 경계할 수 있도록 주의를 돕는 내용을 포함하고, 과학적 사실에 기초한 면역에 대한 이해가 중요한 이유에 초점을 맞춰 컨텐츠를 제작함.

관련 논문

스트레스와 면역 (고경봉, 2008)

관련 도서

《생활 속 면역 강화법》, 아보 도오루, 전나무숲
《이토록 재밌는 면역 이야기》, 김은중, 반니

관련 계열 및 학과
- 의약계열 : 의학과, 약학과, 임상의약학과, 제약학과, 혁신신약학과, 바이오의약학과
- 자연계열 : 생명과학과, 화학과, 생물환경학과, 분자생명공학과, 응용생명화학과
- 공학계열 : 화학공학과, 의생명공학과, 환경생명공학과, 융합바이오화학공학과

관련 교과

2022 개정 교육과정 : 생명과학, 화학, 화학 반응의 세계, 세포와 물질대사, 생물의 유전

2015 개정 교육과정 : 화학 I, 생명과학 I, 생활과 과학, 융합과학

면역체계

헨드리크 슈트레크 | 사람의집 |
2023

외부의 침입으로부터 우리를 지키기 위해 존재하는 선천성 면역 체계와 후천성 면역 체계에 대해 자세히 알려 주는 책이다. 인체 방어 시스템의 기능과 역할, 영리한 면역 체계의 구성 요소와 작동 원리에 대해 설명하고 있다. 또한 우리 몸이 세균과 바이러스의 공격에 맞서 싸우고 때로는 공존하는 방식, 그리고 면역력을 강화하는 방법까지 소개하며 면역의 원리에 대해 이해하기 쉽게 전달하고 있다.

탐구 주제

주제1　세포들이 반응하는 일련의 과정을 인터페론 신호 사슬이라고 한다. 이 신호 체계는 바이러스에 필요한 효소의 형성을 가로막거나 바이러스가 확산하는 것을 차단한다. 신호 사슬이 우리 몸속에서 어떤 과정을 거쳐 작용하는지 연구해 보자.

주제2　사람은 사람백혈구항원(HLA) 체계 면에서 HLA 지문 등 자기만의 고유한 특성을 가진다. 이런 다양성에는 진화적 이점이 있다. 어떠한 이점들이 있는지 조사하고 인류의 생존 방식과 연관 지어 보고서를 작성해 보자.

주제3　알레르기와 면역체계에 관한 연구

주제4　면역 노화의 정의와 발생 원인에 관한 연구

학생부 기록 예시 (교과세특)

'면역체계(헨드리크 슈트레크)'를 읽고 인터페론 신호 사슬이 무엇인지와 신호 체계가 우리 몸속에서 어떠한 매커니즘을 통해 긍정적으로 작용하는지에 대해 분석하여 발표함. 특히 바이러스에 필요한 효소의 형성을 가로막고 바이러스가 확산하는 것을 차단하는 역할에 관한 의학적 자료를 바탕으로 보고서를 작성함. 면역체계의 지원군인 항생제, 항균제, 항기생충제에 대해 자세히 조사하고 각각의 의학적 기능에 대해 탐구함.

'면역체계(헨드리크 슈트레크)'를 읽고 사람의 HLA 체계에 대해 연구하고 이 체계가 개인에 따라 어떠한 고유성을 갖게 되는지에 초점을 맞추어 진화적 이점을 연구함. 또한 인류의 생존 방식과 연관 지어 HLA의 이점에 대해 설명함. 알레르기가 우리 몸속에서 공격하는 방식과 과정에 대해 연구하여 보고서를 작성함. 인간의 면역체계를 선천성과 후천성으로 분리하여 조사하고 면역력을 강화하는 방법에 대해 토론함.

관련 논문

바이러스 감염에 대한 면역반응(황응수 외, 2004)

관련 도서

《내 몸속에 면역력을 깨워라》, 이승남, 리스컴
《이시형 박사의 면역혁명》, 이시형, 매일경제신문사

관련 계열 및 학과	• 의약계열: 의학과, 약학과, 임상의약학과, 제약학과, 혁신신약학과, 바이오의약학과
	• 자연계열: 의료생명공학과, 생물환경학과, 분자생명공학과, 응용생명화학과
관련 교과	• 공학계열: 의생명공학과, 생명화학공학과, 환경생명공학과, 융합바이오화학공학과

2022 개정 교육과정: 생명과학, 화학, 화학 반응의 세계, 세포와 물질대사, 생물의 유전

2015 개정 교육과정: 화학 I, 생명과학 I, 생활과 과학, 융합과학

모르는 게 약?

최혁재 | 스푼북 | 2023

우리에게 어렵게 느껴질 수 있는 약이라는 주제를 재미있게 풀어 낸 책이다. 신약과 백신의 개발, 약의 부작용, 건강 보험 등 약에 대해 알아야 하는 내용들을 모두 담고 있다. 약에 대한 잘못된 정보와 지식의 위험성과 올바르게 약을 먹는 습관에 대해 알려 주고 약에 대한 다양한 상식을 전하는 저자는 약을 통해서 건강을 지키고 소중한 일상을 지키는 것의 중요성에 대해 전달한다.

탐구 주제

주제1 약과 약국이 하는 일을 분석해 보고 우리가 몰랐던 새로운 사실과 정보를 담은 자료를 제작해 보자. 포스터, 인포그래픽, 카드뉴스 등을 활용해 약의 올바른 사용법과 약이 잘못 사용되는 것의 위험성을 알리는 자료를 함께 제작해 보자.

주제2 '약은 모두에게 공평하지 않다.'라는 말의 의미가 무엇인지에 대한 생각과 의견을 약의 제조 과정과 제약 회사의 경제적 논리, 지역별로 발병하는 특정한 질병에 근거해 논설문으로 작성하고, 미래 사회에 약이 모두에게 공평할 수 있도록 하기 위한 해결책을 제안해 보자.

주제3 사람의 생명에 위협을 가하는 마약의 위험성에 대한 연구

주제4 약의 올바르지 않은 사용의 위험성과 부작용에 관한 연구

학생부 기록 예시 (교과세특)

'모르는 게 약?(최혁재)'을 읽고 약에 관한 의료과학적 사실을 토대로 인포그래픽 자료를 제작함. 중요한 정보를 한눈에 확인할 수 있도록 직관적인 방식으로 잘 표현함. 약의 올바른 사용법과 약국의 역할에 관한 생각과 의견을 논리적으로 풀어내 자신만의 컨텐츠를 제작함. 특히 약이 잘못 사용되었을 때 생길 수 있는 문제점과 위험성을 명확히 보여 주는 자료를 제작함으로써 제작물의 의도를 뚜렷이 보임.

'모르는게 약?(최혁재)'을 읽고 약의 공정성과 제약 회사의 신약 개발과 둘러싼 경제성의 논리에 초점을 두어 자신의 생각과 의견을 명확히 밝히는 보고서를 작성함. 약의 불공정 사회에 대한 비판적 시각을 토대로 다양한 실천 과제와 해결 방법을 제시함. 미래 사회에 약의 공정성이 실현되기 위해 자신만의 창의적인 아이디어와 문제 해결책을 제안하는 컨텐츠를 제작하여 공유한 모습이 인상적임.

관련 논문

마약류 사용자의 마약류 사용 위험요인에 관한 연구(강준혁 외, 2021)

관련 도서

《마약 하는 마음, 마약 파는 사회》, 양성관, 히포크라테스
《알고 먹는 약 모르고 먹는 약》, 김정환, 다온북스

관련 계열 및 학과
- 의약계열: 의학과, 약학과, 임상의약학과, 제약학과, 혁신신약학과, 바이오의약학과
- 자연계열: 생명과학과, 화학과, 생물환경학과, 분자생명공학과, 의약생명공학과
- 공학계열: 화학공학과, 생명화학공학과, 환경생명공학과, 융합바이오화학공학과

관련 교과

2022 개정 교육과정: 생명과학, 화학, 화학 반응의 세계, 세포와 물질대사, 생물의 유전

2015 개정 교육과정: 화학 I, 생명과학 I, 생활과 과학, 융합과학

바이러스 폭풍의 시대

네이선 울프 | 김영사 | 2015

치명적인 신종, 변종 바이러스가 지배할 인류의 미래와 생존 전략에 대한 책이다. 저자는 파괴적 살인 바이러스에 대해 전하면서 전염 바이러스에 관한 새로운 접근 방식과 날카로운 통찰력으로 인류를 괴롭히는 대유행 전염 바이러스의 행로를 바꿀 강력한 방안을 제시한다. 인간과 바이러스 간의 관계를 밝혀내고 유행병들에 어떻게 대처해야 할지에 대한 구체적인 방법을 이야기하고 있다.

탐구 주제

주제1 전 세계적으로 대유행 바이러스 전염병이 증가하는 상황에서 인간과 바이러스의 관계를 과학적 사실을 토대로 탐구하고 인간이 바이러스에 지배당하지 않기 위한 대처 방법에 대해 토론해 보자.

주제2 작은 바이러스가 무고한 사람들의 목숨을 앗아가고 한 나라를 뒤흔들 만큼 치명적일 수 있다는 사실이 밝혀지고 있다. 이와 같은 사례를 연구하고 치명적 대유행 바이러스 예방을 위해 전 세계에서 기울일 수 있는 노력과 해결책에 대한 캠페인 영상을 제작해 보자.

주제3 팬데믹 예방을 위해 실천되고 있는 방법들에 관한 연구

주제4 바이러스가 팬데믹으로 확산되기까지의 과정을 밝히는 연구

학생부 기록 예시 (교과세특)

'바이러스 폭풍의 시대(네이선 울프)'를 읽고 인간과 바이러스의 관계를 과학적으로 설명하는 자료를 제작 후 논리적으로 발표함. 역사적으로 바이러스가 인간에게 미쳤던 긍정적, 부정적 영향을 토대로 어떻게 긍정적 관계를 유지할 것인가에 대한 자신의 생각과 논리를 발표함. 인간이 바이러스에 지배당하지 않기 위해 대응할 수 있는 방안에 대해 연구하고 토론을 통해 창의적이고 혁신적인 해결책을 제안하여 생각을 공유함.

'바이러스 폭풍의 시대(네이선 울프)'를 읽고 작은 바이러스가 팬데믹 대유행 바이러스로 퍼지기까지의 과정을 탐구하고 과정 속에서 겪었던 사회적인 변화와 의학 사회에 미친 영향을 중심으로 보고서를 작성함. 전 세계적으로 팬데믹 바이러스를 예방하기 위해 기울이고 있는 다각적 노력과 혁신적인 방법에 대한 연구를 토대로 영상을 제작하고 다양한 플랫폼에 공유함.

관련 논문

간헐적 팬데믹 시대: 위기와 모순의 중첩과 대안(이도흠, 2021)

관련 도서

《감염병이 바꾼 세계사》, 나이토 히로후미, 탐나는책
《팬데믹 시대를 위한 바이러스＋면역 특강》, 안광석, 반니

관련 계열 및 학과	• 의약계열: 의학과, 약학과, 임상의약학과, 제약학과, 혁신신약학과, 바이오의약학과
	• 자연계열: 생명과학과, 의생명화학과, 생물환경학과, 분자생명공학과, 응용생명화학과
관련 교과	• 공학계열: 의생명공학과, 생명화학공학과, 환경생명공학과, 융합바이오화학공학과

2022 개정 교육과정: 생명과학, 화학, 화학 반응의 세계, 세포와 물질대사, 생물의 유전

2015 개정 교육과정: 화학Ⅰ, 생명과학Ⅰ, 생활과 과학, 융합과학

바이오 신약 혁명

이성규 | 플루토 | 2023

이 책은 비약적으로 발전한 바이오 기술에 관한 이야기를 전해 준다. 코로나19 시기를 겪으며 바이러스의 공격이 얼마나 공포스러운 악몽이 될 수 있는지를 실감하고 백신을 개발과 치료법, 신약 개발의 중요성에 대해 들려주고 있다. 바이오 기술의 핵심과 한계, 이를 극복하기 위한 미래 기술을 살펴보고 바이오 기술의 혁신이 불러올 보건·의료계의 변화상을 알아본다.

탐구 주제

주제1 바이오 테크놀로지가 무엇인지 정의하고 이와 같은 기술이 등장하게 된 배경과 원인을 살펴보자. 코로나19 이후 빠르게 성장하고 발전하는 바이오 테크놀로지의 활용 범위와 효과에 대해서 연구하고 의약 세계에 어떤 혁신적 변화를 이끌었는지 토의해 보자.

주제2 RNA와 DNA의 개념을 이해한 뒤 유전자, 단백질, 세포와 관련하여 확장되고 있는 바이오 의약품의 영역과 신약 개발 분야에 대해 조사하고 미래에는 인류의 질병이 어떻게 해결되고 건강과 장수를 지킬 것인가에 대한 보고서를 작성해 보자.

주제3 바이오 테크놀로지의 개발이 동물 복지 분야에 가져온 변화 연구

주제4 세포 치료제 개발에 있어 바이오 테크놀로지의 역할과 기여 연구

학생부 기록 예시 (교과세특)

'바이오 신약 혁명(이성규)'을 읽고 코로나19 이후 급성장하고 있는 바이오 테크놀로지의 변화와 혁신에 관한 연구를 통해 다가오는 미래 사회에 제약 산업과 신약 개발에 관한 분석을 토대로 연구 보고서를 작성함. 특히 RNA와 DNA에 대한 이해를 바탕으로 유전자, 단백질, 세포와 관련하여 확장되고 있는 바이오 의약품에 관해 조사하고 미래 인류의 질병 치료와 건강 유지에 어떻게 기여할 것인가를 중점적으로 연구함.

'바이오 신약 혁명(이성규)'을 읽고 바이오 테크놀로지가 의약 산업에 어떤 혁신을 일으키고 있는지를 연구하고 암 치료, 유전자 분석, 면역 반응과 같이 의학적 과제를 중심으로 미래 사회에 미칠 긍정적 영향과 우려되는 점에 대해 적극적으로 발표함. 또한 바이오 테크놀로지가 인간의 일상에서 어떤 변화를 가져올지에 대해 구체적으로 조사하여 삶과 밀접하게 연관된 바이오산업에 관해 연구함.

관련 논문

유해화학물질 안전교육 체계화 및 표준화 방안 연구(임경민 외, 2020)

관련 도서

《우리 주변의 화학물질》, 우에노 게이헤이, 전파과학사
《매일매일 유해화학물질》, 이동수 외, 휴

관련 계열 및 학과	• 의약계열: 의학과, 약학과, 임상의약학과, 제약학과, 혁신신약학과, 바이오의약학과
	• 자연계열: 생명과학과, 화학과, 생물환경학과, 분자생명공학과, 의약생명공학과
관련 교과	• 공학계열: 화학공학과, 생명화학공학과, 환경생명공학과, 융합바이오화학공학과

2022 개정 교육과정: 생명과학, 화학, 화학 반응의 세계, 세포와 물질대사, 생물의 유전

2015 개정 교육과정: 화학 I, 생명과학 I, 생활과 과학, 융합과학

바이오의약품 시대가 온다

이형기 외 | 청년의사 | 2023

바이오 의약품의 종류와 개발, 허가에 관한 규제 쟁점 등 바이오 의약품에 대해 누구나 쉽게 이해할 수 있도록 소개하는 책이다. 더불어 최근 한국 바이오 제약 기업의 임상 시험 실패 이유를 밝히며 한국 바이오산업이 나아갈 지향점을 이야기한다. 바이오 의약품의 전반을 개괄하고 미래 전망을 가늠하는 책으로 약학을 전공하는 학생과 바이오 의약품 관련자들에게 매우 유용한 정보를 제공한다.

탐구 주제

주제1 바이오 의약품은 대한민국의 4차 산업 혁명을 주도할 새로운 성장 동력으로 주목받고 있으며, 최근 치료제 분야에서 점점 더 중요성을 보인다. 바이오 의약품의 개념과 효과, 우리의 일상생활과 의약 분야에 미칠 영향에 대해 토론해 보자.

주제2 지난 몇 년간 전 세계 인류의 삶을 뒤바꾼 코로나19 팬데믹은 바이오 의약품 관점에서도 매우 중요한 전환점을 마련했다. 코로나 팬데믹 이후로 가장 큰 변화는 무엇인지 알아보고 미래 사회에 바이오의약품 산업이 나아가야 할 방향에 대해 연구해 보자.

주제3 합성의약품과 바이오의약품의 공통점과 차이점에 관한 연구

주제4 유전자 치료제 개발에 소극적이었던 이유와 나아가야 할 방향

학생부 기록 예시 (교과세특)

'바이오의약품 시대가 온다(이형기)'를 읽고 바이오 의약품의 개발과 역사에 대해 알아본 뒤 최근 치료제 분야에서 바이오 의약품이 어떻게 활용되고 있는지를 연구하여 발표함. 또한 우리의 일상생활에서 바이오 의약품이 사용되는 방법과 효과에 대해서 조사하고 미래 사회에 바이오 의약품이 인간에게 미칠 긍정적 영향과 나아가야 할 방향에 대해 토론하고 연구 내용을 토대로 보고서를 작성함.

'바이오의약품 시대가 온다(이형기)'를 읽고 코로나19 팬데믹으로 인한 바이오 제약산업의 변화에 대해 분석함. 특히 백신 개발의 변천 및 승인 제도에 관해 집중적으로 연구하였으며 최근 새로운 바이오 의약품 패러다임으로 각광을 받은 항체-약물접합체에 대해 연구함. 미래 사회에 또 다른 팬데믹이 발생할 경우 바이오 의약품의 시대가 어떻게 변화할지에 대해 토론하며 미래 사회를 예측해보는 모습을 보임.

관련 논문
의약품 안정성시험 및 바이오의약품 분석지원센터 구축 연구(방규호, 2023)

관련 도서
《디지털 치료제 혁명》, 하성욱, 클라우드나인
《청진기가 사라진다》, 에릭 토폴, 청년의사

관련 계열 및 학과	• 의약계열: 의학과, 약학과, 임상의약학과, 제약학과, 혁신신약학과, 바이오의약학과
	• 자연계열: 의료생명공학과, 화학과, 생물환경학과, 분자생명공학과, 의약생명공학과
관련 교과	• 공학계열: 화학공학과, 생명화학공학과, 환경생명공학과, 시스템생명공학과

2022 개정 교육과정: 생명과학, 화학, 화학 반응의 세계, 세포와 물질대사, 생물의 유전

2015 개정 교육과정: 화학 I, 생명과학 I, 생활과 과학, 융합과학

박테리오파지

인트론바이오 | 크레파스북 | 2023

이 책은 하나의 신약이 탄생하기까지 어떤 과정이 필요한지에 대해 자세히 다루고 있다. 박테리오파지 관련 기술 외 여러 노하우와 국내외 특허를 보유하고 있는 바이오 기업 '인트론바이오'에서 박테리오파지라는 일종의 바이러스를 활용해 신약을 개발하는 과정, 박테리오파지를 활용한 플랫폼 기술 등을 다루며 미래에 어떤 기술로 확장할 수 있는지에 대한 이야기를 전한다.

탐구 주제

주제1 박테리오파지는 간단하게 말해서 세균을 잡아먹는 바이러스다. 인트론바이오는 이와 같은 박테리오파지 연구를 지속적으로 전개했으며, 엔도리신 신약을 개발해 세계 최초로 임상에 진입하는 데 성공했다. 신약을 개발하기까지의 시행착오와 과정에 대해 연구해 보자.

주제2 신약을 개발한다는 것은 그 두려움을 극복하고 새로운 가능성을 향해 발걸음을 내딛는 일이다. 인트론바이오의 도전과 시행착오는 바이오 기업들과 기술혁신을 꿈꾸는 수많은 기업에게 영감을 주었다. 신약 개발을 위해 필요한 역량과 마인드에 대해 토론해 보자.

주제3 박테리오파지의 동물 분야 첫 적용과 결과에 관한 연구

주제4 '파지옴 푸드'의 면역력 향상 효과에 관한 연구

학생부 기록 예시 (교과세특)

'박테리오파지(인트론바이오)'를 읽고 박테리오파지가 무엇인지에 대해 설명하고 인트론바이오가 어떻게 탄생하였는지에 대한 이야기와 그들의 연구 과정을 조사함. 엔도리신 신약이 개발되고 임상이 진행되기까지의 과정에서 일어났던 다양한 상황과 시행착오에 대해 연구하여 보고서를 작성함. 엔도리신 신약이 우리 몸속에서 어떻게 작용하는지를 구체적으로 보여 주는 영상을 제작하여 공유하고 약학적 지식과 정보를 바탕으로 발표함.

'박테리오파지(인트론바이오)'를 읽고 신약을 개발하는 과정에 있어서 겪는 수많은 도전과 두려운 상황에 대한 사례를 중심으로 연구하여 발표함. 특히 인트론바이오가 도전했던 내용과 시행착오를 중심으로 바이오 기술 혁신을 꿈꾸는 기업들이 가져야 할 마인드와 나아가야 할 방향에 대해 연구해 미래 사회 바이오 산업의 발전을 위해 약학을 전공하는 사람들이 갖추어야 할 마인드와 역량에 대해 토론함.

관련 논문

M13 박테리오파지 기반의 바이오센서 개발(양효정 외, 2021)

관련 도서

《바이러스 행성》, 칼 짐머, 위즈덤하우스
《미토콘드리아》, 닉 레인, 뿌리와이파리

관련 계열 및 학과	• 의약계열: 의학과, 약학과, 의생명공학과, 제약학과, 혁신신약학과, 바이오의약학과
	• 자연계열: 생명과학과, 융합생명공학과, 생물환경학과, 분자생명공학과, 의약생명공학과
관련 교과	• 공학계열: 화학공학과, 생명나노공학과, 시스템생명공학과, 융합바이오화학공학과

2022 개정 교육과정 : 생명과학, 화학, 화학 반응의 세계, 세포와 물질대사, 생물의 유전

2015 개정 교육과정 : 화학 I, 생명과학 I, 생활과 과학, 융합과학

블루드림스

로렌 슬레이터 | 브론스테인 | 2020

35년간 정신과 약을 복용해 온 작가이자 심리학자 로렌 슬레이터가 약의 성분과 효과, 몸에서 작용하는 방식들을 연구하면서 발견한 정신의학적 연구를 적어 놓은 책이다. 전 세계적으로 이슈가 되고 있는 정신 질환에 효과적인 약들의 기원과 역사에 대해 이야기하며 약이 어떻게 우리의 뇌를 다스려 몸과 마음을 바꾸는지에 초점을 두어 이야기를 풀어나간다.

탐구 주제

주제1 조현병, 조울증, 공황장애, 대인기피증, 우울증 등은 현대인에게 감기처럼 흔한 질병이 되었다. 이와 같은 정신 질환을 치료하기 위해 다양한 약물 치료가 이루어지고 있지만, 약물을 장기 복용하는 경우 심각한 부작용이 우려된다. 부작용의 원인과 예방법에 대해 연구해 보자.

주제2 전 세계적으로 정신 건강은 중요한 이슈이다. 한국에서도 정신 건강에 관한 관심이 늘어가고 있다. 정신 건강에 도움을 주는 약의 종류에 대해 약의 성분과 몸속에서의 작용을 보여줄 수 있는 시각적 자료와 데이터를 첨부하여 보고서를 작성해 보자.

주제3 현대인이 자주 겪는 정신 질환의 종류와 치료에 관한 연구

주제4 정신과 약이 마음과 몸에 미치는 긍정적·부정적 영향에 관한 연구

학생부 기록 예시 (교과세특)

'블루드림스(로렌 슬레이터)'를 읽고 현대인이 자주 겪는 정신 질환의 종류에 대해 연구하고 각 정신 질환이 어떻게 치료되고 사용되는 약물의 성분은 무엇인지에 관해 분석하여 발표함. 또한 약물을 장기 복용했을 때 발생할 수 있는 부작용과 그 심각성에 대해 토의하고 정신 질환 발병을 예방하기 위한 다양한 방법에 관해 보고서를 작성함. 현대인이 일상에서 정신 건강을 지키기 위한 생활 습관과 극복 방법에 초점을 맞춰 연구함.

'블루드림스(로렌 슬레이터)'를 읽고 정신과 약의 종류와 성분에 대해 조사하여 발표하고 정신과 약이 인간의 몸과 마음에 미치는 긍정적, 부정적 효과에 대해 연구함. 정신과 약물의 과잉 사용으로 부작용으로 고통받는 환자의 사례를 연구하고 정신 질환 약물에 중독되지 않기 위한 방법들에 대해 토의함. 특히 우리나라에서 지속적으로 발병율이 높아지고 있는 정신병 중 조현병의 사례 연구를 통해서 적절한 약물 사용법을 탐구함.

관련 논문

국내 정신약물 임상연구 현황과 데이터베이스 구축(이상민 외, 2012)

관련 도서

《약이 병이 되는 시대》, 로버트 휘태커, 건강미디어협동조합
《내 몸 안의 뇌와 마음탐험 신경정신의학》, 고시노 요시후미, 전나무숲

관련 계열 및 학과
· 의약계열 : 의학과, 약학과, 임상의약학과, 바이오공학부, 혁신신약학과, 바이오의약학과
· 자연계열 : 생명과학과, 화학과, 생물환경학과, 의료생명공학과, 의약생명공학과

관련 교과
· 공학계열 : 화학공학과, 생명정보공학과, 환경생명공학과, 시스템생명공학과

2022 개정 교육과정 : 생명과학, 화학, 화학 반응의 세계, 세포와 물질대사, 생물의 유전

2015 개정 교육과정 : 화학 I, 생명과학 I, 생활과 과학, 융합과학

사회약학

마크 로버츠, 마이클 라이히 |
한울아카데미 | 2023

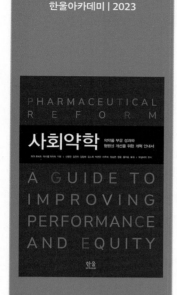

의약품 부문의 개선을 위해 힘쓰고 있는 약학 분야의 다양한 사회적 이슈들에 대해 다루는 책이다. 정책 개발과 효과적인 실천을 고민하는 많은 사람에게 생생한 사례 연구와 함께 실천적 정책을 추진하는 방법을 안내해 준다. 의약품 부문 개혁을 위해 여러 이해 관계자들의 갈등을 해소하고 사회적, 문화적, 정치적 걸림돌을 우회하거나 돌파해서 국민 건강에 도움이 되는 실질적인 방법과 과정을 소개한다.

탐구 주제

주제1 의약 분야에서 의약품 개혁 과정에 심각한 가치 충돌은 아주 흔히 발생한다. 대립하는 목표 사이에서 균형을 유지하기 위해서는 기술적 분석과 윤리적·정치적인 고려를 함께 결합해야 한다. 가치 충돌을 해결하기 위한 최선의 방법에 대해 토론해 보자.

주제2 의약 시장에서 만연하는 불량 의약품이나 위조 의약품은 현대 사회에 많은 문제와 위험성을 초래하고 있다. 성분이 부적절하거나 불충분한 의약품이 어떤 피해와 위험을 초래할 수 있는지에 대해 구체적으로 연구해보고 이에 대한 해결책에 대하여 토론해 보자.

주제3 의약품 시장 실패의 원인에 대한 탐구

주제4 중·저소득 국가 의약품 부문의 공공 정책에 관한 연구

학생부 기록 예시 (교과세특)

'사회약학(마크 로버츠 외)'을 읽고 의약품 사회에서 자주 발생하는 가치 충돌 사례를 연구하고 대립하는 목표가 무엇인지를 구분하여 분석함. 가치 충돌에서 기술적 분석과 윤리적 고려에 초점을 맞추어 가치 충돌 사안에 대해 토론에 참여함. 의료 분야에서 발생한 가치 충돌 문제와 해결책에 대한 실질적인 방안에 관한 개인 보고서를 작성함. 의학적 지식과 정보를 바탕으로 자신의 논제를 분명하게 개진함.

'사회약학(마크 로버츠 외)'을 읽고 의약 시장에서 자주 성행하는 불량 의약품과 위조 의약품의 심각성과 위험성에 관해 연구하여 발표함. 이 주제를 중심으로 다양한 시각과 의견을 반영하는 패널을 구성하고 이와 같은 불량 의약품 문제를 해결하기 위한 다양한 방안에 관해 토의함. 패널별로 다른 나라의 유사 문제 발생 해결책을 조사하고 우리나라에 적용하기에 가장 좋은 해결책을 선정하여 발표함.

관련 논문

전문의약품 대중광고 규제완화 논의에 대한 소고-미국, 캐나다 및 유럽연합의 사례를 중심으로(강한철, 2013)

관련 도서

《의료 인문학 산책》, 심정임, 문화의힘
《한국의 의료갈등과 의료정책》, 최희경, 지식산업사

관련 계열 및 학과	• 의약계열: 의학과, 약학과, 임상의학학과, 제약학과, 혁신신약학과, 바이오의약학과
	• 자연계열: 의료생명공학과, 생물환경학과, 분자생명공학과, 응용생명화학과
관련 교과	• 공학계열: 의생명공학과, 생명화학공학과, 환경생명공학과, 융합바이오화학공학과

2022 개정 교육과정: 생명과학, 화학, 화학 반응의 세계, 세포와 물질대사, 생물의 유전

2015 개정 교육과정: 화학 I, 생명과학 I, 생활과 과학, 융합과학

생명과 약의 연결고리
김성훈 | 웅진지식하우스 | 2023

이 책은 약의 복잡성에 대해 이야기하는 책이다. 수많은 임상을 거쳐 시판된 약이라고 할지라도 복잡계 구조인 인체 네트워크에서 다르게 작용되어 예측 불가능한 부작용을 일으키거나 반대로 의외의 질병을 고칠 수 있는 실마리가 되기도 한다. 손쉽게 사고 복용할 수 있는 약일지라도 반드시 약에 대한 정확한 지식과 이해를 바탕으로 사용되어야 한다는 점을 강조하고 있다.

탐구 주제

주제1 약과 우리 신체 사이 상호작용 이해의 중요성과 약의 복용이 우리 신체에 미칠 수 있는 중요한 영향력에 대해 보고서를 작성해 보자. 또한 약이 생명 현상에 미치는 원리를 일반 교양처럼 잘 숙지해야 하는 이유와 방법에 관해 토론해 보자.

주제2 첨단 과학이 예측 불가능한 자연 현상과 재해를 해결하지 못하는 이유와 환경 문제, 질병 문제에 대해 대처하지 못하는 구체적인 이유를 토대로 미래 사회에 약의 역할과 중요성에 대해 자신의 생각을 보고서로 작성해 보자.

주제3 약의 역사와 약이 인간의 생명에 미친 영향들에 관한 연구

주제4 정확히 알지 못하고 복용한 약이 우리 몸에 미치는 영향에 대한 연구

학생부 기록 예시 (교과세특)

'생명과 약의 연결고리(김성훈)'를 읽고 약이 생명과의 상호작용을 통해 일으킬 수 있는 다양한 긍정적 효과와 위험한 영향 등 양면성을 분석하고 탐구해 발표함. 특히 약의 부정적 영향에 초점을 두고 약의 올바른 사용법을 강조하는 자료를 제작함. 일상에서 쉽게 복용할 수 있는 약의 접근성에 대한 경계와 정확한 의학 지식과 정보 없이 약을 복용할 경우 발생할 수 있는 수많은 악영향에 대한 사례를 중심으로 연구함.

'생명과 약의 연결고리(김성훈)'를 읽고 오늘날 예측 불가능한 수많은 자연재해와 질병 문제, 환경 문제의 심각성을 연구하여 팀 프로젝트를 기획함. 프로젝트 수행 과정에서 약이 생명과의 상호작용을 통해 일으킬 수 있는 긍정적, 부정적 영향에 대해 탐구함. 또한 미래 사회에 약학 분야에서 실천해야 할 약의 역할을 거시적 관점에서 분석하고 올바른 약의 사용과 역할에 관한 콘텐츠를 제작함.

관련 논문
임상 약학전문가, 약학교육 전문가로 거듭나자 (이병구, 2016)

관련 도서
《미생물이 우리를 구한다》, 필립 K.피터슨, 문학수첩
《약은 우리 몸에 어떤 작용을 하는가》, 야자와 사이언스오피스, 전나무숲

관련 계열 및 학과	• 의약계열: 의학과, 약학과, 임상의약학과, 제약학과, 혁신신약학과, 바이오의약학과
	• 자연계열: 생명과학과, 화학과, 생물환경학과, 분자생명공학과, 의약생명공학과
관련 교과	• 공학계열: 화학공학과, 생명화학공학과, 환경생명공학과, 융합바이오화학공학과

2022 개정 교육과정: 생명과학, 화학, 화학 반응의 세계, 세포와 물질대사, 생물의 유전

2015 개정 교육과정: 화학 I, 생명과학 I, 생활과 과학, 융합과학

세균, 두 얼굴의 룸메이트

마르쿠스 에거트, 프랑크 타데우스 |
책밥 | 2020

이 책은 우리와 함께 살고 있는 다양한 미생물과의 관계에 대한 내용을 담고 있다. 세균 박테리아, 곰팡이, 바이러스와 같은 미생물의 역사와 인간과의 관계에 대해 쉽게 풀어내면서 우리가 일상에서 자주 접하는 수많은 식재료의 생산과 부엌, 변기 시트, 세탁기 속 세균들 이야기를 전한다. 세균으로부터 어떻게 일상을 보호하고 건강을 지켜나가야 하는지를 설명하고 있다.

탐구 주제

주제1 세균이 인간의 몸에서 어떻게 생존하고 있으며, 이러한 세균이 인간 건강에 어떤 영향을 미치고 있을까? 세균의 생존 방법과 세균이 인간의 몸에 미치는 영향을 조사하고 세균과 인간의 공생 관계와 인간의 몸속의 미생물 생태계를 탐구해 세균이 인간의 건강에 미치는 영향에 관해 발표해 보자.

주제2 첨단 세균과 인간 면역체계 간의 상호 작용을 연구해 면역력 강화 방법과 면역 질환에 대한 이해를 높일 수 있는 방법에 대한 소논문을 작성해 보자.

주제3 프로바이오틱스가 인간의 건강에 미치는 영향에 관한 연구

주제4 면역 요법과 세균을 이용한 치료 방법에 관한 연구

학생부 기록 예시 (교과세특)

'두 얼굴의 룸메이트(마르쿠스 에거트)'를 읽고 세균과 면역에 관한 그룹 프로젝트를 우수한 리더십으로 수행함. 세균과 면역 시스템에 관한 기본 이해력 향상을 목표로 연구 주제를 세분화하고 실험을 설계하여 다양한 데이터를 수집함. 수집 결과를 바탕으로 통계 분석과 시각화를 활용하여 연구 결과를 프레젠테이션으로 제작하여 발표함. 그룹 내에서 과학적 연구 능력이 탁월하였으며 세균과 면역 연구에 관해 심층 연구함.

'두 얼굴의 룸메이트(마르쿠스 에거트)'를 읽고 세균과 면역체계에 대한 기본 개념을 재미있고 이해하기 쉽게 애니메이션 비디오로 제작함. 세균의 종류와 작동 방식, 면역체계의 역할과 작동 원리를 다루는 내용을 중심으로 동영상을 제작하고 다양한 플랫폼에 컨텐츠를 공유함. 또한 세균과 면역에 관한 정보를 담은 블로그를 개설하여 관련 주제를 다양한 방식으로 소통하고 정보를 교류함.

관련 논문

프로바이오틱스의 기능성과 안정성 (서영은 외, 2019)

관련 도서

《몸속 별들의 전쟁》, 이소을, 상상박스
《미생물, 네가 궁금해!》, 필립 번팅, 북극곰

관련 계열 및 학과	• 의약계열: 의학과, 약학과, 임상의약학과, 제약학과, 혁신신약학과, 바이오의약학과
	• 자연계열: 생명과학과, 화학과, 생물환경학과, 분자생명공학과, 응용생명화학과
관련 교과	• 공학계열: 제약생명공학과, 생명화학공학과, 환경생명공학과, 융합바이오화학공학과

2022 개정 교육과정: 생명과학, 화학, 화학 반응의 세계, 세포와 물질대사, 생물의 유전

2015 개정 교육과정: 화학 I, 생명과학 I, 생활과 과학, 융합과학

세상을 바꾼 항생제를 만든 사람들

고관수 | 계단 | 2023

이 책에는 항생제의 탄생 배경과 페니실린의 역사가 담겨 있다. 살바르산과 페니실린에서 시작해 지금까지 수많은 사람의 생명을 구해낸 다양한 항생제 개발의 역사를 들여다볼 수 있는 기회를 제공한다. 병원과 약국에서 처방되는 대표적인 항생제의 핵심 구조와 항생제의 개발에 얽힌 극적인 이야기를 통해 과학과 과학자의 역할과 연구에 대해 재정의한다.

탐구 주제

주제1 항생제의 역사적 배경과 개발 과정을 탐구하고 페니실린의 발견과 같은 주요한 사건 연구를 통해 항생제와 약학의 관계를 알아보자. 또한 그룹 프로젝트를 통해 항생제와 약물의 상호작용, 그에 따른 영향을 살펴 약학 연구 및 신약 개발 방향성을 제안해 보자.

주제2 항생제의 부작용과 위험성에 관한 사례 연구와 약물 오남용 및 항생제 내성에 관한 구체적인 탐구를 통해 항생제의 올바른 사용법과 부작용 예방법 및 약학 분야 항생제의 미래 연구 방향성에 관한 보고서를 작성해 보자.

주제3 항생제 내성이 약물 개발 및 사용에 미치는 연구

주제4 항생제가 세균 또는 다른 병원체를 치료하고 예방하는 과정에 관한 연구

학생부 기록 예시 (교과세특)

'세상을 바꾼 항생제를 만든 사람들(고관수)'을 읽고 다양한 항생제 매커니즘을 이해하고 설명하는 실험 연구에 참여함. 항생제의 종류 및 작용 원리에 관한 퀴즈에 참여하고 항생제 사용 시뮬레이션을 통해 주어진 환자 케이스에 따라 어떤 항생제를 처방해야 하는지 시나리오를 제작함. 다양한 항생제의 부작용과 약물의 상호작용에 관해 토론하고 약물의 안정성에 대한 자료를 제작함.

'세상을 바꾼 항생제를 만든 사람들(고관수)'을 읽고 항생제 사용의 경제적 영향과 비용을 고려한 시나리오를 제시하고 의사결정을 내리도록 하는 문제에 참여하여 경제적 측면에서의 약물 사용을 분석함. 관련 논문 분석을 통해 항생제와 약물 관련 연구에 대해 재정의하고 문제점을 해결하는 방법을 제안하는 소논문을 작성하는 프로젝트 연구에 적극적으로 참여함.

관련 논문

항생제 내성의 위기 : 현황과 대책(송재훈, 주은정, 2010)

관련 도서

《항생제 처방의 정석 : 기본편》, 이상봉, 바른의학연구소
《알기쉬운 항생제 처방》, 최원석, 대한의학

관련 계열 및 학과
- 의약계열 : 의학과, 약학과, 임상의약학과, 제약학과, 혁신신약학과, 바이오의약학과
- 자연계열 : 의생명화학과, 화학과, 생물환경학과, 분자생명공학과, 의약생명공학과

관련 교과
- 공학계열 : 화학공학과, 생명화학공학과, 환경생명공학과, 융합바이오화학공학과

2022 개정 교육과정 : 생명과학, 화학, 화학 반응의 세계, 세포와 물질대사, 생물의 유전

2015 개정 교육과정 : 화학Ⅰ, 생명과학Ⅰ, 생활과 과학, 융합과학

송 약사의 영양소 요법

송정숙 | 리더북스 | 2023

이 책은 신체 문제의 근본적인 치료법으로 다양한 신체적 약점을 극복하도록 도와주는 영양소 요법을 소개한다. 저자는 전문약은 증상 완화에는 빠르지만 부작용이 따라오고, 약을 떼면 다시 재발하는 문제점이 있다고 지적하면서 영양소 요법은 이와 같은 문제의 근본적 해결책이 될 수 있다고 말한다. 다양한 영양소를 통해 통증과 염증의 이유와 해결책을 설명하고 있다.

탐구 주제

주제1 통증과 염증은 몸과 마음이 보내는 대표적인 신호로 알려져 있다. 전문약을 통해 치료하는 방법도 있지만, 영양소 요법을 통해 통증과 염증을 치료하는 방법의 장점과 효과에 대해 조사하고 사람의 체질과 상태에 따라 영양소를 갖추는 것의 중요성에 대해 연구해 보자.

주제2 영양소 요법은 사람마다 약이 신체 내에서 반응하는 속도가 모두 다른 편인데, 목표로 하는 곳이 금방 좋아지지 않는 이유는 영양소가 가장 필요한 곳에 먼저 쓰이고 점차 겉의 증상까지 좋아지기 때문이다. 영양소 요법과 반응 속도에 대해 의학적으로 분석해 보자.

주제3 스트레스와 교감신경의 상호작용에 따른 반응 연구

주제4 신체 내 독소 관리를 통한 통증과 염증 치료 연구

학생부 기록 예시 (교과세특)

'송 약사의 영양소 요법(송정숙)'을 읽고 통증과 염증이 몸과 마음이 보내는 신호라고 불리는 이유에 대해 의학적 지식과 정보를 바탕으로 연구한 뒤, 전문약제를 통한 치료에 비해 영양소 요법을 통한 치료가 갖는 장점과 효과에 대해 발표함. 다양한 영양소의 종류를 조사하고 영양소가 신체 내에서 어떻게 염증을 감소시키는지를 시각적 자료로 제작해 보여 줘 반 친구들의 이해도를 높임.

'송 약사의 영양소 요법(송정숙)'을 읽고 식이 습관이 어떻게 만성 통증과 통증 관련 질환을 치료하는 데 도움을 주는지에 초점을 맞추어 연구함. 영양소를 고루 갖춘 식이요법으로 질병을 극복한 사례에 관해 연구하고 통증별로 반드시 섭취해야 할 영양소를 분석하여 인포그래픽 자료를 제작함. 영양소 요법으로 해결이 어려운 질환의 경우 시도할 수 있는 다른 접근 방법에 대해서도 연구함.

관련 논문

65세 이상 노인에서 식습관, 영양소 섭취 및 질병 양상에 관한 연구(김연경 외, 2002)

관련 도서

《영양제 처방을 말하다》, 미야자와 겐지, 청홍
《독소를 비우는 몸》, 제이슨 펑, 라이팅하우스

관련 계열 및 학과	• 의약계열: 의학과, 약학과, 의생명공학과, 제약학과, 혁신신약학과, 바이오의약학과
	• 자연계열: 생명과학과, 융합생명공학과, 생물환경학과, 분자생명공학과, 의약생명공학과
관련 교과	• 공학계열: 화학공학과, 생명나노공학과, 시스템생명공학과, 융합바이오화학공학과

2022 개정 교육과정: 생명과학, 화학, 화학 반응의 세계, 세포와 물질대사, 생물의 유전

2015 개정 교육과정: 화학Ⅰ, 생명과학Ⅰ, 생활과 과학, 융합과학

송기원의 포스트 게놈 시대

송기원 | 사이언스북스 | 2018

이 책은 생명의 정보를 속속들이 읽어 낼 수 있게 된 게놈 시대를 넘어 생명체를 편집하고 창조하는 포스트 게놈의 시대로 변화하는 사회에 대해 설명하고 있다. 저자는 생명과학 기술이 인간의 사상과 가치관을 빠른 속도로 앞지른 것에 반해 대중들이 생명과학 기술에 쉽게 접근하지 못하는 현실과 문제점에 대해 지적하고 있다. 생명의 정체성과 인간성에 관한 사회 윤리적 질문을 던지는 책이다.

탐구 주제

주제1 포스트 게놈 시대의 생명과학 기술은 인간의 사상과 가치관의 속도를 추월하고 있다. 이러한 생명과학의 기술이 실생활에 활용되는 사례를 연구하고 이러한 응용 사례가 사회에 미치는 긍정적 영향과 부정적 영향을 주제로 보고서를 작성해 보자.

주제2 전자 조작, 생물학적 실험, 생명공학 관련 주제 중 자신이 관심 있는 분야를 선정하여 포스트 게놈 시대의 생명공학을 설명하고, 일상생활에서 어떻게 활용될 수 있는지 예시를 통해 설명해 보자.

주제3 포스트 게놈 시대 생명공학의 미래 동향과 전망 연구

주제4 미래 사회의 인공 유전자 설계와 응용에 관한 연구

학생부 기록 예시 (교과세특)

'송기원의 포스트 게놈 시대(송기원)'를 읽고 포스트 게놈 시대의 유전자 편집 기술에 관한 연구에 참여함. 유전자 편집 기술의 원리와 활용의 예에 관한 사례를 발표하고 이 기술이 유전자 치료와 질병 연구에 어떻게 활용될 수 있는지를 그룹 프로젝트로 진행해 포스트 게놈 시대를 자신만의 용어로 재정의함. 또한 생명체 공학과 관련하여 기존 생명체를 변경하거나 새로운 생물체를 설계하는 방법에 대해 연구함.

'송기원의 포스트 게놈 시대(송기원)'를 읽고 포스트 게놈 시대의 생명공학의 연구와 응용에 따른 윤리적 문제와 논란에 대해 조사하고 자신의 생각과 논거를 근거로 토론함. 구체적으로 유전자 편집에 관한 윤리적 쟁점에 대해 보고서를 작성하고 모의 윤리위원회를 구성하여 유전자 편집 연구계획을 검토하고 토론하는 과정에 참여하였으며 국제적인 유전자 편집에 관한 연구 규정 및 윤리 가이드라인을 연구함.

관련 논문

생명의 코드, 코드의 생명 : 포스트게놈 시대의 DNA의 미디어화(이지은, 2020)

관련 도서

《유전학》, 유민, 월드사이언스
《포스트게놈 시리즈 2050》, 양관수, 북인

관련 계열 및 학과
- 의약계열 : 의학과, 약학과, 임상의약학과, 제약학과, 혁신신약학과, 바이오의약학과
- 자연계열 : 생명과학과, 화학과, 생물환경학과, 응용생명화학과, 의약생명공학과
- 공학계열 : 화학공학과, 제약생명공학과, 환경생명공학과, 융합바이오화학공학과

관련 교과

2022 개정 교육과정 : 생명과학, 화학, 화학 반응의 세계, 세포와 물질대사, 생물의 유전

2015 개정 교육과정 : 화학 I, 생명과학 I, 생활과 과학, 융합과학

스물넷, 약사가 되기로 결심했다

이주연 | 미래북 | 2021

이 책은 저자가 스물넷부터 서른넷까지 10년의 세월 동안 꿈을 향해 노력을 아끼지 않았던 열정의 기록을 담은 책이다. 처음 약대 편입 준비를 시작한 뒤 헝가리 약대에 입학하고, 약대를 졸업한 후 제약회사에 취업하기까지, 약사 시험을 치러 약사로 일하기까지의 다양한 경험이 담겨 있다. 약사가 꿈인 사람들에게 희망의 메시지를 전달해 주는 책이다.

탐구 주제

주제1 약대 편입은 약사의 길을 걸을 수 있는 또 다른 길이다. 약대 편입을 위해 준비해야 하는 과정과 자격은 무엇이 있는지, 편입생으로서 약대 생활은 어떤 어려움이 있고 노력이 필요한지에 대해 알아 보고 약대 편입 외에 약사가 될 수 있는 방법을 연구해 보자.

주제2 약대에 입학하지 못한 저자가 헝가리 약대에 입학하기까지의 과정에 대해 탐색해 보고 헝가리 약대에서 겪었던 다양한 경험과 시행착오, 한국에 돌아와 약사란 직업을 얻는 과정에 대한 연구를 통해 약사가 되기 위한 다양한 나만의 진로 로드맵을 설계해 보자.

주제3 제약회사 퇴직 후 약사가 되기 위한 준비 방법에 관한 연구

주제4 약사로서 전문성 계발과 미래 사회 약사의 역할에 관한 연구

학생부 기록 예시 (교과세특)

'스물넷, 약사가 되기로 결심했다(이주연)'를 읽고 약대 진학을 위한 진로 로드맵을 구체적으로 설계하는 활동에 참여함. 약사가 되기 위한 다양한 방법을 탐구하고 디자인 씽킹을 활용하여 약사가 하는 일, 전문성, 직업 만족도, 준비 방법 등에 관해 자세히 연구하고 직업 포스터를 제작함. 특히 국외 약학대 유학 준비 과정을 조사하고 해외에서 약사로 활동할 때의 이점과 단점에 대해 구체적으로 연구하여 발표함.

'스물넷, 약사가 되기로 결심했다(이주연)'를 읽고 약학대 졸업 후 다양한 진로 방향에 대해 조사하고 각각의 준비 방법과 자격을 갖추는 방법 및 학습법에 대한 구체적인 내용을 정리하여 진로 로드맵을 영상으로 제작함. 약사로서 전문성을 신장시키고 미래 사회에 필요한 직업 핵심 역량을 기르기 위한 다양한 방법에 대해 토의한 뒤 약학 분야에서 이루고 싶은 목표와 구체적인 실천 방법에 대해 보고서를 작성함.

관련 논문

우리나라 약학대학 통합 6년제 시행 이후 학생들의 대학 선호 요인(이혜재, 2022)

관련 도서

《약대 바이오계열 진로 로드맵: 심화편》, 정유희, 미디어숲
《문과생 제약회사로 출근합니다》, 백소영, 예문아카이브

관련 계열 및 학과	• 의약계열: 의학과, 약학과, 임상의약학과, 제약학과, 혁신신약학과, 바이오의약학과
	• 자연계열: 생명과학과, 화학과, 생물환경학과, 분자생명공학과, 의약생명공학과
관련 교과	• 공학계열: 화학공학과, 생명정보공학과, 시스템생명공학과, 융합바이오화학공학과

2022 개정 교육과정: 생명과학, 화학, 화학 반응의 세계, 세포와 물질대사, 생물의 유전

2015 개정 교육과정: 화학Ⅰ, 생명과학Ⅰ, 생활과 과학, 융합과학

신약 개발 전쟁

이성규 | 플루토 | 2022

코로나 팬데믹 이후로 뜨거운 관심을 받고 있는 바이오 기술과 백신 기술 플랫폼을 비롯한 주목받을 바이오 기술을 소개하는 책이다. 바이러스 항원이 우리 몸속에서 어떻게 질병을 일으키는지, 항체가 어떻게 항원에 맞서 싸우는지, mRNA 백신의 작용이 무엇인지 등 구체적인 내용을 전하며 국내 제약업계의 신약 개발 현황과 앞으로 나아가야 할 방향을 제시하고 있다.

탐구 주제

주제1 바이오산업의 기술이 어떻게 변화하고 있는지 조사해 보고 인공지능, 빅데이터 등과 같은 혁신적인 기술이 신약 개발에 어떤 영향을 미치는지를 조사해 미래 사회에 주목받을 다양한 바이오 기술과 신약 개발 과정을 소개하고 발표해 보자.

주제2 바이오산업이 미래 제약사업에 미칠 영향을 다각도로 연구하고 미래 직업 변화에 미칠 영향에 대해 조사해 보자. 더불어 바이오 공학, 생물 정보학, 임상 연구 등과 관련된 새롭게 등장하는 직업을 조사하고 미래의 직업 전망에 대해 연구해 보자.

주제3 바이오산업에서 발생하는 윤리적 문제에 대한 쟁점 탐구

주제4 바이오 혁신적 기술과 백신 기술 플랫폼에 관한 연구

학생부 기록 예시 (교과세특)

'신약 개발 전쟁(이성규)'을 읽고 바이오 테크놀로지를 정의하고 바이오산업의 주요 분야에 대해 연구해 발표함. 미래 사회 바이오산업의 중요성과 역할에 대한 자신의 의견과 생각을 보고서로 작성함. 특히 성공한 바이오 테크놀로지 기반 신약 개발 사례를 연구하여 인슐린과 생물학적 항암제와 같은 신약이 인간에게 미친 긍정적 영향에 대해 조사하였으며 미래 사회에 신약 개발의 중요성에 대해 발표함.

'신약 개발 전쟁(이성규)'을 읽고 바이오산업과 미래 사회 신약 개발에 관한 연구를 포스터로 제작하여 발표함. 포스터에 바이오산업의 동향과 경제 사회에 미친 영향을 시각적으로 표현하고 코로나 이후로 바이오산업이 어떻게 변화했는지를 보여주는 다양한 과학적 자료들을 첨부하여 발표함. 미래 사회 바이 산업이 인간에게 미칠 영향에 대해 전반적으로 조사하고 바이오 관련 새롭게 등장하는 직업에 대해 소개함.

관련 논문

신약개발에서의 AI 기술 활용 현황과 미래(정명희, 권원현, 2021)

관련 도서

《내가 만든 약이 세상을 구한다면》, 송은호, 다른
《대한민국 신약개발 성공전략》, 최유나 외, 청년의사

관련 계열 및 학과	• 의약계열 : 의학과, 약학과, 임상의약학과, 제약학과, 혁신신약학과, 바이오의약학과
	• 자연계열 : 생명과학과, 화학과, 생물환경학과, 응용생명화학과, 의약생명공학과
관련 교과	• 공학계열 : 화학공학과, 의생명공학과, 환경생명공학과, 융합바이오화학공학과

2022 개정 교육과정 : 생명과학, 화학, 화학 반응의 세계, 세포와 물질대사, 생물의 유전

2015 개정 교육과정 : 화학 I, 생명과학 I, 생활과 과학, 융합과학

신약의 탄생

윤태진 | 바다출판사 | 2020

이 책은 과학 기술의 발전으로 인류의 기대수명이 100세로 늘어났음에도 불구하고 희귀암, 알츠하이머병, 감염병, 면역 질환 등 여전히 많은 질병이 명확한 치료제가 개발되지 않은 채 난치병으로 남아 있는 점에 주목한다. 인류의 삶을 혁신적으로 바꿀 것으로 기대되는 신약 개발의 과정에 대해 소개하며 거시적인 관점에서 약물 작용의 근본적인 방식을 대체하는 새로운 혁신에 대해 이야기한다.

탐구 주제

주제1 코로나19 팬데믹이 전 세계를 병들게 하는 지금 우리는 그 어느 때보다 새로운 치료 약과 백신의 필요성을 실감하고 있다. 신약은 어떻게 만들어지고 앞으로 어떤 과제들이 남아 있는지를 의학적 관점에 초점을 맞추어 토론해 보자.

주제2 약과는 조금 거리가 멀어 보이던 장내미생물 연구, 인공지능 연구까지 신약 개발에 도입되고 있다. 불가능을 가능으로 만들 AI 신약 개발이 미래의 약학 산업에 미칠 다양한 영향에 대해 연구해 보고, 약학 분야에서 인공지능 적용 범위와 한계에 대해 토론해 보자.

주제3 노화의 원인과 노화를 늦추는 방법에 관한 연구

주제4 맞춤형 정밀 의료와 의료 산업의 미래에 관한 연구

학생부 기록 예시 (교과세특)

'신약의 탄생(윤태진)'을 읽고 코로나19 팬데믹과 전염병이 만연하는 시대에 새롭게 개발되는 치료 약과 백신의 종류에 대해서 조사한 뒤 새롭게 개발되는 의약품이 만들어지는 과정에 대해서 연구함. 신약 개발 과정에서 인간의 몸속에서 새롭게 작동하는 약물의 반응에 대해 탐구한다는 점을 깨달음. 미래 사회에 인공지능이 신약 개발에 미칠 영향과 결과, 의학적 활용과 쓰임, 다양한 활용 방안에 관한 보고서를 작성함.

'신약의 탄생(윤태진)'을 읽고 장내미생물 연구, 인공지능 연구까지 신약 개발에 활용되고 있는 다양한 현대 기술과 혁신에 대해 연구하고 미래 약학 산업이 어떻게 변화될지에 대해 예측하여 보고서를 작성함. 특히 노화의 원인과 과정, 노화를 늦추는 방법에 대해 DNA와 세포와의 관계를 토대로 연구하고 현대인이 건강과 젊음을 유지하는 구체적인 방법과 일상 습관에 관한 그룹 토론에 참여함.

관련 논문

텍스트 마이닝을 이용한 인공지능 활용 신약 개발 연구 동향 분석(남재우, 김영준, 2023)

관련 도서

《당신도 느리게 나이들 수 있습니다》, 정희원, 더퀘스트
《노화의 역행》, 베스 베넷, 레몬한스푼

관련 계열 및 학과	• 의약계열: 의학과, 약학과, 임상의약학과, 제약학과, 혁신신약학과, 바이오의약학과
	• 자연계열: 생명과학과, 화학과, 생물환경학과, 분자생명공학과, 의약생명공학과
관련 교과	• 공학계열: 화학공학과, 생명정보공학과, 시스템생명공학과, 융합바이오화학공학과

2022 개정 교육과정: 생명과학, 화학, 화학 반응의 세계, 세포와 물질대사, 생물의 유전

2015 개정 교육과정: 화학 I, 생명과학 I, 생활과 과학, 융합과학

아주 특별한 생물학 수업

장수철, 이재성 | 휴머니스트 | 2015

생물학이 우리 생활 가까이에 있음을 알려 주며 생물학이 곧 '나'에 관한 이야기임을 깨닫게 하는 책이다. 생물학의 기본 개념을 이해하기 쉽게 일상생활에 적용할 수 있는 사례로 설명한다. 친근한 언어로 식물과 동물, 세포와 인간 그리고 생명공학에 관한 이야기를 전함으로써 일반 생물학에서 다루는 모든 것을 '살아 있는 것'으로 정의하는 새로운 접근으로 생물학에 관한 이야기를 들려준다.

탐구 주제

주제1 질병과 예방, 영양, 운동, 스트레스와 건강 등 일상생활 속 다양한 곳에서 생물학이 관련되어 있다. 우리의 삶과 생물학의 깊은 관계에 관한 사례를 찾아보고, 그 사례들의 과학적인 근거를 탐구해 보자.

주제2 자신의 DNA 분석을 통해 유전적 특성과 건강 상태와 생물학적 정체성을 연구해 보고, 그 결과를 토대로 자신의 유전적 특성과 정체성에 관한 연구 보고서를 작성해 보자.

주제3 생물학과 공공건강에 관한 연구를 통한 정체성 탐구

주제4 생물학과 인간의 삶을 연관 지어 환경 문제를 접근하는 연구

학생부 기록 예시 (교과세특)

'아주 특별한 생물학 수업(장수철)'을 읽고 생물학적 지식을 토대로 유전자 DNA와 삶과 정체성에 관한 프로젝트를 연구하여 수행함. 프로젝트를 진행하는 동안 생물학에 관한 기본적인 지식과 과학적 사실을 깊이 있게 연구하고 실생활에서 유전자가 삶에 미치는 다양한 영향과 정체성을 구성해 나가는 과정 등에 초점을 둠. 그룹 프로젝트의 결과를 발표하고 그 결과를 바탕으로 자신의 생각과 의견을 요약한 개인 보고서를 작성함.

'아주 특별한 생물학 수업(장수철)'을 읽고 간단한 생물학 실험을 설계하여 생물학의 원리를 경험함. 과학적 사실에 근거하여 도출하는 전 과정에 적극적으로 참여하고, 실험 설계에서 결과 도출까지의 과정을 보고서로 작성하여 제출함. 또한 생물학적 원리를 실생활과 연관 지어 우리의 삶 속 생물학에 관한 사례를 연구하여 발표하고 생물학이 인간의 정체성에 미치는 영향에 관한 소논문을 작성함.

관련 논문

이동성 유전인자의 구조 및 생물학적 기능(김소원 외, 2019)

관련 도서

《생물학 이야기》, 김웅진, 행성B
《하리하라의 생물학 카페》, 이은희, 궁리

관련 계열 및 학과
- 의약계열: 의학과, 약학과, 임상의약학과, 제약학과, 혁신신약학과, 바이오의약학과
- 자연계열: 생명과학과, 화학과, 생물환경학과, 분자생명공학과, 의약생명공학과
- 공학계열: 화학공학과, 생명화학공학과, 환경생명공학과, 융합바이오화학공학과

관련 교과

2022 개정 교육과정: 생명과학, 화학, 화학 반응의 세계, 세포와 물질대사, 생물의 유전

2015 개정 교육과정: 화학 I, 생명과학 I, 생활과 과학, 융합과학

알쓸신약

이정철, 임성용 | 시대인 | 2021

현직 약사들이 겪는 다양한 에피소드를 통해 약국과 약, 건강과 영양제와 의약 관련 소주제에 관해 이해하기 쉽게 풀어낸 책이다. 약국마다 약값이 다른 이유, 일반의약품과 전문의약품의 차이 등 다양한 약국에 대한 이야기와 약에 대해 잘못 알고 있는 오해와 자주 사용하는 약들에 대한 이해를 돕는 정보들을 알려 주고 인간의 성장에 따라 올바른 약의 선택법에 대해 자세히 알려 준다.

탐구 주제

주제1 인간의 성장 단계별 약의 올바른 활용에 대한 문헌을 조사해 구체적인 연구 질문을 설정하여 연구를 기획해 보자. 연구의 질문에 따라 데이터를 수집하고 실험과 조사를 통해 연구 질문에 대한 답을 정리하여 보고서를 작성해 보자.

주제2 약의 올바른 사용법과 건강관리법, 건강을 개선하기 위한 다양한 미래 건강 관리 전략에 대해 연구한 뒤, 건강한 식습관, 약의 올바른 처방, 정신 건강 관리 등 실생활에서 쉽게 실천할 수 있는 방법을 토대로 인간의 성장 단계별 건강 관리법을 연구해 보자.

주제3 약물 사용에 대한 다양한 시나리오에 관한 사례 연구

주제4 다양한 건강 문제에 관한 올바른 약물 치료 계획에 관한 연구

학생부 기록 예시 (교과세특)

'알쓸신약(이정철)'을 읽고 인간이 성장 단계별로 자주 겪는 질병과 흔히 쓰이는 약의 복용과 효과에 대해서 조사하고 '올바른 약의 사용이 건강에 중요한 이유'를 주제로 토론을 진행함. 건강 문제 해결 능력에 관한 자신만의 전략과 질병 예방법에 관해 연구하고 성장 단계별 약의 사용에 관한 에세이를 작성하여 삶 속에서 건강과 약에 관해 객관적 시각으로 분석하고 탐구함.

'알쓸신약(이정철)'을 읽고 건강과 약의 상관관계를 주제로 과학적 실험을 설계하고 실험을 통해 과학적 결론을 도출하여 보고서를 작성함. 약에 대한 비과학적 사실과 오해에 대한 자료를 조사하고 이에 따른 부작용에 관해 발표함. 인간의 성장 단계별로 약을 올바르게 사용하는 방법과 건강을 지켜낼 수 있는 다양한 방법들에 관한 그룹 토론에 참여하여 일상생활 속 건강을 지키는 실천 방법들을 고안함.

관련 논문

전문의약품 선택의 결정요인: 오리지널과 제네릭의 탐색적 비교 (이성경, 최지호, 2017)

관련 도서

《알면 약이 되는 약 이야기》, 배현, 사계절
《건강 상식》, 오카모토 유타카, 다산출판사

관련 계열 및 학과	• 의약계열: 의학과, 약학과, 임상의약학과, 제약학과, 혁신신약학과, 바이오의약학과
	• 자연계열: 생명과학과, 화학과, 생물환경학과, 응용생명화학과, 의약생명공학과
관련 교과	• 공학계열: 화학공학과, 생명화학공학과, 의생명공학과, 융합바이오화학공학과

2022 개정 교육과정: 생명과학, 화학, 화학 반응의 세계, 세포와 물질대사, 생물의 유전

2015 개정 교육과정: 화학 I, 생명과학 I, 생활과 과학, 융합과학

약, 먹으면 안 된다

후나세 순스케 | 중앙생활사 | 2022

'약은 정말 병을 낫게 하는가?'에 의문을 품고 우리가 일상적으로 사용하는 감기약, 두통약, 진통제, 수면제, 안약 등의 성분을 살펴보고 이의 부작용을 파헤쳐 이해하기 쉽게 알려주는 책이다. 또한 여러 명의 양심 있는 의사들의 말을 빌려 약의 부작용과 해로움에 대해 설명해 준다. 약의 비판에만 그치지 않고 우리가 스스로 치유할 수 있는 방법을 함께 알려주고 있다.

탐구 주제

주제1 약의 부작용과 인간에게 미칠 수 있는 해로움을 조사하고, 우리의 삶에 흔하게 사용되는 다양한 약의 종류와 성분을 분석해 약물의 부작용을 예방하는 방법과 약을 복용하지 않고도 스스로 치유할 수 있는 실천 방법에 대해 제안해 보자.

주제2 우리의 일상에 쉽게 접근이 가능한 약의 부작용과 위험성에 대해 영상 프로젝트를 기획해 보자. 각종 약이 우리 몸에서 어떤 과정으로 해를 끼치는지를 시각적으로 보여주는 영상 제작을 통해 약의 유해함을 알리고 약 없이도 스스로 치유할 수 있는 방법을 연구해 보자.

주제3 약의 성분 연구와 다양한 부작용의 원인에 관한 연구

주제4 약의 부작용의 종류와 예방법에 관한 사례 연구

학생부 기록 예시 (교과세특)

'약, 먹으면 안 된다(후나세 순스케)'를 읽고 약물 부작용에 관한 매체와 도서를 활용한 자료를 조사해 사례 중심으로 위험성과 유해성을 연구함. 그래프와 차트를 활용하여 부작용의 빈도수와 심각성을 사실적으로 시각화하고 약물 부작용을 예방하고 관리할 수 있는 실제적인 방법에 대한 조사를 수행하였음. 실제 환자의 사례를 연구하고 인터뷰를 통해 약물의 위험성을 연구한 점이 인상적임.

'약, 먹으면 안 된다(후나세 순스케)'를 읽고 약사와 의사들의 경험담을 토대로 약물의 위험성에 관한 인터뷰를 진행함. 이후 일상생활에서 발생할 수 있는 약물의 부작용과 약물의 사용법에 관한 그룹 프로젝트에 참여함. 일반적으로 남용되고 있는 아스피린과 타이레놀의 사례를 연구하고 약물의 오남용과 부작용을 줄이기 위한 다양한 방법과 셀프 치유법에 관한 토론에 참여함.

관련 논문

약물 관련 정보를 이용한 약물 부작용 예측(서수경 외, 2019)

관련 도서

《약의 부작용》, Fumiko OHTSU, Rokuro HAMA, 신흥메드싸이언스
《셀프메디케이션》, 배현, 코리아닷컴

관련 계열 및 학과	· 의약계열: 의학과, 약학과, 임상의약학과, 제약학과, 혁신신약학과, 바이오의약학과
	· 자연계열: 생명과학과, 화학과, 응용생명화학과, 분자생명공학과, 의약생명공학과
관련 교과	· 공학계열: 화학공학과, 생명화학공학과, 환경생명공학과, 융합바이오화학공학과

2022 개정 교육과정: 생명과학, 화학, 화학 반응의 세계, 세포와 물질대사, 생물의 유전

2015 개정 교육과정: 화학 I, 생명과학 I, 생활과 과학, 융합과학

약물나무

최철희 | 범문에듀케이션 | 2023

약물 명명의 원리와 기준에 따라 전체 약물을 자율신경계 약물, 중추신경계 약물, 호흡기 약물 등 11개의 기준으로 분류하여 다양한 약의 종류와 성분, 효과를 설명하는 책이다. 특히 약대 학생이라면 꼭 알아야 할 원형 약물 또는 대표 약물을 색상으로 구분하여 보여 주고 있다. 졸업생들과 제약사에게 유용한 약물의 시판 여부도 색상으로 구분하고 있어 실무의 활용도가 높은 책이다.

탐구 주제

주제1 약리학은 기초와 임상의 교량 역할을 하는 중요한 과목임에도 불구하고 수많은 종류의 약물 때문에 어렵고 재미없는 과목으로 인식되고 있다. 약물의 대분류와 소분류에 따라 종류를 분석해보고 각 약물이 몸속에서 어떤 작용을 일으키고 효과는 무엇인지에 대해 연구해 보자.

주제2 세계적으로 자주 사용되는 다양한 약물의 종류 중에 약대 졸업생들과 제약사에서 알아야 할 현재 시판 중인 약물과 시판되지 않고 있는 약물을 분류해 보자. 다른 나라에서 사용되는 빈도를 살피고, 사용되지 않는 약물의 경우 철수된 이유에 대해 구체적으로 연구해 보자.

주제3 미국에서 허가된 제네릭 약물의 종류에 관한 연구

주제4 국내 상위 매출 50위 처방 약물의 종류와 효과에 관한 연구

학생부 기록 예시 (교과세특)

'약물나무(최철희)'를 읽고 약리학에서 알려주는 약물의 종류에 대해 연구해 각 약물을 대분류와 소분류로 분석하여 표로 나타내는 인포그래픽 자료를 제작함. 또한 각 약물이 우리 몸속에서 어떻게 작용하는지에 대한 의학적 효과를 표기하여 약물에 관한 정보와 지식을 정리함. 특히 중추신경계 약물에 대해 조사하고 각 약물이 다른 나라에서는 어떻게 사용되고 있는지, 사용되지 않는 약물의 경우 그 이유가 무엇인지에 대해 조사함.

'약물나무(최철희)'를 읽고 미국에서 허가된 제네릭 약물의 종류와 성분에 대해 연구하고 약물 사용의 빈도와 수익률이 어떤 상관관계를 맺는지를 분석하여 발표함. 복제약의 종류와 활용도에 대해 연구하고 각각의 오리지널 제품에 대해 함께 소개하여 각 나라에서 어떻게 활용되는지에 관해 연구함. 또한 국내 상위 매출 50위 처방 약물의 종류를 소개하고 어떻게 매출을 높일 수 있었는지를 약물의 성분과 효과와 연관 지어 발표함.

관련 논문

약물 남용 방지를 위한 모바일 기반 의약품 정보 시스템의 프로토타입 설계(김하강, 2011)

관련 도서

《중환자 약물 처방 이해》, 삼성서울병원 약제부, 우리의학서적
《사상약물임상대전》, 정용재, 물고기숲

관련 계열 및 학과	• 의약계열: 의학과, 약학과, 임상의약학과, 제약학과, 바이오제약공학부
	• 자연계열: 생명과학과, 화학과, 융합생명공학과, 분자생명공학과, 응용생명화학과
관련 교과	• 공학계열: 화학공학과, 생명나노공학과, 환경생명공학과, 융합바이오화학공학과

2022 개정 교육과정: 생명과학, 화학, 화학 반응의 세계, 세포와 물질대사, 생물의 유전

2015 개정 교육과정: 화학 I, 생명과학 I, 생활과 과학, 융합과학

약물치료 핸드북

유봉규 | 군자출판사 | 2020

일반인을 위한 약물치료 설명서
약물치료 핸드북

DISEASE
TREATMENT
MANUAL
FOR THE PUBLIC

의료인은 물론 일반인도 이해하기 쉽게 약물 치료에 관한 이야기를 들려주고 올바른 약물 치료를 위해 질병을 정확하게 정의하는 것의 중요성을 이야기하는 책이다. 질병의 원인, 증상, 진단에 따른 약물치료의 방법과 효과에 대해서도 전하고 있다. 특히 건강하게 살고 싶은 마음과 건강하게 사는 방법에 대해 쉽게 풀어쓰고 있어서 일상에서 겪는 질환에 대한 유익한 정보를 얻을 수 있다.

탐구 주제

주제1 약물의 올바른 사용은 질병 치료에 매우 중요할 뿐만 아니라 잘못 사용하는 경우 환자가 질병이 더 악화되거나 부작용이 발생할 수 있다. 일반인이 자주 겪는 질환의 종류에 대해 분석하고 질환별로 자주 사용되는 약물의 성분과 치료 방법, 효과에 대해 연구해 보자.

주제2 사회가 빠르게 변화하면서 현대인들은 많은 스트레스로 인해 다양한 정신 질환을 겪고 있다. 현대인들이 자주 겪는 정신 질환의 종류를 분석하고 질환별로 어떤 약물 치료를 받아야 하는지, 약물 치료에 따른 효과는 무엇인지에 대해 연구해 보자.

주제3 내분비 질환의 종류와 약물 치료 방법에 관한 연구

주제4 약물 치료 오남용에 따른 부작용과 위험성에 관한 연구

학생부 기록 예시 (교과세특)

'약물치료 핸드북(유봉규)'을 읽고 질병을 정확하게 정의해 본 뒤, 질병을 정확하게 정의하는 것의 중요성에 대해 토론함. 질병의 원인, 증상, 진단에 따른 약물 치료의 방법과 효과에 대해 분석한 내용을 토대로 프레젠테이션을 제작하여 발표함. 어려운 의학적 용어를 쉽게 풀어서 설명하고 약물이 잘못 사용되는 경우 발생할 수 있는 다양한 부작용과 위험성에 대해 연구하여 의학적 정보를 토대로 보고서를 작성함.

'약물치료 핸드북(유봉규)'을 읽고 우울증, 조현병, 강박증, 공황장애 등 현대인이 자주 겪는 정신 질환에 대해 조사하고 약물의 올바른 사용의 중요성에 대해 영상으로 제작하여 일반인과 자료를 공유함. 특히 현대인이 자주 겪는 정신 질환의 증상과 원인에 초점을 맞춰 각 질환에 따라 어떤 약물로 치료를 받아야 하는지에 대해 연구하고 현대인의 정신 질환을 예방하기 위한 다양한 방법과 치료법에 대해 토론함.

관련 논문

신체증상을 호소하는 환자의 약물치료(이경규, 2021)

관련 도서

《그림으로 이해하는 알기 쉬운 약리학》, Machitani Yasunori, 신흥메드싸이언스
《비밀노트 약리학편》, 박승준, 드림널스

관련 계열 및 학과	• 의약계열: 의학과, 약학과, 임상의약학과, 제약학과, 혁신신약학과, 바이오의약학과
	• 자연계열: 생명과학과, 의료생명공학과, 생물환경학과, 분자생명공학과, 의약생명공학과
관련 교과	• 공학계열: 바이오화학공학과, 생명정보공학과, 환경생명공학과, 융합바이오화학공학과

2022 개정 교육과정: 생명과학, 화학, 화학 반응의 세계, 세포와 물질대사, 생물의 유전

2015 개정 교육과정: 화학 I, 생명과학 I, 생활과 과학, 융합과학

약사가 말하는 약사

홍성광 외 | 부키 | 2013

메디컬 라이터, 약국 인테리어 디자인 등 잘 알려지지 않았지만 다양한 장소에서 다채로운 역할을 해내는 약사의 세계를 조명하며 약사라는 직업의 시야를 넓혀 주는 책이다. 그들의 모습을 통해 보건·의료인으로서의 애로와 보람 등을 간접적으로 체험하고 대한민국에서 약사로 사는 것의 의미를 이해할 수 있다. 약사라는 업무의 어려움과 보람, 가치 등에 대해 전해 준다.

탐구 주제

주제1 처방전을 받고 약국에서 약을 지을 때 사용하는 복약 지도용 '팜케어'라는 어플리케이션이 있다. 이 앱이 미래의 약국을 좌우할 수 있는 매개체가 될 수 있다는 예측이 있다. 이 앱이 제공하는 구체적인 정보에 대해 알아보고, 약사와 약국에 가져올 변화에 대해 토론해 보자.

주제2 복약 지도는 약사에게 약을 짓는 것만큼 중요한 업무 중의 하나이다. 복약 지도 시 이해하기 어려워하는 노인이나 기다리는 것을 힘들어하는 환자들에게 약사의 복약 지도는 어려운 과정이다. 이와 같은 일상 복약지도의 어려움을 해결하기 위한 방법에 대해 토의해 보자.

주제3 약사로서의 생명에 대한 책임감과 올바른 직업관의 정의

주제4 해외 약사로서의 언어 장벽을 극복할 수 있는 방법 연구

학생부 기록 예시 (교과세특)

'약사가 말하는 약사(홍성광)'를 읽고 약사의 일상에 대한 탐구와 약사로서의 전문성에 대한 연구를 위해 현직 약사들을 대상으로 인터뷰를 수행함. 인터뷰를 통해 직업으로서의 약사에 대한 장단점에 대해 분석하고 자신의 진로 적합성에 대해 탐구함. 인터뷰를 토대로 자신의 진로 로드맵을 계획한 뒤 프레젠테이션을 제작하여 발표함. 의약 분야에 관심이 있는 학우들과 의학동아리를 조직해 꾸준한 활동을 이어가고 있음.

'약사가 말하는 약사(홍성광)'를 읽고 직업인으로서 약사가 겪을 수 있는 어려움과 시행착오들의 사례를 연구하고 현장에서 어떻게 해결할 수 있는지에 대한 구체적인 해결책에 관해 토의함. 현재의 약사가 겪고 있는 딜레마는 무엇이며 미래 시대에는 약사로서 어떤 변화들을 준비해야 하는지에 대한 연구를 통해 약사로서의 전문성 계발 및 정체성 확립에 관한 실천적 방법을 제시함.

관련 논문

지역약국의 노인 전문 약사 도입 논의(정수철, 2019)

관련 도서

《약 제대로 알고 복용하기》, 로버트 스티븐 골드, 조윤커뮤니케이션
《약사는 어때?》, 허지웅, 토크쇼

관련 계열 및 학과	• 의약계열: 의학과, 약학과, 임상의약학과, 제약학과, 혁신신약학과, 바이오의약학과
	• 자연계열: 생명과학과, 의생명화학과, 분자생명공학과, 응용생명화학과, 의약생명공학과
관련 교과	• 공학계열: 제약생명공학과, 글로벌바이오메디컬공학과, 융합바이오화학공학과

2022 개정 교육과정: 생명과학, 화학, 화학 반응의 세계, 세포와 물질대사, 생물의 유전

2015 개정 교육과정: 화학 I, 생명과학 I, 생활과 과학, 융합과학

약사들이 답하는 스포츠 영양 Q&A

정상원 외 | 참약사 | 2023

평소 운동을 좋아하는 8명의 약사가 모여 운동을 할 때 필요한 영양과 약학에 대한 정보에 대해 알려주는 책이다. 운동 수행 능력 향상을 위해서 필요한 최적의 영양, 운동, 약에 대한 복합적인 솔루션을 일반인, 전문가, 기저질환자 등 각각의 경우에 맞추어 제시해 준다. 총 백 가지 궁금한 점에 대한 대답이 들어 있으며 저자들이 실제로 섭취하는 영양제 정보도 실려 있다.

탐구 주제

주제1 건강과 취미를 위해 다양한 운동을 하는 사람들이 늘어나며 운동 효과를 높이고 운동 수행 능력을 향상시키는 영양과 약에 대한 중요성 또한 커지고 있다. 효과적이고 안전하게 영양소를 섭취하고 약을 이용하는 방법에 대해 연구해 보자.

주제2 과거 스포츠 영양학은 식품영양학을 중심으로 운동 수행 능력 향상을 위한 균형 잡힌 식단과 영양 섭취 제시를, 스포츠 약학은 도핑 약물을 확인하고 조절하는 것을 가장 중요히 여겼다. 요즘 강조되는 스포츠 영양 약학은 기존의 것과 무엇이 다른지를 조사해 발표해 보자.

주제3 운동 능력 개선 기능성으로 인정받은 원료들에 관한 연구

주제4 접근성이 좋은 영양제 정보와 섭취 방법에 관한 탐구

학생부 기록 예시 (교과세특)

'약사들이 답하는 스포츠 영양 Q&A(정상원 외)'를 읽고 과거 스포츠 영양학과 스포츠 약학에서 강조했던 약학의 시대적 흐름을 연구해 현대 사회에 강조되고 있는 스포츠 영양 약학과에서 보완된 점과 강조하고 있는 점이 무엇인지를 보고서로 작성함. 스포츠 영양 약학에 관한 전반적인 이론과 추구하는 방향에 대해 연구하고 스포츠 영양 약학과에 대한 학과 탐구와 졸업 후 진로 전망에 대해 자기주도적으로 탐색함.

'약사들이 답하는 스포츠 영양 Q&A(정상원 외)'를 읽고 현대 사회에서 스포츠와 영양에 대한 관심이 높아진 사회적 배경에 관해 연구함. 또한 개인의 목표에 적합한 영양 전략과 운동 전략을 연관 지어 스포츠 영양 약학이 인간에게 주는 긍정적인 효과에 대한 토론에 참여함. 스포츠에 적합한 영양 섭취법과 약 복용법에 대한 사례 조사를 통해 개인의 건강 목표에 적합한 스포츠와 영양제에 관해 의학을 바탕으로 조사 발표함.

관련 논문

스포츠 약학: 새로운 영역의 약사 역할과 전문 약료서비스 준비(김승화 외, 2017)

관련 도서

《스포츠 약학의 확장된 정의》, 정상원, 퍼플
《도핑의 과학》, 최강, 동녘사이언스

관련 계열 및 학과	• 의약계열: 의학과, 약학과, 임상의약학과, 제약학과, 혁신신약학과, 바이오의약학과
	• 자연계열: 생명과학과, 화학과, 생물환경학과, 응용생명화학과, 의약생명공학과
관련 교과	• 공학계열: 화학공학과, 생명화학공학과, 의생명공학과, 융합바이오화학공학과

2022 개정 교육과정: 생명과학, 화학, 화학 반응의 세계, 세포와 물질대사, 생물의 유전

2015 개정 교육과정: 화학 I, 생명과학 I, 생활과 과학, 융합과학

약의 과학

크리스티네 기터 | 초사흘달 | 2021

20년 넘게 약국을 운영하며 수많은 사람에게 복약 설명을 하며 사람들이 약에 관해 어떤 점을 궁금해하고, 또 어떤 점을 불안해하는지 자연스럽게 알게 된 저자가 일반인에게 약에 관한 다양한 정보를 소개하는 책이다. 약에 관해 잘 모르는 채로 부작용을 걱정하거나 효능을 의심하며 마지못해 복용하지 않도록, 약을 올바르게 이해하고 적절한 방법으로 복용할 수 있도록 돕는다.

탐구 주제

주제1 일상 속에서 우리의 신체는 호르몬, 심박수, 혈압 등에 따라 다채롭게 변화한다. 시간의 흐름이나 상황의 변화에 따라 변화하는 나의 바이오 리듬을 분석해 보고 신체 문제에 따른 올바른 약제 사용법과 복용법에 대한 보고서를 작성해 보자.

주제2 우리가 일상에서 자주 복용하는 감기약, 해열제, 제산제 등의 성분과 어떤 증상이 있을 때 적재, 적소, 적시에 약을 복용할 수 있는지에 관한 구체적인 정보를 분석해 보고, 내가 알고 싶은 약제를 하나 선택하여 성분과 올바른 복용 방법에 관해 연구해 보자.

주제3 시간 생물학과 약리학의 상호작용에 관한 연구

주제4 신약의 탄생 과정과 제약 회사의 신약 개발 과정 연구

학생부 기록 예시 (교과세특)

'약의 과학(크리스티네 기터)'을 읽고 시간의 흐름이나 상황의 변화에 따라 변화하는 나의 바이오 리듬을 분석해 신체 문제에 따른 올바른 약제 사용법과 복용법에 대한 보고서를 작성함. 영화에 등장하는 환자를 분석하고 환자의 증상에 따른 올바른 약제 사용법을 다양한 캐릭터의 질환을 토대로 분석하여 발표함. 미래 사회 생명과학의 변화와 흐름에 대해 연구하고 직업인으로서의 약사의 미래에 대해 탐구함.

'약의 과학(크리스티네 기터)'을 읽고 일상생활에서 사람들이 자주 복용하는 약제의 성분과 쓰임, 효과를 분석하여 발표함. 특히 가장 많이 복용되는 감기약과 해열제 등의 약이 잘못 사용되었을 때 나타날 수 있는 부작용의 사례와 위험성에 대해 연구하고 약의 올바른 복용이 중요한 이유에 대해 토론함. 특정 기간 동안 복용했던 약의 종류를 조사하고 증상과 부작용, 사용법에 대해 보고서를 작성함.

관련 논문

원내 자발적 약물 부작용 모니터링 활동 분석 (윤수진 외, 2012)

관련 도서

《인본주의 과학자라면 약사》, 허지웅, 토크쇼
《약국에는 없는 의약품 이야기》, 김영식, 자유아카데미

관련 계열 및 학과	• 의약계열: 의학과, 약학과, 임상의약학과, 바이오공학부, 혁신신약학과, 바이오의약학과
	• 자연계열: 분자생명공학과, 화학과, 생물환경학과, 분자유전공학과, 의약생명공학과
관련 교과	• 공학계열: 화학공학과, 생명화학공학과, 환경생명공학과, 융합바이오화학공학과

2022 개정 교육과정: 생명과학, 화학, 화학 반응의 세계, 세포와 물질대사, 생물의 유전

2015 개정 교육과정: 화학 I, 생명과학 I, 생활과 과학, 융합과학

예술 속의 파르마콘

허문영 | 달아실 | 2019

약학과 예술의 공통점을 재미있게 풀어낸 책이다. 저자는 약학은 인간의 육체적, 정신적 질병을 치유하고 예술은 인간의 영혼을 치유한다는 점에서 두 학문은 유사성을 띠고 있다며, 예술 속에 약의 지식과 이미지를 올바르게 투영시키면 약학이 된다고 주장한다. 예술 세계 속에 나타난 약과 독의 이미지를 파악하여 약학이 예술 문화에 미친 영향에 대해서도 설명하고 있다.

탐구 주제

주제1 파르마콘은 약과 독이라는 두 가지 상반된 뜻을 갖는다. 약학에서 사용되는 약제들의 독성과 치유라는 이중성에 대해 연구해 보고 예술 문화 속에 약과 독이 소재로 등장하는 작품을 찾아 약과 독이 어떻게 예술적으로 표현되었는지 분석해 보자.

주제2 셰익스피어의 희곡 〈로미오와 줄리엣〉에서 비련의 주인공이 먹은 묘약과 독약에 관해서 의학적으로 약의 성분과 효과를 조사한 뒤, 예술 작품 속에서 약을 소재로 사용함으로써 활용한 예술적 효과에 대한 생각을 보고서로 작성해 보자.

주제3 생텍쥐페리의 《어린 왕자》 속 갈등을 해소하는 약에 관한 연구

주제4 조앤 롤링의 판타지 소설 《해리 포터》에 등장한 약에 대한 연구

학생부 기록 예시 (교과세특)

'예술 속의 파르마콘(허문영)'을 읽고 예술 작품 속 독과 약을 소재로 다루고 있는 작품을 분석하여 약제들의 독성과 치유 성분의 이중성에 대해 탐구함. 이후 심화 활동으로 예술 치료와 약학에 관한 연관성과 약학이 예술 문화에 미친 영향에 대해 논리적으로 서술하여 보고서를 작성함. 약학으로 치료할 수는 없지만 예술적 치유로 질병을 극복한 사례 연구를 통해 약학과 예술의 상호보완성에 대해 발표함.

'예술 속의 파르마콘(허문영)'을 읽고 예술 작품 속 독과 약을 소재로 다루고 있는 작품 인 '로미오와 줄리엣(윌리엄 셰익스피어)'을 읽음. 작품 속에 등장하는 묘약과 독약의 성분을 의학적으로 분석하고 이와 같은 소재가 예술 작품 속에서 어떤 예술적 효과를 주는지에 대해 연구하여 발표. 대중들에게 익숙한 예술 작품 속 약의 성분에 대해 의학적 정보를 바탕으로 분석함.

관련 논문

예술치료에서 예술의 의미 : 프랑스 예술치료의 이론을 중심으로(김익진, 2013)

관련 도서

《의학의 창에서 바라본 세상》, 정준기, 꿈꿀자유
《삶을 변화시키는 예술치료》, Gong Shu, 학지사

관련 계열 및 학과
- 의약계열: 의학과, 약학과, 임상의약학과, 제약학과, 바이오제약공학부
- 자연계열: 생명과학과, 화학과, 융합생명공학과, 분자생명공학과, 응용생명화학과
- 공학계열: 화학공학과, 생명화학공학과, 환경생명공학과, 글로벌바이오메디컬공학과

관련 교과

2022 개정 교육과정: 생명과학, 화학, 화학 반응의 세계, 세포와 물질대사, 생물의 유전

2015 개정 교육과정: 화학Ⅰ, 생명과학Ⅰ, 생활과 과학, 융합과학

오늘도 약을 먹었습니다

박한슬 | 북트리거 | 2020

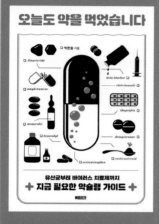

자신이 자주 복용하는 약에 대해서도 잘 알지 못하고 복용하는 사람들에게 그 약이 우리 몸속에서 어떻게 작용하는지를 알려 주는 책이다. 프로바이오틱스부터 진통제, 항바이러스제까지 우리 주의의 약에 관한 모든 이야기를 담고 있다. 많은 사람의 생명을 구하는 약이 어떻게 만들어졌는지 등 약에 대한 재미있는 이야기와 함께 약의 올바른 복용법을 알려 주는 실용서이다.

탐구 주제

주제1 약효는 약이 몸속에서 일정 농도 이상을 유지해야 나타나는데, 약의 농도가 너무 낮으면 약이 효과가 없고, 약의 농도가 너무 높으면 독성을 유발한다. 약효를 발휘할 수 있는 약의 농도를 정확하게 알기 위한 실험 연구를 설계해 보자.

주제2 알러지와 면역을 잘못 연관 지어 설명하는 경우가 많다. 면역력이 약해서 알러지 질환을 유발했다는 이론이 잘못된 이유에 대해 밝히고 면역이라는 복잡한 신체 시스템과 면역과 알러지의 관계를 의학적으로 분석하여 보고서를 작성해 보자.

주제3 코로나19 바이러스와 호르몬의 관련성에 관한 연구

주제4 소화 기간의 운동성 약화의 원인에 대한 연구

학생부 기록 예시 (교과세특)

'오늘도 약을 먹었습니다(박한슬)'를 읽고 약의 농도에 따른 약의 효과와 부작용에 관한 사례를 연구하고 약효를 발휘할 수 있는 적정한 약의 농도를 찾기 위한 방법에 대해 토의함. 약의 농도와 효과에 관한 실험 연구를 설계하고 실험의 과정을 보여주는 실험 보고서를 작성하여 자신만의 결론을 도출함. 약의 종류에 따른 적정한 약의 농도와 효과에 관해 요약하여 발표함.

'오늘도 약을 먹었습니다(박한슬)'를 읽고 알러지와 면역이 각각 우리 신체 내부에서 어떻게 발생하고 어떤 과정을 거쳐 신체 시스템을 구성하는지에 관해 시각적으로 자료를 정리해 발표함. 면역에 관한 비과학적 신념과 잘못된 적용 사례에 대해 연구하고 과학적 지식과 정보를 바탕으로 면역과 알러지와의 관계를 정리하여 발표함. 면역을 높이고 알러지 반응을 최소화할 수 있는 의학적 실천 방법을 제안함.

관련 논문

전염과 면역의 정치경제학서설: 바이러스의 기호 인류학적 상상력 (김성도, 2017)

관련 도서

《약효와 약이름 알기》, 임성실, 군자출판사
《만화로 쉽게 배우는 약리학》, 에다가와 요시쿠니, 성안당

관련 계열 및 학과	• 의약계열: 의학과, 약학과, 임상의약학과, 제약학과, 혁신신약학과, 바이오의약학과
	• 자연계열: 의생명화학과, 생물환경학과, 분자생명공학과, 의약생명공학과, 생명과학과
관련 교과	• 공학계열: 화학공학과, 생명화학공학과, 환경생명공학과, 융합바이오화학공학과

2022 개정 교육과정: 생명과학, 화학, 화학 반응의 세계, 세포와 물질대사, 생물의 유전

2015 개정 교육과정: 화학Ⅰ, 생명과학Ⅰ, 생활과 과학, 융합과학

우리는 얼마나 깨끗한가

한네 튀겔 | 반니 | 2020

이 책은 인류가 만들어 낸 쓰고 버리는 문화에서 생산된 상품이 소비된 뒤에 쓰레기의 형태로 우리에게 복수한다고 지적한다. 미세 플라스틱과 화학물질은 먹이 사슬을 따라 축적되어 부메랑처럼 인간에게 돌아온다. 저자는 완벽한 청결이란 없으며, 언제나 오물이 이기지만 현명하게 오물을 대처하는 방법은 있다고 말한다. 건강한 위생 수준을 회복하는 청소 방법과 일상 속 실천 방법을 알 수 있다.

탐구 주제

주제1 생태계에서 생물학적으로 분해가 안 되는 물질은 결국 발명자에게 돌아간다. 음식을 타고 이리저리 이동하는 독이 되거나, 바다의 거대한 쓰레기 섬이 되어 인간에게 되돌아온다. 이와 같은 물질들이 인간의 건강에 미치는 부정적 영향에 관해 연구하고 해결책을 토론해 보자.

주제2 코로나 이후 손소독제 등 항균제의 사용이 급증하고 있다. 실제로 과도한 항균 물질의 사용은 몸에 이로운 박테리아의 균형 잡힌 환경을 해친다. 항균 물질이 우리 몸에 미치는 영향을 조사하고 올바른 일상 속 실천 방법을 연구해 보자.

주제3 항생제 내성균의 심각성과 해결책에 관한 연구

주제4 박테리아 발생 원인과 자연의 청소법에 관한 연구

학생부 기록 예시 (교과세특)

'우리는 얼마나 깨끗한가(한네 튀겔)'를 읽고 생태계에서 생물학적으로 분해가 되지 않는 물질을 찾아 이와 같은 물질이 인류의 신체에 주는 부정적 영향과 심각성에 대해 연구하여 발표함. 특히 미세 플라스틱과 화학 물질에 대한 구체적인 사례를 연구하여 오염 물질이 먹이 사슬을 따라 축적되어 가는 과정을 시각적으로 보여 주는 자료를 제작함. 환경 오염으로부터 인간의 건강을 보호할 수 있는 다양한 방법에 대해 토론함.

'우리는 얼마나 깨끗한가(한네 튀겔)'를 읽고 코로나 이후 급증한 항균 물질의 성분을 분석한 뒤 항균 물질이 잘못 사용되는 경우 인간의 몸에 미칠 수 있는 부정적 영향에 대해조사함. 이후 일상에서 항균 물질 사용 없이 청결함을 유지할 수 있는 실천적 방법에 대해 토론함. 박테리아의 균형 잡힌 환경을 위해 인류가 지켜야 할 과제는 무엇이고 어떻게 실천해야 하는지에 대한 방법에 대해 연구함.

관련 논문

환경오염으로 인한 건강피해 관리 및 구제를 위한 법적 과제(박종원, 2013)

관련 도서

《젊게, 오래 살려면 폐를 지켜라》, 카이 미하엘 베에, 쌤앤파커스
《백세 호흡》, 노진섭, 교보문고

관련 계열 및 학과	• 의약계열: 의학과, 약학과, 임상의약학과, 제약학과, 혁신신약학과, 바이오의약학과
	• 자연계열: 생명과학과, 화학과, 생물환경학과, 분자생명공학과, 의약생명공학과
관련 교과	• 공학계열: 화학공학과, 생명나노공학과, 시스템생명공학과, 바이오화학공학과

2022 개정 교육과정: 생명과학, 화학, 화학 반응의 세계, 세포와 물질대사, 생물의 유전

2015 개정 교육과정: 화학 I, 생명과학 I, 생활과 과학, 융합과학

위대하고 위험한 약 이야기

정진호 | 푸른숲 | 2017

이 책은 약을 소재로 죽음과 질병을 막으려는 간절한 바람이 미신에서 과학으로 진화해 온 이야기를 전하고 있다. 수천 년 전에 미신으로 여겼던 것이 현대에 와서 과학으로 입증되기도 하고, 21세기에 등장해 과학이라고 여겼던 것이 거짓으로 밝혀지기도 하는 등 우리가 믿는 사실은 언제든 바뀔 수 있다. 질병의 고통을 제거하고 행복하게 살고자 하는 인류의 열망과 과학에 관해 전하고 있다.

탐구 주제

주제1 약은 안전하게 사용하면 약이 되지만, 잘못 사용하면 독이 될 수있기 때문에 환자가 자신의 증상과 약에 대해 정확히 알아야 한다고 강조한다. 약이 잘못 사용되어 독이 된 사례에 대해 연구하고 이와 같은 사례를 방지하기 위한 문제 해결법에 대해 토론해 보자.

주제2 약을 둘러싼 오해와 진실에 대해 조사해 보고, 우리 일상에서 자주 사용되는 비타민, 소화제, 감기약 등의 다양한 약제들의 종류와 올바른 복용 방법에 대해 토론하고 약을 잘못 복용하였을 때 발생할 수 있는 다양한 부작용과 문제점에 대해서 보고서를 작성해 보자.

주제3 인간의 평균 수명과 무병장수에 관한 끝없는 욕망에 대한 연구

주제4 약의 올바른 사용법이 환자에게 중요한 이유에 대한 탐구

학생부 기록 예시 (교과세특)

'위대하고 위험한 약 이야기(정진호)'를 읽고 의약품의 올바른 사용법의 중요성에 대해 이해하고 의약품을 잘못 사용하였을 때 발생할 수 있는 문제점에 대한 탐구활동에 적극적으로 참여함. 의약품의 잘못된 사용에 관한 사례를 분석하고 발표하여 위험성과 심각성을 함께 공유하고 이를 해결하기 위한 구체적인 실천 방안을 계획하는 프로젝트 활동에 우수한 태도로 참여함.

'위대하고 위험한 약 이야기(정진호)'를 읽고 약을 복용하기 전에 반드시 알아야 할 내용들을 카드 뉴스와 공익광고로 제작하는 활동에 적극적으로 참여함. 일상에서 사람들이 쉽게 접할 수 있는 광고 제작을 통해 자신의 의도를 명확히 표현함. 약이 잘못 사용되었을 때 환자에게 미칠 수 있는 위험성과 문제 상황을 구체적으로 묘사하여 약이 올바르게 사용되어야 한다는 메시지를 효과적으로 전달함.

관련 논문

의약품 안전사용을 위한 의료기관 약제업무 기준 개발(아영미 외, 2020)

관련 도서

《내 약 사용설명서》, 이지현, 세상풍경
《약 사용설명서》, 김정환, 지식채널

관련 계열 및 학과	• 의약계열: 의학과, 약학과, 임상의약학과, 제약학과, 혁신신약학과, 바이오의약학과
	• 자연계열: 생명과학과, 의생명화학과, 생물환경학과, 분자생명공학과, 의약생명공학과
관련 교과	• 공학계열: 화학공학과, 생명화학공학과, 환경생명공학과, 융합바이오화학공학과

2022 개정 교육과정: 생명과학, 화학, 화학 반응의 세계, 세포와 물질대사, 생물의 유전

2015 개정 교육과정: 화학 I, 생명과학 I, 생활과 과학, 융합과학

육일약국 갑시다

김성오 | 21세기북스 | 2013

4.5평의 약국 개업을 위해 빚으로 시작해 지금은 13명의 약사를 둔 기업형 약국으로 성장한 저자의 노력과 결실에 대한 이야기이다. 택시를 타면 언제나 "육일약국으로 가 주세요!"라고 말했던 작은 시작이 결국은 가장 유명한 약국으로 거듭나게 된 저자가 자신 삶의 이야기 속에서 실패를 두려워하지 말고 도전하라고 용기를 전해 준다.

탐구 주제

주제1 사회가 발전할수록 소외되고 외로운 사람이 많아지는 세상에서 '마음 경영'이란 감성적, 정서적 편안함과 기쁨을 주는 감동 경영법을 의미한다. 마음 경영이 소비자에게 줄 수 있는 긍정적 효과에 대해 연구하고 사례를 들어 발표해 보자.

주제2 '비즈니스 황금률'을 최대의 수익 창출을 추구했을 시 발생할 수 있는 문제점과 연관 지어 연구해 보고, 내가 무엇인가를 최대로 얻기 위해 타인에게 줄 수 있는 부담과 역효과에 대해 토론해 보자.

주제3 새로운 작은 시도가 혁신을 이뤄낸 기업 사례 연구

주제4 아이디어를 행동으로 실행하는 것의 중요성 연구

학생부 기록 예시 (교과세특)

'육일약국 갑시다(김성오)'를 읽고 사람중심 기업가정신으로 기업을 경영한 사례를 조사한 뒤 경영 철학이 기업 성장에 미친 긍정적 효과에 대해 분석하여 발표함. 그룹 프로젝트를 통해 모의 창업을 기획하고 사람중심 기업가정신을 바탕으로 기업의 가치관과 경영철학에 대한 포트폴리오를 제작하여 투자 발표회를 수행함. 사람중심 경영이 사회적으로 미친 선한 영향력에 관해 토의함.

'육일약국 갑시다(김성오)'를 읽고 사람중심 경영이 아닌 최대 이익만을 추구한 기업의 사례의 문제점을 토대로 사람중심 경영의 중요성을 재조명한 자료를 제작하여 발표함. 저자가 강조한 마음 경영 철학의 핵심을 캠페인 영상으로 제작하는 활동에서 사람이 중심인 기업이 사회에 미치는 선한 영향력을 주제로 뛰어난 연출력과 기획력을 선보임. 제작된 콘텐츠를 대중들에게 공유하고 메시지를 확산시킴.

관련 논문

사람중심 기업가정신이 중소기업 성과에 미치는 영향에 관한 연구(이일한, 2020)

관련 도서

《대전환 시대의 사람경영》, 양혁승, 클라우드나인
《왜, 사람중심 경영인가》, 전병선, 말

관련 계열 및 학과	• 의약계열: 의학과, 약학과, 의생명공학과, 제약학과, 혁신신약학과, 바이오의약학과
	• 자연계열: 생명과학과, 융합생명공학과, 생물환경학과, 분자생명공학과, 의약생명공학과
관련 교과	• 공학계열: 화학공학과, 생명화학공학과, 환경생명공학과, 융합바이오화학공학과

2022 개정 교육과정: 생명과학, 화학, 화학 반응의 세계, 세포와 물질대사, 생물의 유전

2015 개정 교육과정: 화학 I, 생명과학 I, 생활과 과학, 융합과학

이 약 먹어도 될까요

권예리 | 다른 | 2020

최근 몇 년간 전국 약국에서 상위 매출을 달성한 다양한 의약품 목록을 바탕으로 20~40대가 가장 자주 먹는 약을 추려 약의 복용법과 관련한 사람들의 궁금증들을 알기 쉽게 설명하는 책이다. 진통제, 비염약, 위장약, 비타민 등 일상생활에서 누구나 쉽게 만날 수 있는 약들을 왜, 언제, 어떻게 먹어야 하는지를 자세히 설명하며 소비자가 약을 합리적으로 사용할 수 있도록 돕는다.

탐구 주제

주제1   우리가 흔하게 접할 수 있는 약의 종류와 성분을 포함해 약을 왜, 언제, 어떻게 먹어야 하는지에 관해 의학적인 정보를 바탕으로 연구해 보고, 약을 잘못 복용했을 때 나타날 수 있는 부작용과 위험성에 관해 토론해 보자.

주제2   '모든 약은 독이다'라는 말의 의미를 의학적으로 설명해 보고 독이 될 수 있는 약의 종류와 성분에 대해 조사해 보자. 독이 되는 약을 복용했을 때 사람에게 미칠 수 있는 부정적 영향과 독이 되는 약을 대체할 수 있는 방법에 대해 토론해 보자.

주제3   전문의약품과 일반의약품의 차이점 연구

주제4   항생제에 관한 비과학적 통념과 의학적 사실에 관한 연구

학생부 기록 예시 (교과세특)

'이 약 먹어도 될까요(권예리)'를 읽고 흔하게 접할 수 있는 약의 종류와 성분을 분석하고 약을 왜, 언제, 어떻게 먹어야 하는지에 관해 의학적 정보를 바탕으로 연구함. 약을 잘못 복용했을 때 나타날 수 있는 부작용과 위험성에 관해 그룹 내에서 토론하는 과정에서 다양한 환자 사례를 조사하여 발표함. 약을 정확히 알고 복용하는 것의 중요성에 대한 생각을 보고서로 작성함.

'이 약 먹어도 될까요(권예리)'를 읽고 '모든 약은 독이다'라는 말의 의미를 의학적으로 설명하고 독이 될 수 있는 약의 종류와 성분에 대해 조사함. 독이 되는 약을 복용했을 때 사람에게 미칠 수 있는 부정적 영향에 관해 연구하고 독이 되는 약을 대체할 수 있는 방법에 대해 토론함. 사회적 문제로 대두되고 있는 마약 중독의 위험성을 사례로 들어 약이 사람에게 끼칠 수 있는 위험성에 대한 캠페인을 영상으로 제작함.

관련 논문
한약과 민간약물의 독성 및 부작용에 대한 고찰(이은 외, 2002)

관련 도서
《미처 몰랐던 독이 되는 약과 음식》, 야마모토 히로토, 넥서스BOOKS
《독에 관한 50가지 궁금증》, 타냐 로이드 카이, 톡

관련 계열 및 학과	• 의약계열: 의학과, 약학과, 임상의약학과, 제약학과, 혁신신약학과, 바이오의약학과
	• 자연계열: 생명과학기술부, 화학과, 생물환경학과, 분자생명공학과, 응용생명화학과
관련 교과	• 공학계열: 화학공학과, 의생명공학과, 환경생명공학과, 글로벌바이오메디컬공학과

2022 개정 교육과정: 생명과학, 화학, 화학 반응의 세계, 세포와 물질대사, 생물의 유전

2015 개정 교육과정: 화학 I, 생명과학 I, 생활과 과학, 융합과학

인류를 구한 12가지 약 이야기

정승규 | 반니 | 2019

이 책에는 인간이 살아가는 데 없어서는 안 되는 필수 약들의 시작을 담겨 있다. 약의 역사를 살펴보면 그 당시의 사회적 상황을 파악할 수 있다. 약이 개발되는 데는 사회 현상이 고스란히 반영되기 때문이다. 다양한 연구 자료와 함께 약사인 저자의 체험을 바탕으로 약의 다양한 정보를 전하면서, 일반 대중이 이해하기 쉽게 역사 이야기와 약의 관련성을 설명하는 책이다.

탐구 주제

주제1 인간은 생존을 위해 무수한 세균과 바이러스와 싸워 왔다. 작은 미생물이 만들어 낸 각종 전염병에 과거의 인류는 오랜 세월 큰 고통을 받았다. 역사 속에서 약이 개발되기 전 전염병과 질병은 어떻게 치료되어 왔는지 연구하고 약의 변천사를 조사해 발표해 보자.

주제2 환각제의 종류에 대해서 알아보고 환각제의 유래와 개발 과정에 대해 연구해 보자. 특히 아편으로 무너진 청나라, 아편에서 분리한 모르핀, 코카인에 중독된 프로이트 등을 주제로 환각제가 인간에게 미치는 긍정적 약효와 중독 시 위험 요인을 연구해 보자.

주제3 '약과 독은 용량의 차이이다.'가 의미하는 바에 관한 연구

주제4 마취제의 종류와 의학적 효과에 관한 연구

학생부 기록 예시 (교과세특)

'인류를 구한 12가지 약 이야기(정승규)'를 읽고 역사 속 세균 및 바이러스가 인류에게 일으켰던 질병에 대해 연구하고 질병의 역사가 그 시대의 상황을 어떻게 변화시켰는가에 관해 역사적으로 고찰하여 분석함. 현대 사회에도 흔하게 사용되는 항생제, 환각제, 마취제 등의 약물이 과거에 어떻게 유래되었는지 조사하고, 효능과 쓰임에 따라 인간에게 미칠 수 있는 긍정적인 영향과 부작용에 대해 연구함.

'인류를 구한 12가지 약 이야기(정승규)'를 읽고 환각제의 종류와 환각제의 유래, 개발 과정에 대해 연구함. 환각제가 과거 청나라의 아편전쟁과 어떻게 관련성이 있는지를 밝히고 역사 속에서 환각제가 사회적으로 어떤 영향을 미쳤는지에 주안점을 두고 탐구함. 모르핀과 헤로인의 성분을 분석하고 현대 사회에 큰 문제로 대두되고 있는 마약 중독과 연관 지어 예방법에 관한 보고서를 작성함.

관련 논문

조선시대 기근과 전염병에 따른 학교와 과거제의 운영 : 17세기 후반 소빙하기를 중심으로(이상무, 2020)

관련 도서

《약물의 역사》, 방수민, 열린인공지능
《마약 중독과 전쟁의 시대》, 노르만 올러, 열린책들

관련 계열 및 학과	• 의약계열: 의학과, 약학과, 임상의약학과, 바이오공학부, 혁신신약학과, 바이오의약학과
	• 자연계열: 생명과학과, 생명정보융합학과, 생물환경학과, 응용생물학, 의약생명공학과
관련 교과	• 공학계열: 화학공학과, 생명화학공학과, 환경생명공학과, 글로벌바이오메디컬공학과

2022 개정 교육과정: 생명과학, 화학, 화학 반응의 세계, 세포와 물질대사, 생물의 유전

2015 개정 교육과정: 화학 I, 생명과학 I, 생활과 과학, 융합과학

인류에게 필요한 11가지 약 이야기

정승규 | 반니 | 2020

이 책은 160만 개의 바이러스와 현재까지 발견된 5000종의 바이러스에 관해 분석하고 있다. 오랜 시간 인류를 괴롭혀 온 바이러스의 유래에 대해 밝히고 바이러스가 가축을 숙주 삼아 살다가 사람이라는 새로운 환경에 적응하려고 변화하는 과정에서 생긴 돌연변이가 야기한 질병에 대해 상세히 이야기를 전한다. 코로나19, 우울증, 고혈압, 피임약, 구충제 등에 관한 의학 상식을 재미있게 전하는 책이다.

탐구 주제

주제1 전염병을 차단하는 항바이러스제의 유래와 역사를 조사하고 흑사병, 사스, 에이즈, 신종플루, 메르스, 코로나19 등 인류의 역사에 획을 그은 전염병이 발생한 원인과 결과를 연구하여 보고서를 작성해 보자.

주제2 피임약의 유래와 개발에 관한 역사적 배경을 연구하고, 호르몬과 피임, 피임약에 관한 의학적 상식과 정보가 어떻게 여권을 신장시켰는지를 피임약의 사용과 효과와 연관 지어 토론해 보자. 피임약으로 인한 여권 신장이 사회적으로 미친 결과에 대해서 연구해 보자.

주제3 환청과 망상에서 벗어나게 하는 조현병 치료제의 유래 연구

주제4 불안과 스트레스를 잠재우는 신경안정제와 수면제의 역사 연구

학생부 기록 예시 (교과세특)

'인류에게 필요한 11가지 약 이야기(정승규)'를 읽고 전염병을 차단하는 항바이러스제의 유래와 역사에 대해 조사하여 발표함. 특히 흑사병, 사스, 에이즈, 신종플루, 메르스, 코로나19 등 인류의 역사에 획을 그은 전염병이 발생한 원인과 결과를 연구하여 의학적 지식을 토대로 보고서를 작성함. 전염병이 인류의 역사 속에서 어떠한 사회적, 경제적 영향을 미쳤는지를 사회학과 융합하여 탐구함.

'인류에게 필요한 11가지 약 이야기(정승규)'를 읽고 피임약의 유래와 개발 과정에 관해 역사적 배경을 토대로 연구함. 특히 피임약의 사용과 효과가 어떻게 여권을 신장시켰는지에 대해 조사하고 여권 신장이 사회적으로 미친 영향에 관해 토론함. 피임약의 개발이 이끈 사회적 변화에 대해 조사하고 출산율, 낙태, 피임 등의 사회적으로 이슈가 되는 논란에 대해 자신만의 논거를 제시해 토론함.

관련 논문

「바이러스와 인류」 강의 개발 사례연구(이현숙, 2020)

관련 도서

《바이러스를 이기는 영양제》, 김경철, 열린책들
《전염병이 휩쓴 세계사》, 김서형, 살림

관련 계열 및 학과
- 의약계열: 의학과, 약학과, 임상의약학과, 제약학과, 혁신신약학과, 바이오의약학과
- 자연계열: 생명과학과, 의생명화학과, 생물환경학과, 분자생명공학과, 응용생명화학과

관련 교과
- 공학계열: 의생명공학과, 생명화학공학과, 환경생명공학과, 융합바이오화학공학과

2022 개정 교육과정: 생명과학, 화학, 화학 반응의 세계, 세포와 물질대사, 생물의 유전

2015 개정 교육과정: 화학Ⅰ, 생명과학Ⅰ, 생활과 과학, 융합과학

인류의 운명을 바꾼 약의 탐험가들

도널드 커시, 오기 오거스 |
세종서적 | 2019

이 책은 식물의 시대부터 합성 화학을 거쳐 현대에 오기까지 시대별로 각 분야의 원조가 된 의약품이 탄생한 과정을 전면적으로 탐구하고 있다. 제약산업에서 35년 동안 일한 저자가 다양한 우연과 운, 시행착오로 이루어진 신약 발견의 역사를 흥미롭게 들려준다. 신약 개발 과정에서 약을 발견하기 위해 겪는 시련과 개발 과정에 대해 생생히 보여준다.

탐구 주제

주제1 다양한 종류의 세균에 대한 작용 매커니즘을 갖는 광범위 항생제는 손쉽게 사용될 수 있는 약으로 오용과 남용 문제를 유발할 수 있다. 항생제 오남용 시에 초래할 수 있는 문제점을 조사하고 의약품 규제와 관련지어 연구해 보자.

주제2 유전자 의약품은 개인의 유전자 정보를 기반으로 처방되거나 개발된 의약품을 의미한다. 이러한 의약품은 개별 환자의 유전자 프로필을 고려하여 처방되거나 개발된다. 유전자 의약품의 종류에 대해 조사하고 유전자 기반 치료의 장점에 관해 연구해 보자.

주제3 우연으로 발견한 항우울제와 항정신병제에 관한 연구

주제4 염색 회사가 발견하고 개발한 진통제 아스피린에 관한 연구

학생부 기록 예시 (교과세특)

'인류의 운명을 바꾼 약의 탐험가들(도널드 커시)'을 읽고 다양한 종류의 세균에 대한 작용 매커니즘을 갖는 광범위 항생제에 관해 조사하여 발표함. 특히 광범위항생제의 오용과 남용이 초래할 수 있는 위험성과 문제점에 관해 연구하고 의약품 규제와 연관 지어 조사함. 의약품 규제가 의약품 개발에 미치는 영향과 구체적인 규제 규정법에 관해 탐구하고 나라와 지역별로 상이한 의약품 규제에 관해 연구하여 발표함.

'인류의 운명을 바꾼 약의 탐험가들(도널드 커시)'을 읽고 유전자 의약품에 관해 연구하고 유전자 의약품이 환자에게 유리한 이유와 장점에 대해 조사하여 발표함. 개인의 유전자 정보를 기반으로 처방되거나 개발된 의약품의 사례를 연구하고 유전자 기반 치료 시에 어떤 의학적 효과를 가져 왔는지에 집중하여 탐구함. 미래 사회에 유전자 의약품으로 기대되는 의학적, 사회적 긍정적 변화에 대해 보고서를 작성함.

관련 논문

국내 허가된 유전자재조합의약품 품질시험에 사용되는 전하변이체 분석법 조사연구(엄준호 외, 2020)

관련 도서

《기술의 역사: 뗀석기에서 유전자 재조합까지》, 송성수, 살림
《아스피린과 쌍화탕》, 배현, 황금부엉이

관련 계열 및 학과	• 의약계열: 의학과, 약학과, 임상의약학과, 바이오공학부, 혁신신약학과, 바이오의약학과
	• 자연계열: 생명과학기술부, 화학과, 생물환경학과, 분자생명공학과, 의약생명공학과
관련 교과	• 공학계열: 글로벌바이오메디컬공학과, 환경생명공학과, 융합바이오화학공학과

2022 개정 교육과정: 생명과학, 화학, 화학 반응의 세계, 세포와 물질대사, 생물의 유전

2015 개정 교육과정: 화학 I, 생명과학 I, 생활과 과학, 융합과학

자신만만 약처방

김영설, 임형식 | 군자출판사 | 2023

이 책은 바쁜 일상에서 단시간에 약에 대한 정보와 치료제의 선택 및 처방 주의사항 등을 쉽게 얻을 수 있도록 제작되었다. 1부에서는 임상에서 사용하는 약물의 대표적 제형과 용법, 부작용 등을 해석하였고, 2부에서는 질환별로 약 처방에 필요한 지식, 약에 대한 기본적인 설명 외 약 선택 시 꼭 고려해야 할 핵심들을 정리했다. 마지막으로 3부에서는 약 처방의 일반적인 주의사항을 알려 주고 있다.

탐구 주제

주제1 약을 섭취했을 때 약제의 부작용으로 역효과가 나타날 수 있다. 약들의 상호작용이 발생한다면 어떤 부정적 효과를 일으킬 수 있는지에 대해 조사하고, 약물에 대한 올바른 지식과 약의 이용에 대한 구체적인 지침의 중요성에 대해 연구해 보자.

주제2 약물이 인체 내에서 어떻게 작용하는지 이해할 수 있는 자료를 제작해 진통제, 항우울제, 항생제, 해열제 등 약제별로 수용체와 어떤 상호작용을 통해 어떤 생리학적 과정을 변조하고 조절하는지에 대해 발표해 보자.

주제3 약물 부작용의 종류와 예방법 및 관리에 관한 연구

주제4 임상에서 기본적으로 사용되는 치료제와 효과에 관한 연구

학생부 기록 예시 (교과세특)

'자신만만 약처방(김영설 외)'을 읽고 약의 복용과 부작용에 관한 연구를 통해 약의 올바른 사용법과 약 복용 시 주의사항 및 부작용 예방에 관한 영상 프로젝트에 참여함. 동영상 애니메이션을 통해 약물 오남용과 약물 중독에 관한 위험성을 알리고 현명한 약 소비자가 되기 위한 구체적인 방법을 제시함. 프로젝트 발표 후 연구 결과를 토대로 관련 주제로 개인 보고서를 작성함.

'자신만만 약처방(김영설 외)'을 읽고 약물의 긍정적 효과와 부정적 효과에 관한 토론 패널을 구성하고 다양한 시각과 의견을 통해 약의 사용에 관한 다양한 관점에 대해 논의함. 약의 부작용과 약물 중독의 문제를 해결하기 위한 실천적 방법과 해결 방안에 관한 팀 프로젝트에 참여해 창의적이고 실천 가능한 해결책을 제안하고 일상 속에서 적용할 수 있는 방법들에 대해 연구하여 발표함.

관련 논문

우리나라 약물중독의 치료 실태와 대책(조성남, 2013)

관련 도서

《약물중독》, 최은영, 학지사
《약물남용 중독백과》, 나이토 히로시, 바이오사이언스출판

관련 계열 및 학과
- 의약계열: 의학과, 약학과, 임상의약학과, 제약학과, 혁신신약학과, 바이오의약학과
- 자연계열: 생명과학과, 의생명화학과, 생물환경학과, 응용생명화학과, 의약생명공학과
- 공학계열: 제약생명공학과, 생명화학공학과, 환경생명공학과, 융합바이오화학공학과

관련 교과

2022 개정 교육과정: 생명과학, 화학, 화학 반응의 세계, 세포와 물질대사, 생물의 유전

2015 개정 교육과정: 화학 I, 생명과학 I, 생활과 과학, 융합과학

제약바이오 직무 바이블

강동훈 외 | 렛유인 | 2023

이 책은 미래 발전 가능성이 무한한 제약 바이오산업의 대기업 재직자, 외국계 기업 현직자 출신 6명이 직접 연구개발 관리, 생산 관리, 신약 개발, 임상, 영업 등 제약 바이오 업계의 주요 직무 일곱 가지에 대해 자세히 알려 주는 책이다. 직무에 대한 상세한 설명을 통해 직무 이해를 돕고 자소서, 면접 준비와 간접 실무 경험을 할 수 있도록 돕는다.

탐구 주제

주제1　제약 바이오산업은 미래 사회에도 주목받는 산업 분야로 약물 개발, 의료기기 제조, 임상 연구 등 인간의 건강과 제약에 관련한 다양한 분야의 산업을 의미한다. 제약 바이오산업의 직무에 대해서 구체적으로 조사하고 최근 산업 이슈와 트렌드에 관해 연구해 보자.

주제2　신약 개발과 임상 시험은 제약 바이오산업의 중요한 분야로 새로운 의약품의 개발에 따른 안정성과 효과에 관한 연구를 하는 과정이다. 이 직무에 대해 구체적으로 조사하고 실제 현장에서 반드시 기억해야 할 점과 주의해야 할 점에 대해 토론해 보자.

주제3　제약 바이오산업의 안전관리자에 관한 법적 의무에 관한 연구

주제4　제약 바이오산업의 생산 관리와 연구개발 관리의 과정 탐구

학생부 기록 예시 (교과세특)

'제약바이오 직무 바이블(강동훈)'을 읽고 제약 바이오산업의 직무에 대해 구체적으로 분석하여 시각적으로 보여 주는 인포그래픽을 제작함. 제약 바이오산업의 미래에 관해 긍정적 전망에 대해 토론하고 최근 산업 이슈와 트렌드와 연관 지어 발전 방향에 관해 토의함. 제약 바이오산업 분야 중 약물 개발에 초점을 맞춰 신약 개발의 과정을 프레젠테이션 형태로 발표하고 신약 개발이 산업에 미치는 영향에 대해 논의함.

'제약바이오 직무 바이블(강동훈)'을 읽고 신약 개발과 임상 시험의 과정에 대해 분석하고 과정에서 발생할 수 있는 다양한 문제점과 해결책에 관해 토의함. 새로운 의약품이 개발되고 안정성과 효과에 관한 연구를 할 때 유의해야 할 점을 조사하여 발표하고 제약 바이오산업의 구체적인 직무에 대해 분석하여 보고서를 작성함. 직무별로 현직자가 겪었던 어려움들을 토대로 패널과 함께 해결책을 논의함.

관련 논문

제약바이오산업 혁신 효율성 국가 비교 연구(박하영 외, 2020)

관련 도서

《제약바이오 산업의 실무》, 임형식, 군자출판사
《제약바이오 산업의 현장》, 임형식, 내하출판사

관련 계열 및 학과
- 의약계열 : 의학과, 약학과, 임상의약학과, 제약학과, 혁신신약학과, 바이오의약학과
- 자연계열 : 생명과학과, 화학과, 생물환경학과, 분자생명공학과, 의약생명공학과
- 공학계열 : 화학공학과, 생명정보공학과, 시스템생명공학과, 융합바이오화학공학과

관련 교과

2022 개정 교육과정 : 생명과학, 화학, 화학 반응의 세계, 세포와 물질대사, 생물의 유전

2015 개정 교육과정 : 화학Ⅰ, 생명과학Ⅰ, 생활과 과학, 융합과학

질병 정복의 꿈, 바이오 사이언스

이성규 | MID | 2023

미국의 열정적이고 치열한 바이오 의약품 연구가 주목받는 가운데, 비만 치료제와 mRNA 백신은 의약품 시장의 혁명을 불러일으키고 있다. 코로나19의 대유행은 과학자들에게 새로운 기회를 제공하였으며, 코로나19 바이러스와의 전쟁에서 승리하기 위해 과학자들은 세계 최초로 mRNA 백신을 상용화했다. 이 책은 최근 5년간의 질병과의 전쟁에서 인류가 얻은 혁신적인 치료제를 알려 준다.

탐구 주제

주제1 바이오 사이언스가 인류의 건강과 질병 치료에 변화를 가져왔다. 인간에게 흔한 질병인 치매, 당뇨병, 비만과 같은 질병을 어떻게 해결할 것인지에 대해 생명과학의 혁신과 바이오 사이언스의 혁신과 관련하여 연구해 보자.

주제2 인간 유전병의 종류를 조사해 유전병이 발병하는 원인과 해결책에 관해서 바이오 사이언스 관점에서 연구해 보자. 인간의 궁극적 욕망인 불로장생의 비법과 최신 의료 기술 트렌드에 관해 조사해 보고 미래 사회 바이오 사이언스의 중요성에 관해 연구해 보자.

주제3 퇴행성 뇌 질환 치료를 위한 바이오 사이언스의 역할 연구

주제4 당뇨, 비만, 노화와 같은 질병 해결을 위한 최신 의학적 트렌드 연구

학생부 기록 예시 (교과세특)

'질병 정복의 꿈, 바이오 사이언스(이성규)'를 읽고 바이오 의약품 연구가 세계적으로 어떻게 이루어지고 있고 의약 산업에 어떤 영향을 미치고 있는지를 연구하여 발표함. 인간에게 흔한 질병인 당뇨, 비만, 노화의 원인을 바이오 사이언스 관점에서 정리하고 새로운 의약 기술에 의해 어떻게 치료되고 있는지를 바이오 테크놀로지와 연관하여 조사하고 다가오는 미래 사회에 바이오 사이언스의 역할에 대해 연구함.

'질병 정복의 꿈, 바이오 사이언스(이성규)'를 읽고 인간에게 전해지는 다양한 유전병에 관해 조사하고 유전병이 나타나는 원인과 치료법에 관해 연구함. 특히 바이오 사이언스의 성장에 따른 유전병 치료법의 변화와 혁신에 관해 초점을 두고 미래 사회에 나타날 수 있는 다양한 유전병과 전염병에 대해 추론함. 이를 해결할 수 있는 다양한 방법을 바이오 사이언스와 연관지어 보고서를 작성함.

관련 논문

유전공학 기술에 대한 한국인들의 인식과 정책적 시사점(정진화, 2023)

관련 도서

《청소년을 위한 팬데믹 리포트》, 이성규, MID
《동물이 만드는 지구 절반의 세계》, 장구, 21세기북스

관련 계열 및 학과	· 의약계열: 의학과, 약학과, 임상의약학과, 제약학과, 혁신신약학과, 바이오의약학과
	· 자연계열: 생명과학과, 화학과, 생물환경학과, 분자생명공학과, 의약생명공학과
관련 교과	· 공학계열: 화학공학과, 생명화학공학과, 환경생명공학과, 융합바이오화학공학과

2022 개정 교육과정: 생명과학, 화학, 화학 반응의 세계, 세포와 물질대사, 생물의 유전

2015 개정 교육과정: 화학 I, 생명과학 I, 생활과 과학, 융합과학

프셉마음: 약물계산편

신영미 | 드림널스 | 2023

이 책은 약물 계산과 투약에 관한 의학적 지식과 정보를 바탕으로 간호사가 다양한 상황 속에서 어떻게 약물을 계산해야 하는지 알기 쉽게 설명하는 책이다. 응급 상황이 어려운 간호사와 좀 더 깊이 있는 공부를 원하는 간호사에게 좋은 정보를 제공하며 병동에 따라 약물 계산과 투약을 어떻게 하는 것이 올바른지에 관한 이야기를 들려준다. 실전을 위한 다양한 정보와 자료가 제공되어 유용한 책이다.

탐구 주제

주제1 약물 계산은 간호사에게 가장 중요한 정보이자 실전 능력이다. 약물 계산에 따라 약물 효력이 달라지는 사례와 약물 계산이 잘못되어 위험에 처하는 상황에 대해 연구하여 실전에서 사용 가능한 약물 계산 공식에 대해 발표해 보자.

주제2 약을 투약하는 일은 간호사의 가장 중요한 업무 중 하나이다. 약을 투약하는 업무에서 주의해야 할 점과 반드시 알아야 할 점을 조사하고, 병실과 질환의 정도에 따른 약물 계산이 어떻게 의학적으로 다른 결과를 초래하는지 연구해 보자.

주제3 약물 계산과 의약품의 상호작용에 관한 연구

주제4 약물 투여 정보 기록의 중요성과 안전에 관한 연구

학생부 기록 예시 (교과세특)

'프셉마음: 약물계산편(신영미)'을 읽고 간호사의 직무 중 하나인 약물 계산과 투약에 대해 자세히 조사하고 약물 계산에 따라 약물의 효력이 달라지는 사례에 대해 연구함. 의약 현장에서 언제나 사용 가능한 약물 계산 공식에 대해 알아보고 호흡기계 약물, 혈액 작용 약물, 내분비계 약물 등 신체에 따른 약물 계산법을 조사하여 발표함. 특히 약물 금지 환자와 금지된 구체적 이유에 대해 연구함.

'프셉마음: 약물계산편(신영미)'을 읽고 간호사로서 약을 투약하는 일이 얼마나 중요한 업무인지에 대해 사례 연구를 통해 조사하고 약을 투약할 시에 주의해야 할 점과 의학적 상식을 연구하여 발표함. 질병의 경중과 질환의 정도에 따라 달라지는 약물 투여 방법에 대해 조사하고, 잘못된 약물 계산이 초래할 수 있는 심각한 문제점과 올바른 약물 사용법에 대한 자신의 생각을 보고서로 작성함.

관련 논문

간호 대학생의 약물계산역량에 영향을 미치는 요인(김명희 외, 2012)

관련 도서

《간호사를 위한 약물계산법》, Jim Keogh, 아카데미아
《약물계산 무조건 따라하기》, 정영진, 수문사

관련 계열 및 학과	• 의약계열: 의학과, 약학과, 임상의약학과, 제약학과, 혁신신약학과, 바이오의약학과
	• 자연계열: 생명과학과, 의료생명공학과, 생물환경학과, 분자생명공학과, 의약생명공학과
관련 교과	• 공학계열: 바이오화학공학과, 생명정보공학과, 환경생명공학과, 융합바이오화학공학과

2022 개정 교육과정: 생명과학, 화학, 화학 반응의 세계, 세포와 물질대사, 생물의 유전
2015 개정 교육과정: 화학 I, 생명과학 I, 생활과 과학, 융합과학

항산화제, 내 몸을 살린다

정윤상 | 모아북스 | 2011

이 책은 인체의 항산화 작용, 우리 몸의 노화를 막아 주는 항산화 식품·항산화제에 대한 정보들을 알기 쉽게 설명하는 책이다. 우리의 일상에서 자주 갖게 되는 불규칙한 일상생활, 지나친 스트레스, 흡연, 음주 등으로 세포의 원상회복 능력을 방해하는 습관들을 교정하고, 항산화제로 노화를 촉진하는 활성산소를 제거함으로써 젊은 생체 나이를 유지하고 장수하는 방법을 안내한다.

탐구 주제

주제1 최근 질병과 노화, 수명 연장에 대한 활발한 연구들 중 가장 주목받는 부분이 노화를 방지하는 항산화 작용이다. 항산화 작용을 극대화할 방법에 대해 조사하고 우리의 식습관과 스트레스 조절에 어떻게 적용해야 하는지 발표해 보자.

주제2 미국의 〈뉴욕 타임스〉에서 발표한 세계 10대 건강식품이 무엇인지 자세히 조사하고 이 건강식품들이 공통으로 가진 성분을 분석해 보자. 분석 결과를 토대로 사람의 노화를 방지하는 항산화 작용과 연관 지어 실험 연구를 하고 보고서를 작성해 보자.

주제3 노화를 앞당기고 건강을 위협하는 활성산소에 관한 연구

주제4 세포의 원상회복과 수리 보수 능력을 방해하는 습관에 관한 연구

학생부 기록 예시 (교과세특)

'항산화제, 내 몸을 살린다(정윤상)'를 읽고 질병과 노화, 수면 연장에 관한 현대 사회의 요구와 이슈에 대해 조사해 생물학적 이론을 바탕으로 노화를 방지하는 항산화 작용을 연구하여 발표함. 그룹 프로젝트를 통해 항산화 작용을 극대화할 수 있는 방법, 식습관과 스트레스 조절에 관한 구체적인 실천 방법에 대해 연구하여 발표함. 그룹 프로젝트의 실험 연구에 대한 결과를 토대로 개인 보고서를 작성함.

'항산화제, 내 몸을 살린다(정윤상)'를 읽고 미국 〈뉴욕 타임스〉에서 발표한 세계 10대 건강식품에 대해 조사하고 이 식품들이 공통으로 가진 성분을 분석하여 항산화 작용과 연관 지어 연구한 결과를 발표함. 노화를 앞당기고 사람의 건강을 위협하는 활성산소에 대한 과학적 지식과 정보를 조사하고 항산화 작용을 극대화하고 세포의 원상회복과 수리 보수 능력을 향상시키기 위한 다양한 일상 습관을 연구해 발표함.

관련 논문

활성산소에 의한 피부노화와 항산화비타민의 효능에 대한 이론적 고찰(홍재기, 2009)

관련 도서

《노화의 역행》, 베스 베넷, 레몬한스푼
《노화 공부》, 이덕철, 위즈덤하우스

관련 계열 및 학과	· 의약계열: 의학과, 약학과, 임상의약학과, 제약학과, 바이오메디컬학과, 바이오의약학과
	· 자연계열: 의생명화학과, 화학과, 생물환경학과, 응용생명화학과, 의약생명공학과
관련 교과	· 공학계열: 화학공학과, 생명화학공학과, 환경생명공학과, 융합바이오화학공학과

2022 개정 교육과정: 생명과학, 화학, 화학 반응의 세계, 세포와 물질대사, 생물의 유전

2015 개정 교육과정: 화학 I, 생명과학 I, 생활과 과학, 융합과학

항생제 열전

유진홍 | 군자출판사 | 2019

항생제의 유래와 변화의 역사에 관해 설명하는 책이다. 항생제가 어떻게 진화해 왔는가에 초점을 두고 항생제가 초기의 모습으로 시작해서 어떻게 단점을 보완하고 어떻게 힘을 더 기르게 되었는지를 집중적으로 다루고 있다. 항생제 각각의 종류마다 '어떻게' 그리고 '왜' 이런 효력을 갖추게 되었는가를 시대 순서에 따른 변천사로 설명하면서 항생제의 역사를 들려준다.

탐구 주제

주제1 사람이 아닌 항생제를 중심으로 종류별 항생제의 초기 모습, 단점을 보완한 방법, 힘을 기르게 된 방법에 초점을 맞춰 약리학적 측면으로 항생제의 구조-작용 관계를 연구해 보자.

주제2 항생제는 종류에 따라 다양한 화학 구조를 가지고 있다. 이러한 화학 구조를 조사하고 구조의 어떤 부분을 변화시킬 때 어떤 의학적 효과를 가져올 수 있는지를 살펴 약품의 화학 구조를 토대로 신약을 개발하는 과정을 연구해 보자.

주제3 페니실린의 성분 분석과 화학적 구조 연구

주제4 반합성 항생제의 개발 과정에 관한 연구

학생부 기록 예시 (교과세특)

'항생제 열전(유진홍)'을 읽고 항생제의 종류와 성분, 항생제의 초기 개발 과정, 항생제의 부작용을 극복한 방법과 항생제가 어떻게 의학적으로 강력한 효과를 발휘하게 되었는가에 초점을 두어 자료를 조사함. 또한 약리학에 바탕을 두고 항생제의 구조와 약물 작용의 관계를 연구한 뒤, 종류에 따른 항생제의 구조와 작용의 관계를 시각적으로 보여 줄 수 있는 자료를 제작하여 효과적으로 발표함.

'항생제 열전(유진홍)'을 읽고 항생제의 화학 구조 변화에 따른 의학적 효과에 초점을 맞추어 항생제의 종류와 효과를 분석함. 특히 신약 개발 과정에서 항생제의 구조와 작용이 어떻게 반영되는가를 중심으로 페니실린, 마이싱, 반합성 항생제 등과 같은 다양한 항생제의 개발 원리와 과정에 대해 조사함. 조사한 자료를 바탕으로 미래 의학 분야에 개발될 항생제와 효능에 대해 예측하는 토론에 참여함.

관련 논문

딥러닝을 이용한 약물 화학 구조 예측(고수현 외, 2021)

관련 도서

《항생제 스타터》, 아마사와 히로, 대한의학
《항생제 처방》, 최원석, 대한의학

관련 계열 및 학과
- 의약계열: 의학과, 약학과, 임상의약학과, 바이오공학부, 혁신신약학과, 바이오의약학과
- 자연계열: 생명과학과, 화학과, 생물환경학과, 의료생명공학과, 의약생명공학과
- 공학계열: 화학공학과, 생명정보공학과, 환경생명공학과, 시스템생명공학과

관련 교과

2022 개정 교육과정: 생명과학, 화학, 화학 반응의 세계, 세포와 물질대사, 생물의 유전

2015 개정 교육과정: 화학 I, 생명과학 I, 생활과 과학, 융합과학

MT 약학

대한약학회 | 장서가 | 2018

이 책은 국내 신약 개발 현황과 약학대학의 변화 등 생생한 약학의 모습을 설명하고 있다. 약의 역사와 약학을 전공하게 되면 배우는 다양한 과목들에 대해서도 설명하고 있어 약학을 전공하려는 학생들이 자신의 꿈을 키워 나가는 데 좋은 길잡이 역할을 해 준다. 약학을 공부하려는 학생들이 약학자로의 긍지와 약사로서의 사명감을 가질 수 있도록 도와주는 책이다.

탐구 주제

주제1 약이 체내에서 바람직하게 이동하고 분포하게 하여 치료 효과를 최대화하기 위한 약물송달시스템(DDS)이 무엇인지 조사해 보고, 의학, 약학 및 생명과학 분야에서 약물송달시스템이 어떻게 연구 및 개발되며 어떤 긍정적 효과를 발휘하는지를 연구해 보고서를 작성해 보자.

주제2 제약산업에서 신약 개발은 매우 중요한 분야이지만 그간 개발 연구에 많은 어려움이 있었다. 4차 산업 혁명의 핵심 요소인 인공지능을 신약 개발에 활용한다면 어떤 의학적 결과를 가져올 수 있을지 긍정적 방향과 부정적 방향을 연구하여 토론해 보자.

주제3 우리나라 바이오 의약품 분야의 현재와 미래에 관한 연구

주제4 사회적 차원에서 의약품 치료성과의 최적화를 추구하는 사회 약학에 관한 연구

학생부 기록 예시 (교과세특)

'MT약학(대한약학회)'을 읽고 약학 전공 교과에 대한 세부적인 내용과 이론을 조사하여 발표함. 약이 체내에 바람직하게 이동 분포하게 할 수 있도록 돕는 약물송달시스템이 의학과 약학 분야에서 어떻게 연구 및 개발되고 있는지를 조사하고 의학에 어떠한 긍정적 효과와 부정적 효과를 가져오는지에 대한 보고서를 작성함. 연구조사에서 더 나아가 부정적 효과나 부작용에 대한 문제 해결을 위해 토론함.

'MT약학(대한약학회)'을 읽고 4차 산업 혁명 시대를 맞아 약학 개발에 인공지능이 활용될 경우 어떤 의학적 결과를 가져올 수 있을지에 대해 연구함. 특히 신약 개발에 있어 인공지능이 활용되는 범위나 쓰임에 대해 자세히 연구하고 현재 의학 산업에서 이미 활용되고 있는 인공지능의 종류와 쓰임에 대한 연구를 통해 미래 사회 의학 분야 속 인공지능의 활용 방안과 긍정적 효과에 대해 보고서를 작성함.

관련 논문

약물의 물리적 송달효과에 대한 두 가지 투약 방법의 비교(이행기 외, 2010)

관련 도서

《딥메디슨》, 에릭 토폴, 소우주
《건강의 비용》, 김재홍, 파지트

관련 계열 및 학과	• 의약계열: 의학과, 약학과, 임상의약학과, 제약학과, 혁신신약학과, 바이오의약학과
	• 자연계열: 의료생명공학과, 화학과, 생물환경학과, 분자생명공학과, 의약생명공학과
관련 교과	• 공학계열: 화학공학과, 생명화학공학과, 환경생명공학과, 시스템생명공학과

2022 개정 교육과정: 생명과학, 화학, 화학 반응의 세계, 세포와 물질대사, 생물의 유전

2015 개정 교육과정: 화학 I, 생명과학 I, 생활과 과학, 융합과학

간호

순번	도서명	저자명	출판사명
1	간호 읽어주는 남자	김진수	크루
2	간호사 가이던스	한동수	포널스
3	간호사 마음 일기	최원진	강한별
4	간호사 부서 탐방	강민애	드림널스
5	간호사 생활 백서	권지은	시대고시기획
6	간호사 혁명 시대	이경주	라온북
7	간호사, 너 자신이 되어라	한화순	메디캠퍼스
8	간호사, 어떻게 말해야 하는가	송애랑	북샵
9	간호사, 프로를 꿈꿔라!	도나 월크 카르딜로	한언
10	간호사가 되기로 했다	김진수 외	시대의창
11	간호사는 고마워요	잭 캔필드 외	원더박스
12	간호사를 부탁해	정인희	원더박스
13	간호약리학	Ruth Woodrow 외	포널스
14	간호의 경제학	츠노다 유카	호밀밭
15	간호장교를 간직하다	조원경, 김다혜	드림널스
16	간호학과 교수를 간직하다	최영림	드림널스
17	감정을 돌보는 간호사	손지완	포널스
18	나는 간호사, 사람입니다	김현아	아를
19	나이팅게일은 죽었다	김민경	에테르니
20	나이팅게일의 눈물	게일	BG북갤러리
21	도시에서 죽는다는 것	김형숙	뜨인돌
22	돌봄의 미학	박명희	푸른사상
23	사랑의 돌봄은 기적을 만든다	김수지	비전과리더십
24	새로 만든 내몸 사용설명서	마이클 로이젠, 메멧 오즈	김영사
25	생명, 인간의 경계를 묻다	강신익, 김시천	웅진지식하우스
26	생의 마지막에서 간절히 원하는 것들	태현정 외	메이트북스
27	실버 간호사의 골든 메모리	함채윤	포널스
28	연구간호사를 간직하다	박유원, 권현	드림널스
29	청진기가 사라진다	에릭 토플	청년의사
30	통증혁명	존 사노	국일미디어

간호 읽어주는 남자

김진수 | 크루 | 2022

현직 간호사가 24시간 환자의 곁을 지키며 겪는 순간들을 기록한 책이다. 간호사가 겪는 생생한 현장을 간접 경험할 수 있으며, 생명을 살리기 위해 고군분투하는 간호사의 실상을 볼 수 있다. 특히 남자 간호사로서 고민되는 부분에 대해 어디서나 들을 수 없는 현실 조언을 얻을 수 있으며 간호사가 되기 위해서 무엇을 준비해야 하고, 어떤 마음가짐을 가져야 하는지 스스로 고민하는 시간을 가질 수 있게 한다.

탐구 주제

주제1 숭고한 직업인 간호사로 일하며 느낄 수 있는 매력적인 부분, 보람된 부분, 힘든 부분, 그만두고 싶은 부분에 대해서 살펴보고, 여러 문제를 해결하고 환자를 더 잘 돌보기 위해 끊임없이 노력하는 간호사의 모습에 대해 탐구해 보자.

주제2 병원에서 근무하는 남자 간호사의 숫자는 적은 편이다. 남자 간호사가 된다는 것의 의미와 남자 간호사만의 강점에 대해서 알아보고, 병원 내에서 뻗어 나갈 수 있는 진로는 무엇이 있는지, 병원 외의 길로 나아가는 방법은 어떤 것이 있는지를 토의해 보자.

주제3 전국에 있는 대학의 간호학과의 학년별 교육과정에 대한 비교

주제4 간호사의 근무 복지 환경 현황에 대한 고찰

학생부 기록 예시 (교과세특)

'간호 읽어주는 남자(김진수)'를 읽고 간호사로 일하며 느낄 수 있는 매력적인 부분과 보람된 부분을 알게 되었으며, 간호사의 힘든 부분을 나이팅게일 선서와 연결하여 극복하고자 노력하는 간호사 직업의 숭고함을 독창적인 아이디어로 보고서를 작성함. 환자의 죽음을 대하는 간호사의 모습, 환자를 더 잘 돌보기 위해 끊임없이 공부하며 생명을 위해 노력하는 간호사들의 헌신적인 모습을 잘 표현함.

'간호 읽어주는 남자(김진수)'를 읽고 남자가 간호사를 직업으로 선택한다는 것의 의미와 역할에 대해 깊이 생각해 본 뒤 병원 내 남자 간호사의 장점과 필요성에 대해 많은 자료를 찾아보고 정리하여 발표함. 4차 산업 혁명으로 변화하는 사회 속에서 남자 간호사 역할의 변화가 필요하다고 주장하며 병원뿐 아니라 병원 외에로도 진출할 수 있는 진로도 제안하여 남자 간호사로서의 나아갈 방향을 제시함.

관련 논문

남자간호사가 경험하는 역할기대에 대한 인식유형 (심인옥, 배옥연, 2017)

관련 도서

《간호사 부서 탐방》, 강민애, 드림널스
《7년의 기록, 남자간호사 데이비드 이야기》, 유현민, 인간사랑

관련 계열 및 학과

- 자연계열: 간호학과, 간호학부, 간호헬스케어학과, 보건안전학과, 공중보건학과, 융합보건학과
- 의학계열: 간호학과, 간호대학

관련 교과

- 인문·사회계열: 간호학과, 간호대학, 디지털보건재활학과, 보건행정학과, 보건의료정보학과

2022 개정 교육과정: 통합사회 1, 통합사회 2, 통합과학 1, 통합과학 2, 세포와 물질 대사, 보건

2015 개정 교육과정: 통합사회, 통합과학, 생명과학, 생명과학 II, 화학 I, 화학 II, 보건

간호사 가이던스

한동수 | 포널스 | 2021

이 책은 간호학과 학생 때부터 간호사가 되고, 임상에서 나올 때까지 지속적으로 해야 할 고민을 슬기롭게 이겨낼 수 있는 조언을 전하는 책이다. 실제로 고민을 겪던 많은 간호사들을 대상으로 실시했던 컨설팅, 상담, 인터뷰를 연구하여 가이드로 제시하고 있다. 간호사로서 경험할 수 있는 선택에 대해 고민이 될 때마다 방향성을 제시해 줄 수 있을 것이다.

탐구 주제

주제1 간호사가 되기 위해 간호학과를 졸업하는 학생들은 계속 증가하는 추세이다. 이렇게 증가하는 숫자에도 다른 직업과 달리 높은 취업률을 유지하는 이유는 높은 사직률과 연관성이 있다고 한다. 높은 취업률과 사직률의 연관성에 대해 탐구하여 보고서로 작성해 보자.

주제2 간호학과 졸업생들은 자신의 꿈을 실현하기 위해 자신에게 맞는 병원을 선택하는 것이 중요하다. 간호사로 살아남기 위해서 병원을 선택할 때, 미리 예측해 볼 수 있는 간호사 트렌드와 가장 우선적으로 보는 기준이 무엇인지 선정하여 토의해 보자.

주제3 간호학과 졸업생들의 취업과 업무 만족도에 대한 고찰

주제4 간호사의 업무 스트레스의 영향

학생부 기록 예시 (교과세특)

'간호사 가이던스(한동수)'를 읽고 간호학과를 졸업하는 학생들이 높은 취업률을 유지하는 이유가 간호사들이 태움, 대인관계, 과도한 업무, 부족한 처우 등으로 인한 복지 문제로 인한 사직률이 높음과 연관성이 있음을 보고서로 잘 제출함. 간호사의 처우 개선은 환자에게 제공하는 간호 서비스의 질을 떨어뜨리는 원인이 될 수 있다고 지적하며, 사회 공동체적 노력을 아끼지 않아야 함을 강조함.

'간호사 가이던스(한동수)'를 읽고 간호사가 직업을 선택할 때 자신의 자존감을 지켜낼 수 있는 직업의 의미와 역할에 대해 깊이 생각하고, 미리 예측해 볼 수 있는 간호사 트렌드를 살펴보며 자신에게 맞는 병원과 부서를 선택하는 것이 중요함을 강조함. 사회적 상황과 연계하여 내용을 분석하는 능력이 뛰어나며, 상대방의 의견을 존중하며 자신의 구체적인 방안을 설득력 있게 잘 제시함.

관련 논문
간호사인력의 수급 현황과 중장기 전망(김진현 외, 2021)

관련 도서
《간호사를 부탁해》, 정인희, 원더박스
《연구간호사를 간직하다》, 박유원, 권현, 드림널스

관련 계열 및 학과	• 자연계열: 간호학과, 간호학부, 간호헬스케어학과, 보건안전학과, 공중보건학과, 융합보건학과
	• 의학계열: 간호학과, 간호대학
관련 교과	• 인문·사회계열: 간호학과, 간호대학, 디지털보건재활학과, 보건행정학과, 보건의료정보학과

2022 개정 교육과정: 통합사회 1, 통합사회 2, 통합과학 1, 통합과학 2, 세포와 물질 대사, 보건

2015 개정 교육과정: 통합사회, 통합과학, 생명과학, 생명과학 II, 화학 I, 화학 II, 보건

간호사 마음 일기
최원진 | 강한별 | 2022

간호사 마음 일기

사람과 사람 사이에 온기가 생기는 이유는
가장 지친 날 위로받을 수 있는 마음이 있기 때문이야.

글 그림 최원진

병원에서 일어나는 다양한 사연들을 간호사 시점에서 바라보며 그린 웹툰 에세이이다. 간호사로 일하며 접한 감동적인 이야기, 억울한 이야기, 마음 아픈 사연 등 우리 주변에서 흔히 마주칠 수 있는 간호사들이 겪는 일상을 그렸다. 가볍게 공감하며 읽을 수 있는 내용이지만, 환자뿐 아니라 보호자들의 마음까지 헤아려야 하는 감정 노동자로 살아가는 간호사들끼리 존중하며 일하자는 '같이의 가치'를 말하고 있다.

탐구 주제

주제1 간호사들은 하루에 수십 명의 환자들을 대하며 하루빨리 건강을 되찾고 평범한 일상으로 돌아갈 수 있도록 돕는다. 간호사들은 환자들의 호전 상태뿐 아니라 마음까지 헤아려야 하는 직업이다. 간호사 역시 감정 노동자에 속한다는 의견에 대한 찬반 토론을 해 보자.

주제2 간호사들 사이에는 선배가 후배를 괴롭히는 '태움(영혼이 재가 될 때까지 태운다)'이라는 개념이 있다고 한다. 간호사들이 겪는 태움의 사례를 찾아보고, 사회에 미치는 영향에 대해 발표해 보자.

주제3 간호사들의 정서적 만족이 직무 만족도에 미치는 영향

주제4 간호사의 태도와 환자 보호자의 만족도 조사 연구

학생부 기록 예시 (교과세특)

'간호사 마음 일기(최원진)'를 읽고 간호사들은 환자들의 몸과 마음을 헤아리고, 보호자들의 마음도 살뜰히 챙기며 질문에도 친절하게 응대해야 하는 감정 노동자라는 입장으로 토론에 참여함. 간호사들은 심신이 나약하고 예민해져 있는 환자와 보호자를 돌보느라 정작 인권 무시를 당하는 자신의 마음은 드러내지 못하고 초인적인 의지를 요구받는다며, 이러한 사회적 관행에 대한 인식 전환과 구조적으로 보완 방법이 필요함을 역설함.

'간호사 마음 일기(최원진)'를 읽고 선배 간호사들이 후배들을 가르치는 과정에서 일어나는 태움의 경험들을 책에서 제시된 다양한 통계와 사실들을 바탕으로 사실적으로 해석하려고 노력하는 태도를 보임. 본인이 겪은 힘듦을 후배는 겪지 않게 하기 위해 힘이 되어 주는 고마운 선배도 있지만, 지역별, 병원별로 여전히 진행되고 있는 태움은 자신들의 지배주의적 입장을 합리화하며 아무 죄 없는 사람들을 죽이는 것과 같다고 비판적으로 고찰함.

관련 논문
임상실습 중 간호대학생의 간호사 태움 경험(장재인, 2022)

관련 도서
《페이크 fake》, 알앤써니, 읽고싶은책
《환자 혁명》, 조한경, 에디터

관련 계열 및 학과
- 자연계열: 간호학과, 간호학부, 간호헬스케어학과, 보건안전학과, 공중보건학과, 융합보건학과
- 의학계열: 간호학과, 간호대학

관련 교과
- 인문·사회계열: 간호학과, 간호대학, 디지털보건재활학과, 보건행정학과, 보건의료정보학과

2022 개정 교육과정: 통합사회 1, 통합사회 2, 통합과학 1, 통합과학 2, 세포와 물질 대사, 보건

2015 개정 교육과정: 통합사회, 통합과학, 생명과학, 생명과학 II, 화학 I, 화학 II, 보건

간호사 부서 탐방

강민애 | 드림널스 | 2023

귀여운 씨앗 간호사가 병원을 돌며 꼼꼼히 부서를 소개해 주는 책으로, 병동, 특수 파트, 기타 부서 등 병원 내 14개의 주요 부서를 책 한 권으로 돌아볼 수 있다. 부서별 실제 근무 중인 선생님 인터뷰로 특징, 장단점을 솔직하게 서술하였다. 간호사로 일해야만 알 수 있는 내용이 담겨 있기에 나는 어떤 부서에 어울리는 간호사인지 생각해 볼 수 있을 것이다.

탐구 주제

주제1 간호사로 입사하거나 간호사 경력자로 부서 이동을 앞두고 있을 때 자신과 가장 잘 맞는 부서를 고르는 일은 일의 효율성과 만족도를 높인다는 측면에서 중요하다. 부서별로 다루는 고유한 업무의 특징을 살펴 나의 성격과 적성에 어울리는 부서는 어떤 부서인지 탐구해 보자.

주제2 다양한 간호사 부서 중 삶과 죽음 사이에서 오가는 환자들을 돌봐야 하는 호스피스 병동 간호사들과 늘 긴장감과 정확성을 요구하는 수술실에서 근무하는 간호사들에게 특별히 요구되는 조건은 무엇이며, 이들에 대한 처우는 어떠한지 비교하여 조사해 보자.

주제3 호스피스 병동 환경이 환자에 미치는 영향

주제4 코로나19 상황 속에서 간호사의 이미지와 역할의 변화 연구

학생부 기록 예시 (교과세특)

'간호사 부서 탐방(강민애)'을 읽고 간호사의 부서별 업무의 특징을 이해하고, 부서 이름에서도 업무를 유추할 수 있게 되었음. 부서별로 간호사들의 특징이 다름을 비교하여 알게 되었으며 병원의 공간적 활용도 업무와 연관이 되어 중요함을 전체의 맥락 안에서 해석해 내는 능력이 우수함. 평소에 관심을 가지고 있던 직업이라 호기심이 더 생겼으며 간호사가 되기 위해 준비해야 할 학습계획서를 추가적으로 제출함.

'간호사 부서 탐방(강민애)'을 읽고 삶과 죽음 사이에서 오가는 호스피스 병동 간호사와 수술실 간호사들에게는 질병의 특징, 진단 방법, 치료법, 환자의 증상을 이해하는 고도의 지식과 올바른 헌신의 자세, 다양한 의료진과 협력하는 팀 작업 수행 능력이 필요하고, 새로운 상황에 대처하는 유연한 조정 능력과 의료 윤리 및 법률의 준수 등이 특별히 요구됨을 시기별 데이터로 통계 분석을 실시하여 사실 여부를 확인한 점이 우수함.

관련 논문

수술실 간호사의 안전한 수술에 대한 의사소통 경험 (안신애, 이남주, 2019)

관련 도서

《시작은 간호사입니다만》, 신보혜, 포널스
《간호사가 만난 사람들》, 김혜선, 달의뒤편

관련 계열 및 학과	・자연계열: 간호학과, 간호학부, 간호헬스케어학과, 보건안전학과, 공중보건학과, 융합보건학과
	・의학계열: 간호학과, 간호대학
관련 교과	・인문·사회계열: 간호학과, 간호대학, 디지털보건재활학과, 보건행정학과, 보건의료정보학과

2022 개정 교육과정: 통합사회 1, 통합사회 2, 통합과학 1, 통합과학 2, 세포와 물질 대사, 보건

2015 개정 교육과정: 통합사회, 통합과학, 생명과학, 생명과학 II, 화학 I, 화학 II, 보건

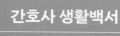

간호사 생활백서

권지은 | 시대고시기획 | 2023

현직 대학병원 간호사이자 유튜브 채널 '널스 홀릭'으로 사랑받고 있는 권지은 간호사가 직접 쓴 솔직담백한 간호사 설명서이다. 단순히 에피소드의 나열이 아니라 간호학과에 입학과 국가고시 준비까지의 과정, 임상 간호사가 될 수 있는 정보와 노하우, 임상 간호사로서의 적응기와 임상 외의 간호사의 다양한 길 등 간호사가 되고자 하는 사람들의 모든 궁금증을 해결할 수 있을 것이다.

탐구 주제

주제1 간호사가 되기 위해서 거쳐야 하는 간호학과 대학교 입학 과정과 대학교 편입 과정, 대학 졸업 전에 간호사 자격증을 갖기 위한 국가고시 준비 과정, 자신이 원하는 병원에 취업하기 위해 준비해야 하는 전 과정에 대해 탐구하여 보고서로 작성해 보자.

주제2 간호사들이 힘든 과정을 거쳐 병원에 취업을 해도 '웨이팅게일'이 되는 시기가 있다고 한다. '웨이팅게일'의 의미를 정의하고, 그 중요한 시기에 무엇을 하면 좋을지에 대해 경험이 많은 선배 간호사들이 제안하는 방법들에는 어떤 것들이 있는지 찾아서 발표해 보자.

주제3 임상 간호 실무에서의 기초 의학용어에 대한 지식과 활용

주제4 간호사의 교대 근무시간 운영 실태에 대한 연구

학생부 기록 예시 (교과세특)

'간호사 생활백서(강민애)'를 읽고 간호사가 되기 위해서 거쳐야 하는 간호학과 대학교 입학 과정과 대학 편입 과정, 국가고시 준비 과정, 병원 취업 준비하는 과정을 다양한 사례들을 바탕으로 사실적으로 해석하려고 노력함. 간호사가 되기 위한 오늘날의 대입 제도와 다양한 편입 과정을 살펴보며 현재 자신의 문제를 해결하려는 태도를 보이고 진로 독서의 필요성과 유용성을 강조하는 보고서를 작성함.

'간호사 생활백서(강민애)'를 읽고 간호사들이 병원에 채용된 이후 발령이 나기까지 기다리는 간호사, 대기하는 간호사를 뜻하는 웨이팅게일의 시기가 있으며, 대기 기간이 연장되면서 간호사들 사이에 불안감이 커지는 사회 현상도 있음을 인지함. 웨이팅게일 시간을 잘 활용하기 위해 개인적인 노력도 필요하지만, 신규 간호사를 보호하기 위한 사회적인 차원에서 실효성있게 이행될 수 있는 합리적인 방안의 검토가 필요함을 역설함.

관련 논문

편입과정을 거쳐 입사한 신규간호사의 적응경험 (김미영, 원종순, 2007)

관련 도서

《그렇게 우리는 간호사가 되어간다》, 김혜선, 유심
《나는 꿈꾸는 간호사입니다》, 김리연, 허밍버드

관련 계열 및 학과	• 자연계열: 간호학과, 간호학부, 간호헬스케어학과, 보건안전학과, 공중보건학과, 융합보건학과
	• 의학계열: 간호학과, 간호대학
관련 교과	• 인문·사회계열: 간호학과, 간호대학, 디지털보건재활학과, 보건행정학과, 보건의료정보학과

2022 개정 교육과정: 통합사회 1, 통합사회 2, 통합과학 1, 통합과학 2, 세포와 물질 대사, 보건

2015 개정 교육과정: 통합사회, 통합과학, 생명과학, 생명과학 II, 화학 I, 화학 II, 보건

간호사 혁명 시대

이경주 | 라온북 | 2022

급변하는 세계에 따라 새로운 세대가 태어나는 주기가 짧아지면서 사람들은 몇 살 차이가 나지 않아도 서로의 생각을 이해하지 못한다. 예전에는 생각해 본 적 없는 타투를 한 간호사들도 많이 생겨나고 있다. 변화와 기성 세대 사이에서 고민하고, 자신의 길을 묻는 2030세대의 간호사들과 예비 간호사들에게 어떤 간호사가 되어야 하는지, 병원은 어떤 간호사들을 선발하고 성장시켜야 하는지를 소개하는 책이다.

탐구 주제

주제1 의사가 아무리 수술을 잘했어도 마취에서 회복되는 사이에 간호사가 환자를 소홀히 돌보거나, 병실에서 제대로 돌보지 않으면 부작용이 발생하고 환자 생명까지 위험해질 수 있다. 의사와 간호사가 한 팀이 되어 환자의 건강을 완벽하게 예술적으로 이끌어 낸 사례를 찾아보자.

주제2 저자는 간호사 면허를 가지고 있다면, 승무원으로 근무하더라도 간호사의 책임에서 벗어나는 것은 아니라고 말한다. 승무원 역할을 하면서 기내 승객들의 건강과 안전을 살필 수 있다는 것이다. 간호사 면허를 가지고 다양한 직업에 종사하는 사람들의 생각은 어떤지 조사해 보자.

주제3 메타버스 플랫폼을 활용한 방문 간호 시스템의 개발

주제4 간호대학생들을 위한 정보통신기술 교육 방법의 효과

학생부 기록 예시 (교과세특)

'간호사 혁명 시대(이경주)'를 읽고 의사와 간호사가 똑똑하고 잘한다고 하더라도 환자의 건강을 회복하기 위해서는 의사와 간호사를 비롯한 병원 구성원 모두가 중요함을 이해함. 간호사가 병원에서 버티기 어려운 이유는 큰일이 생겨서가 아니라 사소한 것들이 누적되어 감정이 상하기 때문이며, 언짢은 포인트를 명료하게 정의하고 그것이 지배하지 않도록 분석해 합리적인 판단을 내릴 수 있는 지혜가 필요함을 발표하였음.

'간호사 혁명 시대(이경주)'를 읽고 신규 간호사가 베테랑이 되기 위해서는 시간이 흘러 경력자가 되어야 하는데, 많은 신규 간호사들이 시간이 흐르기 전에 병원을 떠나는 현실에 안타까움을 느낌. 모르는 점을 채울 수 있는 질문을 스스로에게 해야 한다고 해결 방법을 제시함. 간호사 면허를 가지고 다른 직업에 종사하는 사람들도 언제 어디서나 모든 사람들을 간호할 마음을 먹는다는 것을 알고 감동을 받았다고 표현함.

관련 논문

간호사의 정보기술(IT)활용이 지식관리활동에 미치는 영향(정석희, 2004)

관련 도서

《아름다운 간호사의 손》, 정순옥, 지식공감
《나는 강의하는 간호사입니다》, 김옥수, 생각의빛

관련 계열 및 학과	• 자연계열: 간호학과, 간호학부, 간호헬스케어학과, 보건안전학과, 공중보건학과, 융합보건학과
	• 의학계열: 간호학과, 간호대학
관련 교과	• 인문·사회계열: 간호학과, 간호대학, 디지털보건재활학과, 보건행정학과, 보건의료정보학과

2022 개정 교육과정: 통합사회 1, 통합사회 2, 통합과학 1, 통합과학 2, 세포와 물질 대사, 보건

2015 개정 교육과정: 통합사회, 통합과학, 생명과학, 생명과학 II, 화학 I, 화학 II, 보건

간호사, 너 자신이 되어라

한화순 | 메디캠퍼스 | 2015

이 책은 저자가 신규 간호사에서 병원 파트장이 되기까지 현장에서 터득한 30년 간호사 생활의 지혜를 담고 있다. 간호사는 전문 지식, 환자를 간호하는 헌신적인 마음, 강인한 체력이 모두 필요하기에 힘든 순간이 있었지만 간호사로서의 소신을 지키며 꿈과 행복을 향해 전진할 수 있었다. 병원에서 살아남는 노하우부터 단계별 경력 관리까지, 간호사라면 누구나 고개를 끄덕일 현실적인 조언을 담고 있다.

탐구 주제

주제1 간호사는 자신이 돌보는 환자에게 사명감을 가지고 대하며 간호사로서의 보람과 애환, 환희와 좌절, 자긍심과 소명감을 느끼는 전문인이다. 환자에 대한 열정을 가지고 꿈과 행복을 향해 전진했던 간호사의 롤모델이 되기에 충분한 인물을 찾아 발표해 보자.

주제2 간호사는 업무가 익숙해질 때면 자기 부서의 업무 이외에 수술실, 회복실, 마취과, 중앙공급실, 내과 병동 등 다양한 부서에서 간호 업무를 익혀야 한다. 일반 간호사들의 리더인 책임 간호사가 되기까지 거쳐야 하는 과정과 역할에 대해 탐구하여 보고서로 작성해 보자.

주제3 간호사들이 희망하는 근로 부서에 대한 비교 분석

주제4 은퇴 간호사의 삶의 적응에 대한 고찰

학생부 기록 예시 (교과세특)

'간호사, 너 자신이 되어라(한화순)'를 읽고 환자에게 사명감을 가지고 환자에 대한 헌신과 열정으로 간호사의 꿈과 행복을 추구했던 인물을 찾아 느낀 점을 작성하여 감상문을 제출함, 환자를 대할 때 겉과 속이 다른 위선적 모습으로 대하는 간호사들에 대해 비판적으로 바라보고, 힘겨운 환경 속에서도 긍지와 자부심을 가지고 당당하고 행복하게 일했던 간호사들에게 사회적 차원에서 적극적인 존경을 표시해야 함을 제시함.

'간호사, 너 자신이 되어라(한화순)'를 읽고 간호사들이 업무에 익숙해지는 데 걸리는 시간과 일반 간호사들의 리더인 책임 간호사가 되기까지의 과정과 소통의 역할이 중요함을 상세하게 조사하여 보고서로 작성함. 간호사들의 업무 부서인 수술실, 회복실, 마취과, 중앙공급실, 내과 병동 등 다양한 부서에서의 업무들을 도표로 작성하여 시각적으로 보기 좋게 정리하였으며, 비교 분석하며 논리적으로 잘 설명함.

관련 논문

중소병원 간호사의 희망 근로조건에 대한 연구 (박광옥, 김종경 2019)

관련 도서

《간호사 생활백서》, 권지은, 시대고시기획
《법의간호사를 간직하다》, 최보은, 드림널스

관련 계열 및 학과
- 자연계열: 간호학과, 간호학부, 간호헬스케어학과, 보건안전학과, 공중보건학과, 융합보건학과
- 의학계열: 간호학과, 간호대학

관련 교과
- 인문·사회계열: 간호학과, 간호대학, 디지털보건재활학과, 보건행정학과, 보건의료정보학과

2022 개정 교육과정: 통합사회 1, 통합사회 2, 통합과학 1, 통합과학 2, 세포와 물질 대사, 보건

2015 개정 교육과정: 통합사회, 통합과학, 생명과학, 생명과학 II, 화학 I, 화학 II, 보건

간호사, 어떻게 말해야 하는가

송애랑 | 북샵 | 2019

이 책은 커뮤니케이션을 좀 더 잘하고 싶은 간호사들을 위해 만들어진 책이다. 저자가 의료현장에서 수십 년간 교육을 진행해 오면서 배운 커뮤니케이션 기본 이론을 바탕으로 동료들, 환자, 환자 가족과 원활한 커뮤니케이션을 하기 위한 방법과 갈등 사례, 개선책 등을 담았다. 간호사들이 커뮤니케이션의 달인이 되기 위한 현실적인 방안을 소개하며 병원에서 조금 더 행복하게 근무할 수 있길 바라고 있다.

탐구 주제

주제1　간호사의 커뮤니케이션 능력이 병원의 가치를 결정한다는 말이 있다. 병원 인력의 과반수 이상을 차지하는 간호사들이 병원 내에 있는 의사, 사무직원, 다른 부서 간호사, 환자, 환자 가족, 영양사, 물리치료사들과 관계를 맺을 때 필요한 커뮤니케이션의 능력에 대해 토의해 보자.

주제2　모든 일의 시작은 대화에서 시작된다. 좋은 관계는 대화를 어떻게 하느냐에 달려 있다. 간호사의 커뮤니케이션 능력과 방법도 중요하지만 환자와 환자의 보호자에게도 커뮤니케이션 태도와 방법에 대한 이해가 필요해 보인다. 어떤 커뮤니케이션 태도와 방법이 요구되는지 발표해 보자.

주제3　간호사의 커뮤니케이션 만족과 조직 갈등 관계

주제4　보호자의 교육 수준과 보호자의 심리 및 대화 기술의 관계 비교

학생부 기록 예시 (교과세특)

'간호사, 어떻게 말해야 하는가(송애랑)'를 읽고 간호사의 커뮤니케이션 능력이 병원의 가치를 결정한다는 말에 의구심을 가졌으나 병원 인력의 과반수 이상을 차지하는 간호사들의 숫자를 보고 말의 의미를 이해함. 병원 내 사람들과 커뮤니케이션에 앞서 환자 간호와 진료에 필요한 정보를 획득 공유하고, 상호 협동적으로 정확하고 신속히 반응을 해야 하는 태도가 필요하며 무엇보다 공감과 경청의 태도가 체화되어야 함을 강조함.

'간호사, 어떻게 말해야 하는가(송애랑)'를 읽고 간호사와 환자와 보호자의 바람직한 커뮤니케이션을 위해서는 사전에 불안 요소를 줄이는 노력이 필요하며, 서로를 이해하는 역지사지의 자세로 상호작용을 할 때 좋은 관계가 형성될 수 있다는 점을 이해함. 갈등 상황이 발생했을 때 조직의 관리자는 갈등의 중요성을 인식하고 가장 적절한 방안을 찾아 적용하는 것이 중요하다며 사회문화적 관점에서 해결책을 제시하는 우수함을 보임.

관련 논문
암 환자 중심의 대화를 위한 간호사의 공손 언어행위 분석 (이화진, 2008)

관련 도서
《간호사라서 고맙다》, 박민지, 미다스북스
《아프다고 말해도 괜찮아요》, 한경미, 북레시피

관련 계열 및 학과	・자연계열: 간호학과, 간호학부, 간호헬스케어학과, 보건안전학과, 공중보건학과, 융합보건학과
	・의학계열: 간호학과, 간호대학
관련 교과	・인문·사회계열: 간호학과, 간호대학, 디지털보건재활학과, 보건행정학과, 보건의료정보학과

2022 개정 교육과정: 통합사회 1, 통합사회 2, 통합과학 1, 통합과학 2, 세포와 물질 대사, 보건

2015 개정 교육과정: 통합사회, 통합과학, 생명과학, 생명과학 II, 화학 I, 화학 II, 보건

간호사, 프로를 꿈꿔라!

도나 윌크 카르딜로 | 한언 | 2005

머리와 가슴을 모두 사용하는 고귀한 직업인 간호사는 매일매일 보람으로 충만할 것 같지만, 정작 간호사들은 3년을 넘기는 순간부터 고뇌와 매너리즘에 빠진다. 저자는 간호사들에게 의료 지식이나 임상 기술뿐만 아니라 병원이라는 특수한 직장생활에서 지치지 않기 위한 역할모델, 장기적인 비전, 끊임없는 경력 관리와 자신에게 알맞은 스트레스 해소법 등이 꼭 필요하다고 주장한다.

탐구 주제

주제1 저자는 간호사들이 병원이라는 특수한 직장생활에서 지치지 않기 위해 스스로 일에 대한 동기부여와 알맞은 스트레스 해소법이 있어야 한다고 한다. 간호사들이 가지고 있는 다양한 동기부여와 스트레스 해소 방법에 대해 조사하여 발표해 보자.

주제2 간호사들도 끊임없이 경력을 관리하며 환영을 받을 수 있는 다양한 곳으로 진로를 개척한다. 최근 늘어나는 해외 취업 사례의 예로 미국 간호사 면허증 취득 방법과 병원을 선택하는 방법, 면접에 임하는 방법에 대해 탐구하여 보고서를 작성해 보자.

주제3 간호사 일에 대한 동기부여의 직무만족도에 미치는 영향

주제4 한국 간호사의 해외 취업의 역사에 대한 고찰

학생부 기록 예시 (교과세특)

'간호사, 프로를 꿈꿔라(도나 윌크 카르딜로)'를 읽고 간호사는 환자와 보호자와의 잦은 부딪힘, 3교대 근무와 강도 높은 업무, 의사와의 미묘한 갈등, 동료들과의 첨예한 신경전 등 많은 스트레스를 가지고 있음을 이해함. 주기적으로 찾아오는 어려움을 일에 대한 끊임없는 동기부여와 자신에게 알맞은 스트레스 해소법 계발을 통해 회복하는 회복탄력성을 높여야 함을 담은 내용의 서평을 작성하여 제출함.

'간호사, 프로를 꿈꿔라(도나 윌크 카르딜로)'를 읽고 간호사들이 꾸준히 경력을 관리하면 다양한 곳에서 환영을 받을 수 있는 진로가 많다는 것을 알게 됨. 세계화와 걸맞게 늘어나고 있는 해외 취업 사례를 조사하면서 서독 간호사 파견 역사를 접함. 국가 경제 성장과 선진국의 지식과 기술을 습득하여 우리나라의 간호 수준을 높이고, 간호사 직업에 대한 사회적 인식을 향상시킨 희생과 헌신의 삶에 존경을 표하는 보고서를 작성함.

관련 논문

간호사의 지각된 스트레스 유형, 신체증상, 행복간의 관계(박영숙, 2014)

관련 도서

《간호사》, 고정민 외, 꿈결
《슬기로운 호주 간호사 생활》, 손정화, 포널스

관련 계열 및 학과	• 자연계열: 간호학과, 간호학부, 간호헬스케어학과, 보건안전학과, 공중보건학과, 융합보건학과
	• 의학계열: 간호학과, 간호대학
관련 교과	• 인문·사회계열: 간호학과, 간호대학, 디지털보건재활학과, 보건행정학과, 보건의료정보학과

2022 개정 교육과정: 통합사회 1, 통합사회 2, 통합과학 1, 통합과학 2, 세포와 물질 대사, 보건

2015 개정 교육과정: 통합사회, 통합과학, 생명과학, 생명과학 II, 화학 I, 화학 II, 보건

간호사가 되기로 했다

김진수 외 | 시대의창 | 2023

이 책은 남자 간호사 14명이 간호사가 되기로 결심한 계기에서 시작해, 각자의 파트에서 겪은 그리고 겪어내야 할 이야기를 진솔하게 풀어냈다. 이야기를 담았다. 간호사는 여성의 직업이라는 편견이 아직 완전히 가시지 않은 세상에서 자신들의 이야기를 담담하게 들려준다. 병원에서 보이는 듯 안 보이는 듯 묵묵히 자신의 일을 해내는 이들의 이야기는 사람이 사람으로서 살아가는 것의 의미를 일깨운다.

탐구 주제

주제1 누구나 알고 있지만 가고 싶지 않은 곳인 응급실에서 근무하는 남자 간호사들에게 요구되는 것과 아기들이 있는 어린이 병원에서 남자 간호사에게 요구되는 것, 그리고 입원 간호팀에서 남자 간호사에게 요구되는 것을 비교·분석해 보고서를 작성해 보자.

주제2 수술실은 익숙하면서도 경험하지 않고 싶은 공간이다. 수술실은 다른 공간보다 온도가 낮지만 그렇기에 생명에 대한 애정과 직업적 소명이 특별히 필요하다. 수술 임상 전담 간호사와 마취 회복 파트의 간호사가 수술실에서 겪는 감정들의 변화를 분석해 보자.

주제3 남자 간호사의 성역할 갈등과 조직 몰입의 영향

주제4 한국 남자들의 남자 간호사에 대한 이미지에 대한 고찰

학생부 기록 예시 (교과세특)

'간호사가 되기로 했다(김진수 외)'를 읽고 어린이 병원에서 남자 간호사들은 아픈 아이들에게 부모와 같은 역할을 함을 이해함. 남자라고 특별히 다르지 않으며 인큐베이터 속에서 가냘픈 숨을 헐떡이는 신생아부터 생사의 갈림길에서 사투를 벌이는 아이들을 위해 사랑과 정성으로 돌보는 진정한 간호사의 모습만 있기에 남자 간호사라는 성 역할의 고정관념에서 벗어나야 함을 양성평등 의식에 근거하여 분석하고 제안함.

'간호사가 되기로 했다(김진수 외)'를 읽고 수술실에서는 장기 이식 수술 같은 무척 위험하고 고귀하고 촌각을 다투는 일도 있는 응급 상황들도 발생함을 깨달음. 여전히 간호사는 여성의 직업이라는 편견이 있는 세상에서 생명에 대한 애정과 직업적 소명을 가지며 환자와 보호자의 몸과 마음을 함께 돌보는 남자 간호사의 모습을 보며 그 옛날 악조건 속에서 헌신한 나이팅게일의 모습이 떠오른다고 비유적으로 말함.

관련 논문

경력 남자간호사의 적응과정에 관한 연구 (윤희장, 2016)

관련 도서

《간호 읽어주는 남자》, 김진수, 크루
《내 마음은 누가 간호해주나요》, 최원진, 상상출판

관련 계열 및 학과
- 자연계열: 간호학과, 간호학부, 간호헬스케어학과, 보건안전학과, 공중보건학과, 융합보건학과
- 의학계열: 간호학과, 간호대학

관련 교과
- 인문·사회계열: 간호학과, 간호대학, 디지털보건재활학과, 보건행정학과, 보건의료정보학과

2022 개정 교육과정: 통합사회 1, 통합사회 2, 통합과학 1, 통합과학 2, 세포와 물질 대사, 보건

2015 개정 교육과정: 통합사회, 통합과학, 생명과학, 생명과학 II, 화학 I, 화학 II, 보건

간호사는 고마워요

잭 캔필드 외 | 원더박스 | 2017

이 책은 간호 분야 종사자들이 직접 경험하고 느낀 바를 쓴 글과 간호사와의 특별한 기억을 간직한 이들이 보내온 글이 더해진 감동과 공감의 이야기 74편이 담겨 있다. 경력·나이·성별·분야에 상관없이 간호사가 하는 일이 얼마나 중요하며, 간호사의 숙련된 손길과 헌신적인 마음이 어떻게 세상에 온기를 더하는지 느낄 수 있도록 해 준다. 왜 간호사 일을 선택했고 계속해 나갈 수 있는지를 생각하게 하는 책이다.

탐구 주제

주제1 책에서는 의학 기술의 발전으로 환자들에게 쓸 수 있는 약들이 많아 감사하지만, 간호사로서 영혼과 영혼이 맞닿아 말없이 소통할 수 있는 순간이 가장 감사한 순간이라고 말한다. 간호사와 인터뷰하여 가장 감사한 순간을 알아보고 기사화하여 간호 신문을 제작해 보자.

주제2 간호사 생활을 하다 보면 간호사 직업을 왜 선택했고, 계속해 나갈 수 있는지 마음을 되새기는 기회를 만나게 될 때가 있다고 한다. 간호가 생활을 하며 처음의 간호사 직업을 선택하게 된 의미를 찾은 사건은 어떤 것이 있는지 알아보고 영상으로 만들어 보자.

주제3 간호사의 유머 사용과 환자 회복에 대한 영향

주제4 전 세계 간호사들의 정보 교류 현황 분석

학생부 기록 예시 (교과세특)

'간호사는 고마워요(잭 캔필드 외)'를 읽고 간호사 인터뷰 활동을 하면서 환자와의 표면적이고 형식적인 관계가 아니라 영혼과 영혼이 만나고 말없이도 소통하는 많은 간호 사례 들을 들으면서 눈물이 났고, 모든 사례들이 버릴 게 하나도 없을 정도로 감동적이었다고 함. 인터뷰한 내용을 간호 신문으로 제작할 때 신문과 잡지의 그림과 활자들을 활용하여 창의적이고 시각적으로 만들어 사연들을 더 돋보이게 함.

'간호사는 고마워요(잭 캔필드 외)'를 읽고 간호사 생활이 힘들고 고되기에 현장 속에서 살아가면서 잊혀 간 처음 간호사 직업에 대한 소명을 다시 선택하게 된 이야기들을 들으면서 친구들이 생각났다고 함. 간호사들의 이야기들을 영상으로 담아 내면서 함께 이야기를 나눌 수 있는 친구들에게 고마움이 생겼고, 살아가면서 용기와 기운을 불어 넣어 주는 동행의 기쁨을 즐기면서 살아야겠다는 깨달음을 얻음.

관련 논문

병원간호사의 행복지수 영향요인 (남문희, 권영채, 2013)

관련 도서

《나는 35년차 간호사입니다》, 김혜정, 답
《그렇게 우리는 간호사가 되어간다》, 김혜선, 유심

관련 계열 및 학과
· 자연계열: 간호학과, 간호학부, 간호헬스케어학과, 보건안전학과, 공중보건학과, 융합보건학과

· 의학계열: 간호학과, 간호대학

관련 교과
· 인문·사회계열: 간호학과, 간호대학, 디지털보건재활학과, 보건행정학과, 보건의료정보학과

2022 개정 교육과정: 통합사회 1, 통합사회 2, 통합과학 1, 통합과학 2, 세포와 물질 대사, 보건

2015 개정 교육과정: 통합사회, 통합과학, 생명과학, 생명과학 II, 화학 I, 화학 II, 보건

간호사를 부탁해

정인희 | 원더박스 | 2017

이 책은 국가 의료 체계에서 중요한 역할을 담당해 왔으나 오랫동안 저평가되어 온 간호에 대한 인식, 간호 서비스의 특수성과 간호사의 기술을 따지지 않는 진료 수가제도, 간호사의 노동 시장 이중 구조 등 간호직의 일터와 구조적 특성에 대해 알기 쉽게 설명한다. 더 나은 간호 의료를 위해서는 간호사의 노동이 정당하게 평가받아야 한다는 방향성의 근거를 경제학의 관점에서 제시한다.

탐구 주제

주제1 우리나라 간호사 한 명이 돌봐야 할 환자는 일본, 미국, 호주 등 다른 나라에 비해 월등히 많다. 돌봄을 맡아야 할 환자 수가 많은 것은 그대로 환자의 돌봄의 질과 관련되어 있다. 간호사의 근무 조건 개선을 위한 방법들을 모색해 보자.

주제2 간호사들이 참여하는 수술실 수술은 8시간, 10시간은 물론이고 24시간 이상 걸리는 수술도 있다. 또 실수 하나가 치명적이라 고도의 긴장 속에서 일을 한다. 방송이나 미디어에서는 수술실 간호사의 이미지를 어떻게 표현하고 있는지 토의해 보자.

주제3 간호사의 스트레스와 건강 관련 행동 성향 분석

주제4 세계화와 호주에 취업한 한국 간호사의 현황

학생부 기록 예시 (교과세특)

'간호사를 부탁해(정인희)'를 읽고 우리나라 간호사가 다른 나라에 비해 1인당 돌볼 환자 수가 많은 것이 환자 돌봄 질의 저하를 가져옴을 이해함. 간호사가 자신의 일에 만족하며 정년퇴직하는 날까지 일을 하기 위해서는 간호사의 열악한 근무 조건 개선, 간호사 숫자의 충원 등의 사회적 노력이 있어야 함을 주장함. 환자와의 건강한 거리 두기, 마음 챙김, 병원 밖에서의 자신만의 취미 생활 가지기 등의 개인적인 노력들도 제안함.

'간호사를 부탁해(정인희)'를 읽고 사람의 생과 사를 가르는 현장인 수술실에서 근무하는 간호사는 사람에 대한 애정과 연민을 많이 느끼며, 평범한 하루의 삶이 축복임을 매일 같이 느끼는 직업임을 깨달음. 수술실 간호사의 감정 변화를 잘 파악하고 표현해 내는 언어 능력이 뛰어나며, 치열한 현장 가운데서 종횡무진 활약하여 환자들에게 실질적인 힘이 되어 주는 간호사들에 대한 무한한 애정과 존경심이 생겼다고 독서감상문을 제출함.

관련 논문

간호사의 이직의도, 감정노동, 의사소통능력 간의 관계(김세향, 이미애, 2014)

관련 도서

《국제 간호사: 호주 정착기편》, 손정화, 포널스
《어쩌다 간호사》, 간호사 요, 알에이치코리아

관련 계열 및 학과	• 자연계열: 간호학과, 간호학부, 간호헬스케어학과, 보건안전학과, 공중보건학과, 융합보건학과
	• 의학계열: 간호학과, 간호대학
관련 교과	• 인문·사회계열: 간호학과, 간호대학, 디지털보건재활학과, 보건행정학과, 보건의료정보학과

2022 개정 교육과정: 통합사회 1, 통합사회 2, 통합과학 1, 통합과학 2, 세포와 물질 대사, 보건

2015 개정 교육과정: 통합사회, 통합과학, 생명과학, 생명과학 II, 화학 I, 화학 II, 보건

간호약리학

Ruth Woodrow 외 | 포널스 | 2019

이 책은 간호학과 이와 관련된 보건 전문인들이 필수적으로 알아야 하는 내용을 담았다. 약물의 주제, 약물의 소스, 약물의 사용에 대한 기본 지식을 소개하고 약물 계산을 두 가지 선택과 단계적인 과정으로 간단화하여 실무 지식을 돕고자 하였다. 약물을 분류하고 약물의 특징, 목적, 부작용 등을 기술하였으며 약물 분류리스트와 참고 표를 통하여 제품명 및 상품명을 기술하고 용법과 제형을 기술하였다.

탐구 주제

주제1 간호사들은 간호학과 전공 공부를 해 갈수록 약리학의 내용이 정말 중요하면서도 공부하기 어려운 과목이라 느낀다고 한다. 환자를 돌보는 간호사들에게 약리학 공부가 중요하고 필요한 이유를 조사하여 보고서로 작성해 보자.

주제2 간호사들은 임상에서 환자들의 병명과 상태에 따라 사용되는 약의 종류가 다르기에 다양한 약물들의 기전과 효과에 대한 기초적인 지식을 가지고 있어야 한다. 간호학과 학생들이 약리학 시험을 잘 보기 위해서 약물의 이름과 용도를 외우는 방법들을 조사해 발표해 보자.

주제3 간호사의 약물 지식에 관한 조사 연구

주제4 간호사의 약물 유해 반응에 대한 인식과 태도의 상관관계

학생부 기록 예시 (교과세특)

'간호약리학(손의동 외)'을 읽고 방대한 약리학 내용을 핵심만 보기 쉽게 정리해 약리학을 처음 접하는 사람들도 이해하기 쉽게 표로 정리해 두었다는 느낌을 받음. 간호사들이 약물 종류만 암기하고 공부를 하면 임상에서 일할 때 헷갈리는 부분이 많기에 환자들의 병명과 상태에 따라 사용되는 약의 종류와 용도를 파악하고 다양한 약물들의 기전과 효과에 대한 전문적인 지식을 갖추는 것이 필요함을 깨달음.

'간호약리학(손의동 외)'을 읽고 최대한 쉽고 친숙한 용어로 풀어 쉽게 이해할 수 있도록 하여서 강의를 듣는 듯한 느낌을 받음. 주요 약물을 표로 정리하고 적절한 그림과 그래프를 넣어서 서술을 하고 있어서 약리학을 시각적으로 이해하는 데 도움을 받음. 간호사들이 시험 공부 할 때 사용하는 방법들을 조사하며 약물의 이름을 외우기 위해서는 많이 부르고 읽어야 잘 기억할 수 있기에 반복 학습이 중요하다는 말에 공감함.

관련 논문

의료기관 내원 노인 만성질환자의 약물사용 실태 (허수영, 2007)

관련 도서

《별것 아닌 의학용어》, 최형석, 영진닷컴
《영화관에서 만나는 의학의 세계》, 고병수, 바틀비

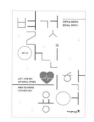 

관련 계열 및 학과
- 자연계열: 간호학과, 간호학부, 간호헬스케어학과, 보건안전학과, 공중보건학과, 융합보건학과
- 의학계열: 간호학과, 간호대학

관련 교과
- 인문·사회계열: 간호학과, 간호대학, 디지털보건재활학과, 보건행정학과, 보건의료정보학과

2022 개정 교육과정: 통합사회 1, 통합사회 2, 통합과학 1, 통합과학 2, 세포와 물질 대사, 보건

2015 개정 교육과정: 통합사회, 통합과학, 생명과학, 생명과학 II, 화학 I, 화학 II, 보건

간호의 경제학

츠노다 유카 | 호밀밭 | 2023

이 책에는 취업이 잘될 것 같아 간호학과를 선택하고 사명감 없이 종합병원에서 일하게 된 간호사로서, 한국과 호주에서 수술실 간호사로 10년째 일해오고 있는 어느 보통의 간호사가 들려주는 현실적인 조언을 담았다. 간호사 생활 속에서 터득한 선배 간호사들의 구박 속에서 살아남는 법, 번아웃 방지 가이드, 능력 있는 간호사가 되는 법, 나를 지키며 살아가는 법 등을 전한다.

탐구 주제

주제1 간호 수가제도 구조를 바탕으로 간호사와 간호보조자, 약사 사이의 업무 분담이나 이양이 이루어지고 있는 상황이다. 간호사 노동 시장에서 발생하는 다양한 노동력 부족 문제를 설명하고, 이를 개선하기 위해 정부가 시행해 온 정책들과 그 효과를 탐구해 발표해 보자.

주제2 간호사 간의 임금 격차나 노동 조건의 차이가 생기는 이유를 노동시장이 계층화함에 따라 고임금 계층으로의 이동이 어려운 '노동시장의 이중구조', 그리고 기능과 책임, 작업조건 등으로 평가되는 '직무 가치의 차이'라고 하는 두 가지 관점에서 간호사 간 임금 격차를 분석해 보자.

주제3 종합병원 간호사의 업무 환경과 정신건강의 관계

주제4 간호사가 인식하는 가정 친화정책 조사

학생부 기록 예시 (교과세특)

'간호의 경제학(츠노다 유카)'을 읽고 간호와 간호 서비스의 생산성을 높이기 어려운 핵심 요인이 간호사가 다른 직종의 업무를 담당하는 것임을 약품 분배, 수액 혼합, 배식, 잔반 체크 등에 관한 분석 결과로 알기 쉬운 도표를 사용하여 명쾌하게 설명함. 간호 수가제도에서 간호사 인력 구조가 어떻게 변화되어 왔는지 탐색하고, 간호사가 가지고 있는 기능을 평가하는 데 방해가 되고 있음을 지적하며 의료정책 변화의 필요함을 주장함.

'간호의 경제학(츠노다 유카)'을 읽고 간호사에 대한 일·가정 양립 시책의 실태를 알고, 시책의 도입이 생산성을 높인다고는 할 수 없는 점을 이해함. 간호가 추구하는 것은 사람들의 건강과 사람답게 살 수 있도록 지원하는 것이며 궁극적으로 사람들의 '행복'이기에 보다 나은 간호 서비스가 소비자 곁에 도달할 수 있기 위해서는 간호사의 일과 기능을 평가할 수 있는 방법의 모색되어야 함을 말함.

관련 논문

간호사수가연구 분석 및 적정 간호수가 급여화 방안(김명애, 2013)

관련 도서

《산업간호사를 간직하다》, 한예령, 드림널스
《처음부터 간호사가 꿈이었나요》, 안아름, 원더박스

관련 계열 및 학과
- 자연계열: 간호학과, 간호학부, 간호헬스케어학과, 보건안전학과, 공중보건학과, 융합보건학과
- 의학계열: 간호학과, 간호대학
- 인문·사회계열: 간호학과, 간호대학, 디지털보건재활학과, 보건행정학과, 보건의료정보학과

관련 교과

2022 개정 교육과정: 통합사회 1, 통합사회 2, 통합과학 1, 통합과학 2, 세포와 물질 대사, 보건

2015 개정 교육과정: 통합사회, 통합과학, 생명과학, 생명과학 II, 화학 I, 화학 II, 보건

간호장교를 간직하다
조원경, 김다혜 | 드림널스 | 2021

이 책은 이 시대의 나이팅게일, 광명의 천사이자 코로나 전사들의 피, 땀, 눈물이 담긴 발자취 기록이다. 간호장교들은 다양한 근무지에서 자신만의 방식으로 부여 받은 임무들을 해결해 나간다. 군인이자 의료인인 현재의 간호장교가 간호장교를 꿈꾸는 미래의 예비 간호장교들이 나아가야 할 방향과 희망을 생생한 현장 체험을 통해 제시하고 있다.

탐구 주제

주제1 군인이자 의료인인 간호장교에게는 단순한 직업 그 이상의 사명감이 요구된다. 나라를 지키는 군인, 사람을 살리는 간호장교가 되기 위해서 위국헌신의 자세로 간호사관학교에 입학하고 간호장교가 되기까지의 과정과 간호장교의 역할을 탐색해 보고서를 작성해 보자.

주제2 군 병원에 입원하는 환자들은 일반 병원에 있는 환자들과는 다른 환경 속에 놓여 있기 때문에, 간호장교들은 간호학 지식과 능숙한 간호 기술뿐 아니라 특별한 능력이 필요하다고 한다. 그것이 무엇인지 알아보고 토의해 보자.

주제3 간호장교 복지 요구에 관한 연구

주제4 간호장교의 정체성과 역할에 대한 인식 조사

학생부 기록 예시 (교과세특)

'간호장교를 간직하다(조원경)'를 읽고 간호장교는 군대에 소속된 군인으로 군 병원, 의무기관에서 다양한 간호와 의무 관련 일을 하며 사단의 각종 행정 업무를 함을 알고, 간호장교가 되기 위해서는 국군 간호사관학교에 진학을 하거나 전문사관 간호 병과로 임관하는 방법이 있음을 자세히 설명하여 이해도를 높임. 간호장교는 주로 여군들이 담당했지만 남자 간호장교도 점점 늘어나는 추세임을 사례를 통해 더 찾아봄.

'간호장교를 간직하다(조원경)'를 읽고 간호장교로 임관하고 군 병원으로 첫 발령을 받은 간호장교의 이야기를 보고서로 작성함. 대부분 종합 병원 규모이기에 일반 대학 병원과 같이 신규간호사 트레이닝을 받은 후 여러 부서에서 업무를 배우며, 군 사단의 건강관리자 업무나 각종 행정 업무 등 다양한 근무지에서 각자만의 개성을 추구하며 부여 받은 임무들을 수행해 전역 후 경력자로 입사도 가능함을 자세히 서술함.

관련 논문
간호대학생의 간호장교 지원희망에 관한 조사 (문정순 외, 2013)

관련 도서
《엄마군인이 전하는 사랑의 백신》, 양은숙, 해드림
《프셉마음 : 혈액검사 해석 및 간호편》, 이재왕, 김지희, 드림널스

관련 계열 및 학과
- 자연계열: 간호학과, 간호학부, 간호헬스케어학과, 보건안전학과, 공중보건학과, 융합보건학과
- 의학계열: 간호학과, 간호대학

관련 교과
- 인문·사회계열: 간호학과, 간호대학, 디지털보건재활학과, 보건행정학과, 보건의료정보학과

2022 개정 교육과정: 통합사회 1, 통합사회 2, 통합과학 1, 통합과학 2, 세포와 물질 대사, 보건

2015 개정 교육과정: 통합사회, 통합과학, 생명과학, 생명과학 II, 화학 I, 화학 II, 보건

간호학과 교수를 간직하다

최영림 | 드림널스 | 2022

이 책은 교수라는 플랜 B를 택한 선생님의 진솔한 이야기이다. 저자는 병원간호사로 계속 일하는 것이 싫지는 않았지만 제자리에 머무를 수 없어 박사과정을 선택했고, 가보지 않은 길을 동경만 하는 삶이 싫어 대학교수로 이직했다고 한다. 간호학과 학생에게 가장 가까이 있는 교수라는 직업에 대한 자세한 이야기를 볼 수 있다. 스스로 반문하는 시점에 나 자신을 돌아볼 잣대, 내 모습을 비춰주는 거울이 될 수 있을 것이다.

탐구 주제

주제1 의료전문직 간호사가 뻗어 나갈 수 있는 진로는 다양하다. 그중에서 학생들에게 배움을 주는 간호 교수가 되기 위해 전제되어야 할 박사과정의 절차와 의무를 현실감 있는 특정한 사례나 예시를 통해서 분석하고, 간결하지만 의미 있는 글쓰기로 표현해 보자.

주제2 간호 교수는 연구를 기본적으로 하고, 공부하고 연구하며 알게 된 것을 잘 정리해서 사람들과 나누고 가르쳐 주며 베풀어야 한다. 간호 교수들이 일상생활 속에서 자신이 연구한 것을 나누는 강의 시간, 학생 지도, 행정업무 등의 장면들을 영상으로 담아 표현해 보자.

주제3 간호학과 교수의 직무 스트레스와 조직 몰입도의 영향

주제4 한국의 간호학 박사 교육의 역사

학생부 기록 예시 (교과세특)

'간호학과 교수를 간직하다(최영림)'를 읽고 간호 교수가 되기 위해서는 공부하고 연구하는 박사과정을 거쳐야 함을 이해함. 간호 교수가 되고자 하는 실제 인물을 찾아서 다양한 사례들에 대한 이야기를 듣고 사회적 맥락에서 이해하는 능력이 탁월함. 당연히 학교 성적이 우수한 사람이 교수가 되겠지만, 그렇지 않던 사람도 노력으로 자신의 한계를 극복하면 교수가 될 수 있음에 희망과 자신감을 가짐.

'간호학과 교수를 간직하다(최영림)'를 읽고 간호 교수들이 일상생활 속에서 자신이 연구한 것을 나누는 강의 시간, 학생 지도, 행정업무 등의 장면들을 영상으로 담아 보는 과제에서 음악과 멘트를 적절하게 넣어서 그때를 기억하고 공감하게 하는 데 큰 역할을 함. 간호 교수는 교수라는 직분 이전에 기본적으로 간호사임을 잊지 않으며, 간호사로서 긍지와 자부심을 가지는 있는 모습에 존경심을 느끼게 됨.

관련 논문
간호학과 교수의 비대면 강의 전환 경험 (정승은, 2022)

관련 도서
《청춘 간호사의 세계 병원여행》, 김진수, 아담북스
《신규간호사 24시 : 오답노트》, 김지혜, 포널스

관련 계열 및 학과
- 자연계열: 간호학과, 간호학부, 간호헬스케어학과, 보건안전학과, 공중보건학과, 융합보건학과
- 의학계열: 간호학과, 간호대학

관련 교과
- 인문·사회계열: 간호학과, 간호대학, 디지털보건재활학과, 보건행정학과, 보건의료정보학과

2022 개정 교육과정: 통합사회 1, 통합사회 2, 통합과학 1, 통합과학 2, 세포와 물질 대사, 보건

2015 개정 교육과정: 통합사회, 통합과학, 생명과학, 생명과학 II, 화학 I, 화학 II, 보건

감정을 돌보는 간호사

손지완 | 포널스 | 2022

조금은 생소하지만 우리 주변에서 너무나도 흔하게 마주할 수 있는 정신 질환 환자들과 그들과 함께 하는 정신 병동 간호사들의 이야기이다. 이 책의 저자는 정신 건강 관련 글을 꾸준히 작성하고 있으며 온라인 상담 사이트에서 상담사로도 활동하고 있다. 이 책에서는 직접 겪은 여러 에피소드와 정신 병동 간호사에 관련된 이야기를 소개하며 정신 파트와 관련한 다양한 정보를 공유하고 있다.

탐구 주제

주제1 정신 분야의 최고 석학인 칼 융, 칼 로저스, 빅터 프랭클의 책들은 진로를 선택하는 간호사들이 정신과 간호사를 꿈꾸게 한다고 한다. 정신과 간호사들이 정신 질환 환자들에게 진정으로 도움을 주는 치료자가 되고자 생각하게 만든 석학들의 이론은 무엇인지 탐구해 보자.

주제2 간호사들은 신체를 배운다는 것에 매력을 느껴 간호학과에 진학하고 우수한 성적으로 졸업을 하나, 임상 실습을 나가서는 실무 환경이 상상했던 것과 달라 혼란을 겪기도 한다. 이런 경우 간호사들의 생각을 정리하고 다시 일어설 수 있게 만든 말들이 있다면 무엇인지 조사해 보자.

주제3 인터넷 중독의 정신 병리 현상

주제4 히스테리 환자에 대한 정신분석적 이해

학생부 기록 예시 (교과세특)

'감정을 돌보는 간호사(손지완)'를 읽고 포로 수용소에서의 경험을 바탕으로 존재 의미의 중요성과 수용소에서 살아갈 의미를 찾은 빅터 프랭클에 대해 관심을 가지고 조사한 결과, 그가 실존주의 상담치료의 핵심인물이며 인본주의 심리학자들에게 큰 영향을 주었음을 알게 됨. 그가 창시한 '로고테라피'란 의미 상실에서 문제의 원인을 찾고 환자와 함께 새로운 삶의 의미에 대해 모색해 가는 미래지향적인 해결 과정임을 더 깊이 탐구함.

'감정을 돌보는 간호사(손지완)'를 읽고 간호사들이 임상 실습을 나가서 실무환경이 상상했던 것과 다를 경우, 생각을 정리하고 일어설 수 있게 만든 많은 명언들을 찾아보면서 간호사들의 지혜로움에 감동받음. 간호사들이 소셜 미디어에서 정신 건강 관련 글을 작성하여 정보를 제공하고, 온라인 상담 사이트에서 정신 질환 환자들을 상담해 주는 상담사 활동도 한다는 것을 알고 진로 탐색 및 설계하는 데 도움을 받음.

관련 논문

정신과병동 간호사를 위한 표준화환자 활용 시뮬레이션 시나리오 모듈 개발(김혜란, 2020)

관련 도서

《응급실 간호사》, 임진경, 포널스
《산업간호사를 간직하다》, 한혜령, 드림널스

관련 계열 및 학과	• 자연계열: 간호학과, 간호학부, 간호헬스케어학과, 보건안전학과, 공중보건학과, 융합보건학과
	• 의학계열: 간호학과, 간호대학
관련 교과	• 인문·사회계열: 간호학과, 간호대학, 디지털보건재활학과, 보건행정학과, 보건의료정보학과

2022 개정 교육과정: 통합사회 1, 통합사회 2, 통합과학 1, 통합과학 2, 세포와 물질 대사, 보건

2015 개정 교육과정: 통합사회, 통합과학, 생명과학, 생명과학 II, 화학 I, 화학 II, 보건

나는 간호사, 사람입니다

김현아 | 아를 | 2023

이 책은 대학 병원 외과 중환자실에서 환자들을 돌보며 쉼 없이 달려온 베테랑 간호사의 삶과 경험이 담긴 책이다. 간호사가 되기로 결심한 순간부터 간호사 처우 개선을 위해 애썼지만 결국 좌절할 수밖에 없었던 이야기, 24시간 죽음과 사투를 벌이는 중환자실에서 하나의 생명이라도 더 지키겠다는 사명감으로 살아가는 이야기 등 간호사들의 모습이 영화보다 더 극적으로 그려지는 책이다.

탐구 주제

주제1 뇌는 4분이면 죽고, 4분이 지나 살아난다 해도 평생 누워서만 지내야 한다. 간호사들은 환자의 심장이 멎는 상황을 마주하면 지체할 시간 없이 무조건 환자에게 달라붙어 심폐소생술을 실시해야 한다고 한다. 심폐소생술의 방법을 알아보고 체험해 보자.

주제2 사람들은 간호사를 '백의의 천사'라고 부르지만 정작 현장에서는 백 가지 일을 해야 해서 '백 가지 일의 전사'로 불린다는 말이 있다. 간호사들의 다양한 근무 형태를 조사해서 발표해 보자.

주제3 간호사의 근무 환경이 이직에 미치는 영향

주제4 간호대학생의 간호법 제정에 대한 인식 제고

학생부 기록 예시 (교과세특)

'나는 간호사, 사람입니다(김현아)'를 읽고 인간의 뇌가 4분이면 죽는다는 사실을 알았고, 심장을 다시 뛰게 하기 위해 간호사들이 체중을 실어 있는 힘껏 심장을 누르는 심폐소생술을 하여 심장을 다시 살리려 노력하는 모습에 '저승사자와 싸우는 간호사'라는 표현이 잘 어울린다고 해석함. 환자를 지켜내려는 간호사들의 분투, 절망 속에서도 간호사와 환자의 따스한 애정에 관한 이야기들이 가슴 뭉클했다는 개인적 경험도 발표함.

'나는 간호사, 사람입니다(김현아)'를 읽고 심폐소생술의 방법을 탐구하고 동아리 시간에 부서원들과 함께 체험해 보는 시간을 가지는 적극성을 보임. 간호사의 다양한 근무 형태를 조사하고 간호사가 살아야 환자도 살 수 있고, 간호사가 제대로 돌봄을 받아야 받은 돌봄을 그대로 환자에게 베풀 수 있다고 주장함. 간호사들의 존재와 일을 존중해 주는 사회적 환경을 이끌어 낼 수 있는 방안을 모색하고 실천 방안을 제시함.

관련 논문

직장 내 괴롭힘으로부터 간호사의 노동인권 보호방안: 노동법적 보호방안을 중심으로 (최수안, 2022)

관련 도서

《정신건강간호사를 간직하다》, 이현지, 드림널스
《간호사 김영미》, 김영미, 에듀팩토리

관련 계열 및 학과	• 자연계열: 간호학과, 간호학부, 간호헬스케어학과, 보건안전학과, 공중보건학과, 융합보건학과
	• 의학계열: 간호학과, 간호대학
관련 교과	• 인문·사회계열: 간호학과, 간호대학, 디지털보건재활학과, 보건행정학과, 보건의료정보학과

2022 개정 교육과정: 통합사회 1, 통합사회 2, 통합과학 1, 통합과학 2, 세포와 물질 대사, 보건

2015 개정 교육과정: 통합사회, 통합과학, 생명과학, 생명과학 II, 화학 I, 화학 II, 보건

나이팅게일은 죽었다

김민경 | 에테르니 | 2019

간호사의 중요성에 비해 우리 사회는 여전히 간호사의 직업적 가치에 대해 제대로 모르고 있는 게 현실이다. 이 책은 대한민국 간호사의 현실을 있는 그대로 담아냄으로써 대한민국 간호사의 삶에 대해 다시금 생각해 볼 수 있는 기회를 제공한다. 결코 교훈적인 이야기를 하려 들지 않고 윽박지르거나 강요하지도 않는다. 저자는 그저 담담하고 묵묵하게 대한민국의 한 간호사로서의 삶을 써 내려갈 뿐이다.

탐구 주제

주제1 간호사들은 우리의 죽음과 관련해서 누구보다도 밀접한 곳에 있는 사람들로서 우리가 죽는 순간까지를 함께하며 끝까지 간호를 한다. 많은 죽음을 경험하는 간호사들은 삶의 유한함에 대해 생각이 특별할 것 같다. 간호사들이 전하는 유한한 삶의 태도는 무엇인지 알아보고 글로 적어 보자.

주제2 간호사들은 환자들이 눈앞에 놓인 고통과 시련만 바라보기보다 주어진 삶을 충분히 누리다가 갈 수 있도록 노력한다. 하루하루를 소중히 여기며 살아가는 것이 중요하다는 등 간호사들이 환자들에게 용기를 주는 말과 행동에는 어떤 것이 있는지 조사해 보자.

주제3 죽음에 대한 인식과 죽음 불안의 관계

주제4 히스테리 환자에 대한 정신분석적 이해

학생부 기록 예시 (교과세특)

'나이팅게일은 죽었다(김민경)'를 읽고 간호사들이 환자의 죽음을 처음 봤을 때 큰 충격을 받고, 직접 목격하지 않았다면 상상도 못 했을 죽음이 점점 객관적으로 느껴지게 됨을 공감하며 온정적인 시각으로 바라봄. 모든 인간은 언젠가 핏기가 없는 모습으로 심장도 멈추고 숨을 쉬지 않는 날이 온다는 것을 이해하고, 죽음의 순간에 '이만하면 잘 살아온 것 같다'라고 고백할 수 있는 삶을 살아야겠다고 다짐함.

'나이팅게일은 죽었다(김민경)'를 읽고 간호사들이 병원에서 환자들의 죽음을 보며 인간의 죽음을 어떻게 느끼는지를 3인칭 전지적 관점에서 창의적인 글로 표현함. 환자들뿐 아니라 우주에 존재하는 모든 것이 때가 되면 해체되고 소멸한다는 철학적인 관점에서 태어난 이상, 죽음은 누구에게나 삶의 필연적 결과이며 자연의 순리이기에 두려워하지 말고 자연스러운 과정으로 받아들여야 한다는 것을 담담하게 표현함.

관련 논문

한국 다섯 지성인의 삶 속에 녹아든 웰에이징 탐구(김경주, 2021)

관련 도서

《미스터 나이팅게일》, 문광기, 김영사
《사랑의 돌봄은 기적을 만든다》, 김수지, 비전과리더십

관련 계열 및 학과	• 자연계열: 간호학과, 간호학부, 간호헬스케어학과, 보건안전학과, 공중보건학과, 융합보건학과
	• 의학계열: 간호학과, 간호대학
관련 교과	• 인문·사회계열: 간호학과, 간호대학, 디지털보건재활학과, 보건행정학과, 보건의료정보학과

2022 개정 교육과정: 통합사회 1, 통합사회 2, 통합과학 1, 통합과학 2, 세포와 물질 대사, 보건

2015 개정 교육과정: 통합사회, 통합과학, 생명과학, 생명과학 II, 화학 I, 화학 II, 보건

나이팅게일의 눈물

게일 | BG북갤러리 | 2011

이 책은 대한민국에서 간호사로 살면서 경험하고 느꼈던, 환자들과의 일상을 기록한 에세이이다. 이제까지 포장되고 미화된 백의의 천사로서의 간호사가 아닌 인간적인 간호사의 모습과 긴박하고 치열한 임상의 현실을 꼼꼼하게 기록했다. 형식에 얽매이지 않고 자유롭게 병원에서 환자들과 함께 호흡하고 생활하는 병원 사람들의 생활을 생생하게 들려준다.

탐구 주제

주제1 중환자실 간호사들은 환자의 침대 옆에 간호사와 여러 명의 의사들이 모여 있는 것을 자주 볼 수 있는데, 그런 경우 응급 상황이거나 상태가 안 좋은 환자라고 한다. 그런 중환자의 담당 간호사를 맡게 되었을 때 어떻게 환자를 대해야 할지 조사해 보자.

주제2 간호사들은 죽음의 문턱에서 처절한 사투를 벌이는 환자들이 삶에 대한 광명을 찾기도 하고, 죽음이라는 어둠의 길로 들어서는 생사의 순간을 수없이 접한다. 그중 죽음의 고비에서 생명을 찾아 희망과 감동을 주는 사례를 찾아 보고서를 작성해 보자.

주제3 중환자실 환자의 병원 내 이송 현황

주제4 중환자실 환자 가족 요구의 변화에 대한 고찰

학생부 기록 예시 (교과세특)

'나이팅게일의 눈물(게일)'을 읽고 중환자실에 근무하는 간호사들은 응급 상황이거나 상태가 안 좋은 환자들을 만나는 경우가 많다는 것과 환자의 생명을 살리기 위해서 할 수 있는 모든 방법을 동원한다는 것을 알게 됨. 의사의 진료를 돕고 환자를 돌보는 일 이외에 환자 보호자들과 적지 않은 갈등 관계도 있으며, 환자 보호자의 울부짖음과 슬픔까지 한 몸에 받아 위로를 해야 하는 사명을 가진 사람들이라는 것을 깨달음.

'나이팅게일의 눈물(게일)'을 읽고 간호사들은 죽음의 문턱에서 처절한 사투를 벌이는 환자들이 죽음의 길로 갈 때 슬프기도 하지만, 의료의 도움으로 기적적으로 살아서 희망과 감동의 눈물을 흘리게 하여 간호사라는 직업에 대해 자부심을 갖게 하는 경우도 많음을 알게 됨. 간호사의 전문성과 역할이 사회에 미치는 영향력을 인지하고 코로나 방역에 앞장선 간호사들의 헌신과 노력에 이해와 관심을 높일 수 있는 방안이 필요함을 역설함.

관련 논문
중환자실 간호사가 인식하는 환자안전문화와 환자안전역량(김영은, 2020)

관련 도서
《혈액원 간호사를 간직하다》, 이윤지, 드림널스
《신규 간호사 임상 매뉴얼》, 김민소, 시대고시기획

관련 계열 및 학과	• 자연계열: 간호학과, 간호학부, 간호헬스케어학과, 보건안전학과, 공중보건학과, 융합보건학과
	• 의학계열: 간호학과, 간호대학
관련 교과	• 인문·사회계열: 간호학과, 간호대학, 디지털보건재활학과, 보건행정학과, 보건의료정보학과

2022 개정 교육과정: 통합사회 1, 통합사회 2, 통합과학 1, 통합과학 2, 세포와 물질 대사, 보건

2015 개정 교육과정: 통합사회, 통합과학, 생명과학, 생명과학 II, 화학 I, 화학 II, 보건

도시에서 죽는다는 것

김형숙 | 뜨인돌 | 2017

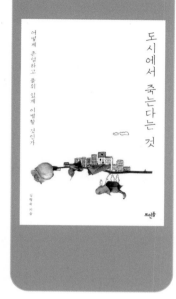

이 책은 중환자실 간호사가 목격한 잊을 수 없는 죽음에 대한 기록이다. '제대로 대처하지 못한, 실패한 경험'에 대한 기록이기도 하다. 환자가 자신의 의지대로 평화롭게 임종하기 어렵게 만드는 병원 시스템과 의사 결정의 관행, 가족 및 의료진의 갈등을 다루었다. 어째서 죽음은 서둘러 봉인해야 하는 문제가 되었는지 죽음에 대한 상상, 준비, 이야기들을 삶 속으로 끌어들이고자 한다.

탐구 주제

주제1 연명 치료 여부를 결정하는 가족들과 의료진들은 환자를 포기한 것은 아닌지, 혹은 환자를 고통스럽게 하고 있는 건 아닌지 등 죄의식으로부터 자유롭지 않다. 죽음을 앞둔 환자들이 고통스런 처치를 이어 가며 죽어가야 하는지에 대한 의견을 글로 작성해 보자.

주제2 사전 의료 지시서는 서면으로 연명 치료 여부, 심폐소생술 여부, 시신 처리 방법 등에 관한 의사를 남겨 응급 상황에 처했을 때 의료진과 가족에게 전달하고자 하는 제도이다. 인간이 어디서 어떻게 죽을지를 결정하고 존중받을 방법을 찾는 것이 필요한지에 대해 토의해 보자.

주제3 중환자실 간호사의 인간중심 간호에 영향을 주는 요인

주제4 응급 의료에서 심폐소생술의 결정 요건

학생부 기록 예시 (교과세특)

'도시에서 죽는다는 것(김형숙)'을 읽고 중환자가 된다는 건 스스로 선택하지 않았지만 '누가 대신할 수 없는 죽음'을 홀로 감당할 수밖에 없는 고립되고 소외된 상태에서 놓이게 되는 것임을 이해하고 생의 마지막 시간을 위해 어떤 대비를 해야 하는지 고민하게 됨. 생명을 연장해 준다는 이유만으로 환자의 의사를 배제한 채 이어가는 연명치료가 환자의 존엄성을 포기하는 것은 아닌지에 대한 윤리 문제로 후속 탐구를 진행함.

'도시에서 죽는다는 것(김형숙)'를 읽고 호스피스 환자는 죽어가는 것이 아니라 생이 끝날 때까지 살아가는 것임을 깨닫게 됨. 병원에서 죽음을 피할 수 없다면 그 안에서 잘 이별할 수 있는 방법을 찾고 어떻게 평화롭고 존엄하게 이별할 것인지를 각자가 결정을 해야 한다는 말에 공감함. 품위 있는 죽음을 위해 사전 의료 지시서를 준비하여 가족이나 의료진이 환자의 결정을 지켜줄 수 있도록 명확하게 전달하는 방안 등을 제시함.

관련 논문

연명치료중단에 대한 중환자실 간호사의 역할인식 영향요인 (김영희, 2021)

관련 도서

《간호사, 너 자신이 되어라》, 한화순, 메디캠퍼스
《간호사가 사는 세상》, 정현선, 포널스

관련 계열 및 학과
- 자연계열: 간호학과, 간호학부, 간호헬스케어학과, 보건안전학과, 공중보건학과, 융합보건학과
- 의학계열: 간호학과, 간호대학

관련 교과
- 인문·사회계열: 간호학과, 간호대학, 디지털보건재활학과, 보건행정학과, 보건의료정보학과

2022 개정 교육과정: 통합사회 1, 통합사회 2, 통합과학 1, 통합과학 2, 세포와 물질 대사, 보건

2015 개정 교육과정: 통합사회, 통합과학, 생명과학, 생명과학 II, 화학 I, 화학 II, 보건

돌봄의 미학

박명희 | 푸른사상 | 2011

여성건강 간호학을 20여 년간 강의 중인 간호과 교수가 '인문학적 간호'를 키워드로 삼아 간호의 본질부터 미래까지를 살펴본 책이다. 간호의 길을 함께 가는 사람들에게 간호에 대한 인식과 간호사가 지녀야 할 덕목, 가야 할 방향에 대해 논의하고 있다. 몸을 부분적으로 인식하는 과학적 태도를 벗어나 사람과 세상을 이롭게 하는 가치 있는 행위인 간호를 잘 수행하도록 안내한다.

탐구 주제

주제1 과학적 관점에서 간호는 인간 생명체를 바라보는 현상적인 측면과 비현상적인 측면이 있다. 이 중 현상적인 측면의 성과는 꽤 많으나 비현상적인 측면은 간과되고 있다. 비현상적 측면인 인간의 느낌, 감정, 의지, 신념을 바탕으로 한 총체적 간호의 개념을 탐구해 보자.

주제2 간호의 정수는 돌봄이다. 돌봄은 간호사와 환자가 서로 바라보기에서 출발하여 함께 질병과 건강에 대한 인식, 책임, 결단, 참여로 건강 지키기를 위한 힘을 획득할 수 있게 한다. 환자로서 간호사에게 돌봄을 받았던 경험이 있으면 발표해 보자.

주제3 노인 돌봄 서비스가 독거 노인 생활 만족도에 미치는 영향

주제4 간호사의 사전 돌봄 계획에 대한 인식과 태도 연구

학생부 기록 예시 (교과세특)

'돌봄의 미학(박명희)'를 읽고 몸은 인간 고유의 신체, 정신, 사회, 문화, 심리, 정서, 영적 측면을 총체적으로 고려해서 봐야 이해가 가능하기에 환자가 겪어온 삶을 바라보아야 한다는 총체성 간호의 필요에 대한 문제 인식에 공감함. 총체적 간호는 인간에 대한 앎과 이해로 인간 본성의 헤아림이 가능해지기에, 환자마다 다른 고유성을 인식하게하고 가치로운 삶의 방향을 제시하는 긍정적인 영향을 주는 사례를 더 탐구함.

'돌봄의 미학(박명희)'를 읽고 병원에서 얼굴을 보되 마음을 읽지 않고 최첨단의 의료기기에 더 많은 관심을 쏟는 현상에 대해 비판의식을 가지고 가장 중요한 진찰과 간호의 태도는 환자의 눈을 보고, 환자 내부에 존재하는 정신적인 상처까지 품을 수 있는 태도임을 파악함. 환자의 느낌, 의도, 가치관은 인문적 소산이 되고 경험의 총체로써 몸의 역사가 된다는 표현에서 자신의 진로와 삶에 적용할 수 있는 아이디어를 얻음.

관련 논문
간호사의 인문학적 소양, 감성지능 및 공감능력(김영숙, 2019)

관련 도서
《간호사가 말하는 간호사》, 권혜림 외, 부키
《뉴욕에서 간호사로 살아보기》, 김선호, 이담북스

관련 계열 및 학과
- 자연계열: 간호학과, 간호학부, 간호헬스케어학과, 보건안전학과, 공중보건학과, 융합보건학과
- 의학계열: 간호학과, 간호대학

관련 교과
- 인문·사회계열: 간호학과, 간호대학, 디지털보건재활학과, 보건행정학과, 보건의료정보학과

2022 개정 교육과정: 통합사회 1, 통합사회 2, 통합과학 1, 통합과학 2, 세포와 물질 대사, 보건

2015 개정 교육과정: 통합사회, 통합과학, 생명과학, 생명과학 II, 화학 I, 화학 II, 보건

사랑의 돌봄은 기적을 만든다

김수지 | 비전과리더십 | 2010

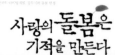

이 책은 간호계의 노벨상인 국제간호대상을 수상한 간호사가 45년 동안 묵묵히 걸어온 삶을 소개한다. 총에 맞아 죽어가는 남자를 간호한 부인을 보고 감동을 받아 간호사가 되기로 결심한 어린 시절부터, 꿈을 이루기 위해 난관을 헤쳐 나간 간호사 시절까지 모두 담았다. 저자의 삶을 통해 진정한 간호란 무엇인지, 다른 사람을 돌보고 봉사하는 삶이 어떤 것인지 이해할 수 있을 것이다.

탐구 주제

주제1 환자를 간호할 때는 과학적인 내용을 똑같은 절차로 간호하는 경우가 많지만 사실 사람마다 간호 양상이 달라야 한다고 한다. 모든 것을 환자 맞춤으로 해야 해서 '간호는 과학인 동시에 맞춤형 예술이다.'라는 말도 있다. 이 주장에 대한 의견을 보고서로 작성해 보자.

주제2 나이팅게일은 전쟁터에서 부상병을 헌신적으로 돌본 간호사인 동시에 군대 보건 행정을 정비한 탁월한 개혁가였다. 사람을 살리는 간호사가 될 것을 결심하게 한 간호사들이 간직하고 있는 간호사를 꿈꾸게 한 사연들을 인터뷰해 보자.

주제3 노인 요양 시설 입소자의 적응에 관한 연구

주제4 정신 사회 재활 서비스 이용에 영향을 미치는 요인

학생부 기록 예시 (교과세특)

'사랑의 돌봄은 기적을 만든다(김수지)'를 읽고 사람에 대한 이해와 통찰력으로 환자의 몸과 마음까지 아름답게 치료하려고 노력하는 간호사들의 삶을 통해 다른 사람을 돕고 봉사하는 삶의 의미와 가치를 알게 됨. 저자가 간호학계의 노벨상인 국제간호대상을 수상한 과정을 읽으며 간호사도 애국가가 흘러 나오는 시상대에 오른 올림픽 금메달리스트처럼 우리나라를 빛낼 수 있다는 것을 알고 그에 대한 정보를 수집함.

'사랑의 돌봄은 기적을 만든다(김수지)'를 읽고 뇌암 말기로 죽기 직전이었던 호스피스 환자의 마지막 소원인 영화를 보여 준 이야기에 가슴이 벅찼으며, 간호사들은 사람에 대한 이해와 통찰력으로 환자의 아픈 몸뿐 아니라 인생까지 아름답게 회복하게 하는 기적의 삶을 사는 사람이라는 생각을 하게 됨. 간호사들이 간호사를 꿈꾸게 한 사연들이 담긴 책이나 영상 자료의 데이터를 수집하며 최고의 간호는 사랑이라는 것을 확인함.

관련 논문

맞춤간호유형 및 과정 : 가정간호서비스를 중심으로(강소영, 2008)

관련 도서

《서른하나, 간호사가 되었습니다》, 배윤경, 반니라이프
《응급실 간호사의 30일》, 김효진, 지식과감성

관련 계열 및 학과	• 자연계열: 간호학과, 간호학부, 간호헬스케어학과, 보건안전학과, 공중보건학과, 융합보건학과
	• 의학계열: 간호학과, 간호대학
관련 교과	• 인문·사회계열: 간호학과, 간호대학, 디지털보건재활학과, 보건행정학과, 보건의료정보학과

2022 개정 교육과정: 통합사회 1, 통합사회 2, 통합과학 1, 통합과학 2, 세포와 물질 대사, 보건

2015 개정 교육과정: 통합사회, 통합과학, 생명과학, 생명과학 II, 화학 I, 화학 II, 보건

새로 만든 내몸 사용설명서

마이클 로이젠, 메멧 오즈 |
김영사 | 2014

이 책은 우리 몸이 어떻게 이루어져 있고, 각 구성 요소들이 어떻게 상호작용하며, 각각 어떤 역할을 하며, 어떻게 노화되어가는가 하는 기본 사실에서부터 출발한다. 그동안 간과해 왔던 우리 몸의 구조와 기능, 노화 과정을 이해하면 어떤 원인으로 장기들이 병들어 가는지 파악할 수 있다. 몸속 곳곳을 탐험하며 우리 몸에 대한 근원적 질문에 대한 해답을 제시하는 책이다.

탐구 주제

주제1 프로메테우스는 인간에게 불을 선물한 죄로 제우스로부터 바위에 사슬로 묶여 독수리가 간을 쪼아 먹게 하는 형벌을 받았다. 그렇지만 놀랍게도 거의 다 먹힌 프로메테우스의 간은 밤새 재생되었다. 인체에서 두 번째로 큰 장기인 간이 중요한 이유를 조사해 보자.

주제2 근육 운동은 실제로 몸 전체의 근육을 움직이게 해준다. 근육을 만들려면 적어도 13번 또는 2분 동안 한 동작을 반복해 근육을 강화해야 한다고 한다. 젊음과 건강을 유지하고 노화를 이기는 건강한 몸을 완성하기 위한 근력 운동을 조사하여 체험해 보자.

주제3 간 질환이 발생하는 이유와 간 질환의 종류에 관한 연구

주제4 체육 활동이 근육 운동 능력에 미치는 영향

학생부 기록 예시 (교과세특)

'새로 만든 내몸 사용설명서(마이클 로이젠 외)'를 읽고 인체에서 가장 큰 장기가 피부이며 두 번째로 큰 장기가 간이라는 것을 깨달음. 간이 중요한 이유는 인체의 국경 검문소 같은 역할을 하기 때문이며 어떤 음식을 섭취하든 대부분 간으로 전달되어 다른 화합물의 형태로 전환되며, 이 화학적 전환으로 영양소가 생겨나고, 몸의 곳곳으로 전달되는 것을 이해하고 놀라워하였으며, 다른 장기의 역할까지 신비로운 몸을 탐구함.

'새로 만든 내몸 사용설명서(마이클 로이젠 외)'를 읽고 몸을 건강하게 유지하기 위해 알고 있다고 생각했던 상식들에 선입견이 있음을 깨닫게 되었고, 세밀한 그림으로 우리 몸을 살펴봄으로써 과학적이고 현명한 정보를 얻을 수 있었음. 근력 운동 체험하기 프로그램에 참여하여 근력 운동을 통해 아름다운 몸을 만들 수 있다는 것과 노화 방지를 위해 근력 운동이 필수적임을 알게 되어 새로운 시각으로 인체를 바라보게 됨.

관련 논문
근육과 미용적 변이의 관련성 고찰 (고선미, 2007)

관련 도서
《이기는 몸》, 이동환, 쌤앤파커스
《백년운동》, 정선근, 아티잔

관련 계열 및 학과
- 자연계열: 간호학과, 간호학부, 간호헬스케어학과, 보건안전학과, 공중보건학과, 융합보건학과
- 의학계열: 간호학과, 간호대학

관련 교과
- 인문·사회계열: 간호학과, 간호대학, 디지털보건재활학과, 보건행정학과, 보건의료정보학과

2022 개정 교육과정: 통합사회 1, 통합사회 2, 통합과학 1, 통합과학 2, 세포와 물질 대사, 보건

2015 개정 교육과정: 통합사회, 통합과학, 생명과학, 생명과학 II, 화학 I, 화학 II, 보건

생명, 인간의 경계를 묻다

강신익, 김시천 | 웅진지식하우스 | 2008

이 책에는 기존의 학문으로 다루지 못했던 복합적인 문제에 대해 각계에서 지식의 통섭을 실험해 온 학자들이 고찰한 내용이 담겨 있다. 산다는 것은 무엇인지, 살아있음의 주체는 무엇인지 등 다양한 생명 현상과 생명의 사회 역사적 측면에 관한 주제를 가지고 학문과 지식, 국경을 넘어 생각들을 융합하고 새로운 지적 전환을 마련하여 다음 시대 지식의 패러다임과 창조적 잡종의 힘과 가능성을 보여 준다.

탐구 주제

주제1 프랑스의 물리학자인 아르망 트루소는 '최악의 과학자는 예술가가 아닌 과학자며, 최악의 예술가는 과학자가 아닌 예술가다.'라는 말을 하였다. 기존 인식의 틀로는 이해할 수 없었던 새로운 현상을 이해하기 위해 강조되는 '하이브리드 지식'의 의미를 조사해 보자.

주제2 학문과 지식들이 서로 부딪쳐 싸우지 않고 새롭고 복잡한 문제를 풀어내는 '하이브리드 지식'을 바탕으로 역사, 신화, 종교, 과학을 총동원하여 '장수'의 개념을 탐구한 뒤 보고서를 작성해 보자.

주제3 하이브리드모델 활용교육이 간호 학생의 자신감에 미치는 효과

주제4 하이브리드 시뮬레이션 간호 실습 경험 현황

학생부 기록 예시 (교과세특)

'생명, 인간의 경계를 묻다(강신익 외)'를 읽고 하이브리드 지식은 우리 시대가 맞닥뜨린 새롭고 본질적인 문제들을 다양한 지식의 연결을 통해 해결하고자 하는 문제의식에서 출발하였음을 이해함. 하이브리드 능력이란 쏟아지는 단편적인 정보와 견해들을 가려낼 줄 아는 과학적 비판력, 전체를 통찰해 자신의 주장으로 엮어낼 수 있는 인문학적 편집력, 타인의 견해를 이해하고 소통할 수 있는 예술가적 공감력이라는 것을 발표함.

'생명, 인간의 경계를 묻다(강신익 외)'를 읽고 지식을 편집하는 시대로 변하고 있는 현재 지식의 운용방식을 허물고 창조력을 최대한 이끌어 내려면 문과와 이과의 틀로 굳어져 내려온 우리 사고가 빠르게 변해야 함을 인지하고 공감함. 건강하게 장수함에 대해서도 다양한 생명 현상과 생명의 사회 역사적 측면에 관한 유전학, 약학 등 하이브리드 지식을 활용하여 탐구하고, 하이브리드 지식의 영향력과 중요성을 보고서로 작성함.

관련 논문

하이브리드 모형으로 이용한 고위험 임부 간호의 개념 분석(채미영, 김현지, 2021)

관련 도서

《철학으로 과학하라》, 최종덕, 김시천, 웅진지식하우스
《통섭의 식탁》, 최재천, 움직이는 서재

관련 계열 및 학과	• 자연계열: 간호학과, 간호학부, 간호헬스케어학과, 보건안전학과, 공중보건학과, 융합보건학과
	• 의학계열: 간호학과, 간호대학
관련 교과	• 인문·사회계열: 간호학과, 간호대학, 디지털보건재활학과, 보건행정학과, 보건의료정보학과

2022 개정 교육과정: 통합사회 1, 통합사회 2, 통합과학 1, 통합과학 2, 세포와 물질 대사, 보건

2015 개정 교육과정: 통합사회, 통합과학, 생명과학, 생명과학 II, 화학 I, 화학 II, 보건

생의 마지막에서 간절히 원하는 것들

태현정 외 | 메이트북스 | 2020

이 책은 '지금 나는 잘살고 있는 걸까?'라는 근원적인 질문에 답한다. 호스피스 병동의 의사로서, 간호사로서 목도해야 했던 생의 마지막에서 선 사람들이 간절히 원하는 것은 너무나도 당연하게 생각하는 소소한 행복이었다. 내가 공기를 마시며 지금 여기에 살아가고 있음이, 내 곁에 나를 아끼고 사랑하는 이들이 있음이 삶의 축복이라는 평범하지만 위대한 진리를 새삼 깨닫게 해 준다.

탐구 주제

주제1 가족은 세상에서 가장 큰 성벽을 만들어서 지켜 주기도 하고 상처를 주기도 한다. 가족이라는 이유로 가장 귀한 시간을 가장 짧게 보내고 있는지도 모른다. 죽음은 누구나 예외 없이 맞을 텐데 미루지 말고, 가족들에게 고마움을 표현하는 사랑의 문자 보내기 과제를 수행해 보자.

주제2 호스피스 병동은 죽음과 함께하는 곳이며, 한 사람이 치열하게 살았던 소중했던 생을 마무리하는 곳이다. 호스피스의 존재조차 모르는 사람들에게 호스피스가 하는 일과 완화 치료에 대해 설명하는 소개 글을 작성해 보자.

주제3 국내 가정 호스피스 운영 실태

주제4 호스피스 병동 입원 환자의 간호 만족도에 대한 고찰

학생부 기록 예시 (교과세특)

'생의 마지막에서 간절히 원하는 것들(태현정 외)'을 읽고 죽음에 대한 성찰의 시간을 가지게 되었으며, 가족들과 속상할 때도 있지만 즐거움도 많았다는 사실을 깨달음. 부모님께 사랑의 문자 보내기 과제를 수행하면서 사춘기로 잠깐 소원했던 가족들과의 관계에 온기를 회복하게 된 선물의 시간이었다고 하며, 주어진 삶이 힘들었지만 그 삶의 짐 때문에 오히려 행복했던 환자의 고백이 가슴에 남는다는 독서감상문을 제출함.

'생의 마지막에서 간절히 원하는 것들(태현정 외)'을 읽고 호스피스 간호사는 환자들의 마음의 상처와 육신의 고통을 함께 치유되기를 바라고 문제를 함께 해결하려고 애쓰는 좋은 친구이며 완화 의료 일을 한다는 것을 알게 됨. 손편지 한 통에도 감동하고, 사소한 안부 전화에도 감사해 하는 환자와 가족들에게 보람을 느낀다는 간호사들을 보며 죽음도 따뜻하고 빛날 수 있음을 깨닫고 생명의 위대함과 삶의 아름다움을 느낌.

관련 논문
한국 호스피스 완화치료 기관 현황 및 과제(이건세 외, 2008)

관련 도서
《아픔이 너를 꽃피웠다》, 이승하, 문학사상
《좋은 이별》, 김형경, 사람풍경

관련 계열 및 학과	• 자연계열: 간호학과, 간호학부, 간호헬스케어학과, 보건안전학과, 공중보건학과, 융합보건학과
	• 의학계열: 간호학과, 간호대학
관련 교과	• 인문·사회계열: 간호학과, 간호대학, 디지털보건재활학과, 보건행정학과, 보건의료정보학과

2022 개정 교육과정: 통합사회 1, 통합사회 2, 통합과학 1, 통합과학 2, 세포와 물질 대사, 보건

2015 개정 교육과정: 통합사회, 통합과학, 생명과학, 생명과학 II, 화학 I, 화학 II, 보건

실버 간호사의 골든 메모리

함채윤 | 포널스 | 2023

이 책은 한 간호사가 자신이 겪은 우여곡절과 삶에 녹아든 요양 병원에서의 귀엽고 짠한 에피소드들을 기록한 책이다. 반세기의 반밖에 살지 않은 간호사가 한 세기를 다 살아온 환자들을 보살피며 건네는 돌봄의 시선과 마음은 읽는 이의 인생을 반추하게 만든다. 별거 아닌 병원에서의 일상이 아름답게 반짝이며, 자신은 다 늙어버려 보잘 것 없다고 생각하는 에피소드들의 주인공이 빛나는 책이다.

탐구 주제

주제1 실버 간호사는 삶이 힘들어 포기하고 싶을 때 고통 속에 있는 환자들이 전해 준 위로로 회생하기도 한다고 한다. 실버 간호사로서 세대 간을 넘어선 간호 대상자와 간호사의 공감과 따뜻한 위로가 있었던 사례를 찾아보고, 그것을 노래로 개사해서 표현해 보자.

주제2 다른 사람들을 돌보고 봉사하는 삶은 감동을 전해 준다. 실버 간호사로서 환자들을 돌보며 간호할 수 있다는 것에 감사한 사례를 찾아보고, 간호사들이 말하는 '어떻게 늙어갈 것인가', '어떻게 다른 사람을 위해 살아갈 것인가'에 대한 해답은 무엇일지 조사하여 발표해 보자.

주제3 노인 요양원 이용에 영향을 미치는 요인에 관한 연구

주제4 한국 요양원에 대한 인식의 변화에 대한 고찰

학생부 기록 예시 (교과세특)

'실버 간호사의 골든 메모리(함채윤)'를 읽고 환자가 마시지도 먹지도 못하는 극심한 고통과 통증에 시달릴 때 간호사가 환자에게 물 한 모금 마시는 것과 미음을 드셔야 하는 이유를 설명하고, 사실 수 있다는 희망과 용기를 드리며 운동할 때도 같이 걸으며 환자의 훌륭한 점을 찾아서 칭찬해드리는 극진히 간호한 덕분에 환자의 병이 감쪽같이 없어졌다는 감동적인 이야기를 노래로 개사하여 창의적으로 표현함.

'실버 간호사의 골든 메모리(함채윤)'를 읽고 실버 환자들은 환자들을 눕힐 때도 최대한 편안하고 기분 좋게 눕혀야 하며, 환자가 있는 환경도 청결하고 쾌적하게 만들어야 하는 세심한 배려가 필요함을 알게 됨. '어떻게 늙어갈 것인가'에 대한 해답으로 삶을 아름다움을 볼 수 있는 영혼의 눈과 가진 것을 사랑할 줄 아는 마음을 가져야 한다고 하며, 노후를 잘 준비하기 위한 사회적인 차원의 방법을 찾기 위한 확장적 독서를 함.

관련 논문

요양원 노인의 행복에 관한 구조모형(최동숙, 2019)

관련 도서

《낭만 간호사》, 송상아, 포널스
《저는 오늘도 떠나지 않습니다》, 이라윤, 한빛비즈

관련 계열 및 학과
- 자연계열: 간호학과, 간호학부, 간호헬스케어학과, 보건안전학과, 공중보건학과, 융합보건학과
- 의학계열: 간호학과, 간호대학

관련 교과
- 인문·사회계열: 간호학과, 간호대학, 디지털보건재활학과, 보건행정학과, 보건의료정보학과

2022 개정 교육과정: 통합사회 1, 통합사회 2, 통합과학 1, 통합과학 2, 세포와 물질 대사, 보건

2015 개정 교육과정: 통합사회, 통합과학, 생명과학, 생명과학 II, 화학 I, 화학 II, 보건

연구간호사를 간직하다

박유원, 권현 | 드림널스 | 2023

이 책은 간호사가 임상 외 할 수 있는 다양한 직군을 소개하는 간호사 직업 시리즈 중 한 권이다. 마음속에 열정을 가득 가진 두 명의 연구간호사가 신약이 탄생하는 임상 시험이라는 현장에서 벌어지는 환자들의 희로애락, 연구간호사의 업무와 보람을 기록하였다. 연구의 디자인부터 무작위 배정과 시험약까지 하나하나 애정을 쏟는데 이 모든 것이 환자의 치유를 위한 것임을 깨달을 수 있게 한다.

탐구 주제

주제1 연구간호사는 환자들의 병을 치료하기 위한 최선의 치료법을 개발하기 위해 애쓴다. 임상 시험 현장에서 연구간호사는 전문성을 바탕으로 적극적이고 다양한 역할의 중재자로 자리매김할 수 있다. 연구간호사의 업무와 장단점, 복지에 대해 조사하고 보고서로 작성해 보자.

주제2 연구간호사는 신약 개발의 최전선에 있기에 임상 시험 분야에서 훌륭한 지식을 가지고 있어야 하며, 인간 대상자에게 깊은 애정과 관심, 바른 태도와 철학을 지니고 있어야 한다. 연구간호사의 길을 걷고자 하는 사람들이 알아야 할 연구간호사의 의미와 중요도에 대해 토의해 보자.

주제3 연구간호사의 고용 형태에 따른 역할 분석

주제4 연구간호사의 연구주제와 윤리의식에 대한 고찰

학생부 기록 예시 (교과세특)

'연구간호사를 간직하다(박유원 외)'를 읽고 연구간호사는 연구 업무를 보조하는 사람으로 대상자와의 미팅 계획부터 연구 수행 및 데이터 기록, 연구비 관리 등 연구에 관련된 모든 일을 위임받아 진행하는 사람이라는 것을 알게 됨. 교대 근무가 없어 일반 간호사보다 낮은 연봉을 받지만 고정된 업무와 규칙적인 근무 시간, 글로벌 제약사와의 협업으로 자신이 좋아하는 영어를 쓸 일이 많다는 점에 흥미를 느낌.

'연구간호사를 간직하다(박유원 외)'를 읽고 연구간호사는 신약 개발을 위한 임상시험 분야에 전문적인 지식을 가지고 있어야 하기에 끊임없이 공부해야 하며, 환자를 기본적으로 사랑하고 더 나아가 인간에 대한 깊은 관심과 애정을 가지고 있어야 함을 공감함. 사람을 대상으로 연구하는 직업이기에 올바른 윤리의식의 정립이 필요하며 불필요한 윤리 논쟁이 발생하지 않도록 제도적 근거를 마련해야 한다는 분석적 통찰력을 보임.

관련 논문

연구간호사의 직무만족도(김지숙, 2008)

관련 도서

《미국 전문간호사 완전정복》, 고세라, 라온북
《우리는 미국 전문간호사입니다》, 김은영 외, 푸른향기

관련 계열 및 학과	• 자연계열: 간호학과, 간호학부, 간호헬스케어학과, 보건안전학과, 공중보건학과, 융합보건학과
	• 의학계열: 간호학과, 간호대학
관련 교과	• 인문·사회계열: 간호학과, 간호대학, 디지털보건재활학과, 보건행정학과, 보건의료정보학과

2022 개정 교육과정: 통합사회 1, 통합사회 2, 통합과학 1, 통합과학 2, 세포와 물질 대사, 보건

2015 개정 교육과정: 통합사회, 통합과학, 생명과학, 생명과학 II, 화학 I, 화학 II, 보건

청진기가 사라진다

에릭 토플 | 청년의사 | 2012

의료 정보가 IT 기술과 어떻게 융합될 수 있는지 전망하고, 인간의 디지털화가 의사와 병원, 생명과학 기업, 개인의 삶에 어떤 영향을 미칠지 그려낸 책이다. 의학과 디지털이 만나게 된 배경부터 생리학, 생물학, 해부학 등을 통한 데이터 캡처링 등에 대해 살펴본다. 더불어 디지털화된 의료 정보의 안전성이나 프라이버시와 같은 문제점을 어떻게 처리해야 할지 해결 방안도 제시하고 있다.

탐구 주제

주제1 디지털과 의료, 두 가지가 만나기 시작한 지금은 의학의 전환점이라고 한다. 인류 역사에서 처음으로 인간을 디지털화할 수 있게 되었기 때문이다. '디지털화한 인간'의 의미를 찾아보고, 그로 인한 미래 의학의 변화를 탐구하여 보고서를 작성해 보자.

주제2 청진기는 1816년 르네 라에네크에 의해 처음 만들어져 200년이 지난 지금도 의학의 상징이다. 그러나 디지털 연결성을 가진 풍요로운 디지털 인프라를 가짐으로써 휴대용 초음파 측정기기가 청진기를 대체하고 있다. 의학의 패러다임이 바뀌고 있다는 개념을 설명해 보자.

주제3 휴대전화를 이용한 의학 영상 전송 시스템 구현

주제4 전통 의학 문헌의 디지털 복원 및 검증에 관한 연구

학생부 기록 예시 (교과세특)

'청진기가 사라진다(에릭 토플)'를 읽고 인간을 디지털화하는 것은 그 사람의 게놈을 밝히고 정리하는 것이며, 사람의 심장 박동, 혈압의 변화, 호흡 횟수와 호흡량, 체온, 혈당, 뇌파 등 인간의 삶을 유지하는 모든 것들을 원격으로 모니터할 수 있는 획기적인 변화임을 이해함. 신체 부위를 삼차원으로 재구성하여 장기를 인쇄하듯 찍어낼 수 있다는 점에서 경각심을 느끼고 윤리적 성찰과 사회적 합의가 필요함을 제시함.

'청진기가 사라진다(에릭 토플)'를 읽고 DNA 시퀀싱, 슈퍼컴퓨터는 이미 생명을 살리는 데 이용되며 휴대용 무선 디지털 기기인 휴대전화를 이용해서도 생체 징후를 확인할 수 있다는 것을 알고 놀라워함. 디지털과 의학의 결합은 각 개인으로부터 필요한 정보를 취합하여 정확한 치료를 할 수 있고, 약물에 의한 중대한 부작용을 예방할 수 있으며, 수많은 질병의 발생을 사전에 막을 수 있다는 긍정적인 면이 있기에 기대가 된다고 발표함.

관련 논문

디지털 방사선영상의 조작: 영상의학과 의사의 인지에 관한 분석 (천호종, 2010)

관련 도서

《디지털 헬스케어 : 의료의 미래》, 최윤섭, 클라우드나인
《개인 맞춤의료의 시대가 온다》, 이혜성, 클라우드나인

관련 계열 및 학과
- 자연계열: 간호학과, 간호학부, 간호헬스케어학과, 보건안전학과, 공중보건학과, 융합보건학과
- 의학계열: 간호학과, 간호대학

관련 교과
- 인문·사회계열: 간호학과, 간호대학, 디지털보건재활학과, 보건행정학과, 보건의료정보학과

2022 개정 교육과정: 통합사회 1, 통합사회 2, 통합과학 1, 통합과학 2, 세포와 물질 대사, 보건

2015 개정 교육과정: 통합사회, 통합과학, 생명과학, 생명과학 II, 화학 I, 화학 II, 보건

우리는 살면서 갖가지 통증을 경험한다. 가벼운 통증은 대수롭지 않게 여길 수 있다. 그러나 통증이 쉽게 가시지 않으면 사람들은 '혹시 큰 병에 걸린 것은 아닐까' 불안해 한다. 검진을 받아 봐도 뚜렷한 이상은 없다고 하지만, 통증은 여전히 있다. 원인을 알 수 없는 병, '심인성 질환'이라 불리는 이 통증의 정체는 무엇일까? 병원을 전전했지만 고질적인 통증에서 벗어날 수 없었던 사람들에게 통증 치료법을 제시한다.

탐구 주제

주제1 통증이 유행병처럼 번진 것은 최근 30년의 일이다. 늘어나는 통증 환자에도 의료계는 무력하다. 통증 증후군의 원인을 척추의 구조적 이상이나 근육의 화학적, 기계적인 결함으로 보았던 의학의 편견 때문이다. 의학의 편견을 깬 혁명적 통증 이론을 탐구해 보고서를 작성해 보자.

주제2 일부 의사는 통증을 해결하는 방법으로 주의를 집안 문제 등 심리적 요인으로 돌려볼 것을 권하기도 한다. 가족에 대한 진지한 관심과 사랑, 의무감 때문에 자신도 모르게 생겨난 분노가 내면에서 격렬한 충돌을 일으켜 통증이 발생했다가 치료된 사례를 찾아보자.

주제3 마음 챙김이 통증에 미치는 영향

주제4 통증 관리 교육이 수술 후 통증 조절에 미치는 효과

학생부 기록 예시 (교과세특)

'통증혁명(존 사노)'을 읽고 긴장성 근육통 증후군(TMS)은 정신적 긴장으로 생기는 근골격계의 갖가지 통증을 아우르는 용어라는 것을 앎. 통증의 원인인 무의식 속 화는 우리가 대면하기 꺼리는 감정인데, 착하고 완벽주의 성향이 있는 사람들은 자신이 화를 낸다는 사실 자체를 인정하기 어려워해 몸에 통증을 일으킴으로써 감정이 아닌 신체로 자신의 주의를 돌려 분노와 걱정을 회피한다는 프로이트의 이론을 원용한 설명에 공감함.

'통증혁명(존 사노)'을 읽고 통증의 많은 부분이 스스로 조절할 수 있는 마음의 영역에 있는 것임을 깨달음. 통증에 벗어나기 위해 완벽함을 추구하는 성격은 바꿀 필요는 없지만, 통증 유발 원인인 부정적 감정들을 찾아내어 차분하게 생각해 볼 시간을 가져야 하며, 뇌와 대화하는 생각의 습관법이 자리 잡도록 노력해야 한다고 이야기함. 통증 치료에 있어 사고의 전환을 가져온 혁명이라고 찬사를 보내는 보고서를 작성함.

관련 논문
간호사의 목·어깨 통증 관련 요인(임선경, 2017)

관련 도서
《통증의 뇌과학》, 리처드 앰브론, 상상스퀘어
《완전배출》, 조승우, 사이몬북스

관련 계열 및 학과	• 자연계열: 간호학과, 간호학부, 간호헬스케어학과, 보건안전학과, 공중보건학과, 융합보건학과
	• 의학계열: 간호학과, 간호대학
관련 교과	• 인문·사회계열: 간호학과, 간호대학, 디지털보건재활학과, 보건행정학과, 보건의료정보학과

2022 개정 교육과정: 통합사회 1, 통합사회 2, 통합과학 1, 통합과학 2, 세포와 물질 대사, 보건

2015 개정 교육과정: 통합사회, 통합과학, 생명과학, 생명과학 II, 화학 I, 화학 II, 보건

MEMO

생명

순번	도서명	저자명	출판사명
1	10퍼센트 인간	앨러나 콜렌	시공사
2	개미와 공작	헬레나 크로닌	사이언스북스
3	게놈 오디세이	유안 A 애슐리	브론스테인
4	과학을 달리는 십대: 생명과학	박재용	우리학교
5	과학이 된 무모한 도전들	마르흐레이트 데 헤이르	원더박스
6	교실 밖에서 듣는 바이오메디컬공학	임창환 외	MID
7	기후환경, 바이오를 만나다	유영제	나녹
8	꼬리에 꼬리를 무는 호모 사피엔스	정주혜	주니어태학
9	나는 미생물과 산다	김응빈	을유문화사
10	나의 첫 뇌과학 수업	앨리슨 콜드웰, 미카 콜드웰	롤러코스터
11	내 몸 안의 작은 우주, 분자생물학	하기와라 기요후미	전나무숲
12	내가 유전자 쇼핑으로 태어난 아이라면	정혜경	뜨인돌
13	뇌과학자는 영화에서 인간을 본다	정재승	어크로스
14	뇌를 둘러싼 오해와 진실	크리스천 재럿	한울
15	뇌를 바꾼 공학, 공학을 바꾼 뇌	임창환	MID
16	다윈의 식탁	장대익	바다출판사
17	닥터 바이오헬스	김은기	전파과학사
18	도파민네이션	애나 렘키	흐름출판
19	맛있는 요리에는 과학이 있다	아라후네 요시타카 외	홍익출판미디어그룹
20	매일 매일의 진화 생물학	롭 브룩스	바다출판사
21	모든 생명은 서로 돕는다	박종무	리수
22	물질에서 생명으로	노정혜 외	반니
23	미래의 최고 직업 바이오가 답이다	김은기	전파과학사
24	미래혁신기술, 자연에서 답을 찾다	김완두	예문당
25	미토콘드리아	닉 레인	뿌리와이파리

순번	도서명	저자명	출판사명
26	바이오산업혁명	유영제	나녹
27	바이오테크 시대	제러미 리프킨	민음사
28	부엌의 화학자	라파엘 오몽	더숲
29	브레인 3.0	임창환	MID
30	사소한 것들의 과학	마크 미오도닉	MID
31	사이언스 소믈리에	강석기	MID
32	생명, 경계에 서다	짐 알칼릴리, 존조 맥패든	글항아리사이언스
33	생명공학기술과 생명산업	김승욱	고려대학교 출판문화원
34	생명과학, 공학을 만나다	유영제	나녹
35	생명과학, 바이오테크로 날개달다	김응빈	한국문학사
36	생명과학, 신에게 도전하다	김응빈 외	동아시아
37	생명이 있는 것은 다 아름답다	최재천	효형출판
38	생명이란 무엇인가	폴 너스	까치
39	생물과 무생물 사이	후쿠오카 신이치	은행나무
40	세계를 움직인 과학의 고전들	가마타 히로키	부키
41	세상에서 가장 재미있는 생물학	데이브 웨스너	궁리
42	세상을 바꾼 생명과학	원정현	리베르스쿨
43	세상을 바꿀 미래 의학 설명서	사라 라타	매직사이언스
44	슈퍼버그	맷 매카시	흐름출판
45	식탁 위의 미생물	캐서린 하먼 커리지	현대지성
46	신체 설계자	애덤 피오리	미지북스
47	아파트 생물학	곽재식	북트리거
48	지속가능한 세상에서 동물과 공존한다는 것	배성호, 주수원	이상북스
49	천 개의 뇌	제프 호킨스	이데아
50	초파리	마틴 브룩스	갈매나무

10퍼센트 인간

앨러나 콜렌 | 시공사 | 2016

우리가 지금껏 등한시 해온 미생물의 중요성에 대해 이야기하는 책이다. 미생물은 인간의 삶에서 가장 믿고 의지해야 하는 동반자이며, 미생물 불균형은 인간에게 예상치 못한 큰 타격을 줄 수 있다. 이 책을 통해 인류가 지구상의 선배인 미생물을 어떻게 바라보고 효율적으로 활용해야 할지, 어떻게 공존해야 하는지를 생각하고 우리 자신의 몸에 대한 통찰을 가질 수 있다.

탐구 주제

주제1 항생제 남용, 식습관의 변화, 항균 제품에 대한 맹신 등으로 현대인의 몸속 미생물의 조성은 점점 더 악화되는 중이라고 할 수 있다. 이를 치료하는 방법으로 제시된 대변 미생물 이식에 관한 영향에 관해 탐구해 보자.

주제2 쉽게 변화시킬 수 없는 인간 세포와는 다르게 몸속 미생물들은 인간의 노력으로 좀 더 나은 방향으로 변화시킬 수 있다. 그러한 점에 착안하여 유익균을 활용하여 미생물을 긍정적으로 활용할 수 있는 방안에 대해 구체적으로 모색해 보자.

주제3 미생물의 불균형이 인류에게 미치는 영향 및 대응 방안 연구

주제4 미생물 이식의 이점과 질병 치료 사례 연구를 통한 미래 사회 고찰

학생부 기록 예시 (교과세특)

'10퍼센트 인간(앨러나 콜렌)'을 읽고 항생제 남용, 식습관 변화, 항균 제품에 대한 맹신으로 현대인의 몸속 미생물 조성이 악화된다는 점에 대해 경각심을 느끼고 미생물의 중요성을 깨달음. 쉽게 변화시킬 수 없는 인간 세포와는 달리 인간의 몸속 미생물은 노력으로 좀 더 나은 방향으로 변화시킬 수 있다는 점을 통해 미생물에 대한 이해도를 높임. 나아가 미생물을 통한 질병 치료 사례를 더 찾아보고 탐구함.

이 책을 통해 현대인의 몸속 미생물 조성이 점점 더 악화되어 고통받고 있는 사람들이 늘어난다는 점을 알게 되어 책 속에 제시된 대변 미생물 이식에 깊이 탐구심을 느낌. 발상의 전환을 통해 실제로 많은 환자들을 심각한 질병에서 구해낸 이 미생물 치료법을 통해 미생물의 긍정적인 영향력을 깨달음. 그동안 잘 알지 못했던, 인류에게 반가운 동반자로서 새로이 촉망받는 미생물에 대한 이해도를 높이는 계기가 됨.

관련 논문

사람 장내 미생물에 의한 폴리메톡시플라본의 생체변환(김나영, 2014)

관련 도서

《미생물이 우리를 구한다》, 필립 K.피터슨, 문학수첩
《미생물과의 마이크로 인터뷰》, 김응빈, 자음과모음

관련 계열 및 학과
- 자연계열 : 미생물학과, 화학과, 분자생물학과, 생물학과
- 의약계열 : 약학과, 의예과, 임상병리학과, 치의예과, 수의예과

관련 교과
- 교육계열 : 과학교육과, 화학교육과, 생물교육과, 환경교육과, 교육학과

2022 개정 교육과정 : 통합과학 1, 통합과학 2, 생명과학, 세포와 물질대사, 융합과학 탐구, 보건

2015 개정 교육과정 : 통합과학, 생명과학 I, 생명과학 II, 생활과 과학, 융합과학, 보건

개미와 공작

헬레나 크로닌 | 사이언스북스 |
2016

개미의 이타성과 협동, 공작들의 깃털과 짝짓기가 진화하는 과정을 각각 인간의 도덕성과 미적 감각의 발달에 대한 논의로 확장시키며 진화 생물학과 과학 철학을 함께 설명하는 책이다. 이타주의와 성 선택의 수수께끼를 둘러싼 진화론의 역사에서 가장 치열한 토론의 과정과 그 성과를 집대성한 역작으로 평가받는다. 저자의 신중하고 통찰력 있는 역사 서술, 구체적인 근거 제시 등이 인상적이다.

탐구 주제

주제1 개체들의 번식과 생존에 도움이 되지 않음에도 계속 진화해 온 일개미의 이타성, 수컷 공작의 화려한 깃털 등은 다윈주의의 모순이라고 한다. 이 쟁점에 대해 저자가 어떻게 생각하는지 정리하고, 그에 관한 견해를 글로 표현해 보자.

주제2 저자는 다윈의 성 선택 이론의 연장선상에서 암컷이 가장 화려한 수컷을 선택하는 원리에 대한 주장들을 소개한다. 각각의 가설에 대해 조사하고, 이것이 인간의 미적 신화에 어떻게 반영되었는지 탐구하여 보고서를 써 보자.

주제3 인간의 이타성이 진화의 산물인지에 대한 논의

주제4 동물이 가지는 이타성이 표출된 사례 추가 연구

학생부 기록 예시 (교과세특)

도서 '개미와 공작(헬레나 크로닌)'을 읽고 고전 다윈주의부터 현대 다윈주의까지의 논의되었던 핵심 쟁점들을 정리해 봄. 과학자들이 얼마나 치열한 고민을 하며 당대의 쟁점들에 관해 연구해 왔는지를 보고 배움의 자세에 대해 다시금 생각해 봄. 특히 이타성의 대표적 사례인 개미와 벌의 군집 생활, 협동과 역할 분담에 대한 다윈의 추론과 현대 다윈주의자들의 설명에 흥미를 느끼고 관련 논문을 참고해 이해한 바를 글로 써 냄.

도서 '개미와 공작(헬레나 크로닌)'을 읽고 동물을 연구한다는 것이 인간의 마음의 작동 원리를 연구하는 것으로 이어질 수 있다는 점에 매력을 느낌. 특히 고전적 의미의 다윈주의가 가졌던 난제가 이 책을 통해 해결되었다는 점에 흥미를 느낌. 또한 과학적 지식이 정답과 사실이 아니라 철학적일 수도 있다고 생각하게 됨. 여러 쟁점을 해결하면서 쓰인 도서임을 알게 된 후, 현대 과학의 쟁점이 무엇인지 호기심을 느껴 조사해 봄.

관련 논문

진화론적 인간 본성과 지속가능한 개발의 의무 (이명진, 2011)

관련 도서

《거의 모든 것의 역사》, 빌 브라이슨, 까치
《진화와 인간 행동》, 존 카트라이트, 에이도스

관련 계열 및 학과
- 자연계열 : 생명과학과, 생물학과, 생명환경학과, 생명시스템과학과, 생명정보융합학과
- 공학계열 : 생명공학과, 화학공학과, 신소재공학과, 에너지공학과, 생명자원공학과
- 의약계열 : 약학과, 의예과, 임상병리학과, 수의예과, 보건관리학과

관련 교과

2022 개정 교육과정 : 통합과학 1, 통합과학 2, 생명과학, 생물의 유전, 과학의 역사와 문화

2015 개정 교육과정 : 통합과학, 생명과학 I, 생명과학 II, 생활과 과학, 융합과학, 과학사

게놈 오디세이

유안 A 애슐리 | 브론스테인 |
2022

유전자 조작 기술의 혁명인 게놈 편집 기술이 탄생하면서 이전까지는 생각하지 못했던 품종 개량을 통해 식량 문제와 에너지 문제를 해결하고, 에이즈와 같이 완치가 불가능한 난치병을 치료하는 길이 열렸다. 이 책은 유전체 분석의 바탕에 깔린 의학을 쉽고 명료하게 해설한다. 의학이 병명과 치료법을 찾아 나서는 동안 의료진에게 목숨을 맡기고 개척자 역할을 자처한 대담한 환자들의 사례를 소개한다.

탐구 주제

주제1 게놈 편집은 의료 분야에서 두각을 나타낼 것으로 기대하고 있다. 특히 하나의 유전자 이상으로 나타나는 선천성 난치병에 매우 효과적으로 작동할 것으로 기대된다. 게놈 편집 기술 탄생 이전과 이후의 가장 큰 차이점과 게놈 편집 기술의 미래에 대해 보고서를 써 보자.

주제2 유전체 프로젝트 완결 이후 유전자 검사 비용은 무서운 속도로 곤두박질쳤다. 전 세계 연구팀들이 쌓아온 기술 혁신 덕에 한 사람 유전체 해독에 큰 노력이 들지 않게 된 것이다. 이처럼 과학 발전이 인류에게 끼치는 긍정적인 영향을 조사해 발표해 보자.

주제3 유전체 편집 기술이 끼칠 인류의 일상 변화에 대한 예측 고찰

주제4 의료기술의 대중화가 가지는 중요성에 관한 토의

학생부 기록 예시 (교과세특)

도서 '게놈 오디세이(유안 A 애슐리)'를 통해 게놈 편집 기술이 혁명이라 할 만큼 대단한 의학적 진보임을 알게 됨. 특히 책 속 내용 중 태어난 첫날에만 심장이 다섯 번 멈춘 한 아기의 병명을 알아내고 치료하다 유전체 분석 최단 시간 기록을 깨게 됐던 사연을 새로이 알게 된 후 의사로서의 높은 사명감에 깊은 감명을 받음. 자신의 꿈에 대한 의지를 다지고, 게놈 편집 기술이 나아가야 할 방향을 모색하는 글을 제출함.

의학 기술 발전으로 유전자 검사가 대중적인 방법으로 자리 잡았다는 사실에 생명과학의 발전과 진보가 인류에 얼마나 큰 혜택으로 돌아오는지 새삼스럽게 깨닫고 연구 의지를 다짐. 앞으로 게놈 편집 기술의 혁신이 불러일으킬 파급 효과에 대해 흥미진진한 기대감을 품고 과학 연구의 무궁무진함에 매력을 느낌. 유전체 정보를 해석한다는 것의 의미를 되새기고 자신의 진로 설계 방향 설정에 도움을 받음.

관련 논문

유전자 가위 기반 암 치료용 다중유전자 표적 치료물질 개발 (Seunghoe Kim, 2020)

관련 도서

《조선이 만난 아인슈타인》, 민태기, 위즈덤하우스
《유전과 게놈》, 뉴턴프레스, 아이뉴턴

관련 계열 및 학과	• 자연계열: 생명과학과, 생물학과, 수산생명의학과, 생명환경학과, 미생물학과
	• 공학계열: 생명공학과, 화학공학과, 신소재공학과, 정보통신공학과, 산업공학과
관련 교과	• 의약계열: 의예과, 약학과, 치의예과, 수의예과, 한의예과

2022 개정 교육과정: 통합과학 1, 통합과학 2, 생물의 유전, 세포와 물질대사, 융합과학 탐구

2015 개정 교육과정: 통합과학, 생명과학 I, 생명과학 II, 생활과 과학, 융합과학, 보건

과학을 달리는 십대: 생명과학

박재용 | 우리학교 | 2022

청소년이 반드시 알아야 할 최소한의 과학 이슈의 핵심을 간결히 설명하면서도 균형감 있는 시선과 풍성한 생각거리를 제공하는 책이다. 저자는 생명과학의 다양한 이슈에 대해 흥미를 느끼고 사회적인 문제에 대해 고민하도록 유도한다. 독자들이 과학의 다양한 분야에 관심을 가지고 자신의 진로와 미래 직업 선택에 활용할 수 있도록 다양하고 구체적인 지침을 제공하고 있다.

탐구 주제

주제1 태어날 아이의 유전체를 편집하여 아이의 미래를 결정할 수 있는 시대가 오고 있다. 정자와 난자의 유전체를 파악하여 가장 좋은 정자와 난자로 수정란을 만드는 것이 가능해진 것이다. 윤리적 관점에서 이러한 미래 모습을 고찰한 뒤 글로 써 보자.

주제2 인류가 늘어나면서 식량 부족 문제, 개발 도상국의 육류 소비 증가 문제, 공장식 축산으로 인한 기후 위기 문제 등 지구는 위기에 직면해 있다. 지구 위기 해결 방안으로써 생명과학 분야의 역할과 발전 방안에 대해 구체적으로 모색해 보자.

주제3 감염병의 역사 및 이에 대응하는 백신 윤리에 대한 고찰

주제4 생명공학과 전기전자공학의 융합으로 인한 인공 신체에 관한 사례 연구

학생부 기록 예시 (교과세특)

이 책을 읽고 시시각각 변화하는 새로운 세상을 맞이하게 된 입장에서 생명과학에 대한 흥미로운 사실들을 많이 알게 됨. 태어날 아이의 유전자를 미리 골라서 새 생명의 탄생을 조작할 수 있다는 사실이 가지는 윤리적 쟁점에 대한 고찰의 깊이가 남다름. 예측되지 않은 결과로 인해 인류에게 미칠 수 있는 악영향에 대해 탐구함. 나아가 합성 생물학이 적용된 사례를 추가 조사를 하기도 함.

인구 증가로 인한 식량 부족 문제에 대해 경각심을 느끼고 해당 문제에 대해 조사함. 미래 식량 문제에 대한 과학적인 방법뿐만 아니라, 사회적 합의와 경제 정책까지 고려해서 문제에 대응해야 한다는 폭넓은 사유를 함. 이러한 미래가 생명과학을 오히려 발전시킬 수도 있다는 점에 새로운 시각을 가지게 되고, 생명과학의 발전이 인류에게 끼칠 수 있는 긍정적인 영향에 대해 다시금 되새기는 계기를 얻음.

관련 논문

세계식량위기와 글로벌 식량 거버넌스에 관한 연구: 신흥안보로서의 식량안보 관점에서 (김가람, 2022)

관련 도서

《지구를 살리는 생명과학 수업》, 김미정 외, 한언
《십 대를 위한 생명과학 콘서트》, 안주현 외, 청어람미디어

관련 계열 및 학과
- 자연계열: 생명과학과, 화학과, 분자생물학과, 생물학과, 수산생명의학과
- 의약계열: 약학과, 의예과, 임상병리학과, 보건관리학과

관련 교과
- 교육계열: 과학교육과, 화학교육과, 생물교육과, 지구과학교육과, 환경교육과

2022 개정 교육과정: 통합과학 1, 통합과학 2, 생명과학, 세포와 물질대사, 융합과학 탐구

2015 개정 교육과정: 통합과학, 생명과학 I, 생명과학 II, 생활과 과학, 융합과학, 보건

과학이 된 무모한 도전들

마르흐레이트 데 헤이르 | 원더박스 | 2014

과학 비전공자의 시각에서 풀어낸 과학사로, 피타고라스 시대부터 17세기 과학 혁명기를 거쳐 19세기의 생물학과 천문학의 대중화, 그리고 현대의 양자론까지 과학의 발전과 영향력이 흥미로운 이야기로 전개된다. 과학사적 측면에서 승자들의 모습뿐만 아니라 소외되었던 존재들의 좌절과 실패도 함께 보여 주며, 이러한 경험이 인류의 발전에 영향을 주었다는 사실을 전달하는 책이다.

탐구 주제

주제1 이 책은 초기 과학의 역사가 서양을 중심으로 전개되었다는 점에서 '과학사'가 아닌 '서양 근대 과학사'라는 이름으로 부른다. 그동안 등한시되어 온 동양의 과학적 발견 및 발전에 대해 조사하고, 소외를 줄이고 균형 있는 과학 발전을 이룩하는 방법을 탐구해 보자.

주제2 저자는 과학이란 인류가 호기심을 충족하는 과정 아니면 두려움을 극복하는 과정에서 발전해 왔다고 한다. 이 두 질문 중 한 가지 의견을 골라 답하고 자신의 생각을 덧붙여 견해를 피력하는 글을 써 보자.

주제3 과학 분야에서 '가치'라는 개념이 가지는 중요성 토의

주제4 망원경으로 보는 가장 먼 별이 존재했던 시간 추정 방법 논의

학생부 기록 예시 (교과세특)

'과학이 된 무모한 도전들(마르흐레이트 데 헤이르)'을 읽고 과학이란 인류가 호기심을 해결하는 과정에서 발전한 학문이라고 생각했는데 두려움이 큰 원동력이었다는 점에 흥미를 느낌. 과학사를 전반적으로 훑은 후 과학적 탐구라는 것은 단순히 답을 찾아가는 과정이 아니라 오히려 인문학적인 측면에서 '가치'를 중시하며 발전해 왔다는 점에 착안하여, '좋은 과학의 좋은 발전'이란 어떤 것인지에 대한 자신의 의견을 글로 작성함.

정해진 지식을 습득하는 차원의 과학을 학습하다가, 과학이 된 무모한 도전들(마르흐레이트 데 헤이르)'을 통해 과학은 생물처럼 변화하며 발전한다는 생각을 함. 과학은 현재진행형으로 지금도 생성되기도 하고, 오류로 밝혀져 사라지고도 있다는 사실에 과학이라는 분야에 새로운 매력을 느끼게 됨. 변화 가능성이 있는 학문 분야이니만큼 실패에 관한 두려움이 없어야 진정한 무모한 시도들이 계속될 것이라는 깨달음을 얻음.

관련 논문

과학의 본성 이해를 위한 과학사 이야기 활용 수업자료 연구(박지혜, 2012)

관련 도서

《초공간》, 미치오 카쿠, 김영사
《과학이 빛나는 밤에》, 이준호, 추수밭

관련 계열 및 학과	• 자연계열: 생명환경학과, 생물학과, 생명과학과, 수산생명의학과, 분자생물학과
	• 의약계열: 약학과, 의예과, 수의예과, 임상병리학과, 보건관리학과
관련 교과	• 교육계열: 과학교육과, 화학교육과, 생물교육과, 지구과학교육과, 환경교육과

2022 개정 교육과정: 통합과학 1, 통합과학 2, 생명과학, 생물의 유전, 과학의 역사와 문화

2015 개정 교육과정: 통합과학, 생명과학 I, 생명과학 II, 생활과 과학, 융합과학, 과학사

교실 밖에서 듣는 바이오메디컬공학

임창환 외 | MID | 2021

이 책은 아직은 낯선 바이오메디컬공학을 처음 만나는 이들을 위해 쓰여진 책으로, 여러 교수들이 웨어러블 디바이스, 뇌공학 등 바이오메디컬공학 트렌드를 누구나 이해하기 쉬운 언어로 설명한다. 바이오메디컬공학 분야는 스마트 의료기기에서 뇌공학까지 그 적용 범위가 굉장히 넓다. 다른 과학 분야와의 융합이 필수적인 미래 세대에게 유용한 내용들을 제공하고 있다.

탐구 주제

주제1 바이오메이컬공학의 발전 덕분에 인간의 뇌에 칩을 넣어 질병을 치료하고 건강한 삶을 영위할 수 있게 되었다. 자신의 뇌에 칩이 들어가는 상황을 상상해 보고, 뇌와 기계가 어떠한 교류 작용을 일으키는지와 그 작용이 가질 수 있는 영향력에 대해 탐구해 보자.

주제2 바이오메디컬공학의 발전 중 '캡슐내시경'이 있다. '캡슐내시경'의 작동 원리와 이 장치가 해결할 수 있는 여러 문제점을 탐구하고, 이전까지 시행되던 내시경과의 비교를 통해 '캡슐내시경'의 장점을 알아 보자.

주제3 지속적인 뇌 연구의 필요성에 대한 토의

주제4 바이오메디컬공학의 발전이 가져올 난치병 치료에 관한 고찰

학생부 기록 예시 (교과세특)

'교실 밖에서 듣는 바이오메디컬공학(임창환 외)'을 읽고 현재 뇌전증과 같은 질병 치료를 위해 뇌에 전극을 심는 기술 연구가 진행됨을 알게 됨. 나아가 뇌 연구가 머릿속 생각을 컴퓨터에 업로드할 수 있는 단계까지 발전하는 것을 목표로 하고 있다는 점을 통해 먼 미래의 이야기인 줄만 알았던 것들이 현실이 되고 있다는 점을 체감함. 뇌에 대한 연구를 활발히 발전시킬 방안에 대해 조사하고, 더 나은 연구 방법을 모색해 봄.

'교실 밖에서 듣는 바이오메디컬공학(임창환 외)'을 읽고 의공학의 발전이 가져 올 인류 사회의 발전을 상상해 보고, 이미 발전하고 있는 여러 분야에 대해 알게 됨. 특히 스마트기기를 통한 혈압 및 혈당 측정, 원격 진료 등이 가능하게 하는 바이오메디컬 분야의 발전에 대해 새로운 인식을 가짐. 이를 토대로 정보통신 기술과 융합된 다양한 의료 기술을 통해 인류의 미래가 밝아질 것을 기대하며 관련 도서, 논문, 보고서를 조사함.

관련 논문

3차원 자기장 기반 능동 구동 가능 캡슐내시경과 휴대용 자력 조절기를 이용한 위장검사 (오동준, 2023)

관련 도서

《바이오닉맨》, 임창환, MID
《소설로 알아보는 바이오 사이언스》, 전승민, 세종서적

관련 계열 및 학과
- 자연계열: 생명과학과, 생물학과, 생명환경학과, 생명환경화학과, 생명시스템과학과
- 공학계열: 생명공학과, 화학공학과, 신소재공학과, 바이오시스템공학과, 산업공학과

관련 교과
- 의약계열: 약학과, 의예과, 임상병리학과, 수의예과, 보건관리학과

2022 개정 교육과정: 통합과학 1, 통합과학 2, 생명과학, 세포와 물질대사, 과학의 역사와 문화

2015 개정 교육과정: 통합과학, 생명과학 I, 생명과학 II, 생활과 과학, 융합과학, 보건

기후환경, 바이오를 만나다

유영제 | 나녹 | 2022

전 지구적 기후 위기, 생태 파괴, 플라스틱 환경 재난 상황에서 지속 가능한 삶을 위한 해결 방향과 바이오 기술을 새로운 기술의 개발 실용화에 대해 논하는 책이다. 더불어 인간 존중에 바탕을 둔 사회시스템에 대한 방향을 제시하고 있다. 이 책의 저자는 기후 변화뿐 아니라 지구 환경과 관련된 전체 문제의 해결에는 바이오 기술이 중요한 역할을 할 수 있다고 전망하고 있다.

탐구 주제

주제1 저자는 기후 환경이 심각해진 시기를 1970년대 초 이후로 보고 있다. 그 이후 나아지기는커녕 더 심각해지는 환경 문제의 해결 방안 중 하나인 바이오 기술의 대표적인 분야와 발전 현황에 대해 조사하고 설명해 보자.

주제2 한번 만들어지면 좀처럼 사라지지 않아 문제가 되는 플라스틱의 대안인 '생분해성 플라스틱'은 새로운 비즈니스 기회이다. 이와 같이 기후 변화에 대비하는 산업을 알아보고, 생분해성 플라스틱의 특성에 대한 보고서를 써 보자.

주제3 다양해진 이상 기후의 유형 탐구 및 해결 방안 모색

주제4 탄소 중립 생활화를 위한 실천 방향 모색

학생부 기록 예시 (교과세특)

평소 지속 가능한 발전에 대한 관심이 많은 학생으로 '기후환경, 바이오를 만나다(유영제)'를 읽고 기후변화 및 지구 환경 재난에 대한 이해의 폭을 넓히는 기회를 얻음. 코로나19 이후 일상 속에 넘치는 플라스틱 용기가 큰 문제라는 경각심을 가지고 탄소 중립을 위해 일회용품을 줄이고, 개인 전용 물병을 가지고 다니는 등의 행동 변화를 꾀함. 기후 변화에 대한 정보를 더 얻기 위하여 관련 논문을 찾아보고 내용을 요약하여 제출함.

'기후환경, 바이오를 만나다(유영제)'를 읽고 인류가 만들어 낸 지구상의 다양한 것들이 기후 위기, 생태 파괴, 환경 재난 상황으로 되돌아 옴에 큰 반성이 필요하다고 느낌. 지속 가능한 지구를 유지하기 위해 더 이상 미룰 수 없는 문제가 환경 문제라고 생각하고, 급우와 함께 탄소중립을 실천할 수 있는 방안에 대해 토의하여 관련 내용을 발표. 사람과 지구 모두 나아지게 하는 바이오 기술 관련 내용을 찾아봄.

관련 논문

기후변화 위험인식과 기후변화정책 수용도의 결정요인 분석 (박정민, 2021)

관련 도서

《환경에 대한 갑질을 멈출 시간》, 홍석환, 산지니
《환경과 생태 쫌 아는 10대》, 최원형, 풀빛

관련 계열 및 학과	• 자연계열: 생명환경학과, 생물학과, 생명과학과, 수산생명의학과, 분자생물학과
	• 의약계열: 약학과, 의예과, 수의예과, 임상병리학과, 보건관리학과
관련 교과	• 교육계열: 과학교육과, 화학교육과, 생물교육과, 지구과학교육과, 환경교육과

2022 개정 교육과정: 통합과학 1, 통합과학 2, 생명과학, 지구과학, 기후변화와 환경생태, 생태와 환경

2015 개정 교육과정: 통합과학, 생명과학 I, 생명과학 II, 지구과학 I, 지구과학 II, 융합과학, 환경

꼬리에 꼬리를 무는 호모 사피엔스

정주혜 | 주니어태학 | 2023

이 책은 호모 사피엔스로서 내가 어디에서 시작되었는지부터 꼬리에 꼬리를 무는 질문을 이어 간다. 생명과학이 단지 시험 과목으로 그치는 것이 아니라 자신을 비롯한 주변 생물에 관심을 갖게 하는 연결 고리가 되길 바라는 마음에 쓰인 책이다. 생명과학 전공자가 아니더라도 기초부터 체계적으로 설명하는 이 책을 통해 다양한 생명 현상과 유전자 가위와 같은 최신 기술을 이해할 수 있다.

탐구 주제

주제1 생명이 어떻게 발생하는지에 대한 이론으로 자연발생설과 생물속생설이 있다. 현재는 생물속생설로 결론이 난 상태이다. 각 이론을 설명하고, 생물속생설에 대한 추가 조사를 하여 보고서를 써 보자.

주제2 복제양 돌리를 만드는 과정에는 난자를 제공하는 양, 핵을 제공하는 양, 자궁을 제공하는 양 총 세 마리가 필요했다. 돌리는 난자, 핵, 자궁 중 어떤 것을 제공받은 양으로 결론이 났는지 조사하고, DNA, 핵, 유전정보 간의 관계를 정리하여 발표해 보자.

주제3 앞으로 연구해야 할 과학 주제인 DNA 수선에 관한 토의

주제4 유전자 가위를 통한 유전자 편집 허용 여부에 대한 토론

학생부 기록 예시 (교과세특)

평소 과학적 호기심과 탐구심이 많은 학생으로 생명의 출현 등에 관해 관심이 있었음. '꼬리에 꼬리를 무는 호모사피엔스(정주혜)'를 통해 자신의 궁금증을 해결하고 흥미를 느낌. 지식을 확장해 가면서 생기는 자연스러운 질문들에 대해 답을 이야기하며 펼쳐지는 과학의 역사와 정보들에 매료됨. 특히 인공 유전자 가위는 자르는 효소의 종류에 따라 세대가 달라진다는 점에 대한 깊은 이해를 위해 논문을 찾아보며 심화 탐구를 진행함.

DNA의 성질과 유전자 가위에 관심이 많았던 학생으로, DNA 조정으로 바뀔 인류의 미래에 대한 질문을 종종 함. 특히 '꼬리에 꼬리를 무는 호모사피엔스(정주혜)'를 읽고 생명과학의 진보와 발전에 따라 논쟁이 될 부분을 고찰함. 유전자 가위로 키를 키우거나 지능을 높이는 등 배아의 유전자 교정을 허용해야 할지 전 세계가 고민해야 한다는 점에 흥미를 느끼고 급우들과 이에 관한 조사를 진행하고 협업하여 토의 내용을 발표함.

관련 논문

DNA 수선 유전자의 다형성과 암 연관성 연구(문명진, 2013)

관련 도서

《오래된 연장통》, 전중환, 사이언스북스
《역사가 묻고 생명과학이 답하다》, 전주홍, 지상의책

관련 계열 및 학과
- 자연계열: 생명환경학과, 생물학과, 생명과학과, 수산생명의학과, 분자생물학과
- 의약계열: 약학과, 의예과, 수의예과, 임상병리학과, 보건관리학과

관련 교과
- 교육계열: 과학교육과, 화학교육과, 생물교육과, 지구과학교육과, 환경교육과

2022 개정 교육과정: 통합과학 1, 통합과학 2, 생명과학, 생물의 유전, 과학의 역사와 문화

2015 개정 교육과정: 통합과학, 생명과학 I, 생명과학 II, 생활과 과학, 융합과학, 과학사

나는 미생물과 산다

김응빈 | 을유문화사 | 2018

최근 문제시 되는 병원 내 감염이나 조류 독감 등, 미생물과 관련한 시의성 있는 주제부터 내용을 확장해 나가는 미생물 관련 도서이다. 과학을 잘 모르는 독자도 한눈에 이해할 수 있도록 관련 사진, 그림, 도표, 그래프 등 시각 자료를 풍부하게 담아 유익성과 재미를 동시에 살렸다. 알기 쉬운 친절한 설명과 많은 사례 제시가 담긴 미생물 분야에 관한 적절한 입문서이다.

탐구 주제

주제1   저자는 대장균이 대장에 존재하고 있으면 음식과 함께 들어 오는 잡균이 끼어들 틈이 없다고 주장한다. 대장균이 비타민을 생산해 내는 덕분에 인간이 비타민 결핍증을 걱정할 필요가 없다고도 한다. 대장균이 생산하는 비타민의 종류와 그것의 역할을 조사해 보자.

주제2   이 책은 미생물의 다양한 종류와 능력 덕에 인간이 얼마나 큰 혜택을 누리고 있는지 밝힌다. 인간이 어떻게 활용하느냐에 따라 미생물은 나쁜 균이 될 수도 있고, 좋은 균이 될 수도 있다. 이에 해당하는 사례를 탐구하고 미생물 연구의 방향성에 대해 논의해 보자.

주제3   미생물에 대한 오해 사조사 및 미생물 연구의 의의 탐구

주제4   닭과 오리 등의 장식 밀집 사육이 기생체에 끼치는 영향 논의

학생부 기록 예시 (교과세특)

‘나는 미생물과 산다(김응빈)’를 읽고 평소 미생물을 잘못 생각하고 있었다는 것을 깨달음. 소수 병원성 미생물의 해악이 크게 부각되어 인간에게 도움을 주는 대다수의 미생물도 함께 매도되고 있는 현실에 경각심을 느끼고 미생물에 대한 제대로 된 이해의 중요성을 깨달음. 특히 대장균이 우리 몸에서 비타민을 생성해 내고 그 비타민이 여러 긍정적인 역할을 한다는 점에 흥미를 느끼고 관련 논문을 찾아보는 등 후속 조사를 진행함.

‘나는 미생물과 산다(김응빈)’의 내용 중 미생물의 입장에서 인간을 바라보며 미생물의 특징들을 소개하는 부분에서 미생물에 대한 오해를 바로 잡을 수 있었음. 특히 인간은 태어날 때 엄마로부터 전해지는 다양한 유익균을 받아들이는 데서부터 존재해 왔다는 사실을 새로이 알게 됨. 좋은 미생물과 나쁜 미생물을 구분하여, 인간이 결코 벗어날 수 없는 미생물에 대한 연구의 중요성을 깨닫고 급우들과 이에 대해 토의함.

관련 논문
동일 개체내 장내미생물군 대체 전후 비교분석을 통한 운동성 조절 미생물 연구 (구본철, 2023)

관련 도서
《미생물 세계사》, 이시 히로유키, 사람과나무사이
《미생물, 네가 궁금해!》, 필립 번팅, 북극곰

관련 계열 및 학과	• 자연계열: 미생물학과, 생물학과, 생명환경학과, 분자생명과학과, 생명과학과
	• 의약계열: 약학과, 의예과, 수의예과, 임상병리학과, 보건관리학과
관련 교과	• 교육계열: 과학교육과, 화학교육과, 생물교육과, 지구과학교육과, 환경교육과

2022 개정 교육과정: 통합과학 1, 통합과학 2, 생명과학, 생물의 유전, 세포와 물질대사

2015 개정 교육과정: 통합과학, 생명과학 I, 생명과학 II, 생활과 과학, 융합과학

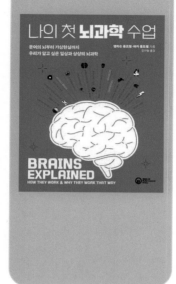

나의 첫 뇌과학 수업

앨리슨 콜드웰, 미카 콜드웰 |
롤러코스터 | 2023

뇌의 진화에 대해, 그리고 우리가 뇌에 대해 가지고 있던 생각이 어떻게 변화했는지 안내하는 책이다. 인류의 먼 과거부터 빛나는 미래까지, 뇌의 앞에서부터 뒤까지 죽 훑어볼 수 있는 경험을 제공하고 있다. 뇌 과학의 초보자들도 이해할 수 있는 흥미롭고 다양한 주제와 이미지들이 제시되어 있어 뇌에 대한 관심을 쉽게 높이며 뇌 과학의 색다른 매력을 느낄 수 있다.

탐구 주제

주제1　뇌에 대한 지식을 쌓는 것은 생명체를 비롯하여 나 자신과 인간에 대한 이해를 더하는 과정이라 할 수 있다. 뇌에 대한 이해가 잘못되어 인간을 잘못 이해한 사례를 찾아 정리하고, 나아가 바람직한 뇌 이해 방안에 대해 모색하는 글을 작성해 보자.

주제2　보기, 듣기, 수면, 운동 조절 및 체온 조절 등의 신체 기능을 감독하는 역할을 하는 '중뇌'의 역할을 알아보고, 중뇌가 담당하는 중요한 부분인 '기억'이라는 것은 어디에 저장되고 또한 어떤 방식으로 저장되는지 구체적으로 탐구해 보자.

주제3　인류가 이를 수 있는 유토피아와 디스토피아에 관한 비교 연구

주제4　인간 수명 연장의 부작용과 윤리적 논란에 관한 토론

학생부 기록 예시 (교과세특)

'나의 첫 뇌과학 수업(앨리슨 콜드웰 외)'을 읽고 두뇌가 존재하지 않던 오래전부터 과거의 신경과학자들이 뇌를 이해하기 위해 수행한 실험들과 그 결과를 분석하여 뇌에 대한 이해도를 높임. 특히 수면에 관해 인간이 왜 인생의 3분의 1을 자면서 보내고, 잠을 자지 못하면 생명을 유지하지 못하는지에 대해 과학자들이 찾아낸 답을 보며 흥미를 느낌. 신경과학과 심리학의 미래에 대한 후속 탐구를 진행함.

'나의 첫 뇌과학 수업(앨리슨 콜드웰 외)'을 읽은 후 인류의 어두운 미래인 디스토피아에 관심을 가지고 다른 연구 사례들을 조사함. 나날이 발전하는 최첨단 기술과 치료 요법을 통해 인간의 수명이 연장되고 있지만 이로 인한 부작용과 윤리적 논란이 있음을 알고 관련된 토론을 진행함. 뇌를 활성화하는 전극을 사람의 머리에 이식하는 것이 옳은 일인지 등 대답하기 힘든 질문들에 대해 깊이 사유하며, 뇌 과학에 대한 이해도를 높임.

관련 논문
인간이해에서 뇌과학의 의의와 한계(류영주, 2016)

관련 도서
《뇌 과학의 모든 역사》, 매튜 코브, 심심
《나를 알고 싶을 때 뇌과학을 공부합니다》, 질 볼트 테일러, 윌북

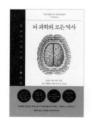

관련 계열 및 학과
- 자연계열 : 생명과학과, 생물학과, 식물자원학과, 화학과
- 공학계열 : 생명공학과, 화학공학과, 신소재공학과, 에너지공학과, 산업공학과

관련 교과
- 의약계열 : 약학과, 의예과, 임상병리학과, 수의예과, 보건관리학과

2022 개정 교육과정 : 통합과학 1, 통합과학 2, 생명과학, 세포와 물질대사, 융합과학 탐구

2015 개정 교육과정 : 통합과학, 생명과학 I, 생명과학 II, 생활과 과학, 융합과학, 보건

내 몸 안의 작은 우주, 분자생물학

하기와라 기요후미 | 전나무숲 | 2019

이 책은 분자생물학을 일반인의 눈높이에 맞춰 이해하기 쉽도록 풀어쓴 것으로 사전 지식이 없는 초보자도 술술 읽을 수 있는 분자생물학 입문서이다. 분자생물학의 가장 기본적인 세포의 구조에서 출발하여 단백질의 활동과 효소의 역할, 세포 간의 정보 교환 방법, DNA의 구조에 대한 정보 등에 대한 심층적인 이해를 제공하고, 유전자 해독과 유전자 치료 등을 충실히 다루었다.

탐구 주제

주제1 면역력은 인류에게 결코 없어서는 안 될 중요한 부분이다. 이토록 중요한 면역력에 있어 가장 중요한 것은 세포들의 건강한 생선과 순환, 그리고 자살이라고 할 수 있다. 이 분야에 적용되는 분자생물학적 내용에는 어떤 것들이 있는지 탐구해 보자.

주제2 분자생물학에는 여러 개념들이 등장한다. 그중 우리 몸에서 아주 중요한 역할을 하는 DNA, 유전자, 게놈의 개념을 이해해 정리해 보고, 서로의 유사성과 차이점에 대한 내용을 글로 작성해 보자.

주제3 유전자 치료가 어디까지 허용될지에 대한 토론

주제4 암을 치료하는 분자생물학의 사례 연구

학생부 기록 예시 (교과세특)

'내 몸 안의 작은 우주, 분자생물학(하기와라 기요후미)'를 통해 면역력 이해를 위한 초석을 다지고, 분자생물학이 우리의 생활과 그리 멀지 않음을 알게 됨. 특히 세포 분자들이 조직과 기관, 나아가 사회를 이룬다는 개념을 알게 되어 분자생물학에 관한 이해도를 높임. 또한 세포들도 의사소통을 하는데, 세포 간의 정보전달이 어긋날 경우 초래되는 질병과 그에 대한 치료법에 흥미를 느껴 다른 책을 찾아보며 확장적 독서를 함.

'내 몸 안의 작은 우주, 분자생물학(하기와라 기요후미)'를 읽고 분자생물학과 의료 분야는 서로 뗄 수 없는 관계임을 배움. 유전병에는 유전 요인과 환경 요인이 얽히고설켜 다인자 질환으로서 존재한다는 것을 알게 됨. 특히 암과 유전자 치료 부분에서는 치료 허용 범위에 대한 논란이 있어 이에 대해 친구들과 심층 토론을 진행함. 사례들을 탐구하여 분자생물학의 이해도를 높이고 자신의 진로와 삶에 적용할 수 있는 아이디어를 얻음.

관련 논문

DNA, 유전자, 단백질의 통합적 이해를 위한 분자생물학 탐구 실험 프로그램 개발 및 적용 (우정임, 2015)

관련 도서

《우리는 각자의 세계가 된다》, 데이비드 이글먼, 알에이치코리아
《과학잡학사전 통조림: 인체편》, 키즈나출판 편집부, 사람과나무사이

관련 계열 및 학과
- 자연계열: 분자생물학과, 생물학과, 미생물학과, 화학과, 생명과학과
- 의약계열: 약학과, 의예과, 임상병리학과, 보건관리학과

관련 교과
- 교육계열: 과학교육과, 화학교육과, 생물교육과, 지구과학교육과, 환경교육과

2022 개정 교육과정: 통합과학 1, 통합과학 2, 생명과학, 세포와 물질대사, 생물의 유전

2015 개정 교육과정: 통합과학, 생명과학 I, 생명과학 II, 생활과 과학, 융합과학, 보건

내가 유전자 쇼핑으로 태어난 아이라면

정혜경 | 뜨인돌 | 2008

이 책은 생명공학 기술의 발전으로 인해 유전자 쇼핑 시대가 도래할 것을 가정하고, 이에 따른 예상 가능한 변화들을 살펴본다. 아직 미래의 가능성일 뿐인 유전자 쇼핑을 이해하기 위해 유전학의 개념과 인류의 지식 발전에 대해 알려주고, 유전공학이 우리의 삶을 어떻게 변화시킬 수 있는지에 대해 탐구하고 안내하고 있다. 그 과정에서 자신의 가치관을 정립해 나갈 수 있을 것이다.

탐구 주제

주제1 만약 개인이 우월한 유전자를 강화할 수 있다면 그것의 긍정적인 측면과 부정적인 측면은 무엇일지 정리하여 글로 써 보고, 유전자 강화가 가져올 미래 사회의 문제점을 평등의 관점에서 연구하여 서술한 후 발표해 보자.

주제2 나와 유전적으로 동일하여 외양과 형질이 거의 같은 다른 누군가가 세상을 활보한다고 가정해 보자. 그런 상황에서 유전적으로 동일한 구성을 가진 일란성 쌍둥이도 엄연히 다른 인격과 정체성을 가진다는 저자의 말에 대한 자신의 견해를 논거를 들어 글로 써 보자.

주제3 생명공학 기술과 윤리적 측면의 대립에 관한 고찰

주제4 생명공학 시대를 어떤 자세로 받아들일 것인지에 대한 논의

학생부 기록 예시 (교과세특)

'내가 유전자 쇼핑으로 태어난 아이라면(정혜경)'을 읽고 유전자 편집 및 복제에 관한 문제는 첨예한 의견 대립과 사회적 파장이 우려되는 분야라는 생각을 하게 됨. 유전자 편집이라는 과학적 처치가 개인의 고유한 정체성이 훼손될 수도 있다는 점을 알게 됨. 현시대를 살아가는 과학자들은 유전자 편집 및 쇼핑 등이 가능해지는 미래에 대해 어떻게 생각하는지 호기심을 느껴 관련 논문을 찾아보고 자신의 생각을 정리함.

'내가 유전자 쇼핑으로 태어난 아이라면(정혜경)'을 읽고 유전자 편집과 쇼핑이 가능해지는 날이 온다면 우선적으로 소수의 부자들만이 그 특권을 누릴 것으로 예상되는 바, 사회적으로 큰 불평등이 야기될 수 있을 것이라는 사유를 함. 이로 인한 문제점을 해결하는 영역은 윤리적인 문제라 과학의 발전과 윤리적 측면은 대립적인 측면이 크다는 사실을 깨달음. 문제에 대해 심화 조사를 진행하고 이에 관한 내용을 급우들과 함께 토론함.

관련 논문

유전자 편집 기술의 논의에서 치료와 증강의 구분에 대한 재고(김남희, 2020)

관련 도서

《두 번째 인류》, 한스 블록, 흐름출판
《에이지리스》, 앤드류 스틸, 브론스테인

관련 계열 및 학과
- 자연계열: 생명과학과, 생물학과, 생명환경학과, 생명시스템과학과, 생명정보융합학과
- 공학계열: 생명공학과, 화학공학과, 신소재공학과, 에너지공학과, 생명자원공학과

관련 교과
- 의약계열: 약학과, 의예과, 임상병리학과, 수의예과, 보건관리학과

2022 개정 교육과정: 통합과학 1, 통합과학 2, 생명과학, 생물의 유전, 세포와 물질대사

2015 개정 교육과정: 통합과학, 생명과학 I, 생명과학 II, 생활과 과학, 융합과학, 공학일반

뇌과학자는 영화에서 인간을 본다

정재승 | 어크로스 | 2012

영화 속에 담긴 신경과학 이야기를 전하는 책이다. 우리는 영화를 통해 현대를 살아가는 인간들의 모습을 만나볼 수 있다. 저자는 생물학적인 뇌의 특징, 인간의 뇌에 대한 기본 개념을 알려 주며 정신 질환을 가지고 있는 인물들을 내밀하게 다루어 영화 속 주인공들의 삶을 이해하고, 사건의 전모를 파헤치며, 그 안에서 인간 사회의 독특함을 발견하고자 하고 있다.

탐구 주제

주제1   영화 〈레인맨〉, 〈머큐리〉에는 자폐증을 가진 인물인 레이먼드와 사이먼이 등장한다. 자폐증의 원인을 알아보고, 나아가 자폐증 환자가 정말로 천재적인 지적 능력을 가지고 있는지, 만약 그렇다면 어떻게 그들이 그런 재능을 가질 수 있었는지에 대한 원인을 탐구해 보자.

주제2   영화 〈에일리언〉에서는 불멸을 꿈꾸는 인간의 모습을 보여 준다. 또한 외모에 대한 과한 집착과 병들지 않으려는 욕망을 가진 인물들의 모습도 보인다. 생명과학의 노력이 어떤 방식으로 현실화될 수 있는지 상상하는 글을 써 보자.

주제3   인간의 수명 연장에 관해 생명과학이 나아가야 할 방향 토의

주제4   인간 복제의 범위가 어느 정도까지 가능한지에 대한 토의

학생부 기록 예시 (교과세특)

도서 '뇌과학자는 영화에서 인간을 본다(정재승)'를 읽고 영화 속에서 나타난 여러 신경과학적 상황을 분석하고, 이를 통해 실생활에서 일어날 수 있는 사례를 찾아냄. 우리 안에 내재하고 있었으나 이제껏 잘 몰랐던 과학의 모습이 영화를 통해 시각적으로 표현되어 스크린을 통해 펼쳐진다는 내용에 흥미를 느낌. 특히 불합리한 줄 알면서도 특정 행동을 하려는 반복적인 요구를 가진 '강박적 행동'에 대한 추가 조사를 함.

물질주의에 매몰된 현대 사회에서 과도한 정신적 스트레스를 받는 사람들이 늘어나고 있다는 점에 흥미를 느낌. '뇌과학자는 영화에서 인간을 본다(정재승)'를 통해 외상 후 스트레스 장애에 대해 배우고, 이와 같은 질환이 얼마나 인간의 정신을 황폐하게 만드는지 새롭게 알게 됨. 특히 전쟁 후 증후군으로 여전히 고통받고 있는 사람이 존재함에 안타까움을 느끼고 외상 후 스트레스 장애 및 전쟁 후 증후군에 관한 다른 책을 읽어 봄.

관련 논문

영화를 통한 과학 개념 이해(박경화, 2008)

관련 도서

《열두 발자국》, 정재승, 어크로스
《판타 레이》, 민태기, 사이언스북스

관련 계열 및 학과	• 자연계열: 생명과학과, 생물학과, 생명환경학과, 생명시스템과학과, 생명정보융합학과
	• 의약계열: 의예과, 의학과, 약학과, 임상병리학과, 보건관리학과
관련 교과	• 교육계열: 과학교육과, 화학교육과, 생물교육과, 지구과학교육과, 환경교육과

2022 개정 교육과정: 통합과학 1, 통합과학 2, 생명과학, 세포와 물질대사, 융합과학 탐구

2015 개정 교육과정: 통합과학, 생명과학Ⅰ, 생명과학Ⅱ, 생활과 과학, 융합과학, 보건

뇌를 둘러싼 오해와 진실

크리스천 재럿 | 한울 | 2020

신경과학과 심리학에 관한 지식을 널리 알리기 위해 여러 가지 흥미로운 이야기들을 담은 책이다. '생각은 심장에서 나온다'와 같은 과거의 신화들, 유명한 뇌 손상 환자들의 이야기를 비롯해 오늘날까지 사람들 사이에 남아 있는 뇌에 관한 불멸의 신화 등을 여러 가지 주제로 구성하여 안내한다. 과학적 합의와 증거를 바탕으로 우리가 진실이라고 생각하는 것에 비판적으로 다가가는 책이다.

탐구 주제

주제1 저자는 사람을 우뇌형 인간과 좌뇌형 인간으로 나누는 개념은 너무 불분명해 실제로는 의미가 없다고 본다. 사람은 그 순간 어떤 일을 하고 있는가에 따라 양쪽 뇌를 다르게 쓴다는 것이다. 이 새로운 관점에 관한 자신의 의견을 글로 작성해 보자.

주제2 몇몇 대중 매체와 기업은 뇌 영상 기술과 뇌 스캔 이미지를 두고 뇌 스캔을 통해 마음 깊은 곳의 생각과 욕망을 끄집어내고 행동을 예측할 수 있다고 말하기도 한다. 저자의 관점에서 이러한 현상에 대해 비판해 보자.

주제3 뇌에 좋은 음식이라고 알려진 것들에 대한 실제 효용성 탐구

주제4 뇌 연구가 앞으로 나아가야 할 방향에 대한 토의

학생부 기록 예시 (교과세특)

도서 '뇌를 둘러싼 오해와 진실(크리스천 재럿)'을 읽고, 뇌과학 분야가 많은 발전을 이룩하였음에도 불구하고 아직 뇌에 관해 알려지지 않거나 잘못 알려진 부분이 많다는 사실을 새로이 배움. 전문가들이 충분한 검증을 거치지 않은 신경 과학 분야의 용어들을 남용하는 경우가 많음을 알게 되어 앞으로 이에 관한 정보를 새로이 습득할 때는 그 정보의 오해 가능성 및 억측 여부에 대해 충분히 비판적으로 검토해야겠다고 다짐함.

'뇌를 둘러싼 오해와 진실(크리스천 재럿)'을 읽고 자신이 여태 잘못 생각해 온 뇌과학 지식이 많다는 것을 알게 됨. 특히 불안을 느낄 때 편도체가 활성화된다는 연구 결과를 편도체의 활성화는 불안을 느끼고 있음을 뜻한다는 맥락으로 해석해서는 안 된다는 점에 흥미를 느껴 불안과 편도체 관련한 다른 책을 찾아 읽어 봄. 자신이 알고 있는 다른 뇌과학적 지식에 대해서도 충분한 검증 및 비판적 사고를 해야겠다고 생각하게 됨.

관련 논문

뇌과학의 어제와 오늘, 그리고 내일 (손명원, 2008)

관련 도서

《우리 몸은 전기다》, 샐리 에이디, 세종서적
《뇌는 세상을 어떻게 보는가》, 빌라야누르 라마찬드란, 바다출판사

관련 계열 및 학과	• 자연계열: 생명과학과, 생물학과, 생명환경학과, 생명시스템과학과, 생명정보융합학과
	• 의약계열: 의예과, 의학과, 약학과, 임상병리학과, 보건관리학과
관련 교과	• 교육계열: 과학교육과, 화학교육과, 생물교육과, 지구과학교육과, 환경교육과

2022 개정 교육과정: 통합과학 1, 통합과학 2, 생명과학, 세포와 물질대사, 융합과학 탐구

2015 개정 교육과정: 통합과학, 생명과학 I, 생명과학 II, 생활과 과학, 융합과학, 보건

뇌를 바꾼 공학, 공학을 바꾼 뇌

임창환 | MID | 2023

뇌공학과 뇌에 얽힌 이야기를 풀어낸 책이다. 우리가 뇌에 대해 이해하고 있는 것들과 뇌를 더 잘 이해한다면 알 수 있게 되는 것들, 그리고 그를 기반으로 우리가 시도할 수 있는 분야들을 '뇌공학'이라는 조금 생소한 학문을 통해 전달한다. 뇌공학은 우리가 살고, 일하고, 생각하는 방식에 혁명을 일으킬 수 있는 잠재력을 가진 만큼 미래에 관심이 있는 모두가 관심을 가질 만한 책이다.

탐구 주제

주제1 저자에 의하면 뇌과학자들은 전두엽 영역 부근에서 나타나는 뇌파의 반응을 분석하면 개인의 인지능력을 알아낼 수 있다는 사실을 밝혀냈다. 이러한 사실이 불러일으킬 수 있는 사회적 파장을 생각해 보고 이 사실에 관한 생각을 글로 표현해 보자.

주제2 인간의 뇌는 가소성이라는 성질을 가지고 있기에 특정 영역을 많이 사용하면 그 영역의 시냅스가 강화된다. 시냅스 연결성을 강화해 습관을 변화시킬 수 있다는 점에 착안하여 자신의 습관 중 긍정적인 면을 강화하는 방안을 제시해 보자.

주제3 시냅스의 연결 세포 수와 치매의 상관관계 연구

주제4 뇌과학의 발전 방향이 제시되어 있는 영화 제작 사례 조사

학생부 기록 예시 (교과세특)

도서 '뇌를 바꾼 공학, 공학을 바꾼 뇌(임창환)'를 읽고, 뇌 연구가 아직 충분히 발달하지 않아 앞으로 무궁무진하게 연구할 새로운 분야가 남아 있다는 사실에 매력을 느낌. 개인의 인지능력을 변별할 수 있는 부분에 특히 흥미를 느껴 관련 도서를 더 찾아보고 읽음. 시냅스 연결성 강화를 위한 방법에는 어떤 것들이 있는지 추가 조사를 하고 그에 대해 자신의 사례를 대입해 보고, 긍정적으로 활용하는 방안을 모색함.

'뇌를 바꾼 공학, 공학을 바꾼 뇌(임창환)'를 읽고 뇌공학이라는 분야의 새로운 면모를 알게 됨. 몸 안에 있지만 미지의 부분이나 다름없다는 뇌에 대한 인식을 새로이 하며 관심을 가지게 됨. 여러 영화 속에서 이야기하는 앞으로 다가올 미래에 대한 모습을 추가 탐색함. 최근 마이크로 및 나노 공학 기술이 발전하며 뇌공학도 같이 발전하고 있다는 추세에 따라 여러 과학 분야 간의 상호 협업 연구가 필요하다는 생각을 하게 됨.

관련 논문

신경 시냅스 조절인자 cAMP/cGMP ratio에 따른 시냅스 가소성 기전 규명(최원영, 2008)

관련 도서

《보이지 않는 침입자들의 세계》, 신의철, 21세기북스
《여자의 뇌, 남자의 뇌 따윈 없어》, 송민령, 동아시아

관련 계열 및 학과
- 자연계열: 생명과학과, 생물학과, 생명환경학과, 생명시스템과학과, 생명정보융합학과
- 공학계열: 생명공학과, 화학공학과, 신소재공학과, 에너지공학과, 생명자원공학과

관련 교과
- 의약계열: 약학과, 의예과, 임상병리학과, 수의예과, 보건관리학과

2022 개정 교육과정: 통합과학 1, 통합과학 2, 생명과학, 세포와 물질대사, 과학의 역사와 문화

2015 개정 교육과정: 통합과학, 생명과학 I, 생명과학 II, 생활과 과학, 융합과학, 보건

다윈의 식탁

장대익 | 바다출판사 | 2015

JTBC 차이나는 클라스 진화학자 장대익
다윈의 눈으로 세상을 보는 방법
— 다윈의 후예들이 펼치는 생생한 지식의 반찬

평소 다소 어렵게 생각될 수 있는 진화론에 대한 여러 논쟁에 대해 깊이 있게 사유하게 하면서도, 현대 진화론의 대가들이 논쟁을 하는 방식으로 전개되는 책이다. 진화론이라는 개념에 친숙하지 않은 대중도 쉽게 소화할 수 있도록 현대의 진화론의 쟁점에 대해 친절하면서도, 결코 중요한 쟁점들은 놓치지 않고 있기에 국내 과학 서적의 수준을 높였다는 의의를 가진다.

탐구 주제

주제1 저자는 과학은 '정답'을 찾고 '팩트'를 앞세우는 학문이 아니라 오히려 '논쟁'이고 '소통'이라며, 답을 찾아가는 치열하고 합리적인 논쟁의 과정을 통해 진화해 간다는 점을 강조한다. 이에 해당하는 사례들을 찾아 보고서를 작성해 보자.

주제2 '협동'에 관해 집단 선택론을 주장하는 학자들은 개인이 아니라 집단이 이타적 행동을 하도록 유도했다고 하고, 반대론자들은 집단의 이득을 위한 것들이 사실은 개체에게 더 큰 이득을 주기 때문에 진화한 것이라고 주장한다. 두 입장 중 하나를 선택하여 견해를 글로 표현해 보자.

주제3 유전과 환경 중 인류의 진화에 더 큰 영향을 끼치는 것이 무엇인지에 관한 토론

주제4 '진보'와 '진화' 개념의 공통점과 차이점 연구

학생부 기록 예시 (교과세특)

도서 '다윈의 식탁(장대익)'을 읽고 과학적 지식이라는 것은 정해져 있는 규칙과 답이 있는 학문이라고 생각해 왔던 자신의 패러다임을 수정하게 됨. 여러 과학에 관한 흥미로운 논쟁들을 보면서 과학적 탐구 및 연구에는 오히려 인문학적 소양이 더 필요하다는 점에 관심을 가짐. 특히 유전자와 환경 중 진화에 어떤 분야가 더 큰 영향력을 가지는지에 대한 부분을 읽은 후에 해당 부분에 대한 추가 조사를 진행함.

다윈은 생명의 진화가 그 누구도 살아서 목격할 수 없을 정도로 점진적으로 진행되는 장중하고 정연한 과정이라고 설명한 데에 반해, 이에 반박하는 굴드의 도약 이론에 흥미를 느낌. 진화론의 대가인 또 다른 학자의 도약 이론에 대한 새로운 비판을 보고, 정답과 사실이 아니라 오히려 논쟁과 소통을 통해 과학이 발전한다는 말을 실감하게 됨. 이에 지금 계속되고 있는 과학적 쟁점의 사례를 더 찾아서 이에 관한 보고서를 제출함.

관련 논문

과학 이론의 발견법 연구: 뉴턴 역학과 다윈 진화론 사례를 중심으로(박미라, 2015)

관련 도서

《창조적 유전자》, 에드윈 게일, 문학동네
《진화심리학》, 데이비드 버스, 웅진지식하우스

관련 계열 및 학과	• 자연계열: 생명과학과, 생물학과, 식물자원학과, 화학과, 생명환경학과
	• 공학계열: 생명공학과, 화학공학과, 신소재공학과, 에너지공학과, 산업공학과
관련 교과	• 의약계열: 약학과, 의예과, 임상병리학과, 수의예과, 보건관리학과

2022 개정 교육과정: 통합과학 1, 통합과학 2, 생명과학, 세포와 물질대사, 과학의 역사와 문화

2015 개정 교육과정: 통합과학, 생명과학 I, 생명과학 II, 생활과 과학, 융합과학, 과학사

닥터 바이오헬스

김은기 | 전파과학사 | 2023

이 책은 일상적인 사례와 함께 바이오헬스의 의미와 중요성을 강조하고 있다. 일상생활에서 느끼는 다양한 생명 현상들을 바이오 과학적 관점에서 바라보고, 이를 통해 바이오 과학이 우리 생활과 밀접하게 연관되어 있다는 것을 알려 준다. 최첨단 과학으로 우리의 삶이 얼마만큼 더 건강해질 수 있는지 이 책을 통해 확인해 볼 수 있다.

탐구 주제

주제1 저자는 코로나바이러스 시대를 지나 감염병을 일으킬 바이러스가 다시 올 것이라 말한다. 지구와 인류 전체에게 강력한 영향을 끼치게 되는 감염병의 원인과 예방법, 그리고 백신의 중요성과 문제점을 조사하고 보고서로 작성해 보자.

주제2 코로나 백신 기술이 나옴에 따라 바이오 신약의 가능성과 미래를 엿보고 있다. 코로나 백신 기술을 바탕으로 바이오 신약이 앞으로 어떻게 인류 사회를 발전시킬 수 있을지, 암 백신은 과연 나올 수 있을지에 대한 자신의 견해를 발표해 보자.

주제3 면역력과 뱃살 사이의 상관관계에 대한 토의

주제4 지문이나 홍채가 최고의 보안이 될 수 있을지에 대한 고찰

학생부 기록 예시 (교과세특)

'닥터 바이오헬스(김은기)'를 읽고 한 해동안 코로나바이러스로 인한 사망자는 약 300만 명인 데에 반해 암 사망자는 코로나의 3배가 넘는다는 사실을 알게 됨. 백신이나 치료제는 바이러스뿐 아니라, 우리가 흔히 알고 있는 심혈관, 치매, 암, 만성질환 등 고령화로 인한 질병에 더 필요하다는 점을 알게 됨. 이와 같은 문제를 해결하기 위한 분야가 바로 바이오헬스라는 것을 알고 바이오헬스의 발전 중요성을 깨달아 이에 관한 글을 써 냄.

'닥터 바이오헬스(김은기)'를 통해 4차 산업 혁명으로 인한 기술의 발전과 과학의 발전은 서로 다른 것이 아니라, 서로 시너지를 만들어 내며 상호보완하며 발전해 나가는 분야라는 것을 알게 됨. 기술의 개발이 가속화되면, 바이오 신약의 발전 즉 암 백신, 치매, 당뇨, 파킨슨 병의 치료를 위한 신약의 개발이 그리 멀지 않았다는 희망을 가지게 됨. 신약 개발 방법과 그 중요성에 대한 의의를 더 찾아보고, 그에 관한 보고서를 작성하여 제출함.

관련 논문

암 면역치료를 위한 생체 내 백신 소재 개발(신희준, 2019)

관련 도서

《바이오학자가 만난 소소한 사람들》, 김은기, 디아스포라
《바이러스란 도대체 무엇인가》, 미야자와 타카유키, 에포케

관련 계열 및 학과
- 자연계열: 생명과학과, 생물학과, 생명환경학과, 생명시스템과학과, 생명정보융합학과
- 공학계열: 생명공학과, 화학공학과, 신소재공학과, 에너지공학과, 생명자원공학과
- 의약계열: 약학과, 의예과, 임상병리학과, 수의예과, 보건관리학과

관련 교과

2022 개정 교육과정: 통합과학 1, 통합과학 2, 생명과학, 생물의 유전, 세포와 물질대사

2015 개정 교육과정: 통합과학, 생명과학 I, 생명과학 II, 생활과 과학, 융합과학, 공학일반

도파민네이션
애나 렘키 | 흐름출판 | 2022

이 책은 피로 사회에서 도파민으로 버텨내는 현대인을 위한 인간, 뇌, 중독 그리고 회복에 대한 안내서라 할 수 있다. 저자는 인간이 중독에 빠지는 이유를 의지, 도덕성의 결핍이 아닌 쾌락과 고통을 지휘하는 신경 물질, 즉 도파민에서 찾는다. 중독성 물질, 자본주의, 디지털이 결합된 현실 때문에 중독은 더 이상 개인의 문제가 아닌 사회 전체의 관점에서 바라봐야 하는 문제라고 이야기하는 책이다.

탐구 주제

주제1 현대 사회에는 피할 수 없는 무한 경쟁주의와 그로 인한 스트레스를 손쉽게 해소하기 위해 많은 사람이 절제 없이 쾌락을 탐닉하고 도파민에 중독되는 현상이 생겨나고 있다. 쾌락과 행복의 차이점에 생각해 보고, 결국 나아가야 하는 방향을 서술해 보자.

주제2 이 책은 마약이 아닌 가장 강력한 화학물질인 도파민을 다룬다. 약물임에도 신체가 아닌 마음의 영역인 고통과 쾌락을 지배하는 중추적인 역할을 하는 도파민에 대해 생각해 보고, 약물의 바람직한 사용에 대해 고찰하는 글을 작성해 보자.

주제3 쾌락과 고통의 공통점 및 차이점 비교 및 도파민의 작용 연구

주제4 도파민 중독의 양상과 증상을 멈추게 하는 방안 고찰

학생부 기록 예시 (교과세특)

'도파민네이션(애나 렘키)'을 읽고 피로 사회에서 도파민으로 버텨내면서도 그 중독의 심각성을 깨닫지 못하는 현대인들에 대해 성찰하는 독후감상문을 제출함. 자신을 잘못된 방향으로 이끄는 경쟁과 이를 벗어나려는 현대인들이 도파민에 의존하게 되는 과정을 통찰한 내용이 돋보임. 나아가 쾌락과 고통 사이에서 삶의 균형을 찾고 스트레스를 적절히 해소하고 조절하여 마음의 근육을 키워야 한다는 해결 방법을 제시한 점이 우수함.

도서 '도파민네이션(애나 렘키)'을 읽고 스트레스와 쾌락 과잉 시대에서 마음의 중심을 잃지 않고 균형 있는 일상을 살아가는 것의 소중함에 대해 깨달음. 고통을 잊고자 시작된 도파민 중독이 결국에는 더 큰 고통을 불러일으키게 된다는 점에 대해 성찰함. 중독으로 피폐해진 삶도 절제하며 오랫동안 충분히 노력하면 뇌가 다시 향상성의 기준치를 정상 준으로 되돌린다는 점에 희망적인 메시지를 얻은 점이 우수함.

관련 논문
도파민의 구조와 기능 (노유리, 2016)

관련 도서
《뭉크씨, 도파민 과잉입니다》, 안철우, 김영사
《도파민형 인간》, 대니얼 Z. 리버먼, 마이클 E. 롱, 쌤앤파커스

관련 계열 및 학과	• 자연계열: 생명과학과, 화학과, 분자생물학과, 생물학과
	• 의약계열: 약학과, 의예과, 임상병리학과, 치의예과, 수의예과
관련 교과	• 교육계열: 과학교육과, 화학교육과, 생물교육과, 교육학과

2022 개정 교육과정: 통합과학 1, 통합과학 2, 생명과학, 화학, 화학 반응의 세계, 융합과학 탐구

2015 개정 교육과정: 통합과학, 생명과학 I, 생명과학 II, 화학 I, 화학 II, 보건

맛있는 요리에는 과학이 있다

아라후네 요시타카 외 |
홍익출판미디어그룹 | 2020

쉬워 보이는 요리법이더라도 그 행간에 존재하는 원리를 모르면 제대로 된 맛을 내기가 힘들다. 이 책은 맛있는 음식을 만드는 요령과 비결을 익히고, 요리를 하면서 생기는 의문들을 과학적으로 풀어가면서 요리의 기본을 갖출 수 있도록 도와주는 요리책이자 과학서이다. 요리에 감춰진 유익하면서도 흥미로운 과학의 원리를 살피며 요리의 과학에 빠져들 수 있을 것이다.

탐구 주제

주제1 설탕은 요리할 때 간을 맞추는 가장 대표적인 재료 중 하나이다. 최근 들어 많은 설탕보다 더 손쉽게 간을 맞추기 위해 여러 요리에 쓰이고 있는, 설탕과 비슷하지만 다른 감미료의 종류에 대해 정리하여 보고서를 써 보자.

주제2 서로 잘 섞이지 않는 식초와 기름을 주성분으로 하는 마요네즈는 어떤 이유로 분리되지 않는지에 대한 이유를 탐색해 보자. 나아가 마요네즈 이외에도 같은 원리로 만들어진 또 다른 요리 재료는 어떤 것이 있는지 조사하여 발표해 보자.

주제3 동양 겨자와 서양 겨자가 전혀 다른 이유에 대한 탐구

주제4 운동 중 수분 보충에 스포츠 음료보다 맹물이 더 나은 이유 탐구

학생부 기록 예시 (교과세특)

도서 '맛있는 요리에는 과학이 있다(아라후네 요시타카 외)'를 읽고 무심코 생각했던 요리 활동에 수많은 과학적 원리가 숨겨져 있었다는 사실에 흥미를 느낌. 특히 쉽게 사용하고 있는 전자레인지에 사용하기 적합하지 못한 물질에 대한 구체적인 정보를 접하게 되어 일상 속에 적용된 과학의 원리를 배움. 평소 의문점을 가지고 있었던 토마토 케첩에 실제 토마토가 들어 있는지에 대한 여부를 새로이 알고 그 원리에 대한 글을 써서 제출함.

'맛있는 요리에는 과학이 있다(아라후네 요시타카 외)'를 읽고 전자레인지는 직접적인 열이 아니라 전파가 나오는 제품인데도 식품이 따뜻해지는 과학적 원리를 새로이 인식하고 흥미를 느낌. 이외에도 평소 자신이 좋아하던 요리 활동에 재미있고 신기한 과학적 원리들이 적용되어 있다는 사실들을 많이 알게 되어 학문 간의 융합의 필요성을 몸소 느끼게 됨. 제시된 여러 사례들을 탐구하여 자신의 삶에 적용할 수 있는 아이디어를 얻음.

관련 논문
설탕 대체제, 알룰로스가 지방세포 분화에 미치는 효과 (문서현, 2020)

관련 도서
《요리와 과학》, 마이클 브렌너 외, 영진닷컴
《생선 요리의 과학》, 나루세 우헤이, 글항아리

관련 계열 및 학과	• 자연계열: 식품영양학과, 식물자원학과, 외식산업학과, 화학과, 환경학과
	• 공학계열: 식품공학과, 화학공학과, 생명공학과, 환경공학과, 재료공학과
관련 교과	• 교육계열: 가정교육과, 과학교육과, 화학교육과, 초등교육과, 교육학과

2022 개정 교육과정: 통합과학 1, 통합과학 2, 기술·가정, 생활과학 탐구, 융합과학 탐구

2015 개정 교육과정: 통합과학, 화학 I, 화학 II, 기술·가정, 가정과학

매일 매일의 진화 생물학

롭 브룩스 | 바다출판사 | 2022

오늘날의 인류는 긴 시간 동안의 자연선택으로 만들어졌다. 너무나 오랜 시간이라 우리는 진화가 현재의 인간들을 설명하는 데에는 적합하지 않다고 여기지만 진화는 지금도 우리 곁에서 일어나고 있다. 이 책은 경제, 문화 연구가 진화적 관점과 어떻게 어우러질 수 있는지 알려주고 비만, 경제적 불평등, 출산 감소 등 현재 사회의 문제를 개선할 수 있는 여러 방법들을 흥미롭게 소개한다.

탐구 주제

주제1 먹거리를 구하기 힘들 때눈 음식을 먹을 수 있을 때 고열량 음식을 많이 먹어 두어야 했다. 그러나 고열량 음식이 쉽게 공급되는 현대는 본능대로 행동하면 건강을 위협할 정도의 비만에 걸리게 된다. 이에 착안하여 경제적 부와 비만의 상관관계를 탐구해 보자.

주제2 지구는 인류에게 무엇보다 소중한 공공재이기 때문에 인류는 인간은 너무 많은 아이를 가지지 않도록 산아 제한에 대한 합의를 분명히 해야 했다. 이와 관련하여 '도덕의 근본적인 확장'에 대한 의미를 탐구하여 보고서를 작성해 보자.

주제3 성비 불균형으로 인한 사회적 문제에 대한 진화생물학적 원인과 해결 방안 모색

주제4 사회적 문제를 진화생물학적 관점에서 고찰하는 것에 대한 의의

학생부 기록 예시 (교과세특)

진화는 아주 오래전에 진행된 것이기 때문에 현재 사회의 복잡한 양상들은 설명할 수 없다고 생각했는데, '매일 매일의 진화 생물학(롭 브룩스)'을 읽고 오히려 진화생물학적인 관점에서 다양한 사회 문제의 원인을 통찰하는 경험을 함. 특히, 생계를 포기하고 음악에 빠지는 현상과 자식을 적게 낳고 잘 키우는 행동과 그 원인에 대한 설명에 관심을 가지고 관련 도서 2권을 추가로 읽으며 이에 대한 자신의 생각을 써서 제출함.

'매일 매일의 진화 생물학(롭 브룩스)'을 읽고 인류를 포함한 모든 생물체가 계속해서 지켜나가야 할 공공재 1순위는 바로 지구이고, 종족 번식을 위해 본능대로 행동하는 것이 지구를 파괴하는 결과를 초래할 수 있다는 사실을 새로이 배움. 특히, 환경 파괴 측면에서 인류만이 원인이 되지 않는다는 사실을 인식하였고, 본능을 억제할 수 있는 것이 유일하게 인간만 가능하다는 사실에 흥미를 느끼고 관련 기사를 찾아 읽어 봄.

관련 논문

부케티츠의 도덕적 개인주의에 대한 비판적 고찰: 진화생물학의 관점에서(김운용, 2020)

관련 도서

《과학이 필요한 시간》, 궤도, 동아시아
《지질학》, 얀 잘라시에비치, 김영사

관련 계열 및 학과	• 자연계열: 미생물학과, 생물학과, 생명환경학과, 분자생명과학과, 생명과학과
	• 의약계열: 약학과, 의예과, 수의예과, 임상병리학과, 보건관리학과
관련 교과	• 교육계열: 과학교육과, 화학교육과, 생물교육과, 지구과학교육과, 환경교육과

2022 개정 교육과정: 통합과학 1, 통합과학 2, 생명과학, 세포와 물질대사, 생물의 유전, 과학의 역사와 문화

2015 개정 교육과정: 통합과학, 생명과학 I, 생명과학 II, 생활과 과학, 융합과학, 과학사

모든 생명은 서로 돕는다

박종무 | 리수 | 2014

다른 생명체들과 인간이 가져야 할 바람직한 관계가 어떤 것인지 이야기하는 책이다. 축산 동물, 실험동물, 반려동물, 동물원에 있는 동물 등 인간과 함께 사는 동물을 보여 주며 약육강식의 논리와 합리화되는 동물 학대 현실을 직시하게 한다. 인간에 의해 파괴되는 생태계 문제, 유전자 재조합 식품과 과도한 육식 문제 등을 알리며 지속 가능한 삶을 위한 생태적인 삶을 소개하고 있다.

탐구 주제

주제1 이 책은 자본의 논리에 의해 자행되고 있는 동물원의 동물 문제, 실험동물에 대한 윤리적 착취 등 약육강식의 논리로 합리화되고 있는 동물 학대의 현실을 직시하게 한다. 동물 실험의 실태를 조사하고 앞으로 나아가야 할 방향에 대해 보고서를 써 보자.

주제2 차별주의가 필요했던 시대 배경 속에서 '진화' 개념은 백인 우월주의, 남성 우월주의, 나치의 유대인 학살 등에 이용되었고 다른 생물에 대한 인간의 지배를 정당화시켰다. 지구 생명체의 항상성 유지 측면에서 생명체의 진정한 '공존'은 무엇인지 과학적 근거를 들어 발표해 보자.

주제3 지속 가능한 생명체를 위한 대안으로서의 생태적인 삶 탐구

주제4 생명체를 존재하게 하는 필수 존재인 '균류'의 중요성 연구

학생부 기록 예시 (교과세특)

'모든 생명은 서로 돕는다(박종무)'를 읽고 인간의 등장은 기나긴 생명의 시간 중 얼마 되지 않았지만, 인간 중심적인 논리로 생태계를 도구로 전락시킨 실태에 깊은 우려를 하게 됨. 인간이 행한 여러 파괴적 행동들이 부메랑이 되어 돌아오고 있다는 사실에 대해 새로이 배움. 한 해에 3만 종의 생명이 사라지는 등의 급격한 생태 파괴를 멈추고, 지속 가능한 생명체의 공존을 위해 환경에 관련한 다른 서적을 읽고 추가 보고서를 작성함.

'모든 생명은 서로 돕는다(박종무)'를 읽고 사람들이 당연하게 행하고 있는 과도한 육식과 풍족한 에너지 생활을 멈추지 않으면 인류의 미래는 밝지 않다는 사실을 절감함. 제목과 같이 모든 생명이 서로 도와 공존으로 가기 위해 노력해야 한다는 사실을 깨달음. 특히 동물원의 동물, 실험동물에 대한 문제 등을 구체적으로 알고 동물 학대의 현실을 직시하게 됨에 따라 이에 관한 신문 기사를 더 찾아보고 실태에 대해 추가로 분석해 봄.

관련 논문

동물축제 연구: 인간과 동물의 공존을 위한 비판적 고찰(권재현, 2021)

관련 도서

《우리는 동물을 어떻게 대해야 하는가》, 박종무, 리수
《2050 거주불능 지구》, 데이비드 월러스 웰즈, 추수밭

관련 계열 및 학과	• 자연계열: 생명과학과, 생물학과, 생명환경학과, 생명시스템과학과, 생명정보융합학과
	• 공학계열: 생명공학과, 화학공학과, 신소재공학과, 에너지공학과, 생명자원공학과
관련 교과	• 의약계열: 약학과, 의예과, 임상병리학과, 수의예과, 보건관리학과

2022 개정 교육과정: 통합과학 1, 통합과학 2, 생명과학, 지구과학, 기후변화와 환경생태

2015 개정 교육과정: 통합과학, 생명과학 I, 생명과학 II, 지구과학, 생활과 과학, 융합과학

물질에서 생명으로

노정혜 외 | 반니 | 2018

이 책은 생명의 정의와 생명의 기본 물질, 에너지 그리고 DNA와 유전자로 시작하여 바이러스와 신약까지 생명의 시작에 대한 근본적인 질문을 다룬다. 책 속의 전문가들은 지금까지의 연구를 토대로 생명의 기원과 기본 물질을 알려준다. 나날이 발전하는 과학 기술을 바탕으로 지금껏 난치라고 알려진 병을 치료하는 방법이 발전하고 있으며, 무병장수의 비밀에 다가가고 있음을 보여 주는 책이다.

탐구 주제

주제1 비록 가설이지만 RNA의 다양한 특징을 종합하면 RNA가 최초의 유전 물질일 수도 있겠다는 추론이 가능하다. RNA가 최초의 유전 물질일 수도 있다는 추론을 가능하게 하는 근거를 조사하고 분석하여 보고서를 써 보자.

주제2 유전자는 동일해도 단백질은 매일매일 달라진다. 유전자가 모든 것을 결정한다면 인간은 노력하며 열심히 살 이유가 없다. 단백질은 노력으로 바꿀 수 있고 이것이 결국 인생을 바꿀 수 있다는 관점에 대한 자신의 견해를 글로 표현해 보자.

주제3 최초의 생명체 루카와 생명체 진화 과정 가설 연구

주제4 유전자와 아미노산, 단백질의 관계 규명 및 유전공학의 발전 탐구

학생부 기록 예시 (교과세특)

도서 '물질에서 생명으로(노정혜 외)'를 읽고, DNA가 만들어 내는 최초의 산물인 단백질이 왜 중요한지에 대해 새롭게 알게 됨. 특히 단백질의 3차 구조는 매우 중요한데 이 단백질의 구조를 연구하면 건강과 질병에 큰 도움이 될 수 있다는 사실에 흥미를 느낌. 또한 단순한 에너지 섭취원으로서의 탄수화물에서 나아가 치매 치료와 관련하여 당이 놀라운 역할을 한다는 점에 착안하여 관련 치료제 개발에 관한 기사를 찾아보고 정리함.

'물질에서 생명으로(노정혜 외)'를 통해 우리 몸에 들어오는 외부 물질이 약인지, 독인지 생각해 보게 됨. 몸에 원래 있는 내부 물질 외에 외부에서 들어오는 생체 이물질에는 어떤 종류가 있는지 새로이 인식함. 그중 특히 신약의 개발 방법과 약물대사 처리 과정에 대한 부분을 살펴 보고, 부작용까지 알게 됨. 나아가 사회적 문제가 되고 있는 마약과 처방 약물 중독 현상에 대한 부가 자료들을 찾아보고 후속 연구를 진행함.

관련 논문

국내 신약개발의 경제적 효과 및 활성화 방안(하재건, 2013)

관련 도서

《첨단기술의 과학》, 황정아 외, 반니
《과학혁명의 구조》, 토머스 S. 쿤, 까치

관련 계열 및 학과
- 자연계열: 생명환경학과, 생물학과, 생명과학과, 수산생명의학과, 분자생물학과
- 의약계열: 약학과, 의예과, 수의예과, 임상병리학과, 보건관리학과
- 교육계열: 과학교육과, 화학교육과, 생물교육과, 지구과학교육과, 환경교육과

관련 교과

2022 개정 교육과정: 통합과학 1, 통합과학 2, 생명과학, 지구과학, 과학의 역사와 문화

2015 개정 교육과정: 통합과학, 생명과학Ⅰ, 생명과학Ⅱ, 생활과 과학, 융합과학, 과학사

미래의 최고 직업 바이오가 답이다

김은기 | 전파과학사 | 2019

진로와 직업을 고민하는 청소년에게 미래의 유망 직업이 될 바이오 분야의 직업들을 구체적으로 소개하는 책이다. 많은 것들이 정보로 이루어지는 4차 산업 혁명 시대에는 정보를 축적하여 미래를 예측할 수 있게 된다. 이 책은 10만 년간 형성된 인류 DNA 정보가 미래 사회를 혁명적으로 바꿀 것이며 그로 인해 발전될 바이오 분야가 미래를 이끌어 갈 핵심 산업임을 알려 주고 있다.

탐구 주제

주제1 인공지능이 세상에 모습을 드러내기 시작하면서 이제는 암 진단도 인공지능으로 할 수 있는 시대에 이르렀다. 이처럼 의료 분야에 인공지능이 적용되어 변화할 일상에 대한 모습을 예측 및 상상하여 글을 작성해 보자.

주제2 미래를 이끌어 갈 바이오 분야는 크게 기초 학문과 응용 기술 부분으로 나눌 수 있다. 이를 개념에 따라 정리해 보고, 이를 활용한 4차 산업 혁명이 나아갈 궁극적인 목표인 '청정 지구'와 '건강 장수'에 대한 구체적인 방안을 모색해 보자.

주제3 4차 산업 혁명이 나아가야 할 방향에 관한 토의

주제4 스마트 헬스 케어 분야의 유망 직종에 관한 탐구

학생부 기록 예시 (교과세특)

'미래의 최고 직업 바이오가 답이다(김은기)'를 읽고 4차 산업 혁명 이후 각광받는 바이오산업 분야의 미래 전망에 대해 알게 됨. 바이오산업은 인간의 삶에 큰 영향을 주는 의료와 환경, 에너지 및 정보 분야에서 이미 발전하고 있다는 점을 알고 바이오 산업에 관련된 진로 정보 및 학과 정보를 수집함. 특히 평소 관심 있었던 스마트 헬스케 어에 관한 사례를 찾아 설명하고, 자신의 진로와 삶에 적용할 수 있는 아이디어를 냄.

'미래의 최고 직업 바이오가 답이다(김은기)'를 읽고 발전을 거듭하고 있는 바이오산업 분야의 진로 현황 및 미래 전망에 대해 알게 됨. 특히 단과대학과 학과별 세부 정보들을 수집하여 해당 기관 졸업 후 나아갈 수 있는 여러 경로에 대해 배우고, 자신이 관심이 있던 바이오 산업체 공공 연구소를 더욱 심도 있게 조사하여 깊이 이해하는 모습을 보임. 현재 사회의 문제 해결에 초점을 맞추어 바이오산업 분야에서의 연구 의지를 밝힘.

관련 논문

디지털바이오헬스케어산업의 경제 부문별 정책효과에 대한 비교 분석 (장필호, 2021)

관련 도서

《세포의 세계》, 오카다 도킨도, 전파과학사
《사피엔스》, 유발 하라리, 김영사

관련 계열 및 학과
- 자연계열 : 생명과학과, 생물학과, 통계학과, 화학과
- 공학계열 : 생명공학과, 화학공학과, 신소재공학과, 정보통신공학과, 산업공학과

관련 교과
- 의약계열 : 약학과, 의예과, 임상병리학과, 수의예과, 보건관리학과

2022 개정 교육과정 : 통합과학 1, 통합과학 2, 생명과학, 세포와 물질대사, 융합과학 탐구

2015 개정 교육과정 : 통합과학, 생명과학 I, 생명과학 II, 생활과 과학, 융합과학, 보건

미래혁신기술, 자연에서 답을 찾다

김완두 | 예문당 | 2020

전문가들은 대한민국 과학 기술이 단시간에 성과를 낼 수 있는 가장 확실한 분야는 '자연 모사 기술'이라고 한다. 그러나 자연 모사 기술은 결코 간단한 분야가 아니다. 자연을 이해하는 것과 아이디어를 추출하여 공학적으로 응용하는 것 모두 어려운 일이다. 그럼에도 혁신적인 미래를 위한 개발자들의 도전은 계속될 것이다. 이 책은 그 한 걸음을 내딛기 위한 지침서의 역할을 하고 있다.

탐구 주제

주제1 생태계와 자연 현상, 살아 있는 생명체의 기본 구조와 작동 원리를 모사하여 공학적으로 응용하는 기술을 '자연 모사 기술'이라 한다. 흰개미 집의 자연 통풍 원리와 혹등고래의 외양을 모사한 사례를 분석하고, 다른 동물의 생태를 모사한 사례를 찾아 글을 써 보자.

주제2 4차 산업 혁명은 초연결, 초지능 사회를 표방하고 데이터와 지식이 산업의 새로운 경쟁이 원천이 되어 사회 전반에 혁신을 유발하고 있다. 4차 산업 혁명이 변화시킬 미래 사회의 모습을 구체적으로 상상하고 예측하여 발표해 보자.

주제3 전자기장을 가시화할 수 있는 철새의 능력 조사 연구

주제4 해바라기 작은 꽃의 배열에 대한 수학적 원리 탐구

학생부 기록 예시 (교과세특)

'미래혁신기술, 자연에서 답을 찾다(김완두)'를 읽고 인간이 발전을 이룩할 때 한번도 보지 못한 새로운 것이 아니라 자연을 모사하여 진보를 이룰 수 있다는 사실을 깨달음. 전 세계적으로 골머리를 앓고 있는 기후, 에너지, 생태계 등 지구의 문제점을 먼 곳이 아닌 자연을 통해 해결할 수 있다는 데에 흥미를 느낌. 자연의 모습을 제대로 이해하고, 공학적 응용이 가능한 분야를 찾는 것의 중요성을 알고 관련 사례를 조사하여 탐구함.

'미래혁신기술, 자연에서 답을 찾다(김완두)'를 읽고 자연은 모든 것이 과학적이라고 말한 명언의 참뜻을 알게 됨. 흰개미 집의 통풍 원리, 혹등고래의 외양 모사, 거미를 모사한 감응 시스템 등을 읽고 자연 모사가 생각보다 많이 이뤄지고 있다는 사실에 흥미를 느낌. 전에 없던 방법을 찾으려 애쓰기보다 주변의 자연부터 세심하게 관찰하고 모사 기술 연구를 통한 발전이 4차 산업 혁명의 발전에 걸맞는 지름길이라는 생각을 하게 됨.

관련 논문
과학연구가 기술혁신에 미치는 영향: 반도체 산업을 중심으로(김영삼, 2020)

관련 도서
《탄소중립 골든타임》, 이재호, 석탑출판
《화이트 스카이》, 엘리자베스 콜버트, 쌤앤파커스

관련 계열 및 학과	• 자연계열 : 생명과학과, 생물학과, 생명환경학과, 생명시스템과학과, 생명정보융합학과
	• 공학계열 : 생명공학과, 화학공학과, 신소재공학과, 에너지공학과, 생명자원공학과
관련 교과	• 의약계열 : 약학과, 의예과, 임상병리학과, 수의예과, 보건관리학과

2022 개정 교육과정 : 통합과학 1, 통합과학 2, 생명과학, 지구과학, 기후변화와 환경생태

2015 개정 교육과정 : 통합과학, 생명과학 I, 생명과학 II, 지구과학, 생활과 과학, 융합과학

미토콘드리아

닉 레인 | 뿌리와이파리 | 2009

미토콘드리아는 오늘날 선사인류학, 유전질환, 노화, 생체에너지학, 진핵세포를 다루는 다양한 연구 분야의 중심에 있다. 이 책은 미토콘드리아를 통해 생명의 의미를 새롭게 이해하고 미토콘드리아의 시각에서 세상을 바라보며 첨단 연구 결과들을 퍼즐 조각처럼 조립해 나간다. 또한 생물학에서 중요한 문제들의 해답을 찾기 위해 복잡성, 생명의 기원, 성과 생식력, 죽음 등을 탐구한다.

탐구 주제

주제1 미토콘드리아는 인간의 몸속 가장 깊은 곳에서 소리 없이 우리 삶을 지배하는 생명 에너지의 발전소이자 다세포 생물의 진화를 이끈 결정적인 원동력이다. 미토콘드리아가 없었다면 지구의 생명체는 어떻게 살았을지 상상하는 글을 작성해 보자.

주제2 모든 세포는 더 큰 이익, 몸 전체를 위해 아포토시스(apoptosis, 세포자살)를 한다. 과학자들은 아포토시스를 결정하는 것이 핵 유전자가 아니라 미토콘드리아라는 사실을 발견했다. 이를 토대로 암 치료에서 미토콘드리아의 역할을 모색해 보자.

주제3 진핵세포가 어떻게 만들어졌는지에 대한 고찰

주제4 세균과 미토콘드리아의 공통점과 차이점 비교 연구

학생부 기록 예시 (교과세특)

'미토콘드리아(닉 레인)'를 읽고 핵이 있는 복잡한 세포를 위해 일하는 기관으로만 여겨졌던 미토콘드리아가 복잡한 생명체를 탄생시킨 주인공으로 인정받아 그 중요성이 매우 커지게 되었음에 흥미를 느낌. 미토콘드리아가 없었다면 생명체가 세균에 머물러 있었을 것이라는 부분에서 미토콘드리아가 세포의 진화 측면에서 중요한 요소임을 알게 됨. 세포와 생명에 관한 책을 더 읽으며 계속해서 탐구함.

'미토콘드리아(닉 레인)'를 통해 '미토콘드리아 이브'라는 개념에 관심을 가지게 됨. 인류를 거슬러 유전 물질을 추적하면 미토콘드리아 이브까지 도달할 수 있다는 사실을 알고 이를 통해 미토콘드리아 이브가 모든 인류의 공통 조상임을 나타낸다는 점을 알게 됨. 미토콘드리아 유전자가 모계의 성과 같은 구실을 하여 인류의 조상 추적을 가능하게 한다는 점을 배우고 이에 흥미를 느껴 생명의 역사에 관해 후속 조사를 진행함.

관련 논문

미토콘드리아 전달을 이용한 자연 살해 세포의 활성 향상 (김성훈, 2021)

관련 도서

《이기적 유전자》, 리처드 도킨스, 을유문화사
《인류의 진화》, 이상희, 동아시아

관련 계열 및 학과	• 자연계열: 분자생물학과, 생물학과, 미생물학과, 화학과, 생명과학과
	• 의약계열: 약학과, 의예과, 임상병리학과, 보건관리학과
관련 교과	• 교육계열: 과학교육과, 화학교육과, 생물교육과, 지구과학교육과, 환경교육과

2022 개정 교육과정: 통합과학 1, 통합과학 2, 생명과학, 세포와 물질대사, 생물의 유전

2015 개정 교육과정: 통합과학, 생명과학 I, 생명과학 II, 생활과 과학, 융합과학, 보건

바이오산업혁명

유영제 | 나녹 | 2021

이 책은 바이오산업을 새로운 관점에서 바라볼 수 있도록 하여 보다 크게 생각하도록 이끈다. 또한 4차 산업 혁명에 이어 다가 올 바이오산업 혁명을 쉽고 간결하게 전달하여 바이오 기술의 발전을 토대로 한 바이오 경제와 사회에 대한 균형 잡힌 관점을 제시한다. 앞으로 다가올 변화를 의료, 제약, 소재, 농업 등으로 나누어 분석하고 미래를 예측한 것은 미래를 위한 준비의 시작이라 볼 수 있다.

탐구 주제

주제1 스마트팜 기술 중에는 다양한 센서들을 이용한 사물 인터넷과 이를 통해 얻은 데이터를 활용해 상황을 판단하고 제어하는 인공지능 기술이 대표적이다. 농업 기술에 바이오 기술을 접목한 국내의 스마트팜의 발전 현황을 조사하여 보고서를 써 보자.

주제2 화이트바이오란 효소나 미생물을 이용한 생물학적 공정을 거쳐 화학 제품을 생산하는 기술을 의미한다. 화이트바이오가 환경과 경제 분야에 미칠 파급 효과를 고려하여 바이오산업이 변화시킬 미래에 대해 예측한 내용을 글로 나타내 보자.

주제3 석유 대체 친환경 바이오화학산업 및 정책 동향 연구

주제4 친환경 바이오 플라스틱산업 현황 및 생분해 원리 조사

학생부 기록 예시 (교과세특)

도서 '바이오산업혁명(유영제)'을 읽고 바이오 기술이 사회의 모든 분야에 영향을 미치고 있다는 것을 이해하고 바이오 기술이 바이오산업, 바이오 경제, 바이오 사회로 확대될 것이라는 점을 분명하게 인식하게 됨. 정보화 기술로 대표되는 컴퓨터, 스마트폰이 사회에 변혁을 일으켰던 것처럼 다음 단계는 바이오 기술이라는 것을 새로이 알고 다양한 연구 및 발전 방향 모색이 필요하다고 생각한 후, 관련 도서를 추가로 읽어 봄.

'바이오산업혁명(유영제)'을 읽고 최근 인공지능 분야와 더불어 바이오 의료 분야가 중요하게 논의되고 있음을 인식함. 바이오 제약, 바이오 소재, 스마트 농업과 함께 급속한 발전을 이루고 있는 바이오 의료는 인공지능과는 그 성격이 다르며 미래를 위한 준비의 시작으로서의 의의를 가진다는 것을 깨닫게 됨. 관련 산업 동향 및 정책을 조사하고, 연관된 기사를 찾아 보고 나아가야 할 방향을 모색해 보는 계기가 됨.

관련 논문

바이오산업의 공간분포와 네트워크 및 글로벌 상품사슬에 관한 연구 (권재중, 2010)

관련 도서

《바이오화학 및 바이오플라스틱 시장동향보고서》, 비피기술거래, 비티타임즈
《바이오 머니가 온다》, 이해진, 경이로움

관련 계열 및 학과
- 자연계열: 생명과학과, 생물학과, 생명환경학과, 생명시스템과학과, 생명정보융합학과
- 공학계열: 생명공학과, 바이오에너지공학과, 신소재공학과, 에너지공학과, 생명자원공학과
- 의약계열: 약학과, 의예, 임상병리학과, 수의예과, 보건관리학과과

관련 교과

2022 개정 교육과정: 통합과학 1, 통합과학 2, 생명과학, 생물의 유전, 융합과학 탐구, 경제

2015 개정 교육과정: 통합과학, 생명과학 I, 생명과학 II, 생활과 과학, 융합과학, 경제

바이오테크 시대

제러미 리프킨 | 민음사 | 2020

이 책의 저자 제러미 리프킨에 따르면 이제는 흘러 가는 산업 시대를 뒤로하고 생명과학 회사들이 생물산업 세계를 형성하는 거대한 흐름을 만들어 내고 있으며, 그에 따라 세계의 경제는 변화를 겪고 있다. 이 책은 21세기는 생물학의 세기가 될 것이며, 인류의 최대 이슈는 바로 생명공학이 될 것임을 분명하게 전망하고 있다. 다가올 미래를 구체적으로 예측하여 보여 주는 것이 특징이다.

탐구 주제

주제1 저자는 시장 경제 세력이 농민들에게 종래 농작물 재배를 포기하고 새로운 종을 선호하게 함으로써 소수의 식물 유전자에 의존하여 유전 다양성을 손상하는 결과를 가져왔다고 본다. 해당하는 사례를 조사하고 앞으로 스마트팜 개발 방향을 전망하는 보고서를 써 제출해 보자.

주제2 인류는 기술의 우선순위에 변화를 가져와야만 하는 상황에 봉착했다. 생물 공학 기술 중 어떤 목적을 가진 기술이 우선순위를 차지해야 하는지, 나아가 어떤 기술은 제한하고 어떤 기술은 최후의 보루로 남겨야 하는지 선별하고 예측하는 글을 써 보자.

주제3 '고객의 주문에 따라 만들어지는 아기'에 대한 토의

주제4 인류의 생물학적 진화 과정을 직접 제어할 수 있는 능력에 관한 토론

학생부 기록 예시 (교과세특)

'바이오테크 시대(제러미 리프킨)'를 통해 이제는 과거에 신성시되던 영역들도 과학 기술로 해결할 수 있다는 믿음과 동시에 너무 빠른 변화 속도에 대한 불안감이 공존하고 있다는 점을 인식함. 특히 유전자 조작이 대중화되면 우월한 유전자를 선택함으로 인해 생겨날 수 있는 인류의 미래를 구체적으로 상상해 보는 계기를 가짐. 이와 같은 미래를 예측하는 인터넷 공개 강연들을 찾아보고 공통된 내용을 요약해 봄.

'바이오테크 시대(제러미 리프킨)'를 통해 수십 년 내에 일어날 구체적인 미래 상황을 그려 봄. 특히 유전공학을 통하여 병충해에 잘 견디는 제품을 생산하면 일시적으로는 생산량이 증가하겠지만 결과적으로는 감당해야 하는 문제가 늘어나게 됨에 관심을 가짐. 지속 가능한 인류의 발전을 위해서는 당장의 생산성이나 경제적 가치만을 고려하기보다 악영향을 최소화하고, 생태를 고려한 발전 방향을 찾아야 한다는 내용의 보고서를 써 제출함.

관련 논문
스마트팜 산업의 글로벌 기술사업화 프로세스 활성화에 영향을 미치는 요인에 관한 탐색적 연구(권현정, 2023)

관련 도서
《유전자에 관한 50가지 기초지식》, 가와카미 마사야, 전파과학사
《인간 등정의 발자취》, 제이콥 브로노우스키, 바다출판사

관련 계열 및 학과	• 자연계열: 생명과학과, 생물학과, 생명환경학과, 생명시스템과학과, 생명정보융합학과
	• 공학계열: 생명공학과, 화학공학과, 신소재공학과, 에너지공학과, 생명자원공학과
관련 교과	• 의약계열: 약학과, 의예과, 임상병리학과, 수의예과, 보건관리학과

2022 개정 교육과정: 통합과학 1, 통합과학 2, 생명과학, 생물의 유전, 융합과학 탐구, 보건

2015 개정 교육과정: 통합과학, 생명과학 I, 생명과학 II, 생활과 과학, 융합과학, 보건

부엌의 화학자

라파엘 오몽 | 더숲 | 2016

요리를 통해 화학을 배우고, 화학을 통해 요리를 만날 수 있는 책이다. 분야를 자유롭게 넘나들며 새로운 가치를 일깨운다. 물리학자, 화학자만이 할 수 있는 과학 연구, 실험에 연구 파트너의 최고급 요리법과 요리 실력이 더해져 시너지를 빚어낸 것이다. 맛의 감각과 먹는 즐거움에 있어 새 지평을 열어주며 황홀한 요리 과학의 세계를 보여 준다.

탐구 주제

주제1 겔화제와 온도를 이용해 묽은 상태였던 프렌치드레싱을 젤 상태로 바꾼 '잘라 먹는 프렌치드레싱'이라는 요리가 있다. 질감에 변화를 주어 전혀 다른 형태와 식감을 만든 것이다. 이처럼 질감의 변화를 주어 완전히 새로운 음식이 탄생하는 예를 조사하여 보고서를 써 보자.

주제2 요리가 화학적이라는 표현에 예민하게 반응하는 사람들이 있다. 그러나 이것은 편견에 지나지 않는다. 저자는 오히려 요리는 그 자체로 이미 분자적이라고 말한다. 이에 대한 자신의 견해와 요리 활동이 가지는 과학적 의의에 대한 생각을 발표해 보자.

주제3 원심분리기로 얻을 수 있는 무색 토마토즙의 원리 고찰

주제4 진공냉각으로 만들어 가벼운 스펀지 케이크에 담긴 화학적 원리 연구

학생부 기록 예시 (교과세특)

'부엌의 화학자(라파엘 오몽)'를 통해 요리 활동은 단순한 과정이 아니라는 것을 알게 됨. 조리 시간이나 조리 온도, 식재료의 물질 구조 등 여러 가지 변수를 이해해야만 재료의 성질을 최대한 존중한 요리를 할 수 있는 점에 흥미를 느낌. 특히 파스타를 삶을 물에 소금을 넣는 행동에도 용매화나 분극 등 복잡한 화학 현상이 포함된다는 것에 관심을 보이고, 평상시의 요리 활동에 숨은 화학적 원리는 찾아보는 활동을 진행함.

도서 '부엌의 화학자(라파엘 오몽)'를 읽고, 생활과 과학이 분리되어 있지 않다는 점을 다시금 되새기게 됨. 화학자가 실험실이 아닌 부엌으로 들어가듯, 요리사가 부엌에서 과학 지식을 활용하듯 자유롭게 분야를 넘나들며 새로운 가치를 일깨우는 이 책을 통해 학문 연구에 있어 융합적 가치를 가지고 임하는 것의 중요성을 알게 됨. 이를 통해 자신의 진로와 삶에 적용 가능한 아이디어를 얻어 그것을 글로 표현함.

관련 논문
분자요리와 한식접목을 위한 중요도-만족도 분석 (나혜미, 2012)

관련 도서
《너무 맛있어서 잠 못 드는 화학책》, 라파엘 오몽, 생각의길
《나는 부엌에서 과학의 모든 것을 배웠다》, 이강민, 더숲

관련 계열 및 학과	• 자연계열: 식품영양학과, 식물자원학과, 외식산업학과, 화학과, 환경학과
	• 공학계열: 식품공학과, 화학공학과, 생명공학과, 환경공학과, 재료화학공학과
관련 교과	• 교육계열: 가정교육과, 과학교육과, 화학교육과, 초등교육과, 교육학과

2022 개정 교육과정: 통합과학 1, 통합과학 2, 화학, 화학 반응의 세계, 생활과학 탐구

2015 개정 교육과정: 통합과학, 화학 I, 화학 II, 생활과 과학, 융합과학, 보건

인간의 뇌는 그 자체로 경이로운 시스템이고, 인간에 의해 발명된 인공지능은 인간의 불완전성을 보완했다. 이제 인간의 뇌는 인공지능과 연결되고 융합된다. 저자는 인간이 '융합지능'을 기대할 수 있게 되었으며 동시에 이 피할 수 없는 미래를 공부해야만 한다고 이야기한다. 뇌공학 분야에 대한 친절한 설명과 미래에 대한 통찰이 담긴 뇌공학의 현재와 미래에 대한 명쾌한 안내서이다.

탐구 주제

주제1 저자는 우리 신체 중 뇌만 온전히 남아 있다면 전신이 기계로 대체된다고 하더라도 '인간'으로 볼 수 있다고 생각한다며 우리의 '마음'은 심장이 아니라 '뇌' 속 깊은 곳에 자리하고 있다고 말한다. 이 관점에 대해 후속 조사를 진행하여 보고서를 작성해 보자.

주제2 인공지능이 발전을 거듭함에 따라 인공지능이 의식을 가질 수 있냐는 질문이 등장했다. 이는 아주 철학적인 질문이기도 하고 연구자마다 다양한 답이 나올 수 있는 질문이다. 이 질문에 대한 자신의 견해를 피력하는 논설문을 써 보자.

주제3 뇌 연구의 동향과 뇌 연구가 가지는 중요성과 의의에 관한 고찰

주제4 다른 신체 부위와 구별되는 뇌의 적응력에 관한 조사 및 탐구

학생부 기록 예시 (교과세특)

'브레인 3.0(임창환)'을 읽고 패턴 인식 기술의 발전으로 개인차가 큰 필체 인식이나 음성 인식이 가능해졌고, 인공지능 컴퓨터 시스템인 왓슨이 의사의 권위에 도전하고 있다는 사실에 경각심을 느낌. 또한 법률 분야나 미디어 매체 부분에도 인공지능이 인간의 자리를 위협하고 있다는 사실에 인공지능이 인류와 공존할 수 있는 방안에 대한 탐색이 시급하다고 생각함. 이에 따라 관련 도서를 더 찾아 읽으며 계속적으로 탐구를 진행함.

'브레인 3.0(임창환)'을 읽고 인간의 뇌가 '에너지 효율'만을 중요시하며 진화하다 보니 생존에 필수적이지 않은 기능에 있어서는 다른 동물이나 기계에 비해 불완전하거나 부족한 측면도 있다는 새로운 사실을 알게 됨. 이에 따라 인간의 두뇌가 가지고 있는 불완전성을 어떻게 보완하느냐가 바로 뇌공학 분야에 던져진 과제라는 판단을 함. 이에 따라 관련 논문을 손수 찾아 보고 뇌공학의 미래에 대해 방향 설정을 하는 노력을 보임.

관련 논문

뇌파 기반의 인공지능 채용시스템을 활용한 지원자들의 진실성 탐구에 관한 연구(이정희, 2022)

관련 도서

《우리 뇌를 컴퓨터에 업로드할 수 있을까?》, 임창환, 나무를심는사람들
《Ai-X, 인공지능 익스프레스》, 임창환 외, 반니

관련 계열 및 학과
- 자연계열 : 생명과학과, 생물학과, 통계학과, 화학과, 생명자원산업학과
- 공학계열 : 생명공학과, 화학공학과, 신소재공학과, 정보통신공학과, 산업공학과
- 의약계열 : 약학과, 의예과, 임상병리학과, 수의예과, 보건관리학과

관련 교과

2022 개정 교육과정 : 통합과학 1, 통합과학 2, 생명과학, 세포와 물질대사, 융합과학 탐구

2015 개정 교육과정 : 통합과학, 생명과학 I, 생명과학 II, 생활과 과학, 융합과학, 보건

사소한 것들의 과학

마크 미오도닉 | MID | 2016

이 책은 관점을 달리 보는 법을 알려 준다. 저자는 우리가 일상에서 흔히 지나치고 마는 평범한 재료들 열 가지를 골라 소개한다. 저자가 들려주는 철, 종이, 초콜릿, 유리, 플라스틱, 흑연, 자기, 콘크리트 등 열 가지 재료에 대한 열 가지 이야기를 통해 사진에 나오는 낯익은 사물의 재료를 하나하나 짚어가면서 그 속의 새롭고, 다른 이야기를 살피며 세상을 바라보는 관점을 넓힐 수 있다.

탐구 주제

주제1 재료에는 '과학 이상의 것'이 존재한다는 저자의 주장은 재료가 가진 매력적인 측면을 발견하도록 이끈다. 무심코 지나쳤던 평범한 물건들 중 하나를 정해서 전혀 다른 분야의 관점으로 재료의 성질을 설명하는 글을 작성해 보자.

주제2 인류는 석기 시대, 청동기 시대, 그리고 철기 시대와 같은 단계를 통해 새로운 재료의 중요성을 깨닫고 문명의 발전을 이루었다. 이 중 알루미늄과 철의 공통점과 차이점을 정리해 보고, 이렇게 세부적인 변별이 가지는 의의를 찾아 보자.

주제3 위조 방지를 위해 지폐에 감춰진 교묘한 장치와 추가 방안 모색

주제4 새로운 관점으로 세상을 바라보는 능력의 중요성 토의

학생부 기록 예시 (교과세특)

'사소한 것들의 과학(마크 미오도닉)'을 통해 평소 무심코 지나쳤던 평범한 물건들을 새로운 관점으로 보면 전혀 다른 인식을 할 수 있다는 사실에 흥미를 느낌. 재료에는 과학 이상의 것이 숨어 있다는 저자의 설명에 따라 주변에 있는 재료들을 역사적, 물리적, 생물학적 측면 등 각기 다른 관점에서 설명해 봄. 저자가 과학자가 된 계기를 읽은 후에 과학이라는 학문에 세상에 대한 호기심이 얼마나 중요한지 다시금 되새김.

'사소한 것들의 과학(마크 미오도닉)'을 통해 남들은 쉽게 지나치는 물건에 대해 남다른 애착을 가지고 바라보며 깊은 탐구를 해낸 과학자의 이야기를 읽고 자신이 일상 속에서 무심코 지나쳤던 물질을 새로운 시각으로 보기 위한 노력함. 철, 초콜릿, 흑연 등 평범한 여러 재료의 전혀 몰랐던 시각으로서의 이야기들을 읽고, 과학자의 태도에 대해 배우고 이를 바탕으로 자신이 진로로 결정하고자 하는 분야에 대한 태도 변화를 다짐함.

관련 도서

《흐르는 것들의 과학》, 마크 미오도닉, MID
《정재승의 과학 콘서트》, 정재승, 어크로스
《물고기는 존재하지 않는다》, 룰루 밀러, 곰출판

관련 계열 및 학과	• 자연계열 : 물리학과, 식품영양학과, 분자생물학과, 화학과
	• 공학계열 : 금속공학과, 기계공학과, 신소재공학과, 토목공학과, 화학공학과
관련 교과	• 교육계열 : 과학교육과, 화학교육과, 생물교육과, 지구과학교육과, 환경교육과

2022 개정 교육과정 : 통합과학 1, 통합과학 2, 생명과학, 세포와 물질대사, 과학의 역사와 문화

2015 개정 교육과정 : 통합과학, 생명과학 I, 생명과학 II, 생활과 과학, 융합과학, 보건

사이언스 소믈리에

강석기 | MID | 2013

과학 이슈들을 일상의 소재로 쉽고 재미있게 설명해 주는 책이다. 저자의 친절한 안내를 따라가다 보면 힉스 입자도, 노화 이론도, 블랙홀도 어렵게 느껴지지 않고 어느새 지식이 자연스럽게 흡수됨을 경험할 수 있다. 과학에 대한 친절한 안내서로써 과학 분야의 전문가들뿐만 아니라 일반인들, 나아가 과학 정보 및 지식을 어려워하는 독자들도 과학의 장으로 안내하고 있다.

탐구 주제

주제1 청소년 뇌의 회백질은 나이가 듦에 따라 초기에는 두꺼워지다가 후기에는 얇아지는데 그 시기적 패턴이 부위별로 다르다. 시각, 청각, 후각 등 감각 정보를 처리하는 영역은 10세 전후부터 회백질이 얇아진다. 이 중 고차원적 사고를 담당하는 회백질의 특성에 대해 보고서를 써 보자.

주제2 광합성은 식물이 빛 에너지를 이용해 물과 이산화탄소로 포도당 같은 분자를 만드는 과정이다. 사람은 엽록체가 없어 광합성을 하지 못하지만 최근 인공 광합성의 시도가 재현되고 있다. 인공 광합성의 원리를 조사하고, 미래에 끼치게 될 영향에 대해 발표해 보자.

주제3 과당의 성분 조사 및 위험성에 대한 연구

주제4 인간의 정서 상태와 공간 지각 능력 사이의 상관관계 탐구

학생부 기록 예시 (교과세특)

도서 '사이언스 소믈리에(강석기)'를 통해 일상에서 접하게 되는 여러 일에 숨어 있는 과학의 원리들은 어떤 것들이 있는지, 그리고 평소 어렵다고 생각했던 과학적 지식들에 대한 지식을 쉽게 쌓음. 특히 어렵게 생각했던 뇌 회백질에 관한 설명을 읽고, 그 특징에 대해 새로이 인식함. 또한 무가당이라고 해서 몸에 덜 나쁜 게 아닐 수 있다는 정보를 얻은 후에는 섭취할 때 성분표를 꼭 챙겨 보는 등 생활 속에서의 변화를 꾀할 수 있었음.

'사이언스 소믈리에(강석기)'를 읽고 과학 분야의 어려운 개념과 현상들에 대해 쉽게 이해하는 기회를 가짐. 특히 우주선 연료나 미래의 에너지로 각광받는 반물질에 대해 알고 있던 지식과 반하는 새로운 특징을 알게 됨. 과학은 진실을 추구하는 학문이지만 아이러니하게도 무수히 많은 소문이 있을 수 있다는 것을 인식하고 직접 진실을 탐구하는 자세가 필요하다고 느낌. 반물질에 대한 추가 도서를 읽어 보고 글의 내용을 요약함.

관련 논문
과당과 타우린 섭취가 지구성 운동 시 에너지 대사에 미치는 영향(김영민, 2012)

관련 도서
《과학의 향기》, 강석기, MID
《사소해서 물어보지 못했지만 궁금했던 이야기》, 사물궁이 잡학지식, 아르테

관련 계열 및 학과	• 자연계열: 생명환경학과, 생물학과, 생명과학과, 수산생명의학과, 분자생물학과
	• 의약계열: 약학과, 의예과, 수의예과, 임상병리학과, 보건관리학과
관련 교과	• 교육계열: 과학교육과, 화학교육과, 생물교육과, 지구과학교육과, 환경교육과

2022 개정 교육과정: 통합과학 1, 통합과학 2, 생명과학, 생물의 유전, 융합과학 탐구, 과학의 역사와 문화

2015 개정 교육과정: 통합과학, 생명과학 I, 생명과학 II, 생활과 과학, 융합과학, 과학사

생명, 경계에 서다

짐 알칼릴리, 존조 맥패든 |
글항아리사이언스 | 2017

양자생물학이라는 생소한 분야를 탄탄한 과학의 기초 위에서 논리적 추론을 진행하여 최신의 실험 결과와 이론까지 폭넓게 조명하며 그 실체를 규명하는 책이다. 저자들은 실험을 통해 현대 물리학의 핵심인 양자역학의 기초 원리들과 이해하기 어려운 현상들을 규명하고 있다. 먼지보다도 작은 '양자'는 결국 거대한 우주의 비밀을 밝혀줄 단서. 저자들은 여기서부터 차근차근 이야기를 풀어간다.

탐구 주제

주제1 저자들은 광합성 과정이 동시에 여러 곳에 존재할 수 있는 아원자 입자에 어떻게 의존하는지 밝혀낸다. 이를 바탕으로 효소 내부 한 지점에서 사라진 입자가 난데없이 다른 곳에서 발견되는 현상에 대해 탐구해 보자.

주제2 저자들은 세상을 지배하는 법칙은 하나뿐이고, 그것이 바로 양자역학이라고 설명한다. 우리에게 친숙한 통계 법칙, 뉴턴의 운동 법칙도 결국 양자 법칙이라는 것이다. 이외에 친숙한 현실 속에서 찾아볼 수 있는 양자역학 원리를 조사해서 보고서를 써 보자.

주제3 양자 세계가 유럽울새나 인간 같은 중간 크기 생명체의 세계에 미치는 영향 탐구

주제4 양자역학의 측면에서 최초의 자기복제자의 모습에 관한 토의

학생부 기록 예시 (교과세특)

도서 '생명, 경계에 서다(짐 알칼릴리 외)'를 읽고 양자역학과 생물학이 융합된 과학 분야에 대한 인식의 확장을 경험함. 특히 세포 내 모든 분자를 만드는 생명의 일꾼인 효소 내부의 한 지점에서 사라진 입자가 난데없는 다른 장소에서 나타나는 현상을 양자역학적인 측면으로 논의되는 부분에 대해 흥미를 느낌. 이 책에서 논의되는 논문들이 발표된 지 얼마 안 된 것을 알고, 관련 논문을 찾아보고 해당 내용에 대한 이해도를 높임.

'생명, 경계에 서다(짐 알칼릴리 외)'를 읽고 과학 분야에도 선입견이 있다는 것을 알게 됨. 실제로 양자물리학과 생물학은 전혀 관계가 없는 분야라는 생각했지만 이 책을 읽고 생물학의 본질을 양자물리학을 통해 꿰뚫을 수 있다는 점을 새로이 배움. 아직 규명되어야 할 미지의 분야에 대한 연구 의지를 되새김. 책을 읽을수록 친숙한 현실 속에 양자역학의 원리가 숨어 있음을 알게 되어, 관련 사례들을 더 조사해서 제출함.

관련 도서

《과학의 기쁨》, 짐 알칼릴리, 윌북
《김상욱의 과학공부》, 김상욱, 동아시아
《김상욱의 양자 공부》, 김상욱, 사이언스북스

관련 계열 및 학과
- 자연계열: 미생물학과, 생물학과, 생명환경학과, 분자생명과학과, 생명과학과
- 의약계열: 약학과, 의예과, 수의예과, 임상병리학과, 보건관리학과

관련 교과
- 교육계열: 과학교육과, 화학교육과, 생물교육과, 지구과학교육과, 환경교육과

2022 개정 교육과정: 통합과학 1, 통합과학 2, 생명과학, 물리학, 전자기와 양자, 융합과학 탐구

2015 개정 교육과정: 통합과학, 생명과학 I, 생명과학 II, 물리학I, 물리학II, 융합과학

생명공학기술과 생명산업

김승욱 | 고려대학교출판문화원 | 2016

생명공학 기술이 어떻게 바이오산업에 응용되는가를 교양 수준에서 알기 쉽게 서술한 책이다. 생명공학 기술과 바이오산업은 현대 사회에 광범위하게 영향을 미치고 있다. 따라서 이들 기술과 산업에 대한 이해는 세상을 바라보는 관점을 넓히는 데 도움이 된다. 지구의 지속 가능한 발전을 위해 바이오산업에 눈을 돌리고 방향을 주시해야 할 때이다.

탐구 주제

주제1 효소란 유용한 화학 반응을 촉진하여 몸에 필요한 물질을 만드는 고분자 단백질을 말한다. 우리 몸을 비롯해 생물체 속에서 천연으로 만들어지는 효소는 앞으로 공학, 생명과학, 의료 등에 넓게 자리 잡을 것으로 예측된다. 효소의 개념과 특성 및 기능을 조사하여 발표해 보자.

주제2 생물반응기란 생물체에서 추출한 유기물, 혹은 생화학적으로 활성화된 물질의 화학 반응을 일으키는 용기와 같은 것이다. 이 생물반응기를 활용하여 생물체를 인공적으로 배양할 수 있는데, 이와 같은 사례를 조사 및 연구하여 보고서를 써 보자.

주제3 미래 생물자원인 바이오매스와 바이오화학 산업 탐구

주제4 생물자원을 활용한 바이오 의약 산업 방향 모색

학생부 기록 예시 (교과세특)

도서 '생명공학기술과 생명산업(고려대학교출판문화원)'을 통해 21세기에 인류가 결국은 성장시켜야 할 산업인 바이오 산업에 관한 제반 지식을 쌓는 기회를 얻음. 그중에서 특히 다양한 생명공학 제품을 만드는 흥미로운 과정을 살펴보는 간접 경험을 함. 일상적으로 이미 익숙한 식품 등이 그러한 과정을 거쳤다는 사실에 매력을 느끼고 관련 산업에 대해 더 조사해 보고, 관련 논문을 찾아보는 등 후속 탐구를 진행함.

이 학생은 생명공학기술과 바이오산업은 현대인의 삶과 밀접해 이에 대한 기초적인 지식이 도움이 될 것이라는 기대감을 가지고 '생명공학기술과 생명산업(고려대학교출판문화원)'을 읽음. 전 지구적 기후 위기, 생태 파괴, 플라스틱 환경 재난 상황으로 인해 바이오 산업의 발전이 필수 불가결이라는 생각으로 세계 각국의 바이오 산업 발전 현황과 실태를 조사하고, 이에 대해 급우 앞에서 발표함.

관련 논문
제약바이오산업 혁신체계와 성과의 국가비교연구(이혜린, 2017)

관련 도서
《헬스케어 빅데이터 분석의 정석》, 김선일, 에이콘출판
《인공지능 기반 의료》, 앤서니 C. 창, 에이콘출판

관련 계열 및 학과	• 자연계열: 생명과학과, 생물학과, 생명환경학과, 생명시스템과학과, 생명정보융합학과
	• 공학계열: 생명공학과, 화학공학과, 신소재공학과, 에너지공학과, 생명자원공학과
관련 교과	• 의약계열: 약학과, 의예과, 임상병리학과, 수의예과, 보건관리학과

2022 개정 교육과정: 통합과학 1, 통합과학 2, 생명과학, 생물의 유전, 융합과학 탐구, 보건

2015 개정 교육과정: 통합과학, 생명과학 I, 생명과학 II, 생활과 과학, 융합과학, 보건

생명과학, 공학을 만나다

유영제 | 나녹 | 2019

이 책은 독자의 호기심을 고려하여 생활 관련 이슈와 최근의 관심사를 반영하여 이야기하는 과학 서적이다. 최근 많이 보급되고 있는 STEAM 개념과 핵심 내용을 포함하여 청소년과 일반인 모두 생명과학과 공학에 대하여 이해하고, 과학적 사고에 친숙해질 수 있게 해 준다. 생명과학 및 생명공학의 주요 개념과 관련 이슈 50개를 뽑아 소개하여 서술해 주는 책이다.

탐구 주제

주제1 효소는 2000종 이상이 존재하는데 각각이 하나 이상의 반응에 관여한다고 생각하면 효소를 이용하여 수행할 수 있는 생화학 반응의 수는 엄청나다. 그중에서 우리가 많이 사용하는 효소의 하나인 세제용 효소와 소화 효소에 대한 공통점과 차이점을 분석하는 글을 써 보자.

주제2 유산균은 서로 좋아하는 온도도, 만들어 내는 맛도 다르다. 같은 김치 안에서도 저마다의 특징이 각양각색인데, 출생지가 다른 유산균이라면 다를 수밖에 없다. 이러한 점에 착안하여 김치 유산균과 요구르트 유산균의 차이점을 중심으로 보고서를 작성해 보자.

주제3 된장과 치즈의 발효 방식에 대한 조사 연구

주제4 미생물의 이용으로서의 페니실린에 대한 탐구

학생부 기록 예시 (교과세특)

'생명과학, 공학을 만나다(유영제)'를 읽고 생명체는 자기를 지키기 위한 각자의 방식이 있다는 것을 새로이 알게 됨. 특히 식물, 미생물, 동물, 해양생물의 자기 보호 방식의 기제가 다양하고 각자 독특한 방식이 있어서 그에 관해 흥미를 느끼게 됨. 동물들이 항체를 생성하여 자신을 보호하는 방식을 더 깊이 탐구하기 위해 관련 도서와 논문, 기사를 찾아 보고 새로이 알게 된 점을 정리해서 제출하는 등의 후속 탐구를 진행함.

'생명과학, 공학을 만나다(유영제)'를 통해 평상시 궁금했던 여러 과학적 의문점을 해결함. 특히 막연하게 알고 있던 효소의 종류에 대해 새로이 알게 됨. 소화 효소와 세제 효소는 여러 환경적인 측면에서 작동 기제가 다르다는 것을 인식하고, 그에 관해 흥미를 느낌. 또한 효소를 너무 많이 합성하는 것은 자원과 에너지의 낭비라는 내용의 이해도를 높이기 위해 관련 내용을 조사하고 급우들과 함께 토의 후 발표하는 시간을 가짐.

관련 논문

생명공학산업의 혁신체제와 혁신네트워크에 관한 연구(구영우, 2013)

관련 도서

《적정기술이 만드는 아름다운 세상》, 유영제, 나녹
《만들어진 진화》, 양은영, EBS BOOKS

관련 계열 및 학과

- 자연계열: 생명과학과, 생물학과, 생명환경학과, 생명시스템과학과, 생명정보융합학과
- 공학계열: 생명공학과, 화학공학과, 신소재공학과, 에너지공학과, 생명자원공학과
- 의약계열: 약학과, 의예과, 임상병리학과, 수의예과, 보건관리학과

관련 교과

2022 개정 교육과정: 통합과학 1, 통합과학 2, 생명과학, 생물의 유전, 세포와 물질대사

2015 개정 교육과정: 통합과학, 생명과학 I, 생명과학 II, 생활과 과학, 융합과학, 공학일반

생명과학, 바이오테크로 날개달다

김응빈 | 한국문학사 | 2021

현재 우리 모두의 관심사로 떠오른 생명과학을 이야기하는 책이다. 포스트 코로나 시대의 인류는 무엇보다 생명에 대한 관심과 인식이 좀 더 진지해질 것이다. 진지해진 인식을 바탕으로 한걸음 더 나아가 조금 더 넓고 깊어진 시야를 통해 바이러스란 무엇인지, 인간과 자연의 관계가 어떠한 것인지, 그 생명 현상에 대한 모든 궁금증을 한 편의 드라마처럼 흥미진진하게 펼쳐 놓는 책이다.

탐구 주제

주제1 크리스퍼 유전자 드라이브는 감염병 예방 및 퇴치라는 측면에서는 희망적이지만, 생태계에 미칠 영향을 생각하면 한편으로 위험하다. 유전자 드라이브로 인해 엄청난 생태계 교란이 일어날 수 있기 때문이다. 이에 대해 추가 조사 후, 문제점에 대한 방안을 모색해 보자.

주제2 페스트만큼 인류 역사에 지대한 영향을 미친 질병도 없을 것이다. 이처럼 인류에 치명적이었던 페스트와 코로나19와의 공통점과 차이점, 각 감염병에 대한 인간의 대응 방식에 대해서 정리하고 보고서를 작성해 발표해 보자.

주제3 기초과학 연구의 필요성 및 중요성 토의

주제4 분자생물학에서 생명과학까지의 발전 과정 조사

학생부 기록 예시 (교과세특)

'생명과학, 바이오테크로 날개달다(김응빈)'를 읽고 크리스퍼 유전자 가위처럼 생명과학의 비약적인 발전은 자연은 물론이거니와 과학의 주체인 인간마저도 변형시키는 위력을 갖게 되었음을 알게 됨. 이에 장밋빛 미래만 있지 않다는 것을 알고 예측 가능한 문제점을 대비하는 측면에서의 독서를 함. 미래에 있을 수 있는 생태계 교란에 특별한 관심을 가지고 연관 분야 도서를 2권 더 읽고, 내용 정리와 함께 자신의 생각을 글로 써 냄.

예기치 못했던 코로나19의 엄습으로 모든 것이 변한 감염병 시대를 살아가야 하는 현실을 '생명과학, 바이오테크로 날개달다(김응빈)'를 통해 짚어 봄. 책을 읽으며 생명과학 역사를 간추려 정리하면서, 소개된 최첨단 바이오 기술의 현황을 살펴보고 이 기술들의 앞으로의 역할을 전망 및 예측해서 급우 앞에서 발표해 봄. 특히 이미 진행된 우리나라 바이오 테크 발전 현황을 조사하고 후속 탐구를 진행하는 노력을 보임.

관련 논문
빅데이터 기반의 미래 기술 탐색 연구(김현우, 2017)

관련 도서
《미생물이 플라톤을 만났을 때》, 김동규, 김응빈, 문학동네
《세계미래보고서 2035-2055》, 박영숙, 제롬 글랜, 교보문고

관련 계열 및 학과	• 자연계열: 생명과학과, 생물학과, 생명환경학과, 생명시스템과학과, 생명정보융합학과
	• 공학계열: 생명공학과, 화학공학과, 신소재공학과, 에너지공학과, 생명자원공학과
관련 교과	• 의약계열: 약학과, 의예과, 임상병리학과, 수의예과, 보건관리학과

2022 개정 교육과정: 통합과학 1, 통합과학 2, 생명과학, 생물의 유전, 융합과학 탐구, 보건

2015 개정 교육과정: 통합과학, 생명과학 I, 생명과학 II, 생활과 과학, 융합과학, 보건

생명과학, 신에게 도전하다

김응빈 외 | 동아시아 | 2017

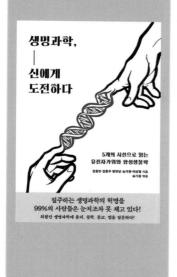

저자들은 우리 사회의 미래를 변화시키는 생명과학 분야가 과학계 안에서만 논의되지 않고 사회적으로 논의되어야 한다는 데에 의견을 모았다. 이 책은 과학적 사실에 대한 정확한 정보 전달과 함께 우리가 고민해 봐야 할 윤리, 철학, 종교, 정책의 문제를 제시하고 질문한다. 빠르게 발전하는 생명과학의 현재 모습부터 생명윤리와 생물 안보의 논의까지 다양한 내용을 이야기한다.

탐구 주제

주제1 몇 년 전 한 배우가 자신에게 유방암을 유발할 수 있는 유전자가 있다는 진단을 받고 유방 절제 수술을 해 화제가 되었다. 하지만 이제는 유전자 가위를 이용해 암을 유발하는 유전자만 잘라 내면 되는 상황이다. 이와 같이 유전자 조작이 가능한 현실에 대한 생각을 글로 써 보자.

주제2 마이크로소프트 창업자로 잘 알려진 빌 게이츠는 핵 무기와 기후 변화보다 인류에게 훨씬 위험할 수 있는 것이 '바이오 테러'라고 경고한 바 있다. 유전자 합성이 대중화되는 시대에 필요한 규제 및 정책의 필요성과 나아가야 할 방향에 대해 토의해 보도록 하자.

주제3 합성 생물학의 발전이 지구 온난화에 끼칠 영향 예측 토의

주제4 과학 기술의 발전과 법의 제재의 상관관계 연구

학생부 기록 예시 (교과세특)

'생명과학, 신에게 도전하다(김응빈 외)'를 읽고 신의 영역이라고만 생각해 왔던 생명의 창조와 변형의 경계에 대한 새로운 인식 전환을 꾀함. 과학이라는 분야는 혼자 발전해서는 안 되고 여러 사회 제반과 맞물려 고려해야 할 부분이 많다는 것을 깨닫고 법률 및 규정과 과학 기술과의 관계의 흐름에 대한 논문을 찾아봄. 또한, 철학에 대한 고민 없는 과학은 위험하기도 하다는 것을 알게 된 후 디스토피아 관련 기사를 찾아보기도 함.

도서 '생명과학, 신에게 도전하다(김응빈 외)'를 읽고 합성생물학의 연구가 현재 어디까지 진행되었는지 그 현황과 국내외 정책을 알게 됨. 특히, 합성생물학의 이중성을 통해 생물안보적 부분에서 생길 수 있는 합성생물학의 위험성에 대해 관심을 가짐. 과학의 발전이 이익만을 주는 것이 아니라 잠재적인 큰 위험성이 있다는 사실에 대한 추가 조사를 위해 관련 기사 및 논문을 읽고 합성생물학의 미래에 관해 급우와 함께 토의함.

관련 논문

합성생물학 유래 생물체(LMO)에 대한 국제법적 적용가능성 (이선빈, 2022)

관련 도서

《과학은 논쟁이다》, 이강영 외, 반니
《현대 과학과 철학의 대화》, 장회익 외, 한울아카데미

관련 계열 및 학과
- 자연계열 : 생명과학과, 생물학과, 생명환경학과, 생명시스템과학과, 생명정보융합학과
- 공학계열 : 생명공학과, 화학공학과, 신소재공학과, 에너지공학과, 생명자원공학과

관련 교과
- 의약계열 : 약학과, 의예, 임상병리학과, 수의예과, 보건관리학과

2022 개정 교육과정 : 통합과학 1, 통합과학 2, 생명과학, 생물의 유전, 세포와 물질대사

2015 개정 교육과정 : 통합과학, 생명과학 I, 생명과학 II, 생활과 과학, 융합과학, 공학일반

생명이 있는 것은 다 아름답다

최재천 | 효형출판 | 2022

저자는 살아 있는 모든 것들에 관심을 갖고 공부하며 개미와 꿀벌, 거미와 여러 종류의 새들, 물고기들을 관찰하고 그들의 세계를 아주 가까이에서 지켜보았다. 그는 동물 속에서 인간의 모습을 보았고, 동물의 세계를 통해 인간의 세계를 투영하였다. 공존과 상생의 시대를 살아가는 만큼 알면 사랑하게 된다. 자연과 세계를 제대로 알기 위해 읽어야 하는 책이다.

탐구 주제

주제1　이 책을 읽으면 인간에 비해 열등하다고 여겨지는 동물 사회가 실제로 알고 나면 얼마나 진보적이며 과학적인지, 얼마나 따뜻하고 신의가 있는 곳인지 알 수 있다. 이와 관련한 여러 동물의 사례를 정리하고 보고서를 작성해 보자.

주제2　거미들의 자식에 대한 사랑, 동료를 지키는 고래 등 남녀의 역할 분담과 가정과 사회에서의 중요도 측면에서 바라본 동물 사회의 사례를 찾아 조사해 보고, 오히려 그보다 부족한 인간 사회의 모순점을 찾아 인간이 나아가야 할 방향을 탐구해 보자.

주제3　개미의 조직화 된 사회 조사 및 인간 사회와의 비교 탐구

주제4　동물들의 입양 사례에 대한 의견 토의

학생부 기록 예시 (교과세특)

도서 '생명이 있는 것은 다 아름답다(최재천)'를 읽고 자신이 은연중 가지고 있던 인간 우월 의식에 대해 반성하는 계기를 가짐. 특히 남의 자식을 입양하는 동물의 사례와 위험에 빠진 동료를 목숨 걸고 구하는 고래 등의 사례를 보면서 소외받는 이웃을 외면하는 인간의 모습에 반성함. 이처럼 동물 사회에서 배울 수 있는 점에 인문학적인 측면에서 깊이 감명을 받고 인간이 진정으로 이들과 공존하고 나아가야 할 방향을 탐색함.

'생명이 있는 것은 다 아름답다(최재천)'를 읽고 인간보다 열등하다고 생각한 동물이라는 인식의 전환을 꾀하게 됨. 특히 왕따와 이기주의가 심각한 사회 문제가 되고 있는 요즘의 우리 세대를 비판하고, 더불어 사는 동물 사회의 여러 가지 모습을 보면서 인류 사회가 오히려 동물 사회로부터 본받아야 한다고 생각함. 지구라는 생태 환경에서 공존해야 하는 동물과 인간의 바람직한 공생 관계에 대해 깊은 사유를 함.

관련 논문

인간과 동물의 공존을 위한 동물기록 및 아카이브 연구(안보영, 2020)

관련 도서

《개와 산책하는 방법》, 마크 베코프, 동녘사이언스
《이토록 굉장한 세계》, 에드 용, 어크로스

관련 계열 및 학과	• 자연계열: 동물자원과학과, 지구환경과학과, 생물학과, 생명과학과, 동물생명자원과학과
	• 공학계열: 생명공학과, 환경공학과, 조선해양공학과, 화학공학과, 생명환경공학과
관련 교과	• 교육계열: 생물교육과, 과학교육과, 지구과학교육과, 환경교육과, 교육학과

2022 개정 교육과정: 통합과학 1, 통합과학 2, 생명과학, 생물과 유전, 기후변화와 환경생태

2015 개정 교육과정: 통합과학, 생명과학 I, 생명과학 II, 생활과 과학, 융합과학, 농업 생명 과학

생명이란 무엇인가

폴 너스 | 까치 | 2021

이 책에서는 노벨생리의학상 수상자인 저자가 생물학의 원대한 다섯 가지 개념을 시작으로 생명이 무엇인지에 대해 정의를 시도한다. 단순하게 개념을 설명하는 데에 멈추지 않고 과학자들이 현장에서 무엇을 고민하고 연구하는지, 어떻게 새로운 발견을 포착하는지, 이루어낸 성과가 어떤 방식으로 다른 분야와 연결되는지를 생생하게 포착하여 이야기해 주는 책이다.

탐구 주제

주제1 현미경이 발명된 후 처음으로 세포를 관찰하게 된 이후, 연못에서 미생물의 존재까지 발견하게 되었다. 생명과 무생물의 경계를 구분하는 생명의 기본 단위인 '세포' 개념에 대해 조사하고, 기본 구성 요소들에 대해서 정리해 보고서를 써 보자.

주제2 DNA에는 생물에 필요한 정보가 저장되어 있을 뿐 아니라 새로운 생물이 유전자를 물려받을 수 있도록 정확히 복제된다. 이 과정에서 돌연변이가 나타나기도 하지만 인류의 유전체도 아주 비슷하다. 이와 같은 과학적 사실에서 알 수 있는 인류의 평등성에 대해 연구해 보자.

주제3 발효의 기초가 되는 효소에 대한 조사 및 탐구

주제4 생명이 목적성을 가졌다는 의미에 대한 토의

학생부 기록 예시 (교과세특)

도서 '생명이란 무엇인가(폴 너스)'를 읽고 평소 무심코 생각했던 생명이라는 것에 대한 정의를 다시 내리게 되는 계기를 가짐. 생명이 무엇인지 정확하게 이해하는 것이 단순히 지식을 넓히는 측면에서 나아가서 인류가 모든 생명을 배려하고 책임감을 느낄 수 있는 시작점으로서의 의미를 가진다는 것을 인식함. 생명과 생명이 없는 것의 경계를 구분하는 것을 추가 조사하고 관련 내용에 대해 글을 써 제출함.

'생명이란 무엇인가(폴 너스)'를 통해 생물학에 대한 이해의 폭을 넓힐 수 있었음. 특히 찰스 다윈의 자연선택론에 대해 깊이 이해를 할 수 있었고, 이로 인해 생명의 번식 과정 중 돌연변이로 인해 더욱 생물이 다양해진다는 사실을 깨달음. 환경에 잘 적응한 개체가 살아남아 다시 번식을 일으키는 과정이 반복되어 오늘날의 다양한 생물이 생겨났다는 데에 흥미를 느낌. 다윈의 자연선택론에 관한 다른 도서를 읽고 급우와 토의함.

관련 논문

생물과 무생물에 대한 분류전략의 차이 (방진숙, 2003)

관련 도서

《생물학의 쓸모》, 김응빈, 더퀘스트
《생물학 이야기》, 김웅진, 행성B

관련 계열 및 학과
- 자연계열: 미생물학과, 생물학과, 생명환경학과, 분자생명과학과, 생명과학과
- 의약계열: 약학과, 의예과, 수의예과, 임상병리학과, 보건관리학과

관련 교과
- 교육계열: 과학교육과, 화학교육과, 생물교육과, 지구과학교육과, 환경교육과

2022 개정 교육과정: 통합과학 1, 통합과학 2, 생명과학, 생물의 유전, 세포와 물질대사, 과학의 역사와 문화

2015 개정 교육과정: 통합과학, 생명과학 I, 생명과학 II, 생활과 과학, 융합과학, 과학사

생물과 무생물 사이

후쿠오카 신이치 | 은행나무 |
2020

소년 시절부터 '생명이란 무엇인가'라는 근본적 질문을 품고 과학자의 길을 걸어간 저자가 생명의 진정한 의미를 찾아가는 과정과 100년 생명과학사의 흐름을 보여 주며 새로운 생명관을 제시하는 책이다. 유전자 조작 기술 연구가 결국 생명의 특성과 본질을 찾아가는 경이로운 과정이라는 것, 동시에 그 점이 현재의 과학이 놓치고 있는 아주 중요한 부분임을 알려 주는 책이다.

탐구 주제

주제1 생명이란 동적 평형 상에 있는 흐름이다. 생명을 구성하는 단백질은 만들어지는 순간부터 파괴되기 시작한다. 이는 생명이 그 질서를 유지하기 위한 유일한 방법이라 할 수 있다. 이에 비추어 생명이 가진 '상보성'이 어떤 의미를 가지는지 조사하여 글로 표현해 보자.

주제2 저자는 생명은 기계와 달리 코드 하나를 뽑는다고 해서 망가지지 않는 유연한 존재이지만, 동시에 인위적인 어떤 작은 조작과 개입에도 쉽게 균형이 깨질 수 있는 존재라고 본다. 생명이 가진 유연성과 균형이라는 특성에 대해 관련 도서를 찾아 보고서를 작성해 보자.

주제3 기계론적 가치관이 놓치고 있는 중요한 생명 현상 연구

주제4 생명의 동적 평형이 갖는 의의 탐구

학생부 기록 예시 (교과세특)

'생물과 무생물 사이(후쿠오카 신이치)'를 읽고 과학 분야의 연구의 과정이란 많은 상상력과 끈기와 통찰, 정직함을 필요로 한다는 것을 깨달음. 평소 생명 현상 그 자체와 이미 밝혀진 많은 과학적 원리들이 어떻게 발견되었는지 호기심을 가지고 있었는데 그 부분에 관한 지식의 확장을 경험함. 특히 질서는 유지되기 위해 끊임없이 파괴되지 않으면 안 된다는 사실에 흥미를 느껴 엔트로피 관련 도서를 추가로 읽고 내용을 요약함.

'생물과 무생물 사이(후쿠오카 신이치)'를 통해 과학자들도 발전을 위해 반성하는 태도를 가져야 한다는 사실을 새로이 인식함. 생명에 대한 전반적인 지식을 쌓을 수 있었고, 특히 생명이 가진 유연성과 복원력, 그리고 자기 복제 능력에 관한 부분을 흥미롭게 읽음. 생명과 함께 살아가지만 생명의 신비에 대한 탐구는 영원히 계속되리라는 생각을 하게 되어, 과학 연구가 나아가야 할 방향에 대한 진지한 모색을 하는 모습을 보임.

관련 도서

《싸우는 식물》, 이나가키 히데히로, 더숲
《생명의 물리학》, 찰스 S. 코켈, 열린책들
《생명해류》, 후쿠오카 신이치, 은행나무

관련 계열 및 학과	• 자연계열: 생명환경학과, 생물학과, 생명과학과, 수산생명의학과, 분자생물학과
	• 의약계열: 약학과, 의예과, 수의예과, 임상병리학과, 보건관리학과
관련 교과	• 교육계열: 과학교육과, 화학교육과, 생물교육과, 지구과학교육과, 환경교육과

2022 개정 교육과정: 통합과학 1, 통합과학 2, 생명과학, 생물의 유전, 세포와 물질대사, 과학의 역사와 문화

2015 개정 교육과정: 통합과학, 생명과학 I, 생명과학 II, 생활과 과학, 융합과학, 과학사

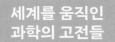

세계를 움직인 과학의 고전들

가마타 히로키 | 부키 | 2010

이 책은 위대한 과학자들의 혁신적 사고가 문명을 이끌어 왔다는 증거로 과학 고전 14권을 폭넓게 소개한다. 찰스 다윈의 《종의 기원》부터 알프레드 베게너의 《대륙과 대양의 기원》까지 과학 고전들의 역사와 내용을 소개하며, 그 속에 담긴 과학 정신을 탐구한다. 지식과 정보라는 단순한 가치를 뛰어넘어 인류의 사상, 그리고 인간 그 자체에게 영향을 준 위대한 이야기들을 들을 수 있다.

탐구 주제

주제1 이 책의 저자는 인간은 평범한 별에 딸린 작은 행성에 사는 진화한 원숭이에 불과하지만 인간은 우주를 이해한다는 스티븐 호킹의 말을 언급했다. 우주를 이해하는 측면에서 갈릴레오 갈릴레이의 《시레데우스 눈치우스》가 가지는 의의를 발표해 보자.

주제2 저자는 인간이 다른 생물들과 지구에 해악을 끼치고 있지는 않은지 돌아볼 것을 촉구했다. 아인슈타인의 《상대성 이론》, 레이첼 카슨의 《침묵의 봄》이 인류에게 알려준 과학의 위험성 및 경고를 되새기며 관련 내용에 대한 보고서를 써 보자.

주제3 생물에게 서로 다른 시간과 공간이 있을 수 있다는 논리에 대한 토의

주제4 인간이 다른 생물에게 끼치고 있는 해악 및 해결 방안 모색 탐구

학생부 기록 예시 (교과세특)

도서 '세계를 움직인 과학의 고전들(가마타 히로키)'은 책을 소개하는 책인데, 소개하는 책의 목록이 쉽지 않아 어려울 것이라고 예상한 것과는 다르게 소개된 책을 읽어 보고 싶다는 마음이 가득 들어서 실제로 소개하는 책 중 2권을 읽음. 이 책에는 책에 대한 소개뿐만 아니라 논문 소개도 여러 편 실려 있는데 실제로 번역이 되지 않은 논문의 내용이 궁금하여 실제로 논문을 읽어 본 후의 생각을 글로 써 내고, 급우 앞에서 발표함.

'세계를 움직인 과학의 고전들(가마타 히로키)'을 통해 역사적인 과학자들의 저서에 대한 정보 및 깊이 있게 읽는 방법을 학습함. 특히 '상대성 이론(아인슈타인)'과 '침묵의 봄(레이첼 카슨)'을 통해 과학의 발전은 인류에게 장밋빛 미래만을 내어 주지 않는다는 사실에 경각심을 가지고, 인류에 좋은 영향을 끼치고 싶다는 자신의 진로 희망 설계에 염두에 두는 모습을 보임. 소개된 도서를 추가로 읽고 저자들에 관한 추가 조사를 함.

관련 논문
과학사를 활용한 멘델의 유전 법칙 학습 프로그램의 개발과 적용(김미연, 2020)

관련 도서
《과학은 그 책을 고전이라 한다》, 강양구 외, 사이언스북스
《더 위험한 과학책》, 랜들 먼로, 시공사

관련 계열 및 학과
- 자연계열 : 생명환경학과, 생물학과, 생명과학과, 수산생명의학과, 분자생물학과
- 의약계열 : 약학과, 의예과, 수의예과, 임상병리학과, 보건관리학과

관련 교과
- 교육계열 : 과학교육과, 화학교육과, 생물교육과, 지구과학교육과, 환경교육과

2022 개정 교육과정 : 통합과학 1, 통합과학 2, 생명과학, 생물의 유전, 세포와 물질대사, 과학의 역사와 문화

2015 개정 교육과정 : 통합과학, 생명과학 I, 생명과학 II, 생활과 과학, 융합과학, 과학사

세상에서 가장 재미있는 생물학

데이브 웨스너 | 궁리 | 2020

이 책은 복잡하고 심오한 생물학 원리를 만화와 통해 재미있게 풀어낸 수준 높은 과학서적이다. 생물학을 공부하는 학생들뿐 아니라 생물학에 대해 전혀 모르는 사람들도 생명 현상에 대해 쉽게 이해하면서 이에 대한 통찰을 할 수 있을 것이다. 평소 거리감이 느껴졌던 분야라도 그림 속 캐릭터를 따라가며 글의 흐름을 이해할 수 있어 값진 경험을 할 수 있는 책이다.

탐구 주제

주제1 이 책에서는 전자와 양성자 등 생명체의 가장 기본적인 요소들을 시작으로 탄소를 기반으로 하는 생명의 화학작용까지 안내되어 있다. 이 중에서 지질, 당, 다당류, 아미노산, 단백질 등의 화학 작용을 분석하여 보고서를 제출해 보자.

주제2 세포는 먹이를 찾고 항상성을 유지하려고 한다. 항상성을 유지하기 위해서 세포 내부에서, 세포 간에, 외부 세계와 어떤 식으로 소통하는지, 세포의 일꾼인 단백질들의 의사소통을 조사하고 그러한 작용이 가지는 의의에 대해 글을 써 보자.

주제3 바이러스가 생명체인지 아닌지에 대한 논의

주제4 극단적인 스트레스에 생명체가 반응하는 방식 탐구

학생부 기록 예시 (교과세특)

도서 '세상에서 가장 재미있는 생물학(데이브 웨스너)'을 읽고 만화를 통해 생명 현상에 대해 쉽고 재미있게 과학 관련 지식을 습득하는 새로운 경험을 함. 이 책을 통해 생명이란 무엇인지, 어떻게 작동하는지 등 세포학부터 생태학에 이르는 생물학의 많은 분야를 그림을 통해 생동감 있게 인식하게 됨. 특히 유성생식과 무성생식의 차이점이 설명된 부분에 흥미를 느껴 관련 논문을 찾아 추가로 읽어 봄.

'세상에서 가장 재미있는 생물학(데이브 웨스너)'을 읽고 역사에 영향을 끼친 여러 요소 중에 과학자들이 자신의 이론을 펼친 책들이 있다는 사실을 알게 됨. 과학자들이 내놓은 지식의 결과물은 세상에 도움이 될 수도 있지만 잘못하면 인류에게 돌이킬 수 없는 폐해를 줄 수도 있다는 점을 인식함. 과학이 다른 분야와 동떨어지기보다 인류 사회와 긴밀한 상호보완 관계로 나아가야 한다는 생각을 하고, 같은 저자의 다른 책을 찾아 읽어 봄.

관련 논문
감금 스트레스에 노출된 생쥐의 시상하부에서 신경전달물질 변화 연구(박정옥, 2019)

관련 도서
《과학 샐러드》, 이수종, 윌링북스
《내 몸 안의 생명원리 인체생물학》, 요시다 구니히사, 전나무숲

관련 계열 및 학과	• 자연계열: 생명환경학과, 생물학과, 생명과학과, 수산생명의학과, 분자생물학과
	• 의약계열: 약학과, 의예과, 수의예과, 임상병리학과, 보건관리학과
관련 교과	• 교육계열: 과학교육과, 화학교육과, 생물교육과, 지구과학교육과, 환경교육과

2022 개정 교육과정: 통합과학 1, 통합과학 2, 생명과학, 생물의 유전, 세포와 물질대사, 과학의 역사와 문화

2015 개정 교육과정: 통합과학, 생명과학 I, 생명과학 II, 생활과 과학, 융합과학, 과학사

세상을 바꾼 생명과학

원정현 | 리베르스쿨 | 2021

생물학의 발전 과정을 현대 이론과 유기적으로 연결하여 독자가 쉽고 재미있게 학습할 수 있도록 서술한 책이다. 책에 실린 삽화와 다양한 시각 자료들은 독자가 생물을 여러 방식으로 이해하도록 돕는다. 책을 읽다 보면 진화, 유전, 광합성, 백신 등 생물학 분야의 중요한 발견들의 발견 과정과 그 개념에 대해 자연스럽게 이해할 수 있을 것이다.

탐구 주제

주제1 많은 수의 생물 종을 접하면서 자연학자들은 생물의 정보를 어떻게 기록하고 분류할 것인지 고민했다. 이들은 정확하고 체계적으로 분류할 수 있는 체계를 만들고자 했다. 현 생물 분류체계에서 수정하고 싶은 부분을 살펴보고, 근거를 들어 자신의 생각을 발표해 보자.

주제2 자연선택을 이해하기 위해서는 '변이'와 '유전' 개념을 이해해야 하는데, 유전학이 생겨나기 전엔 그 개념을 이해하기가 어려웠다. 유전학이 생겨나기 전과 후의 변화된 점을 찾아 서술하고, 과학의 새로운 분야의 발전이 이전의 과학사에 끼치는 영향을 글로 써 보자.

주제3 과학자들 간의 정보 교환이 새로운 과학 지식의 탄생에 끼치는 영향 탐구

주제4 관점에 따라 역사적 사건의 중요도나 사건의 해석이 달라지는 예에 관한 연구

학생부 기록 예시 (교과세특)

도서 '세상을 바꾼 생명과학(원정현)'을 읽고 과학적 이론은 독립적으로 하나씩 만들어진 단편적인 것이 아니라 이전과 현재의 긴밀한 상호작용을 통해 이어져서 만들어져 온 것이라는 사실을 알게 됨. 과학 이론의 변화 과정을 살펴보면서 그 속에서 과학의 개념을 다지는 계기를 가짐. 마치 과학이 역사처럼 이어져 내려오는 것에 대한 흥미를 느끼며 과학사적 경험을 꾀할 수 있었고, 과학이 다른 분야에 끼친 영향을 파악하게 됨.

'세상을 바꾼 생명과학(원정현)'을 읽고 17세기 이전과 현재의 생물 수가 다르다는 사실을 깨닫고, 과거 생물의 수가 적게 알려진 시대부터 현재에 이르기까지 분류 체계의 변화 과정을 짚어 봄. 현재의 생물 분류체계도 완전하지 않을 수 있다는 사실에 흥미를 느끼고 실제로 생물을 신속하고 체계적으로 기록 및 분류할 수 있는 체계 고안 및 현재 체계에서의 수정을 고민해 본 기록을 남기고, 이를 보고서로 제출함.

관련 논문

과학교육에서 과학사관련 연구 동향 분석 (김나연, 2014)

관련 도서

《세상을 바꾼 위대한 과학실험 100》, 존 그리빈, 메리 그리빈, 예문아카이브
《우리의 미래를 결정할 과학 4.0》, 박재용, 북루덴스

관련 계열 및 학과	· 자연계열 : 생명환경학과, 생물학과, 생명과학과, 수산생명의학과, 분자생물학과
	· 의약계열 : 약학과, 의예과, 수의예과, 임상병리학과, 보건관리학과
관련 교과	· 교육계열 : 과학교육과, 화학교육과, 생물교육과, 지구과학교육과, 환경교육과

2022 개정 교육과정 : 통합과학 1, 통합과학 2, 생명과학, 생물의 유전, 세포와 물질대사, 과학의 역사와 문화

2015 개정 교육과정 : 통합과학, 생명과학 I, 생명과학 II, 생활과 과학, 융합과학, 과학사

세상을 바꿀 미래 의학 설명서

사라 라타 | 매직사이언스 | 2020

의학과 공학이 만난 의공학은 아주 오래전부터 인류의 삶 속에서 활약해 온 학문이다. 이 책은 고대 이집트로 거슬러 올라가는 의공학의 시작부터 유전자를 편집하는 현재의 최첨단 기술까지, 의공학의 다양한 분야를 살피고 이들이 이룬 성과를 알려준다. 의공학의 정의부터 각 분야 전문가들의 구체적인 연구 내용을 청소년 눈높이에 맞춰 소개하는 의공학 입문서라 할 수 있다.

탐구 주제

주제1 의학과 공학이 결합된 의공학은 갑작스럽게 등장한 새로운 학문이라고 볼 수 없다. 수천 년 동안 인류는 서투르게나마 신체 부위를 고치거나 바꿨다. 의공학의 발전으로 생겨난 일상적인 예는 콘택트렌즈, 안경, 보청기 등이 있다. 의공학의 사례를 더 찾아 정리하고 보고서를 써 보자.

주제2 최근 한 연구팀은 3D 바이오프린터 개발로 인간의 귀와 유사한 귀 모양 지지체를 만들어 냈다. 여기에서 한 걸음 나아가 필수 영양소와 산소를 세포로 운반할 작은 혈관도 만들었다. 의공학의 발전이 나아갈 수 있는 무한한 가능성에 대해 연구해 보자.

주제3 영화 속에 드러난 의공학의 사례 조사 및 현실화 가능성 연구

주제4 의공학의 발전으로 가능해진 유전자 가위 시스템 작동 기제 탐구

학생부 기록 예시 (교과세특)

도서 '세상을 바꿀 미래 의학 설명서(사라 라타)'를 읽고, 의공학이 조금은 생소한 개념이지만 간단히 생각하면 인간이 부상이나 질병에 맞서 신체를 고치기 위하여 사용하는 방식이라는 점을 새로이 알게 되어 친숙함을 느낌. 아직 많이 발전하지 않은 탓에 앞으로 연구할 수 있는 분야가 많이 남아 있다는 점을 자신의 진로 미래 설계에 참고함. 특히 '뇌-컴퓨터 인터페이스' 분야에 흥미를 느끼고 이 분야에 대한 연구 의지를 밝힘.

'세상을 바꿀 미래 의학 설명서(사라 라타)'를 읽고 의공학의 개념에 대해 새로이 알게 됨. 인간의 장기를 추가하거나 고쳐 치료하는 방법으로서의 의공학에서 나아가 DNA의 일부분을 자르고 새로운 DNA를 넣는 유전자 편집을 통해 병을 고치고 예방하는 방법에 흥미를 느낌. 인간의 게놈을 편집할 수 있다는 발상에 관한 궁금증을 해소하기 위해 관련 논문을 찾아보고, 의공학의 발전 가능성을 보고 관련 학과를 찾아보고 조사함.

관련 논문
청각 자극에 의해 발생되는 안구전도 신호의 분석과 의공학적 응용(김도연, 2018)

관련 도서
《미래의료 4.0》, 김영호, 전파과학사
《사이보그 시티즌》, 크리스 그레이, 김영사

관련 계열 및 학과
- 자연계열: 생명과학과, 생물학과, 수산생명의학과, 농생물학과, 미생물학과
- 공학계열: 생명공학과, 화학공학과, 신소재공학과, 정보통신공학과, 산업공학과

관련 교과
- 의약계열: 의예과, 약학과, 치의예과, 수의예과, 한의예과

2022 개정 교육과정: 통합과학 1, 통합과학 2, 생명과학, 세포와 물질대사, 융합과학 탐구

2015 개정 교육과정: 통합과학, 생명과학 I, 생명과학 II, 생활과 과학, 융합과학, 보건

슈퍼버그

맷 매카시 | 흐름출판 | 2020

이 책은 페니실린 발견에서부터 혁신 신약의 개발, 첨단 유전자 조작 기술인 크리스퍼에 이르기까지 박테리아와 항생제의 역사를 살핀다. 역사적으로 항생제 분야에 인류가 어떤 발전을 이루었는지, 나아가 21세기인 지금 왜 인류가 감염병에 이토록 취약한 상태에 놓여 있는지에 대해서도 알려준다. 동시에 고군분투하는 의료진의 노력을 통해 인류의 희망을 이야기하는 책이다.

탐구 주제

주제1 이 책은 질병을 일으키는 박테리아, 진균, 바이러스는 변이를 거듭하며 우리 곁에 늘 존재해 왔고, 특히 근래에 와서 슈퍼버그의 문제가 심각해진 이유는 항생제의 오남용 때문이라고 한다. 항생제 오남용 실태를 조사하고, 인류가 나아가야 할 방향에 대해 논하는 글을 써 보자.

주제2 항생제 내성 감염이 심해진 후 많은 회사가 항생제 개발을 포기하자 슈퍼버그는 우리가 전혀 예상하지 못한 방식으로 진화하며 항생제를 분해하고 파괴할 수천 가지 효소를 만들어 내고 있다. 이에 대한 대안인 '달바반신'의 연구 및 개발 과정에 대한 보고서를 써 보자.

주제3 항생제의 강력한 대안으로서의 박테리오파지 탐구

주제4 미래 감염병에 대처하는 태도에 관한 토의

학생부 기록 예시 (교과세특)

'슈퍼버그(맷 매카시)'를 통해 인류가 발전과 함께 이어져 내려온 항생제 개발에 대한 역사와 그에 관한 다양한 이야기들을 새로이 알게 됨. 특히 항생제 내성균의 출현과 같은 부작용에 대해 고민하며 지속 가능한 연구의 필요성을 절실히 느끼게 됨. 끝나지 않는 싸움이라는 표현에 경각심을 느끼고 항생제 사용이 내성 변화에 끼치는 영향에 대한 연구가 이루어진 논문을 찾아보는 등의 후속 탐구를 진행함.

'슈퍼버그(맷 매카시)'를 읽고 인류의 질병을 치료하기 위해 개발된 항생제가 아이러니하게도 박테리아의 진화 역시 가속시켰다는 점을 인식함. 오히려 내성을 갖춘 박테리아의 등장으로 인해 인류의 고민이 깊어지고 있다는 점에 놀라움을 느끼고, 항생제에 대한 오남용에 대한 위험성을 깨달음. 끝나지 않을 싸움 속에 고군분투하는 의사들의 모습에서 희망을 엿보고 위기를 기회로 삼아 연구되는 새로운 치료법에 관한 기사를 찾아봄.

관련 논문

항생제 사용이 A군 연쇄상구균 항생제 내성 변화에 미치는 영향 (이운정, 2016)

관련 도서

《mRNA 혁명, 세계를 구한 백신》, 전방욱, 이상북스
《바이오의약품 시대가 온다》, 이형기 외, 청년의사

관련 계열 및 학과
- 자연계열 : 생명과학과, 생물학과, 생명환경학과, 생명시스템과학과, 생명정보융합학과
- 공학계열 : 생명공학과, 화학공학과, 신소재공학과, 에너지공학과, 생명자원공학과
- 의약계열 : 약학과, 의예과, 임상병리학과, 수의예과, 보건관리학과

관련 교과

2022 개정 교육과정 : 통합과학 1, 통합과학 2, 생명과학, 생물의 유전, 세포와 물질대사, 보건

2015 개정 교육과정 : 통합과학, 생명과학 I, 생명과학 II, 생활과 과학, 융합과학, 보건

식탁 위의 미생물

캐서린 하먼 커리지 | 현대지성 |
2020

'마이크로바이옴'이라는 우리 몸 안의 미생물 생태계는 단순히 소화 기능을 돕는 것이 아니라 비만, 자폐, 알레르기, 우울증과 같은 다양한 질병을 치료할 수 있는 희망으로 대두되고 있다. 우리와 오랫동안 공생 관계였던 장내 미생물의 중요성은 아무리 강조해도 지나치지 않다. 이 책은 치즈, 요거트, 김치 등 우리의 장내 미생물을 먹이는 전 세계의 대표 전통 음식들을 찾아 떠난다.

탐구 주제

주제1 이 책에는 체내에서 분비되는 세로토닌의 약 80%가 장에서 생성된다는 사실이 제시되어 있다. 실제로 심한 우울증 증상을 앓는 사람들의 장내 미생물 패턴은 건강한 사람들과는 달랐다. 이에 착안하여 미생물과 우울증 사이의 상관관계를 탐구하여 보고서를 써 보자.

주제2 미생물학자들에게 김치가 매우 흥미롭고 연구할 거리가 풍성한 음식인 이유 중 하나는 김치 안에 매우 다양한 미세 환경이 존재하기 때문이다. 김치와 요거트의 미생물이 작용하는 환경적 측면에서의 차이점과 공통점을 조사하여 발표해 보도록 하자.

주제3 산성의 정도와 발효 음식 간 관련성 탐구

주제4 장내 미생물과 신경계와의 상호관련성 조사

학생부 기록 예시 (교과세특)

'식탁 위의 미생물(캐서린 하먼 커리지)'을 읽고 미생물이 인체에 얼마나 중요한 영향을 끼치는지 새로이 알게 됨. 특히 우리 몸에서 많은 비중을 차지하는 장내 미생물은 장 건강뿐 아니라 비만, 자폐, 알레르기, 우울증 등 많은 병을 치유하는 열쇠가 된다는 점에서 지속적인 연구의 필요성을 인식함. 항생제 남용은 이러한 미생물에게 악영향을 끼친다는 것을 알고 평소 항생제 복용에 신중할 것을 다짐하는 등 생활 변화를 다짐함.

'식탁 위의 미생물(캐서린 하먼 커리지)'을 통해 마이크로바이옴이라는 우리 몸 안의 미생물 생태계에 관한 정보를 다양한 측면에서 습득함. 잘 먹인 마이크로바이옴은 우리 몸을 완전히 바꿔 놓을 수 있는데, 수많은 연구들이 밝혀낸 건강과 장수의 열쇠가 결국 전통 식단에 있다는 것을 인지함. 특히 김치와 요거트의 미생물 환경이 서로 다름을 알고 미생물 환경 조성에 흥미를 느껴 관련 논문을 찾아보고 내용을 요약해 제출함.

관련 논문
장기적인 운동자극 및 식습관이 장내미생물군집에 미치는 영향(장래근, 2017)

관련 도서
《인체에 관한 모든 과학》, 대니얼 M. 데이비스, 에코리브르
《식탁 위의 과학 분자요리》, 이시카와 신이치, 끌레마

관련 계열 및 학과
- 자연계열: 식품영양학과, 식물자원학과, 외식산업학과, 화학과, 환경학과, 생명과학과
- 공학계열: 식품공학과, 화학공학과, 생명공학과, 환경공학과, 재료공학과
- 교육계열: 가정교육과, 과학교육과, 화학교육과, 초등교육과, 교육학과, 환경교육과

관련 교과

2022 개정 교육과정: 통합과학 1, 통합과학 2, 기술·가정, 생활과학 탐구, 융합과학 탐구

2015 개정 교육과정: 통합과학, 화학 I, 화학 II, 기술·가정, 가정과학, 융합과학

신체 설계자

애덤 피오리 | 미지북스 | 2019

생체공학 분야를 다룬 이 책은 과학 기술의 도움으로 절망적인 장애를 딛고 놀라운 회복력을 보인 사람들의 이야기를 들려준다. 인간의 신체를 새롭게 디자인하는 기술은 더 이상 먼 미래의 것이 아니다. 이 책은 이러한 현실에서 파생되는 여러 윤리적인 문제에 대해서도 고찰하게 한다. 미래를 두려워하기보다는 낙관적인 측면에서 대비할 수 있게 해 주는 책이다.

탐구 주제

주제1 로봇공학은 마치 영화 속 인물인 아이언맨이 착용하였던 슈트와 같은 외골격 시스템 개발로 나아가고 있다. 이 머슬 슈트를 착용하면 인체의 힘이 비약적으로 증강되는데, 이 기구들은 현재 경량화와 효율화의 문제에 봉착하고 있다. 이를 해결할 방안을 모색해 보자.

주제2 인간이 감각 기관을 잃더라도 망가진 기관을 반드시 고치거나 대체할 필요는 없다. 시각이나 청각을 복구하기 위해서는 감각 정보를 일관된 신호로 변환하여 뇌에 전달하기만 하면 되기 때문이다. 이는 뇌의 어떤 성질에 관한 것인지 조사하여 발표해 보자.

주제3 세포의 가소성으로 인한 생명공학의 발전 방향에 관한 논의

주제4 인간성 향상의 관점에서의 생명공학의 발전 방향성에 관한 토의

학생부 기록 예시 (교과세특)

로봇 다리를 단 과학자, 허벅지가 다시 자라는 퇴역 군인, 가족과 다시 대화할 수 있게 된 루게릭병 환자 등 '신체 설계자(애덤 피오리)'에 소개된 생체공학의 발전으로 새 삶을 얻은 사람들의 이야기를 통해 생체공학 분야가 인류의 삶을 비약적으로 발전시켜 긍정적인 영향을 끼칠 수 있는 학문이라는 점에 흥미를 느낌. 신체 재생 분야에 관한 깊은 이해를 위해 관련 논문을 찾아보고, 새롭게 알게 된 점을 정리하여 구조화함.

'신체 설계자(애덤 피오리)'를 통해 생체공학이 다친 신체를 재생시켜 재활하게 한다는 긍정적인 면 이외에도 인간 정신 영역의 증강까지 실현할 수 있다는 부분에 큰 매력을 느낌. 또한 뇌의 구조를 조절할 방법이 개발되면 현대 사회에 문제가 되는 우울증, 파킨슨병, 강박장애 등도 손쉽게 치료할 수 있는 점을 새로이 배움. 이러한 생체공학 분야의 발전이 인류의 미래에 긍정적인 방향으로 나아갈 수 있도록 노력해야 한다는 점을 되새김.

관련 논문

손가락 및 손목 재활을 위한 환자 맞춤형 훈련 로봇 시스템의 구현(이효준, 2020)

관련 도서

《지구를 위해 달려라 로보틱스》, 박열음, 우리학교
《처음 의학》, 조영욱, 봄마중

관련 계열 및 학과
- 자연계열: 생명과학과, 생물학과, 생명환경학과, 생명시스템과학과, 생명정보융합학과
- 공학계열: 생명공학과, 화학공학과, 신소재공학과, 에너지공학과, 생명자원공학과
- 의약계열: 약학과, 의예과, 임상병리학과, 수의예과, 보건관리학과

관련 교과

2022 개정 교육과정: 통합과학 1, 통합과학 2, 생명과학, 세포와 물질대사, 융합과학 탐구

2015 개정 교육과정: 통합과학, 생명과학 I, 생명과학 II, 생활과 과학, 융합과학, 보건

아파트 생물학

곽재식 | 북트리거 | 2021

이 책은 오늘날 도시를 상징하는 일반적인 주거 양식인 아파트라는 공간을 건축의 개념이 아닌 생물학의 시선으로 바라본 이야기를 담았다. 아파트에는 사람만 사는 게 아니라 개미, 집먼지진드기, 코로나바이러스 등 잘 보이지 않는 존재들도 함께 살아가고 있다는 관점을 제시한다. 우리가 알지 못했던 아파트의 신기하고도 사랑스러운 풍경을 생물학, 화학, 물리학, 역사, SF적 상상력을 오가며 펼쳐 놓는다.

탐구 주제

주제1 아파트 주변에 살고 있는 여러 생물들은 생태계의 연관 속에서 서로에게 영향을 주며 인간의 삶을 바꾸고 있다. 이러한 생물들이 어떻게 아파트로 흘러 들어와 자리를 잡았는지 찾아보고, 도시 환경에 적응하기 위해 택한 생존 전략에 대해 탐구해 보자.

주제2 시간이 흘러 인류의 문명이 쇠퇴해 어떤 인류도 살지 않는 시대가 온다고 상상했을 때, 도시 공간에 가득 찬 아파트 곳곳에 아무렇게나 방치된 콘크리트 덩어리에 '지의류'들이 끼칠 영향을 구체적으로 상상 및 예측하는 글을 써 보자.

주제3 고양이가 어떻게 인류와 친숙해졌는지에 대한 고찰

주제4 비인간 생물을 바라보는 인류의 시각의 중요성에 대한 토의

학생부 기록 예시 (교과세특)

'아파트 생물학(곽재식)'을 읽고 주변에 사는 생물들이 서로에게 영향을 주며 생태계의 연관 관계 속에서 살아가고 있다는 것을 새로이 인식함. 이들이 어떻게 아파트로 유입되었는지와 도시 환경에 적응하기 위해 취한 생존 전략을 조사함. 늘 생활하던 공간인 아파트에 보이지 않는 세계가 거대하게 존재함을 깨달음. 나름의 방식대로 삶을 꾸려가는 생물들의 흔적들을 살펴보고, 앞으로 아파트를 어떻게 바꿔 갈지 흥미롭게 상상함.

엉뚱한 호기심과 관찰력이 빚어낸 '아파트 생물학(곽재식)'을 읽고 친숙한 환경에 대한 새로운 시각에 흥미를 느낌. 특히 지의류가 다른 생물과 합체해 살아가는 모습을 우주 전쟁 상황으로 가정하여 외계인이 인간의 뇌 속에 들어가는 비유를 통해 과학적 상상력의 무한함을 알게 됨. 일상적으로 인식하던 소나무와 개미, 고양이 등에 대한 과학적, 역사적 의미를 되새기고 나아가 다른 익숙한 생물들에 대한 자료를 찾아봄.

관련 도서

《하늘과 바람과 별과 인간》, 김상욱, 바다출판사
《아주 위험한 과학책》, 랜들 먼로, 시공사
《곽재식의 미래를 파는 상점》, 곽재식, 다른

관련 계열 및 학과	• 자연계열: 생명과학과, 화학과, 분자생물학과, 생물학과, 미생물학과
	• 의약계열: 약학과, 의예과, 임상병리학과, 보건관리학과
관련 교과	• 교육계열: 과학교육과, 화학교육과, 생물교육과, 지구과학교육과, 환경교육과

2022 개정 교육과정: 통합과학 1, 통합과학 2, 생명과학, 세포와 물질대사, 융합과학 탐구

2015 개정 교육과정: 통합과학, 생명과학 I, 생명과학 II, 생활과 과학, 융합과학, 보건

지속가능한 세상에서 동물과 공존한다는 것

배성호, 주수원 | 이상북스 | 2022

이 책의 저자는 동물과 인간이 함께 잘 살아갈 수 있을지를 여러 방면으로 연구한다. 우선 인간 제일주의, 인간 중심적 관점을 바꿔야 한다고 주장하면서 동물보호단체의 여러 활동과 동물의 법적 권리에 대한 이야기를 들려주고 있다. 인간과 동물이 공존해야 하는 이유, 그리고 동물과 공존하는 방법에서 생기는 의문점들을 독자도 함께 생각하도록 이끌어 내는 책이다.

탐구 주제

주제1 현재 대한민국에서는 동물 학대 행위를 법적으로 평가할 때 물건 또는 재물에 손상을 입힌 것으로 평가되고, 이로 인해 타인이 나의 반려동물을 죽게 했을 때 시장 가격 수준으로 보상을 받는다. 헌법에 동물 보호가 규정되면 나타날 순기능을 조사하여 보고서를 써 보자.

주제2 동물도 생명체로서의 존중을 받고 최소한의 복지를 누려야 한다는 입장에서 세계 동물권 선언을 살펴보고, '동물은 물건이 아니다'라는 법 조항을 추가하기로 한 우리나라의 상황을 살펴보고 조사해 자신의 생각을 발표해 보자.

주제3 동물 축제가 나아가야 할 방향 모색

주제4 사회에 만연한 동물에 대한 무책임한 인식 변화 방안 모색

학생부 기록 예시 (교과세특)

평소 동물 복지에 관심이 많은 학생으로 '지속가능한 세상에서 동물과 공존한다는 것(배성호)'을 읽고 사람들의 동물에 대한 인식 변화가 시급하다는 것을 깨달음. 동물에 대한 잘못된 인식으로 발생한 현상들을 살펴보면서 동물과의 공존 방법을 고민함. 특히 동물도 고통을 느낀다는 점에서 인간과 동물이 차이가 없다고 말하는 윤리학자 피터 싱어의 '동물 공존'의 의미에 흥미를 느낌. 그의 저서를 추가로 읽어보고 내용을 요약하여 제출함.

도서 '지속가능한 세상에서 동물과 공존한다는 것(배성호)'을 통해 동물이 애완동물에서 반려동물이 되기까지의 배경을 짚어 보고, 사회에 만연한 동물에 대한 무책임한 태도에 대해 인류의 깊은 반성이 필요함을 느낌. 특히 책에서 세계 동물권 선언을 새롭게 알게 된 후 이에 대해 후속 조사의 필요성을 느껴 직접 추가 조사 및 내용을 요약하고 급우 앞에서 발표해 보는 등의 적극성을 보임.

관련 논문

동물복지와 인간의 삶에 관한 소고(변정은, 2016)

관련 도서

《지구를 위한다는 착각》, 마이클 셸런버거, 부키
《인간 없는 세상》, 앨런 와이즈먼, 알에이치코리아

관련 계열 및 학과	• 자연계열: 동물자원과학과, 지구환경과학과, 생물학과, 생명과학과, 동물생명자원과학과
	• 공학계열: 생명공학과, 환경공학과, 조선해양공학과, 화학공학과, 생명환경공학과
관련 교과	• 교육계열: 생물교육과, 과학교육과, 지구과학교육과, 환경교육과, 교육학과

2022 개정 교육과정: 통합과학 1, 통합과학 2, 생명과학, 생물과 유전, 기후변화와 환경생태

2015 개정 교육과정: 통합과학, 생명과학 I, 생명과학 II, 생활과 과학, 융합과학, 농업 생명 과학

천 개의 뇌
제프 호킨스 | 이데아 | 2022

'지능은 무엇인가?'라는 질문에서 시작해서 뇌는 지능을 어떻게 만들어 내는지, 지금까지의 AI에는 왜 지능이 없는지, 이 상황을 어떻게 변화시킬 수 있을지 등을 풀어낸 책이다. 뇌가 여전히 수수께끼로 남아 있는 이유는 이미 손에 쥔 조각들을 어떻게 배열해야 할지 모른 탓이 크다. 계속해서 추가되는 뇌에 대한 퍼즐 조각들을 제대로 맞춰 보는 책이라 할 수 있다.

탐구 주제

주제1 인간의 뇌는 '오래된 뇌'와 '새로운 뇌'로 나뉜다. '오래된 뇌'는 인간의 생존과 번식 등의 본능적 기능을 담당하고, 진화의 산물인 '새로운 뇌'는 '오래된 뇌'를 통제한다. 인간의 지능을 만드는 '새로운 뇌'는 어떻게 작동되는지 탐구해 보자.

주제2 저자는 뇌가 하나가 아니라 독립적인 수천 개의 뇌로 이루어진 것이라고 말하며 단순한 감각이나 인식뿐 아니라 추상적인 개념들과 고차원적인 사고에도 이와 같은 시스템이 작동한다고 설명한다. 수천 개의 뇌가 의미하는 바가 무엇인지 작동 방식과 함께 설명해 보자.

주제3 미래 기계 지능이 나아가야 할 바람직한 방향 모색

주제4 기후 변화, 핵 전쟁 위기에 대처해야 할 인류 지능에 대한 연구

학생부 기록 예시 (교과세특)

인간의 뇌와 지능, 기계 지능에 대한 새로운 이해를 할 수 있게 하고 다가올 미래에 대한 단서들이 가득한 '천 개의 뇌(제프 호킨스)'에 흥미를 느낌. 특히 우주가 존재한다는 사실을 인식하는 유일한 생명체가 인류임을 가능하게 하는 것이 인간의 뇌라는 것을 새로이 인식함. 이러한 뇌 연구는 아직도 무궁무진하여 많은 연구 분야가 남아 있다는 사실에 탐구 의지를 되새김. 이를 바탕으로 자신의 진로 설계에 반영함.

'천 개의 뇌(제프 호킨스)'를 읽고 한창 발전하고 있는 인공지능 분야가 방향을 새로이 하여 발전의 방향을 지능 개발과 관련된 방향으로 나아가야 한다는 것을 알게 됨. 특히 인간의 지능을 대체하는 것이 목표라면 기계 지능 또한 인간의 뇌가 지능을 어떻게 만들어 내는지, 그 방법은 무엇인지에 대한 연구가 선행되고 그 후에 적용되어야 한다고 주장하는 저자의 말에 흥미를 느끼고, 관련 기사들을 찾아 내용을 요약해서 제출함.

관련 논문
인공지능 기반 컨택센터 시스템 연구(류기동, 2019)

관련 도서
《당신의 뇌는 최적화를 원한다》, 가바사와 시온, 쌤앤파커스
《내가 된다는 것》, 아닐 세스, 흐름출판

관련 계열 및 학과	• 자연계열 : 생명과학과, 생물학과, 생명환경학과, 생명시스템과학과, 생명정보융합학과
	• 공학계열 : 생명공학과, 화학공학과, 신소재공학과, 에너지공학과, 생명자원공학과
관련 교과	• 의약계열 : 약학과, 의예과, 임상병리학과, 수의예과, 보건관리학과

2022 개정 교육과정 : 통합과학 1, 통합과학 2, 생명과학, 생물의 유전, 세포와 물질대사

2015 개정 교육과정 : 통합과학, 생명과학 I, 생명과학 II, 생활과 과학, 융합과학, 공학일반

초파리

마틴 브룩스 | 갈매나무 | 2022

이 책은 초파리 연구계의 내밀한 이야기를 세계 곳곳의 연구실을 배경으로 생동감 넘치게 그려 낸 책이다. 발생학, 진화생물학, 유전학의 역사와 맥락을 함께 하며 나아가 초파리가 노화생물학과 뇌신경과학의 발전에 어떻게 영향을 끼쳤는지, 세계에 대한 인식의 범위를 얼마나 넓혔는지를 이야기하고 있다. 초파리가 주인공으로 등장하는 한 편의 과학소설과 같은 이야기를 따라가 보자.

탐구 주제

주제1 초파리의 매력은 세월이 지나도 변할 줄을 모른다. 초파리를 통해 발견된 다양한 생물학적 사실들이 인간을 포함한 다른 모든 동물에서도 성립하는 것으로 밝혀지고 있다. 초파리를 통해 발견된 생물학적 지식에 대해 조사한 후 보고서를 써 보자.

주제2 과학자들은 여러 실험 연구를 통해 놀랍게도 인간과 초파리가 닮았다는 사실을 밝혀냈다. 이와 같은 사실로 인해 초파리를 대체할 주역의 자리는 없다고 볼 수 있다. DNA 측면에서 초파리와 인간의 공통점을 탐구하여 발표해 보자.

주제3 난치병 연구에 활용될 초파리 연구의 미래 토의

주제4 지구 온난화와 기후 변화에 대한 조기 경보 시스템으로서의 초파리 연구

학생부 기록 예시 (교과세특)

'초파리(마틴 브룩스)'를 읽고 일상 속에서 보게 되는 초파리에 대한 인식은 그다지 좋지 않은 데에 비하여 과학자들에게는 초파리가 연구의 주역으로서의 가치가 있고, 심지어 인간과 DNA가 비슷한 점이 많아 많은 과학사적 연구 성과를 이루어 낼 수 있었다는 놀라운 사실을 새로이 인지하게 됨. 초파리로 인해 발견한 과학적 사실들에 대해 후속 조사를 하고, 그에 관한 보고서를 써 제출함.

도서 '초파리(마틴 브룩스)'를 통해 유전학자들이 가장 선호하는 실험동물이 다름 아닌 초파리라는 사실에 흥미를 느낌. 초파리에 관한 여러 흥미로운 사실 중 특히 인간과 초파리의 유전 물질이 많은 부분 공통점을 가지고 있다는 것에 특별한 관심을 가지게 되어 관련 도서를 찾아봄. 나아가 초파리 연구를 통한 노벨상 수상에 대해 조사하여, 해당 분야에 대해 추가로 포털사이트를 통해 조사함.

관련 논문

노랑 초파리에서 사람 clusterin 유전자의 발현: 수명연장 및 항스트레스 효과 (이영남, 2010)

관련 도서

《바이러스와 인류》, 김혜권, 시대인
《인간은 왜 인간이고 초파리는 왜 초파리인가》, 이대한, 바다출판사

관련 계열 및 학과	• 자연계열: 미생물학과, 생물학과, 생명환경학과, 분자생명과학과, 생명과학과
	• 의약계열: 약학과, 의예과, 수의예과, 임상병리학과, 보건관리학과
관련 교과	• 교육계열: 과학교육과, 화학교육과, 생물교육과, 지구과학교육과, 환경교육과

2022 개정 교육과정: 통합과학 1, 통합과학 2, 생명과학, 세포와 물질대사, 생물의 유전, 과학의 역사와 문화

2015 개정 교육과정: 통합과학, 생명과학 I, 생명과학 II, 생활과 과학, 융합과학, 과학사

환경

순번	도서명	저자명	출판사명
1	100가지 동물로 읽는 세계사	사이먼 반즈	현대지성
2	2050 거주불능 지구	데이비드 월러스 웰즈	추수밭
3	그리드	그레천 바크	동아시아
4	그린 쇼크	최승신 외	바른북스
5	기후로 다시 읽는 세계사	이동민	갈매나무
6	기후변화, 그게 좀 심각합니다	빌 맥과이어	양철북
7	기후 위기 부의 대전환	홍종호	다산북스
8	기후위기 행동사전	김병권 외	산현재
9	기후위기와 탄소중립 수업 이야기	한문정	우리학교
10	기후피해세대를 넘어 기후기회세대로	이재형	퍼블리온
11	꿈의 도시 꾸리찌바	박용남	녹색평론사
12	나는 풍요로웠고 지구는 달라졌다	호프 자런	김영사
13	당신의 쓰레기는 재활용되지 않았다	미카엘라 르 뫼르	풀빛
14	대한민국 탄소중립 2050	KEI 한국환경연구원	크페파스북
15	더 월	존 란체스터	서울문화사
16	무법의 바다	이언 어비나	아고라
17	미래를 위한 환경철학	김완구 외	연암서가
18	브레이킹 바운더리스	요한 록스트룀, 오웬 가프니	사이언스북스
19	빌 게이츠, 기후재앙을 피하는 법	빌 게이츠	김영사
20	사라져 가는 음식들	댄 살라디노	김영사
21	생명을 보는 마음	김성호	풀빛
22	생물들의 마지막 이야기	이마이즈미 타다아키	영진닷컴
23	생태민주주의	구도완	한티재
24	생태적 전환, 슬기로운 지구 생활을 위하여	최재천	김영사
25	스노볼 드라이브	조예은	민음사

순번	도서명	저자명	출판사명
26	식사혁명	남기선	MID
27	쓰레기에 관한 모든 것	피에로 마틴, 알레산드라 비올라	북스힐
28	오늘의 기후	노광준	루아크
29	우리는 플라스틱 없이 살기로 했다	산드라 크라우드바슐	양철북
30	우린 일회용이 아니니까	고금숙	슬로비
31	우주 쓰레기가 온다	최은정	갈매나무
32	위기의 지구, 물러설 곳 없는 인간	남성현	21세기북스
33	이러다 지구에 플라스틱만 남겠어	강신호	북센스
34	인권으로 살펴본 기후 위기 이야기	최우리 외	철수와영희
35	인류를 식량 위기에서 구할 음식의 모험가들	아만다 리틀	세종서적
36	적을수록 풍요롭다	제이슨 히켈	창비
37	지구 파괴의 역사	김병민	포르체
38	지구를 살리는 기발한 물건 10	박경화	한겨레출판
39	지구를 살리는 업사이클링 환경놀이	Eco-STEAM 연구회	테크빌교육
40	지구를 쓰다가	최우리	한겨레출판
41	지구별 생태사상가	황대권 외	작은것이아름답다
42	지구의 마지막 숲을 걷다	벤 롤런스	엘리
43	지금 시작하는 나의 환경수업	홍세영	테크빌교육
44	지속가능한 세상에서 도시는 생명체다!	배성호, 주수원	이상북스
45	참나무라는 우주	더글라스 탈라미	가지
46	키워드 기후 위기 이야기	이상수	철수와영희
47	탄소 농업	허북구	중앙생활사
48	허리케인 도마뱀과 플라스틱 오징어	소어 핸슨	위즈덤하우스
49	화학의 눈으로 보면 녹색지구가 펼쳐진다	원정현	갈매나무
50	환경사란 무엇인가?	도널드 휴즈	앨피

100가지 동물로 읽는 세계사

사이먼 반즈 | 현대지성 | 2023

인간 중심적인 역사에서 탈피하여, 티라노사우루스와 시조새부터 바퀴벌레와 지렁이에 이르기까지 100종의 동물들을 중심으로 바라본 새로운 역사를 담고 있는 책이다. 저자의 해박한 지식과 날카로운 통찰력으로 인문학과 자연과학을 넘나들며 역사 속에서 인간과 공존해 온 동물들에 대한 새로운 관점을 제시한다. 동물과 역사, 환경과 생태학, 인류학에 관심 있는 독자에게 유익한 동물 세계사 백과사전이다.

탐구 주제

주제1 육체적 욕구를 가졌다는 점에서 인간은 동물과 비슷하지만, 동물은 본능적으로 행동하는 데 비하여 인간은 자기 활동을 제어할 수 있는 정신적, 윤리적인 존재라는 점에서 동물과 다르다는 의견이 있다. 인간의 동물로서의 보편성과 인간으로서의 특수성에 대한 견해를 제시해 보자.

주제2 인간들의 무분별한 생태계 파괴와 남획으로 야생동물이 멸종되고, 약용이나 식용 또는 실험 등의 목적으로 수많은 동물이 생명을 잃고 있다. 동물과 인간의 권리가 충돌하는 상황에서 인간과 동물이 공존할 수 있는 방법을 토의해 보자.

주제3 동물보호법 제정에 공헌한 학자와 그의 업적 소개

주제4 생물 종의 변천 과정에 대한 탐구

학생부 기록 예시 (교과세특)

호기심을 가지고 진지하게 탐구를 수행하고 보고서를 작성함. 인간은 생존과 존속을 위한 육체적 욕구를 가졌다는 점에서 동물로서의 보편성을 지녔으며, 동시에 스스로 제어할 수 있는 정신적이고 윤리적인 존재라는 점에서 인간으로서의 특수성을 지니고 있다는 견해를 논리적으로 표현함. 인간의 양면성은 환경과 조건에 따라 한 측면이 강하게 드러날 뿐 어느 한 측면이 근본적인 것이 아니라는 의견으로 탐구 결과를 발표함.

인간과 동물이 공존하는 바람직한 관계에 대한 문헌 연구를 통해 깊이 탐구하고 토론에 참여함. 피터 싱어의 실천윤리학과 탐 레이건의 동물 권리 옹호론을 바탕으로 모든 생명에 대해 존엄한 자세를 가져야 한다는 입장을 논리적으로 밝힘. 동아리 부원들과 동물과 인간이 공존하는 세상을 함께 만들자는 의미를 담은 그림을 그린 후 이를 배지로 제작함. 교내 캠페인 활동으로 친구들에게 배지를 배부하여 인식 개선에 힘씀.

관련 논문

동물축제 연구: 인간과 동물의 공존을 위한 비판적 고찰(권재현, 2021)

관련 도서

《거의 모든 것의 역사》, 빌 브라이슨, 까치
《처음 읽는 바다 세계사》, 헬렌 M. 로즈와도스키, 현대지성

관련 계열 및 학과
- 자연계열: 농생물학과, 동물자원과학과, 동물보건학과, 동물생명공학과, 생물학과, 환경학과
- 사회계열: 사회학과, 지리학과, 지적학과, 공간환경학부, 철학생명의료윤리학과

관련 교과
- 교육계열: 생물교육과, 과학교육과, 농업교육과, 지구과학교육과, 환경교육과

2022 개정 교육과정: 생태와 환경, 기후변화와 환경생태, 생명과학, 생물의 유전

2015 개정 교육과정: 생명과학 I, 생명과학 II, 환경

2050 거주불능 지구

데이비드 월러스 웰즈 | 추수밭 |
2020

이 책은 인류 사회가 반드시 참고해야 할 기후변화 대응매뉴얼이자 미래보고서다. 최신 연구 자료와 통계적 근거를 바탕으로 기후변화의 미래를 제시하고 있다. 저자는 단순한 환경 운동이나 개인의 윤리적 각성으로도 해결할 수 없는 기후 변화를 규명하며 인류 사회에 경종을 울린다. 자본주의 시스템의 근본적인 변화를 촉구하며 기후 변화 문제에 대한 민주적이고 협력적인 대응 방안을 모색한다.

탐구 주제

주제1 대기 중에 떠도는 탄소 중 절반 이상은 불과 지난 30년 사이에 배출된 것이다. 살인적인 폭염과 반복되는 팬데믹 등 우리 사회의 근간을 뒤엎을 기후 재난 상황이 심각하다. 다방면의 기후 위기 상황을 정리하고, 이를 알리는 신문 기사를 작성해 보자.

주제2 저자는 책에서 살인적인 폭염과 산불, 가뭄, 질병, 시스템의 붕괴 등 인류 사회를 뒤흔들 열두 가지 기후 재난의 실제와 미래의 심각성을 제시하고 있다. 기후 위기가 전 세계와 사회 전반에 미치는 영향력을 탐구하여 보고서를 작성해 보자.

주제3 기후 변화에 대처하고자 정부 간 맺은 협약의 역사와 변천 과정 조사

주제4 기후 변화로 인한 위기를 극복하고 해결하기 위한 방안 모색

학생부 기록 예시 (교과세특)

'2050 거주불능 지구(데이비드 월러스 웰즈)'를 읽고 기후 변화로 인한 전 세계의 위기 상황에 대해 정리하고 그 심각성을 알리는 신문 기사를 작성함. 기후변화는 일상을 파괴하고 인류에 막대한 영향력을 끼치는 총체적 위기 상황임을 강조하여 설득력 있게 글을 씀. 기후 위기를 해결하기 위해 온 인류가 공조하여 다각적인 노력을 통해 대응 방안을 모색해야 하며, 자신부터 할 수 있는 일을 실천하겠다고 활동 소감을 밝힘.

기후 변화와 환경에 대한 관심이 많은 학생으로 자전거로 등하교를 하며 학교에서도 이동 수업 시 전등 끄기와 냉난방 기기 온도 조절 등 에너지 절약을 실천하는 모습을 보임. 폭염과 산불, 해수면 상승, 질병, 경제 등 기후 위기가 세계 사회 전반에 미치는 영향력을 탐구하여 보고서에 일목요연하게 작성함. 마인드맵으로 각 요소가 지구 온도에 미치는 영향을 색깔로 구분하여 효과적으로 표현한 점이 인상적임.

관련 논문

기후변화 SSI 동아리 프로젝트를 통한 고등학생들의 기후변화에 대한 감정 연구(김지호, 2021)

관련 도서

《파란하늘 빨간지구》, 조천호, 동아시아
《환경과 생태 좀 아는 10대》, 최원형, 풀빛

관련 계열 및 학과	• 자연계열: 환경학과, 지구환경과학과, 대기환경과학과, 대기과학과, 환경보건과학
	• 공학계열: 환경공학과, 환경생태공학부, 환경에너지공학과, 지구환경공학과
관련 교과	• 교육계열: 환경교육과, 과학교육과, 지구과학교육과, 교육학부

2022 개정 교육과정: 기후변화와 지속가능한 세계, 기후변화와 환경생태, 생태와 환경

2015 개정 교육과정: 환경, 지구과학 I, 지구과학 II, 생명과학 I, 생명과학 II

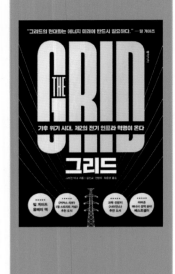

그리드

그레천 바크 | 동아시아 | 2021

기후 변화 시대에 우리 앞에 놓인 전력망이라는 커다란 시스템을 어떻게 유지하고 변화시켜야 할 것인지를 일깨워 주는 책이다. 재생에너지 발전량 및 전력 수요의 증가, 전력 산업의 탈중앙화 등을 둘러싼 오늘날의 전기 공급 시스템이 지닌 문제가 무엇인지 보여주며, 21세기 전기 인프라 혁명과 그에 따른 기술 및 산업의 지각변동이 어디서 어떻게 일어날 것인지를 구체적으로 예측한다.

탐구 주제

주제1 저자는 20세기는 석유, 석탄, 플루토늄, 천연가스에 맞춰 건설되었기 때문에 재생에너지를 사용할 수 있는 전기 공급 시스템인 '그리드'를 갖추고 있지 않다고 지적한다. 재생에너지의 확장에 맞게 전기 공급 시스템을 현대화하여 재구성한 사례를 탐구해 보자.

주제2 재생에너지를 생산하는 장치를 설비하여 에너지를 자체적으로 생산하고, 이를 지역의 주민들에게 제공하는 친환경 에너지 마을이 세계 곳곳에 많이 형성되고 있다. 신재생 에너지 모범 마을의 사례를 조사하여 분석하고, 친환경 마을의 특징을 소개해 보자.

주제3 전력 수요 증가, 분산형 전원 확대라는 상반된 요구 속 전력망 변화 방안

주제4 재생에너지로 인한 과잉 전력 수용 불가 사례 탐구

학생부 기록 예시 (교과세특)

'그리드(그레천 바크)'를 읽고 글로벌 기업에서 본사와 데이터 센터를 '마이크로 그리드'로 운용하거나 기존의 그리드와 단절되어도 서비스를 제공할 수 있도록 자체 시스템을 구축한 사례를 조사하여 발표함. 기후 변화 시대에 전력망이라는 커다란 시스템을 어떻게 유지하고 변화시켜야 하는지 알게 되었으며, 공급 시스템이 제 역할을 하지 못하면 친환경 에너지의 또 다른 위기가 올 수 있다는 것을 깨달았다고 소감을 밝힘.

친환경 에너지 마을로 불리는 독일의 보봉 마을에서 패시브하우스에 태양광 설비를 설치하여 에너지 소비를 줄인 사례와 필요한 전력을 생산하는 공동 주택에 대해 조사하여 그 특징을 분석함. 독일의 보봉 마을 사람들을 가상 인터뷰하여 군대가 있던 지역이 생태마을로 조성된 과정을 소개하고, 보봉 마을 여행 가이드북을 제작하여 친환경 도시의 특징을 엿볼 수 있는 모습을 구체적으로 안내하는 활동을 수행함.

관련 논문
재생에너지에 기반한 지속가능한 에너지시스템에 관한 연구(이상훈, 2012),

관련 도서
《에너지 혁명 2030》, 토니 세바, 교보문고
《2050 수소에너지》, 백문석 외, 라온북

관련 계열 및 학과
- 자연계열 : 에너지과학과, 에너지신소재공학과, 바이오에너지공학과, 바이오환경에너지학과
- 공학계열 : 에너지공학부, 글로벌신재생에너지학과, 미래에너지공학과, 에너지시스템공학부
- 교육계열 : 환경교육과, 과학교육과, 지구과학교육과, 교육학부

관련 교과

2022 개정 교육과정 : 기후변화와 지속가능한 세계, 기후변화와 환경생태, 생태와 환경

2015 개정 교육과정 : 환경, 지구과학 I, 지구과학 II

그린 쇼크

최승신 외 | 바른북스 | 2023

우리가 생존과 미래라고 여겼던 탄소중립과 넷제로(net zero)가 사실은 에너지 부족과 기록적 물가상승의 원인이라는 점을 알기 쉽게 풀어낸 책이다. 지역의 위기가 글로벌 위기로 진행되는 과정, 에너지 전환과 ESG의 모순된 실체를 낱낱이 파헤친다. 이 책을 통해 에너지 위기가 찾아오자 서구 선진국들과 세계적 자산운용사들이 왜 넷제로와 ESG를 앞다투어 포기했는지 이해할 수 있을 것이다.

탐구 주제

주제1 '그린 워싱'은 기업이나 단체가 실제로는 환경보호 효과가 없거나 심지어 환경에 악영향을 끼치는 제품을 생산하면서도 허위·과장 광고나 홍보 수단 등을 이용해 친환경적인 모습으로 포장하는 것을 뜻한다. 그린워싱 기업의 사례를 조사하여 탐구해 보자.

주제2 저자는 현재의 에너지 전환 방식이 불러온 에너지 위기와 화석연료 의존도를 증가 등 반동적 현상의 심화를 진단하며 오히려 재생에너지 보급이 지연되는 '그린 보틀넥' 현상을 설명한다. 우리나라 에너지 산업의 대응 방안과 전망에 대해 토의해 보자.

주제3 에너지 전환에 따른 에너지 공급의 부작용과 한계점 분석

주제4 세계의 에너지 산업을 비교와 한국 에너지 산업의 미래 전망

학생부 기록 예시 (교과세특)

'그린 쇼크(최승신 외)'를 읽고 그린 워싱 기업을 찾아 해당 기업의 그린 워싱 유형과 문제점을 분석하여 보고서를 작성함. 친환경과는 거리가 있는 기업이 친환경 브랜딩을 전략적인 마케팅 차원에서 사용하여 얻는 이익을 고발하고, 소비자의 감시와 현명한 가치 소비가 필요함을 논리적으로 표현한 점이 우수함. 대응 방안으로 그린 워싱 기업에 대한 사전 사후관리를 병행하고 과징금을 부가하는 방법을 제시한 점이 우수함.

'그린 쇼크(최승신 외)'를 읽고 화석연료에 기반한 에너지산업의 고질적 문제를 분석하고, 에너지산업의 대응 방안과 전망에 대해 토의함. 재생에너지 전환 방식에서 일어나는 그린 보틀넥 현상의 원인과 시장 파급 효과를 파악하여 에너지 위기의 해결 방안을 구체적으로 제시함. 과감한 탄소 중립 실현과 탄소 감축 방안 모색이 필요하다는 의견을 논리적으로 표현하고, 토의 과정에서 모둠원들과의 뛰어난 소통 역량을 보여 줌.

관련 논문

그린워싱 개선 영향요인 분석을 통한 기업의 ESG 전략 가치평가 (이정빈, 2023)

관련 도서

《2050 에너지 제국의 미래》, 양수영, 최지웅, 비즈니스북스
《수소 자원 혁명》, 마르코 알베라, 미래의창

관련 계열 및 학과	·자연계열: 에너지과학과, 에너지신소재공학과, 바이오에너지공학과, 바이오환경에너지학과
	·공학계열: 에너지공학부, 글로벌신재생에너지학과, , 미래에너지공학과, 에너지시스템공학부
관련 교과	·교육계열: 환경교육과, 과학교육과, 지구과학교육과, 교육학부

2022 개정 교육과정: 기후변화와 지속가능한 세계, 기후변화와 환경생태, 생태와 환경

2015 개정 교육과정: 환경, 지구과학 I, 지구과학 II

기후로 다시 읽는 세계사

이동민 | 갈매나무 | 2023

지리학자의 촘촘한 시선으로 기후라는 렌즈를 통해 인류 역사를 다시 들여다보는 책이다. 인류의 시간 전체를 아우르고 지구 공간 전역을 훑어가는 세계사 구석구석에서 문명의 운명을 이끈 기후의 힘을 조명한다. 기후 위기의 시대를 살아가야 할 오늘날의 우리와 미래 세대에게 필요한 역사 교양서로 역사와 이어지는 현대의 현황을 세심히 아우르며 과감하게 앞으로의 방향을 제안한다.

탐구 주제

주제1 마야 문명은 극심한 가뭄으로 폐허가 되었고, 크레타섬에서 번성한 미노스 문명은 엘니뇨 남방 진동으로 몰락했다. 오늘날에도 기후 위기는 인류의 삶의 터전을 위협한다. 기후 위기로 인해 인류가 생존 위기에 직면한 사례를 탐구하여 발표해 보자.

주제2 산업화 이후 이루어진 대량의 온실가스 배출과 지구 평균 기온 상승은 자연의 통제 범위를 넘어선 인류의 산업 활동에 따른 인위적인 결과물이다. 기후 위기에 대처하기 위해 인류가 어떤 노력을 실천해야 하는지 토의해 보자.

주제3 기후 위기에 대한 국제 사회의 대처 방안 비교 분석

주제4 기후 안보 등 기후가 현대의 지정학적 질서에 미치는 영향 조사

학생부 기록 예시 (교과세특)

언론 기사와 문헌 자료에서 기후 위기로 인해 인류의 삶의 터전을 위협하는 사례를 수집하여 깊이 탐구함. 해수면 상승으로 물에 잠길 위기에 처한 남태평양의 섬나라 투발루, 사막화되는 몽골 스텝 지대와 점점 커지는 사하라사막, 세계적인 곡창 지대인 베트남 메콩강 삼각주의 쇠퇴 등 세계 각지의 문제들을 정리하여 발표함. 이들 나라에 대해 국제 사회에서 더 많은 관심을 가지고 함께 대처해 나가야 한다고 의견을 제시함.

평소에 기후 위기에 대해 관심이 많은 학생으로 기후 변화는 전 인류가 동참해야 하는 공동체의 문제라고 인식하며 토의에 적극적으로 참여함. 개인적, 사회적, 전 지구적 차원에서 할 수 있는 일에 대해 다양하게 의견을 개진함. 이후 지구사랑 동아리를 구성하여 학교에서 친구들과 함께 실천할 수 있는 탄소 배출 저감 방법을 영상물로 만들어 학급 온라인 공간에 올려 동참을 독려하고, 실천 내용을 공유하는 활동을 주도함.

관련 논문
기후변화에 따른 안전한 식량 확보 방안 연구: Non GM(非유전자변형) 콩을 중심으로(김정욱, 2020)

관련 도서
《기후의 힘》, 박정재, 바다출판사
《최종 경고: 6도의 멸종》, 마크 라이너스, 세종서적

관련 계열 및 학과
- 자연계열: 환경학과, 지구환경과학과, 대기과학과, 환경보건과학, 환경생명공학과
- 공학계열: 환경공학과, 환경생태공학부, 환경에너지공학과, 지구환경공학과
- 교육계열: 환경교육과, 과학교육과, 지구과학교육과, 교육학부

관련 교과

2022 개정 교육과정: 기후변화와 지속가능한 세계, 기후변화와 환경생태, 생태와 환경

2015 개정 교육과정: 환경, 지구과학 I, 지구과학 II

기후 변화, 그게 좀 심각합니다

빌 맥과이어 | 양철북 | 2023

46억 년 지구의 기후 변천사와 최근에 나타나는 기상 현상을 두루 살펴 정리하고, 기후 붕괴가 불러온 세계 곳곳의 기상 이변을 생생하게 담아낸 책이다. 산업화 이후 화석연료를 쓰기 시작하면서 인류가 지구의 시스템에 엄청난 파급력을 끼치는 과정과 지구 곳곳에서 일어나고 있는 최신 과학 자료들을 모두 정리해 지금의 기후 변화를 이해할 수 있는 토대를 이 한 권의 책으로 마련해 놓았다.

탐구 주제

주제1 책에서 진보적 경제학자들은 탄소 배출 문제에 대한 해결책으로 질적 조정 GDP 지표 전환을 제시하고 있다. 새로운 GDP 지표를 활용하면 환경에 미치는 영향에 따라 혜택이나 불이익을 줄 수 있다. 정부의 정책 결정권자가 되어 탄소 중립을 실천할 수 있는 정책을 제시해 보자.

주제2 저자는 평균 기온 상승 폭이 1.5℃가 넘으면 극심한 폭염, 가뭄, 홍수, 해수면 상승 등으로 전 세계가 몸살을 앓게 되고, 2℃ 이상 상승하면 지구촌 안보가 위태로울 것이라고 말한다. '2100년, 우리가 살게 될 지구의 모습과 우리의 삶'을 가상 시나리오로 작성해 보자.

주제3 온실가스 배출량을 대폭 줄이는 방안 모색

주제4 기후 변화로 인한 국제 분쟁의 실태 조사

학생부 기록 예시 (교과세특)

다양한 자료를 바탕으로 탄소 중립을 실천할 수 있는 방안을 탐구하고, 탄소 중립을 실천할 수 있는 정책을 제안함. 화석연료에서 신재생에너지로의 전환, 신유망 저탄소산업 육성, 탄소 가격 체계 재구축, 녹색 분야 자금 지원 비중 확대 등 탄소 중립을 위한 제도적 기반을 강화하는 방안을 구체적으로 제시하여 발표함. 동료 평가에서 현실성 있는 정책 제안이 가장 많았으며 설득력이 뛰어나다는 평가를 받음.

기후 변화로 인해 위기에 처한 2100년 지구의 모습과 우리의 삶을 가상 시나리오로 작성함. 기온 상승으로 인한 동식물의 대이동, 해충의 습격, 기근과 식량난, 각종 전염병, 가뭄과 사막화, 태풍 등 기상 이변을 비롯한 지구 붕괴의 모습을 생생하게 표현함. 부록으로 지속 가능한 지구 환경을 위해 개인과 기업, 국가가 노력해야 할 점을 웹툰으로 제작한 후 소셜 미디어에 공유하여 공동체의 인식 개선에 기여함.

관련 논문

EU의 기후변화 협약 대응전략에 관한 연구(정리빈, 2022)

관련 도서

《두 번째 지구는 없다》, 타일러 라쉬, 알에이치코리아
《기후변화는 어떻게 세계 경제를 위협하는가》, 폴 길딩, 더블북

관련 계열 및 학과	• 자연계열 : 환경학과, 지구환경과학과, 대기과학과, 환경생명공학과, 환경보건과학
	• 공학계열 : 환경공학과, 환경생태공학부, 환경에너지공학과, 지구환경공학과
관련 교과	• 교육계열 : 환경교육과, 과학교육과, 지구과학교육과, 교육학부

2022 개정 교육과정 : 기후변화와 지속가능한 세계, 기후변화와 환경생태, 생태와 환경

2015 개정 교육과정 : 환경, 지구과학 I, 지구과학 II

기후 위기 부의 대전환

홍종호 | 다산북스 | 2023

기후 위기가 환경, 과학, 사회 등 모든 영역에서 온 지구가 해결해야 할 첫 번째 과제로 대두된 지금, 그 위기를 돌파해 나갈 가장 한국적이고 경제적인 해법을 제시하는 책이다. 저자는 해외의 다양한 재생에너지와 탈탄소 사례를 짚어 주며 우리나라 기업은 어떤 전략을 취할 수 있는지 제시한다. 저자의 40년의 연구를 집대성한 이 책을 통해 경제에 대한 새로운 통찰과 시대에 발맞출 수 있는 혜안을 얻을 수 있다.

탐구 주제

주제1 저자는 기후 문제가 경제를 움직이는 핵심 주체임을 깨닫는 것이야말로 인류의 위기를 해결하는 첫걸음이라고 말한다. 기후 위기가 불러오는 부의 재편에서 지속 가능한 미래를 위한 기업들의 노력을 조사하고, 기업이 나아가야 할 생존 전략을 제시해 보자.

주제2 세계 각국은 탄소 감축을 위해 다양한 정책을 실시하고 있다. 영국, 핀란드, 싱가포르 등의 나라는 탄소세를 시행하며, 우리나라는 2015년 탄소배출권 제도를 도입하여 간접 규제를 실시하고 있다. 탄소세 도입의 장단점을 분석하여 탄소세 도입에 대해 모둠원들과 토의해 보자.

주제3 탈 탄소 에너지 전환을 위한 국가 차원의 대응 방안 모색

주제4 글로벌기업과 국내 기업의 ESG 경영 사례 비교 분석

학생부 기록 예시 (교과세특)

'기후 위기, 부의 대전환(홍종호)'을 읽고 기후 위기가 세계 경제를 움직이는 핵심 주체가 되어 자본주의를 재편하고 있다는 필자의 논점을 명확하게 파악함. 탄소 배출 감축을 모범적으로 실천한 기업의 사례를 조사하여 정리하고, 탄소 감축을 위한 환경친화적인 연료의 교체나 공정 자체를 바꾸는 등 기업의 대응 방안을 제시함. 더불어 시민들이 ESG 경영을 실천하는 친환경적인 기업에 대해 현명한 소비를 해야 함을 강조하여 발표함.

탄소세 도입에 대한 모둠 토의에서 적극적인 태도로 의견을 개진함. 탄소세로 인한 투자 위축과 일자리 감소, 물가 상승 등 경제 전반에 미치는 악영향을 고려하여 신중하게 도입해야 한다는 입장을 제시함. 기업들의 자발적 참여를 유도함으로써 탄소세보다 조세 저항이 덜한 탄소배출권 제도의 장점을 강조하며 자신의 논거를 효과적으로 재강조함. 친구들과 의견을 나누며 유연한 사고로 생각을 확장하는 능력이 우수함.

관련 논문

탄소중립형 마을 계획요소 및 모델 개발(이동규, 2022)

관련 도서

《탄소사회의 종말》, 조효제, 21세기북스
《기후위기와 탄소중립농업》, 이춘신, 송찬영, 농수산무역신문

관련 계열 및 학과
- 자연계열: 환경학과, 지구환경과학과, 대기과학과, 환경보건과학, 환경생명공학과
- 공학계열: 환경공학과, 환경생태공학부, 환경에너지공학과, 지구환경공학과
- 교육계열: 환경교육과, 교육학부, 과학교육과, 지구과학교육과

관련 교과

2022 개정 교육과정: 기후변화와 지속가능한 세계, 기후변화와 환경생태, 생태와 환경

2015 개정 교육과정: 환경, 지구과학 I, 지구과학 II

기후위기 행동사전

김병권 외 | 산현재 | 2023

기후 변화에 관한 63개의 키워드를 선정해 개념과 현황, 전망, 대안을 일목요연하면서도 명쾌하게 풀어냈다. 과학적 설명과 함께 변화를 위한 핵심적 아이디어와 행동 지침을 만날 수 있다. 특히 세계 상황만이 아니라 한국의 상황까지 함께 다룬 종합적인 안내서이다. 입문서의 성격을 갖추고 있지만, 한편으로 심화된 내용을 담고 있어 학생이나 시민들의 교양서 역할은 물론이고 교육용 교재로도 유용하다.

탐구 주제

주제1 '소비는 일종의 투표 행위'라는 말이 있다. 우리가 어떤 소비 행위를 선택하느냐에 따라 우리 사회의 모습은 달라질 것이다. 불필요한 소비와 자원 낭비를 줄이고, 더 나아가 새로운 제품 생산 과정에서 발생하는 탄소 배출을 감축할 수 있는 지구를 생각하는 소비 방안을 논의해 보자.

주제2 '제로 웨이스트(zero-waste)'는 환경을 보호하기 위해 쓰레기를 줄이고 제품의 재사용을 지향하는 사회 운동이다. 재활용과 재사용을 통해 폐기물을 없애는 것 이상으로 폐기물을 줄이는 생산·유통 시스템의 재구축에 힘을 쏟고 있다. 제로 웨이스트 실천 방안을 탐구해 보자.

주제3 세계 각국의 국가 온실가스 감축 목표(NDC)와 실행 계획 분석

주제4 에너지 전환 정책의 추진 내용과 성과 연구

학생부 기록 예시 (교과세특)

환경 문제에 관심이 많은 학생으로 지구를 생각하는 친환경적인 소비 방안에 대해 활발하게 의견을 제시함. 저탄소 인증 마크 제품 구입, 지역 농산물 매장 이용하기, 내구성과 품질이 보증된 제품을 구매하여 낭비 없이 오래 사용하기, 과대포장 제품 사지 않기, 리사이클이나 업사이클 제품을 구입하기, 중고거래 서비스 이용하기 등의 방법을 제안함. 특히 자신의 실천 경험을 바탕으로 유용한 정보를 제공한 점이 돋보임.

인류 공동의 문제인 기후 위기를 해결하기 위해 제로 웨이스트 실천 방안을 탐구하고, 체인지 메이커로서 주도적으로 제로 웨이스트 운동에 동참함. 친환경적인 제로 웨이스트 샵을 이용하고, 일회용품과 플라스틱 사용을 줄이기 위해 텀블러와 대나무 칫솔을 사용하며 개인 용기에 음식을 포장하는 등의 실천 사례를 발표함. 지구촌 공동의 문제 해결을 위해 함께 지속적으로 노력하는 것이 중요하다는 것을 깨달았다고 활동 소감을 밝힘.

관련 논문

기후위기에 대한 인식이 환경정책의 수용성에 미치는 영향: 한국형 그린뉴딜 사례를 중심으로(박상민, 2023)

관련 도서

《기후 책》, 그레타 툰베리, 김영사
《오늘의 기후》, 노광준, 루아크

관련 계열 및 학과

- 자연계열: 환경학과, 환경생명공학과, 지구환경과학과, 대기과학과, 환경보건과학
- 공학계열: 환경공학과, 환경생태공학부, 환경에너지공학과, 지구환경공학과

관련 교과

- 교육계열: 환경교육과, 교육학부, 과학교육과, 지구과학교육과

2022 개정 교육과정: 기후변화와 지속가능한 세계, 기후변화와 환경생태, 생태와 환경

2015 개정 교육과정: 환경, 지구과학 I, 지구과학 II

기후위기와 탄소중립 수업 이야기

한문정 | 우리학교 | 2023

이 책은 교육자이자 시민 활동가인 저자가 기후 위기에 대해 아이들과 함께한 생생한 수업 사례를 친절하게 소개하고 있다. 저자는 개인의 실천도 중요하지만 사회적 해결책을 함께 찾는 수업이 꼭 필요하다고 생각하여 모두가 함께하는, 모두의 내일을 위한 아주 특별한 기후 위기와 탄소 중립에 관한 수업을 내놓는다. 아이들이 살아갈 미래를 고민하는 모든 이들에게 아주 특별한 환경 수업 안내서가 될 것이다.

탐구 주제

주제1 제로에너지 건축물은 설계 단계부터 에너지 사용을 최소화하고 꼭 필요한 에너지는 신재생에너지로 생산하도록 하여 탄소 배출량을 제로에 가깝게 만드는 미래형 건축물이다. 제로에너지 건축 사례를 조사하고, 제로에너지 학교를 구상하여 제시해 보자.

주제2 로컬푸드 운동은 지역에서 생산된 먹거리를 그 지역에서 소비하자는 운동으로, 생산지에서 소비자까지의 거리를 최대한 줄여 먹거리의 신선도와 안전성을 확보하고, 환경적 부담을 경감시키는 운동이다. 로컬푸드 운동을 홍보하고 참여하기 위한 실천 방안을 모색해 보자.

주제3 살기 좋은 기후 도시를 탐색하는 여행 가이드북 제작

주제4 우리 동네의 과거와 현재 기후 변화 보고서 작성

학생부 기록 예시 (교과세특)

국내외 제로에너지 건축 사례를 조사하고, 제로에너지 학교를 구상하여 발표함. 행복 도시 가락 마을의 사례를 통해 제로에너지 건축물의 특징과 주요 적용 기술, 고효율 설비 시스템을 장점을 소개함. 제로에너지 학교로의 전환을 위해 옥상에 태양광 패널을 설치하고, 건물 에너지 관리 시스템(BEMS)을 도입하여 날씨, 계절, 상황에 따라 에너지 사용을 조절하는 방법을 제시하여 친구들에게 큰 호응을 받음.

즐겨 먹는 음식의 푸드 마일리지와 탄소 배출량을 계산하고, 로컬푸드 운동에 참여하기 위한 실천 방안을 모색함. 우리 고장 로컬푸드 소비를 권장하는 홍보물을 제작한 후 소셜 미디어를 통해 학교와 지역 사회에 알리며 캠페인 활동에 참여함. 인포그래픽을 활용하여 제작한 로컬푸드 운동 홍보물이 많은 사람에게 공감을 받아 지자체 홈페이지에 소개됨. 감각적인 디자인 역량을 갖추었으며 이목을 끄는 문구를 작성하는 능력이 뛰어남.

관련 논문

기후변화 보드게임 및 이를 활용한 교육 프로그램의 개발과 적용: 고등학생의 과학기술시민성 탐색을 중심으로(박우용, 2023)

관련 도서

《지구를 살리는 프로젝트 수업》, 재미교육연구소, 상상채널
《지구를 살리는 기후위기 수업》, 이영경, 한언

관련 계열 및 학과	• 자연계열: 환경학과, 지구환경과학과, 대기과학과, 환경보건과학, 대기환경과학과
	• 공학계열: 환경공학과, 환경생태공학부, 환경에너지공학과, 지구환경공학과
관련 교과	• 교육계열: 환경교육과, 과학교육과, 지구과학교육과, 교육학부

2022 개정 교육과정: 기후변화와 지속가능한 세계, 기후변화와 환경생태, 생태와 환경

2015 개정 교육과정: 환경, 지구과학 I, 지구과학 II

기후피해세대를 넘어 기후기회세대로

이재형 | 퍼블리온 | 2023

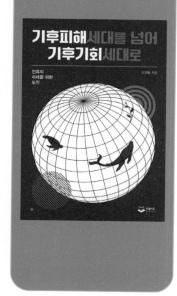

현재 세대와 미래 세대를 위한 기후 변화 안내서. 기후 위기 시대를 현명하게 살아가기 위한 국가와 기업, 개인의 생존 전략이 담긴 책이다. 국내에서 손꼽히는 기후변화 전문가로서 온실가스 감축 사업의 손실 우려 분석과 금융기법 등 다양한 분야에서 이론과 실무를 겸비한 저자의 경험과 고민이 오롯이 담겨 있다. 기후 변화에 대한 진실을 정면으로 마주해 미래를 대비하도록 경각심을 일깨우는 책이다.

탐구 주제

주제1 탄소 발자국이란 인간이 땅 위를 걸어 다니면서 생기는 발자국처럼 사람의 활동이나 상품의 생산과 소비 과정에서 직간접적으로 생산된 이산화탄소 배출량의 총합을 말한다. 한 달간의 탄소발자국을 기록하고, 탄소 중립 실천 방안을 모색해 보자.

주제2 스마트시티는 정보통신 기술과 친환경 기술 등을 통해 도시의 모든 인프라를 네트워크화한 미래형 첨단 도시이다. 스마트시티 기술을 통해 환경 문제, 교통 문제, 시설 비효율 등의 문제를 해결하고 있다. 세계 각국에서 스마트시티를 도입한 사례를 조사하고 그 특징을 비교 분석해 보자.

주제3 기후 변화가 바꿀 일자리와 미래 라이프 스타일 탐구

주제4 기후 위기 시대를 현명하게 살아가기 위한 국가와 기업, 개인의 생존 전략 모색

학생부 기록 예시 (교과세특)

이산화탄소 배출을 줄이기 위해 일상생활 속 실천 방안을 탐구하고, 가정과 학교에서 참여할 수 있는 행동을 카드 뉴스로 제작하여 학교 게시판과 홈페이지에 홍보함. 점심시간에 급식실 앞에서 탄소발자국 계산기를 활용하여 친구들의 탄소발자국을 측정해 주며 탄소 중립 실천 운동 동참을 이끌어 냄. 탄소발자국 기록장을 작성하면서 탄소 중립으로 가야 하는 이유와 방법에 대해 진지하게 고민하는 계기가 되었다고 소감을 밝힘.

세계 각국의 스마트시티 도입 사례를 조사하여 환경 문제와 시설 비효율성을 비롯한 각종 도시 문제를 해소해 나가는 방법을 비교 분석함. 특히 정부와 기업, 대학, 시민 등 다양한 이해관계자가 모여 사회, 경제, 생태 문제에 관한 디지털 솔루션을 개발하는 암스테르담의 스마트시티 프로젝트 사례를 소개하며 벤치마킹 방안을 함께 제시한 점이 인상적임. 구체적인 자료와 매체를 활용하여 청중의 이해를 돕고 말하는 내용을 뒷받침함.

관련 논문
탄소배출권 거래제가 기업의 수익성과 탄소 및 에너지 효율성에 미치는 영향(김선규, 2023)

관련 도서
《2023 기후 전망과 전략》, 조천호 외, 착한책가게
《기후변화와 유럽연합》, 박상철, 박영사

관련 계열 및 학과
- 자연계열: 환경학과, 지구환경과학과, 대기과학과, 환경보건과학, 대기환경과학과
- 공학계열: 환경공학과, 환경생태공학부, 환경에너지공학과, 지구환경공학과
- 교육계열: 환경교육과, 과학교육과, 지구과학교육과, 교육학부

관련 교과

2022 개정 교육과정: 기후변화와 지속가능한 세계, 기후변화와 환경생태, 생태와 환경

2015 개정 교육과정: 환경, 지구과학 I, 지구과학 II

꿈의 도시 꾸리찌바

박용남 | 녹색평론사 | 2009

남미의 한 변두리 도시인 꾸리찌바가 어떻게 환경친화적으로 지속 가능한 도시가 되었는지를 소개하는 환경 생태 도시 입문서이다. 시민운동가와 공무원, 그리고 일반 시민들이 자신이 사는 공동체를 꿈과 희망의 도시로 만들기 위해 어떻게 동참할 수 있는가를 배울 수 있다. 꾸리찌바가 식민 도시에서 어떻게 변화했는지, 도시 환경 개선을 위한 창조적인 노력과 교훈을 알아 볼 수 있다.

탐구 주제

주제1 우리나라에서도 시행되고 있는 버스전용 차로는 꾸리찌바에서 개발한 교통 시스템이다. 급행 버스, 노선별 버스 색깔 구분, 환승 주차장의 효율적 운행 등 창의적인 통합 교통 시스템을 개발하였다. 꾸리찌바의 생태도시 모델을 면밀히 분석해 도입 가능한 벤치마킹 전략을 제시해 보자.

주제2 꾸리찌바는 브라질에 남부에 자리한 생태 도시이다. 지하철이 없어도 교통난이 없으며, 저마다의 소득에 따라 교통 요금이 다르다. 각종 폐기물을 생필품과 돈으로 교환할 수 있다. 행정가가 되어 자신이 사는 지역을 환경 생태 도시로 만들 수 있는 도시 계획을 설계해 보자.

주제3 국내외 생태 도시 성공 사례 비교 연구

주제4 우리나라 생태 도시의 접근 방향 모색

학생부 기록 예시 (교과세특)

꾸리찌바의 생태 도시 모델을 면밀히 분석하고 우리나라에 도입 가능한 벤치마킹 전략을 제시함. 쓰레기 문제 해결을 위해 시민들에게 쓰레기 재활용에 대해서 교육하고, 쓰레기를 농산물이나 학용품으로 교환해 주며, 쓰레기를 재분류하는 데 빈민가의 실업자들을 활용하여 일자리를 창출하고 자원 재활용을 높이는 정책을 상세하게 발표함. 시민을 배려하고 시민의 참여를 이끌어 내기 위해 보상을 제공하는 것이 중요함을 강조함.

꾸리찌바를 생태 도시로 바꾼 행정을 통해 자신이 사는 지역이 어떤 녹색 도시로 변화해야 하는지를 고민하여 환경 생태 도시 설계를 구상함. 지속 가능하며 자연과 함께 하는 도시, 저비용 고효율을 낼 수 있는 도시 계획 방안을 설명함. 생태 도시를 계획하고 유지하기 위해서는 도시 설계자와 행정가의 철학과 혁신적인 사고가 중요하며, 사회 구성원 모두의 적극적인 참여와 관심이 필요하다는 것을 알게 되었다고 소감을 밝힘.

관련 논문

지속가능한 생태도시를 위한 환경용량 평가에 관한 연구: 생태발자국을 중심으로(주용준, 2009)

관련 도서

《기적의 도시 메데진》, 박용남, 서해문집
《도시의 로빈후드》, 박용남, 서해문집

관련 계열 및 학과	• 인문계열: 도시행정학과, 도시사회학과, 도시계획·부동산학부, 도시·자치융합학과, 지리학과
	• 공학계열: 스마트시티공학과, 도시계획학과, 도시공학과, 스마트도시학부, 도시정보공학과
관련 교과	• 교육계열: 환경교육과, 지리교육과, 과학교육과, 사회교육과

2022 개정 교육과정: 기후변화와 지속가능한 세계, 도시의 미래 탐구, 기후변화와 환경생태, 생태와 환경

2015 개정 교육과정: 환경, 사회문제 탐구

나는 풍요로웠고 지구는 달라졌다

호프 자런 | 김영사 | 2020

이 책은 우리가 직면해야 하는 위협과 두려움에 관한 책이기도 하지만, 그 이전에 우리가 누려 왔고 누릴 수 있는 풍요로운 삶에 관한 이야기이다. 과학적 사실과 역사, 자신의 삶을 유려하게 엮어 우리가 살아가는 방식과 그로 인해 위태로워진 행성 사이의 연결고리를 밝힌다. 모두가 충분히 풍요로울 수 있는 미래에 대한 사유를 할 기회를 제공하는 책이다.

탐구 주제

주제1 저자는 과학자로서 관측과 실험으로 얻어진 자료를 토대로 지구에 일어난 일들을 정확한 데이터를 제시하며, 인간이 자신들의 이익을 위해 지구에 무슨 짓까지 했는지를 알게 해 준다. 저자가 강조한 내용을 소개하고, 책 내용과 연관된 확장 독서 활동을 실천해 보자.

주제2 저자는 자신이 살아온 지난 50년 동안 일어났던 일들을 중심으로 지구 생태계를 살펴본다. 생명, 식량, 에너지 등 지난 50년간 지구의 변화와 문제점에 대해 지적하며, 덜 소비하고 더 나누라고 말한다. 생태계를 고려하고 지구를 살리는 실천 방안을 모색해 발표해 보자.

주제3 기후 위기와 불평등의 연관성 탐구

주제4 동물의 인도적 도축을 위한 방안 모색

학생부 기록 예시 (교과세특)

관심 분야의 책인 '나는 풍요로웠고 지구는 달라졌다(호프 자런)'를 읽고 책 소개 활동을 수행함. 우리가 누리는 풍요 이면의 불평등과 자원 고갈, 넘쳐나는 쓰레기, 기후 변화 등의 문제점을 통계 자료를 통해 시각화하여 정리하고, 구체적인 해결 방안을 발표함. 확장 독서 활동으로 친구들과 기후 난민 체험 보드게임을 제작하여 기후 변화 문제에 참여와 관심을 유발하고, 함께 실천 방법을 모색하고 삶 속에서 동참하도록 이끎.

'나는 풍요로웠고 지구는 달라졌다(호프 자런)'를 읽고 지구를 살리기 위해 삶 속에서 실천할 수 있는 방안을 모색함. 자신의 가치관을 비롯하여 작은 습관이나 행동, 소비 특성들이 지구에 어떤 영향을 주는지 체크리스트를 만들어 점검함. 식습관을 바꾸기 위해 노력한 과정과 지속 가능한 소비 습관을 형성하기 위해 물건을 교환하거나 나눠 쓰는 등 실천한 내용을 발표함. 지속 가능한 소비를 위한 실천 약속 스티커를 만들어 배부함.

관련 논문
독서활동을 통한 고등학생의 지구온난화에 대한 인식 변화 (이서윤, 2012)

관련 도서
《우리는 결국 지구를 위한 답을 찾을 것이다》, 김백민, 블랙피쉬
《쓰레기책》, 이동학, 오도스

관련 계열 및 학과
- 자연계열: 농생물학과, 동물자원과학과, 생물학과, 환경학과, 지구환경과학과
- 공학계열: 환경생태공학부, 환경에너지공학과, 에너지공학부, 글로벌신재생에너지학과

관련 교과
- 교육계열: 과학교육과, 생명과학교육과, 환경교육과, 생물교육과

2022 개정 교육과정: 기후변화와 지속가능한 세계, 기후변화와 환경생태, 생태와 환경, 생명과학

2015 개정 교육과정: 환경, 지구과학 I, 지구과학 II, 생명과학 I, 생명과학 II

당신의 쓰레기는 재활용되지 않았다

미카엘라 르 뫼르 | 풀빛 | 2022

'플라스틱 마을'로 불리는 베트남의 민 카이 마을에서 플라스틱의 생애 주기를 따라가며 재활용 신화의 진실을 추적한 책이다. 쓰레기 더미 위에 거대한 주택을 짓고 부를 늘려 가는 사람들과 농민 사이에는 계급이 존재한다. 저자는 기득권층과 주민들의 솔직한 이야기를 끈질기게 담아냈다. 친환경 정책과 재활용 산업의 모순, 쓰레기 식민주의로 인한 불평등의 실태를 여실히 보여 준다.

탐구 주제

주제1 플라스틱 쓰레기로 인한 문제들이 불거지면서 효과적인 재활용을 위한 분리 배출법에 관심이 높아졌다. 음식물이 남지 않게 포장 용기를 깨끗이 씻거나 플라스틱 종류까지 살펴 분류하지만, 애쓴 노고가 무색하게도 재활용률은 낮다. 쓰레기를 문제를 해결한 사례를 조사하여 발표해 보자.

주제2 베트남의 민 카이 마을에는 플라스틱이 산처럼 쌓여 있다. 주민들은 살아온 삶의 터전이 오염되거나 재활용 공장 부지로 팔려 나감에 따라 새로운 돈벌이를 위해 쓰레기 선별 작업에 투입되고 있다. 재활용 이면의 불평등 문제와 해결 방안에 대해 토의해 보자.

주제3 쓰레기 식민주의 실태와 문제점 분석

주제4 재활용 산업의 현황과 발전방안 탐구

학생부 기록 예시 (교과세특)

환경 오염과 쓰레기 문제의 심각성을 살피고, 쓰레기 없는 마을로 유명한 일본 가미카스 마을의 사례를 조사하여 쓰레기 문제 해결 방법에 대해 발표함. 쓰레기를 45개로 세밀하게 나누어 재활용하고 물건을 구입할 때부터 쓰레기를 고민하여 쓰레기 배출량을 줄여나간 노력을 소개하며, 소비 방식의 변화가 무엇보다 시급하다고 강조함. 제로 웨이스트를 실천할 수 있는 소비와 쓰레기 분리배출의 중요성을 알리는 홍보물을 만들어 게시함.

'당신의 쓰레기는 재활용되지 않았다(미카엘라 르 뫼르)'를 읽고 플라스틱 재활용 이면의 사회 불평등 문제에 주목하여 불평등 문제를 해결할 방안에 대해 토의함. 재활용 시스템 뒤에 숨겨진 모순과 재활용 산업 구조의 문제점을 지적하고, 정당한 노동력의 대가를 지불하도록 정책적으로 뒷받침해야 한다는 의견을 제시함. 토의 활동에서 친구의 의견을 경청하며 합리적 해결 방안을 모색하기 위해 충분히 숙고하는 모습을 보임.

관련 논문

음식 폐기물 재활용산업 활성화 방안 연구(당군호, 2015)

관련 도서

《플라스틱은 어떻게 브랜드의 무기가 되는가》, 김병규, 미래의창

《착한 소비는 없다》, 최원형, 자연과생태

관련 계열 및 학과	• 인문계열: 공간환경학부, 지역환경산업학과, 주거환경학과, 사회적경제기업학과
	• 자연계열: 생활환경복지학부, 환경학과, 지구환경과학부, 환경보건과학과, 환경생명과학과
관련 교과	• 교육계열: 환경교육과, 사회교육과, 과학교육과, 지구과학교육과, 교육학부

2022 개정 교육과정: 도시의 미래 탐구, 기후변화와 지속가능한 세계, 기후변화와 환경생태, 생태와 환경

2015 개정 교육과정: 환경, 사회문제 탐구, 해양 문화와 기술, 사회·문화, 지구과학 I

대한민국 탄소중립 2050

KEI 한국환경연구원 | 크레파스북 | 2021

이 책에서는 탄소 중립의 배경과 전략을 비롯해 에너지·산업·수송·건물 등 각 분야 탄소 배출의 특성과 쟁점, 그리고 정부·기업·시민 등 각 경제 주체가 해야 할 역할을 함께 제시한다. 아울러 배출권 거래제, 탄소 국경세, 탄소 포집 및 저장·활용 기술 등을 소개하면서 대한민국이 다가올 미래 변화에 어떻게 대응해야 하는지 살펴본다. 기후 위기 시대를 살아가는 모든 사람을 위한 교과서이자 교양서다.

탐구 주제

주제1 저자는 우리나라가 앞으로 탄소 중립을 실현하기 위해서는 기존의 '대량생산-소비-폐기'의 선형 경제 구조에서 벗어나 자원의 효율성 및 선순환 촉진을 위한 '순환 경제'로의 전환이 중요하다고 말한다. 순환 경제로 실현하는 탄소 중립의 방법을 구체적으로 탐구하고 발표해 보자.

주제2 탄소 중립이란 탄소 배출량과 흡수량이 균형을 이루어 순 배출량이 0이 되는 것을 의미한다. 이는 탄소 흡수원을 확대하거나 탄소 배출을 줄이는 방법으로 달성할 수 있다. 우리나라의 탄소 중립 정책의 추진 과정과 성과를 분석하고, 탄소 중립을 위한 정부의 역할을 탐구해 보자.

주제3 탄소 포집·활용·저장(CCUS) 기술의 활용 방안 탐구

주제4 제로에너지 건축 기술과 제로에너지 건축물 인증 제도의 도입 효과 분석

학생부 기록 예시 (교과세특)

대량 생산, 대량 소비 체제로 인한 쓰레기 배출량 증가와 에너지 소비량 극대화, 탄소배출량 확대의 문제점을 파악하고, 탄소 중립 사회를 위한 '순환 경제'로의 전환 방안을 모색함. 탄소 중립 실현을 위해 에너지 전환이 필수적임을 강조하며, 이를 위해 정부와 기업이 상생 협약 체제를 구축해야 함을 설득력 있게 발표함. 문제 상황을 명확하게 파악하고 적극적으로 대안을 모색해 의견을 조리 있게 전달하는 능력이 뛰어남.

자신의 관심 분야인 환경 관련한 우리나라의 탄소 중립 정책의 추진 과정과 성과를 조사, 분석해 일목요연하게 보고서를 작성함. 탄소 중립을 위한 정부의 역할로 탄소 감축에 대한 지원과 사회 전체적인 공감대 확대, 관련 법 제도 정비, 신 산업 육성 등을 제시함. 후속 활동으로 '탄소 배출량 줄이기 운동' 홍보물을 만들어 교내 게시판과 소셜 미디어에 올리고, 자신의 실천 과정을 참신하게 소개해 큰 호응을 얻음.

관련 논문
농업인의 온실가스 감축기술 및 신재생에너지에 대한 수용성 분석 (소윤경, 2023)

관련 도서
《탄소중립 골든타임》, 이재호, 석탑출판
《지구를 위한다는 착각》, 마이클 셸런버거, 부키

관련 계열 및 학과
- 자연계열: 환경학과, 지구환경과학과, 환경생명공학과, 대기과학과, 환경보건과학과
- 공학계열: 환경공학과, 환경생태공학부, 환경에너지공학과, 지구환경공학과

관련 교과
- 교육계열: 환경교육과, 과학교육과, 지구과학교육과, 교육학부

2022 개정 교육과정: 기후변화와 지속가능한 세계, 기후변화와 환경생태, 생태와 환경

2015 개정 교육과정: 환경, 지구과학 I, 지구과학 II

더 월

존 란체스터 | 서울문화사 | 2020

2019 부커상 후보작

《파이낸셜타임스》, 《이브닝스탠다드》가 선정한 2019 최고의 책!

이 책의 배경은 기후 변화로 정치적 분열이 증가해 황폐해진, 지금보다 미래의 세상이다. 사람이 살기 힘들 정도로 망가진 세상에서 한 섬나라는 침입자를 막기 위해 모든 해안선 및 국경을 둘러싸는 거대한 콘크리트 장벽을 세운다. 넘으려는 자와 그들을 막으려는 자가 교차하는 벽 위에서는 어떤 일이 벌어질까? 기후 위기로 일어날 갈등에 대해 고민해 볼 기회를 제공하는 책이다.

탐구 주제

주제1 기후 변화로 해수면이 상승하고 정치적 분열이 증가해 황폐해진 세상에서 한 섬나라는 모든 해안선을 따라 '국립 해안 방어벽'을 세웠다. 작품과 관련한 주제를 선정하여 책 대화하기 활동을 수행해 보자.

주제2 이 소설은 국경에 세워진 거대한 콘크리트 장벽을 두고 일어나는 싸움과 갈등을 시사적이고 풍자적인 메시지와 경고를 담아 섬세한 묘사로 그려낸 작품이다. 국제 사회에서 벽을 세우고 서로 구분짓고 갈등이 일어난 사례를 조사하고, 더불어 공존하는 삶의 방법을 모색하고 토의해 보자.

주제3 기후 변화로 인한 해수면 상승의 피해와 국제적 대응 방안 모색

주제4 기후 난민의 사례와 국가별 난민 수용 현황 분석

학생부 기록 예시 (교과세특)

환경 문제에 관심이 많아 한 학기 한 권 읽기 활동에서 '더 월(존 란체스터)'을 선택하여 읽고, 의미 있는 주제를 선정하여 책 대화하기 활동을 수행함. 작품 속 '방어벽'의 상징적 의미에 대해 친구들과 활발하게 소통하며, 작품에 반영된 사회상과 시대상을 입체적으로 이해하고 공동체적 역량을 키움. 서평 쓰기 활동에서 지구 온난화로 인해 황폐한 현실에서 인간은 어떻게 위기를 모면할 수 있을지에 대한 생각을 논리적으로 작성함.

생각이 깊고 책을 좋아하는 학생으로 '더 월(존 란체스터)'을 읽고 '공존하는 삶'을 주제로 토의에 참여함. 작품 속 상황과 유사한 사례로 멕시코에서 넘어오는 불법 이민자들을 막겠다고 미국 국경에 세운 장벽, 테러 방지와 이스라엘 보호 명목으로 팔레스타인들의 통행을 규제하는 분리 장벽을 제시하며, 힘을 이용한 억압과 통제의 문제를 지적함. 작품을 깊이 있게 감상하며 시대 상황에 맞게 적용하고 해석하는 능력이 뛰어남.

관련 논문

기후난민 보호를 위한 난민협약상 법적 쟁점과 해석 (정재준, 2022)

관련 도서

《지구는 괜찮아, 우리가 문제지》, 곽재식, 어크로스
《지금 당장 기후 토론》, 김추령, 우리학교

관련 계열 및 학과

- 자연계열: 환경학과, 지구환경과학과, 대기과학과, 환경생명공학과, 환경보건과학
- 공학계열: 환경공학과, 환경생태공학부, 환경에너지공학과, 지구환경공학과
- 교육계열: 환경교육과, 과학교육과, 지구과학교육과, 교육학부

관련 교과

2022 개정 교육과정: 기후변화와 지속가능한 세계, 기후변화와 환경생태, 생태와 환경

2015 개정 교육과정: 환경, 지구과학 I, 지구과학 II

무법의 바다

이언 어비나 | 아고라 | 2023

'바다'에 대해 쓴 대담하고 깊이 있는 르포르타주다. 퓰리처상 수상 작가이자 탐사보도 기자인 저자는 바다에서 어떤 일이 벌어지고 있는지를 생생하게 보여준다. 15편의 이야기들을 여행기처럼 풀어낸 이 책에는 쇠고랑을 찬 노예와 파도에 내던져진 밀항자, 밀렵꾼과 그들을 쫓는 환경 보호 활동가 등 바다가 가장 폭압적인 일터임을 알면서도 그곳에 몸을 팔 수밖에 없는 노동자들의 삶과 활동이 기록되어 있다.

탐구 주제

주제1 르포르타주(reportage)는 탐방 기사·보도·보고를 의미하며, 어떤 사회 현상이나 사건에 대해 보고자가 심층 취재한 뒤 자신의 식견을 바탕으로 종합적인 기사로 완성하는 글이다. 관심 있는 주제를 하나 선정하여 르포르타주를 작성해 보자.

주제2 일본 정부는 2023년 8월 24일 후쿠시마 제1 원자력 발전소에서 나오는 방사성 물질을 포함한 오염수의 해양 방류를 개시했다. 이로 인해 인접 국가의 해양 환경을 비롯해 인체와 수산물에 악영향을 미칠 수 있다는 우려가 있다. 오염수 방류의 문제와 대응 방안에 대해 토의해 보자.

주제3 소말리아 해적을 비롯한 해상 폭력 행위의 사례와 문제점 연구

주제4 어업 종사자들의 열악한 노동 환경의 실태 분석

학생부 기록 예시 (교과세특)

최근 빈번하게 벌어지는 '묻지마 범죄'를 주제로 선정하여 그 실태와 특성을 분석하고, 현직 경찰관을 심층 취재하여 상세하게 르포르타주를 작성함. 통계 자료를 인용하여 내용의 객관성을 뒷받침하고, 전문가의 인터뷰 내용을 바탕으로 생생하고 현장감 있게 기사를 작성함. 자신의 진로 희망인 경찰관을 직접 만나게 되어 의미 있었으며, 사건 현장에서 경찰관의 판단력과 순발력 있는 대응이 중요하다는 것을 깨달았다고 소감을 밝힘.

해양 환경에 대한 관심이 많은 학생으로, 일본의 오염수 방류의 문제점과 이에 대한 대응 방안을 주제로 한 토의에 적극적으로 참여함. 오염수에 포함된 60여 가지 방사성 물질 중 특히 삼중수소가 해양 생태계와 인체에 미치는 영향과 위험성에 대해 다양한 자료와 언론 기사를 바탕으로 설득력 있게 강조하여 친구들로부터 공감대를 얻음. 또한 우리나라와 중국의 대응 방식의 차이점을 비교하며 자신의 의견을 논리적으로 개진함.

관련 논문

해상테러에 대한 효율적 대응방안 연구: 대응체계를 중심으로(이재현, 2012)

관련 도서

《침묵의 봄》, 레이첼 카슨, 에코리브르
《'좋아요'는 어떻게 지구를 파괴하는가》, 기욤 피트롱, 갈라파고스

관련 계열 및 학과	• 인문계열: 해양안보학전공, 해양수산경영학과, 해양행정학과, 해양수산경영경제학부
	• 자연계열: 해양경찰시스템학과, 해양환경과학과, 해양생물자원학과, 해양생태환경학과
관련 교과	• 공학계열: 해양경찰학부, 해양공학과, 해양시스템공학과, 해양산업융합학과, 해양환경공학과

2022 개정 교육과정: 기후변화와 환경생태, 생태와 환경, 기후변화와 지속가능한 세계

2015 개정 교육과정: 해양 문화와 기술, 환경, 사회문제 탐구

미래를 위한 환경철학
김완구 외 | 연암서가 | 2023

기후 변화로 인한 이상 기후 현상은 이제 흔한 우리의 일상이 되어 가고 있다. 환경 문제를 근원적으로 해결하기 위해서는 환경 문제를 인간 의식의 문제로 보고, 철학적 또는 교육적 접근이 필요하다는 의견이 대두되었다. 이 책은 1980년대부터 한국의 학자들을 중심으로 환경 문제에 대한 철학적인 논의가 본격적으로 시작된 이후 오랫동안 각 분야 전문가들에 의해 심도 있게 이루어진 연구의 결실 중 하나다.

탐구 주제

주제1 피터 싱어는 인간의 이익만을 우선으로 고려하고, 단지 인간들 상호 간의 이익만을 평등하게 고려하는 종 차별주의를 비판한다. 인간종 중심주의는 인종 차별주의와 성차별주의와 마찬가지로 부당한 편견이자 차별이다. 종 차별주의의 사례를 조사한 뒤 개선 방안을 제시해 보자.

주제2 야생동물이 농가에 내려와 농작물을 쑥대밭으로 만들거나 도심에 출몰하여 사람을 해치는 경우가 종종 있다. 인간의 무분별한 개발로 동물들의 터전이 줄어들고, 기후 변화로 서식 환경이 열악해진 탓이다. 야생동물과 사람이 조화롭게 공존할 수 있는 방안에 대해 토의해 보자.

주제3 동물 보호 및 복지를 위한 법률 탐구

주제4 세계 각국의 멸종 야생동물 복원 사업 비교 연구

학생부 기록 예시 (교과세특)

종 차별주의 사례로 동물원의 역사를 조사하고, 현재 동물원의 문제점을 파악한 후 동물 복지를 고려한 바람직한 동물원을 설계함. 멸종 위기종 보전과 복원 연구 기관으로서의 동물원의 역할을 강조하며 동물을 볼거리로 여기지 않고 야생의 모습으로 살아갈 수 있는 환경을 조성한 동물원의 모습을 설명함. 생명체에 대한 인간중심적 태도의 문제점을 지적하며, 동물을 대하는 태도의 근본적인 반성과 개선이 요구된다고 의견을 발표함.

야생동물이 인간 사회에 출현하는 현상의 원인을 조사하고, 인간과 야생동물이 조화롭게 공존하는 방안에 대한 토의에 적극적으로 참여함. 생태계의 작은 불균형이 다시 인류에게 커다란 악영향을 미친 사례를 제시하며, 인간의 건강과 생존을 위해서도 야생동물의 서식지를 보존하고 복원하기 위해 노력해야 함을 강조함. 토의 과정에서 모둠원의 의견을 경청하고, 공동체의 문제 해결을 위해 주도적으로 참여하는 태도를 보임.

관련 논문
동물의 법적 지위와 권리에 관한 연구(송정은, 2021)

관련 도서
《어쩌다 숲》, 피터 S. 알레고나, 이케이북
《동물 복지의 시대가 열렸다》, 박하재홍, 슬로비

관련 계열 및 학과
- 자연계열: 지구환경과학부, 동물보건복지학과, 동물생명자원과학과, 환경생명공학과
- 공학계열: 환경공학과, 환경생태공학부, 환경에너지공학과, 지구환경공학과
- 교육계열: 환경교육과, 과학교육과, 지구과학교육과, 교육학부

관련 교과

2022 개정 교육과정: 기후변화와 지속가능한 세계, 기후변화와 환경생태, 생태와 환경, 생명과학

2015 개정 교육과정: 환경, 철학, 생명과학 I, 생명과학 II, 지구과학 I

브레이킹 바운더리스

요한 록스트룀, 오웬 가프니 |
사이언스북스 | 2022

이 책은 기후 위기를 둘러싼 과학자들과 활동가들이 최전선에서 어떤 일을 하고 있는지, 인류 생존의 전제 조건을 되돌아보고 지속 가능한 발전의 한계를 살펴본다. 전 지구적 규모, 지질학적 규모로 급격하게 변화하는 지구 환경 속에서 번영과 평화, 자유와 평등을 누릴 수 있는 합리적인 길을 모색하는 과학적인 방법이 무엇인지 탐구하고 문제 해결을 위한 방안에 초점을 두고 있다.

탐구 주제

주제1 저자는 기후 문제 해결을 위한 방안으로 지구 생태계를 건강하게 유지하고 경제 체제의 안정과 번영을 이루게 할 여섯 가지 시스템 전환을 제시하고 있다. 이 중 한 가지를 선정하여 탐구한 후 보고서를 작성해 보자.

주제2 '탄소의 법칙'이란 탄소 배출량 0에 도달 하는 것이 아니라 10년마다 반씩 감축하는 일이 더 중요하다는 의미다. 탄소의 법칙은 먼 미래의 목표가 아니라 현재의 시간과 장소에서 더 큰 의미가 있다. 탄소 배출 감소 방안을 모색하고, 실천을 독려하는 글을 써 보자.

주제3 기후 변화로 인한 기후 난민 발생 실태에 대한 연구

주제4 효율적이고 친환경적인 도시 시스템 구축 방안 모색

학생부 기록 예시 (교과세특)

지구 생태계를 건강하게 유지하고 식량 문제를 해결하는 방안에 대해 열의를 갖고 다양한 자료를 조사하며 탐구함. 식량 안보 정책은 생산, 유통, 환경 등 다양한 사안을 포괄하는 통합적이고 다각도의 방식으로 진행해야 한다는 의견을 보고서에 논리적으로 작성함. 국내 농업의 경쟁력을 강화하고 지속 가능한 농업 생산 체계를 구축하기 위한 정부의 적극적인 지원과 지속적인 투자의 필요성을 근거와 함께 설득력 있게 제시함.

평소 환경과 기후 위기에 관심이 많아 '설득하는 글쓰기 활동'에서 탄소 배출량 감소를 위한 실천 규범을 제시하고, 사회적 합의와 더불어 개인의 각성이 필요함을 설득력 있게 주장함. 이산화탄소 다이어트 일기를 작성한 자신의 실천 경험을 제시하여 독자의 흥미를 유발하였으며, 지구를 회복하기 위해 공동체가 함께 실천해야 할 구체적인 방법을 호소력 있는 문장으로 표현함. 자신의 생각을 조리 있게 전개하는 작문 능력이 우수함.

관련 논문

변혁적 교수·학습법을 적용한 지속가능한 인류세 만들기 프로젝트 수업 디자인(허은서, 2023)

관련 도서

《기후 전환 사회》, 권희중, 신승철, 모시는사람들
《지구의 마지막 숲을 걷다》, 벤 롤런스, 엘리

관련 계열 및 학과
- 자연계열: 환경학과, 지구환경과학부, 대기환경과학과, 환경보건과학, 환경생명공학과
- 공학계열: 환경공학과, 환경생태공학부, 환경에너지공학과, 지구환경공학과

관련 교과
- 교육계열: 환경교육과, 과학교육과, 지구과학교육과, 교육학부

2022 개정 교육과정: 기후변화와 지속가능한 세계, 기후변화와 환경생태, 생태와 환경

2015 개정 교육과정: 환경, 지구과학 I, 지구과학 II

빌 게이츠, 기후재앙을 피하는 법

빌 게이츠 | 김영사 | 2021

빌 게이츠가 10년간 집중적으로 연구한 끝에 마침내 공개하는 기후재앙 극복 해법 책이다. 목표는 명확하다. 매년 발생하는 온실가스 배출량 510억 톤을 2050년 선진국부터 '순 제로(net zero)'로 만들 것. 탄소 문명을 청정에너지 문명으로 바꿀 기술, 정책, 시장구조를 만들 것. 성장과 지구가 양립 가능한 계획을 위해 정부와 기업 그리고 각자가 할 수 있는 일을 구체적으로 제시하는 책이다.

탐구 주제

주제1 저자는 온실가스 배출량 순 제로 달성을 강조하며 재생에너지 기술을 소개하고, 이 기술을 더 효율적으로 활용하는 방안을 모색한다. 태양광, 태양열, 풍력, 바이오 에너지, 지열, 해양에너지 등 신재생에너지의 종류와 특징을 탐구하여 보고서를 작성해 보자.

주제2 저자는 제로 탄소 강철을 더 싸게 생산하거나 화석 연료로 인한 피해를 가격에 반영함으로써 화석 연료의 비용을 높이는 등 그린 프리미엄을 제로화하는 몇 가지 혁신을 제시한다. 온실가스 배출량을 줄이기 위해 개인과 기업, 정부가 실천해야 방안에 대해 토의해 보자.

주제3 세계 재생에너지의 현황과 우리나라 신재생에너지의 현황 비교 분석

주제4 기술성, 경제성, 지속성 측면에서 신재생에너지의 장점과 단점 비교 분석

학생부 기록 예시 (교과세특)

신재생에너지의 종류별로 그 원리와 특징을 탐구하여 보고서를 작성하고, 핵심 내용을 발표함. 태양광 에너지에 대한 퀴즈를 준비하여 친구들의 관심과 참여를 적극적으로 이끌어 내었으며, 재생에너지의 필요성을 논리적으로 설명함. 특히 풍력 발전의 가능성과 한계, 전망에 대해 제시하고, 독일과 중국, 일본 등 풍력발전 해외 사례를 추가로 조사하여 체계적이고 일목요연하게 보고서에 정리한 점이 돋보임.

온실가스 배출로 인한 기후 위기의 심각성을 인지하고, 이를 해결하기 위해 개인과 기업, 정부가 실천해야 할 대응 방안에 대해 토의함. 특히 개인은 유권자로서 기후 변화 정책을 요구하고 정치적 과정에 참여하는 것이 중요하며, 소비자로서 친환경 제품을 소비하는 등 보다 적극적인 실천 방안에 대해 논리적이고 설득력 있게 의견을 개진한 점이 인상적임. 토의 과정에 적극적으로 참여하고 다른 사람의 의견을 경청함.

관련 논문
2050년 장기 온실가스 감축을 위한 국가간 상응성 분석(이민철, 2014)

관련 도서
《기후 1.5℃ 미룰 수 없는 오늘》, 박상욱, 초사흘달
《2도가 오르기 전에》, 남성현, 애플북스

관련 계열 및 학과
- 자연계열: 환경학과, 지구환경과학부, 대기환경과학과, 환경보건과학, 환경생명공학과
- 공학계열: 환경공학과, 환경생태공학부, 환경에너지공학과, 지구환경공학과

관련 교과
- 교육계열: 환경교육과, 과학교육과, 지구과학교육과, 교육학부

2022 개정 교육과정: 기후변화와 지속가능한 세계, 기후변화와 환경생태, 생태와 환경

2015 개정 교육과정: 환경, 지구과학 I, 지구과학 II

사라져 가는 음식들

댄 살라디노 | 김영사 | 2023

BBC 기자이자 음식 저널리스트인 저자가 들려주는 사라져 가는 전통 음식과 동식물에 대한 특별한 이야기이다. 저자는 역사, 정치, 문화 등 그 음식이 유래한 지역의 특별한 이야기를 들려주는 동시에 전 세계에서 수천 년에 걸쳐 만들어진 음식들이 사라지는 비극을 증언한다. 대량 생산과 효율성만을 위해 개량된 극소수의 종에 기대고 있는 위태로운 식량 시스템에 묵직한 경고의 메시지를 던지는 책이다.

탐구 주제

주제1 유전학의 발달로 작물의 생산성은 향상되었지만, 다양성은 희생되었다. 작물의 획일화는 병충해에 취약하며, 앞으로 닥칠지도 모를 기후 변화에 대응하기 어려울 수 있다. 생물 다양성의 상실과 품종 단일화의 위기 해결 방안을 다양하게 모색해 보자.

주제2 저자는 유전적으로 단일한 식물을 재배하게 유도해서 소수의 엘리트 품종을 제외한 토착 품종들이 모두 사라질 위기에 처한 식품 다양성의 위기를 지적한다. 책에 제시된 사라져 가는 음식물 중 인상 깊은 사례를 소개하고, 소품종 대량 생산 시스템을 보완할 방안을 모색해 보자.

주제3 야생식물 종자 영구 저장 시설인 시드 볼트의 운영과 역할 조사

주제4 세계화와 대량 생산이 야기한 문제점 분석

학생부 기록 예시 (교과세특)

평소 식품과 환경에 관심이 있어 '사라져 가는 음식물(댄 살라디노)'을 읽고 잃어버린 음식과 품종 단일화 문제 해결을 위한 '각양각색 프로젝트' 활동에 적극적으로 참여함. 세계화와 대량 생산이 야기한 문제를 알리는 짧은 영상물을 제작하여 소셜 미디어에 올리고, 이에 대한 개인의 관심을 촉구함. 매 활동마다 주도적으로 참여하여 창의적인 아이디어를 제시하고, 논리적인 사고력과 문제해결 능력이 뛰어난 학생임.

자신의 진로와 연관된 '사라져 가는 음식물(댄 살라디노)'을 읽고 소품종 대량 생산의 시스템을 보완할 방안을 탐구함. 닭의 균질화를 진행하는 상업적 양계업의 세계적 확장으로 인해 멸종 위기에 처한 오계에 대해 알리고, 순종 연산 오계를 오 대째 지키고 있는 분들의 헌신과 노력을 소개함. 현재의 식량 시스템은 바뀌어야 하며, 사라져 가는 다양성을 회복을 위해 정책적 지원이 뒷받침되어야 한다는 의견을 유창하게 발표함.

관련 논문

한국 로컬 푸드의 재생산, 제철 음식과 향토 음식 (정혜경, 2010)

관련 도서

《푸드 사이언스 150》, 브라이언 레, 시그마북스
《시드볼트》, 시드볼트운영센터 외, 시월

관련 계열 및 학과	• 인문계열 : 식품자원경제학과, 식품산업관리학과, 식품경제외식학과, 농경제유통학부
	• 자연계열 : 식품영양학부, 농생명식품융합학과, 바이오식품영양학부, 식품·동물생명공학부
관련 교과	• 공학계열 : 식품공학과, 식품생명학부, 바이오식품영양학부, 바이오식품공학과

2022 개정 교육과정 : 기후변화와 환경생태, 생태와 환경, 기후변화와 지속가능한 세계, 기술·가정

2015 개정 교육과정 : 농업 생명 과학, 기술·가정, 가정과학, 환경

생명을 보는 마음
김성호 | 풀빛 | 2020

이 책은 모든 생명체에게 바치는 생명과학자의 겸손한 헌사이자 동물, 식물, 미생물을 아우르는 생명 전체에 대한 연구서다. 저자가 온 생애를 바쳐 가까이서 관찰하고 그들의 삶과 함께한 기록, 생명에 대한 마음의 기록이 담겨 있다. 어느 곳을 펼쳐도 우리를 잊었던 자연의 품으로 안내하는 동시에 다양한 생명체를 소중한 존재로 여기는 눈을 되찾게 한다.

탐구 주제

주제1 저자는 식물의 네 가지 생존 전략을 제시하며 식물도 서식지 감소, 종 다양성 감소, 유전적 침식 등으로 위기 상황을 맞고 있음을 일깨워 준다. 위기의 식물을 보존할 수 있는 방안을 탐구하여 발표해 보자.

주제2 저자는 전 세계적으로 하루 평균 2만 마리의 새가 유리창 등에 부딪혀 죽고 있음에도 그 사고를 그대로 두는 것에 대한 경각심을 일깨우고 있다. 생명체를 보호할 방안을 모색하고 다양한 프로젝트 활동으로 실천해 보자.

주제3 동물 전염병 살처분 방식의 문제와 장기적인 대안 모색

주제4 동물 축제의 생태적 문제점과 생명 윤리적 측면의 고찰

학생부 기록 예시 (교과세특)

식물의 식생에 영향을 미치는 기후, 토양, 지형, 생물, 인위적 요인에 대해 다양한 자료를 찾아 분석하고, 위기의 식물을 보존할 수 있는 방안을 탐구함. 식물의 생태 특성에 맞는 종별 보전 방안을 발표하며 청자의 눈높이에 맞게 용어를 풀어서 설명하였으며, 시청각 자료 등 적절한 발표 전략을 준비하여 내용을 효과적으로 전달함. 후속 활동으로 지역 식물의 식생을 조사한 뒤 식물 도감을 제작하여 친구들의 감탄을 자아냄.

평소 동물에 관심이 많아 야생동물의 이동을 돕는 '안전한 야생동물 통로 만들기 프로젝트' 활동에 능동적으로 참여함. 야생동물의 교통사고 통계 자료를 조사하고, 기존 생태계 연결 통로의 문제점을 분석하여 야생동물의 자유로운 이동을 보장하는 방안을 모색함. 픽토그램을 활용하여 로드킬 주의 스티커를 참신하게 제작하여 홍보활동을 하고, 주민센터의 협조를 받아 주민들에게 직접 배부함. 결과 발표에서 친구들에게 가장 큰 호응을 얻음.

관련 논문

GIS 기반 EPS2(Endangered-Plant Survey System)를 활용한 멸종위기 야생식물 보전·관리방안에 관한 연구(김만호, 2020)

관련 도서

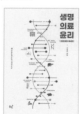

《생명이 있는 것은 다 아름답다》, 최재천, 효형출판
《생명의료윤리》, 구영모 외, 동녘

관련 계열 및 학과	• 자연계열: 식물생명과학과, 식품·동물생명공학부, 생명환경공학과, 동물생명공학과
	• 공학계열: 식물·환경신소재공학과, 생명공학과, 생명시스템학부, 바이오생명공학과
관련 교과	• 교육계열: 환경교육과, 과학교육과, 생물교육과, 농업교육과

2022 개정 교육과정: 생태와 환경, 기후변화와 환경생태, 생물의 유전

2015 개정 교육과정: 생명과학 I, 생명과학 II, 환경

생물들의 마지막 이야기

이마이즈미 타다아키 | 영진닷컴 | 2023

죽음에 대처하는 기상천외하고 가슴 아픈 생물들의 생존 전략이 담긴 책이다. 인간 외의 생물들은 굶어 죽거나 먹고 먹혀서 생을 마감하는 게 당연한 일이다. 그래서 죽음에 대한 공포를 느끼기보다는 오늘을 살아가기 위해서 더 열심히 움직인다. 참고 견디다가, 운이 없어서, 너무 예민해서, 서툴러서 죽는 다양한 생물들을 알아보면서 삶의 아름다움과 함께 현재를 살아간다는 것의 가치를 느껴볼 수 있을 것이다.

탐구 주제

주제1 이 책은 여러 생물의 죽음에 관해 이야기한다. 갓 태어난 새끼에게 생명을 바치는 집게벌레, 뿔이 엉켜서 죽는 말코손바닥사슴, 숨을 못 쉬어서 익사하는 거북이 등 다양한 생물의 삶과 안타까운 죽음을 소개한다. 생물들의 삶과 죽음을 바탕으로 '생명 존중'에 대해 서평 쓰기를 해 보자.

주제2 책에는 포유류, 조류, 파충류, 양서류 등 각 생물들이 죽는 다양한 이유와 생존 전략 등에 관한 이야기가 제시되어 있다. 책에 소개된 다양한 생물의 생존 전략이나 죽음의 내용 중 인상 깊은 내용을 바탕으로 모둠원과 함께 나누고 싶은 질문을 만들어 활발하게 토의해 보자.

주제3 환경 오염이 생명체의 생존에 미치는 영향에 대한 고찰

주제4 다양한 생물들과의 공존과 생명 존중 방안 탐구

학생부 기록 예시 (교과세특)

평소 동물에 관심이 많아 '생물들의 마지막 이야기(이마이즈미 타다아키)'를 읽고 '생명 존중'을 주제로 서평 쓰기를 수행함. 생물들이 살아가는 모습과 죽음에 이르기까지의 과정을 통해 생물의 수명이나 죽음의 원인, 생태계와 환경에 대해 폭넓게 이해하게 되었다고 설명함. 생물 다양성을 이해하고 생명의 소중함을 생각해 보는 계기가 되었으며, 모든 생명체를 존중하며 공존하는 마음을 갖게 되었다고 깨달은 점을 밝힘.

'생물들의 마지막 이야기(이마이즈미 타다아키)'를 읽고, 책의 내용을 삶에 적용하여 질문을 만들고 활발하게 토의하며 의사소통 역량을 키움. '생명체의 삶과 죽음'을 주제로 활발하게 토의를 주도하였으며, 생물들의 생존 전략과 죽음에 관해 그 원인과 생태계 메커니즘을 조리 있게 설명함. 죽음과 생명에 대해 진지하게 생각해 볼 수 있었으며, 생명체를 소중하게 여기고 살아있음에 감사함을 느끼게 되었다고 소감을 밝힘.

관련 논문

생명존중교육 프로그램이 고등학생의 생명존중의식, 자아존중감 및 공격성에 미치는 효과(길혜선, 2015)

관련 도서

《동물권력》, 남종영, 북트리거
《매우 작은 세계에서 발견한 뜻밖의 생물학》, 이준호, 21세기북스

관련 계열 및 학과
- 자연계열 : 농생물학과, 동물생명공학과, 동물보건복지학과, 동물생명자원과학과, 생물학과
- 공학계열 : 식물·환경신소재공학과, 생명공학과, 생명시스템학부, 바이오생명공학과

관련 교과
- 교육계열 : 생물교육과, 환경교육과, 과학교육과, 지구과학교육과

2022 개정 교육과정 : 생태와 환경, 기후변화와 환경생태, 생물의 유전

2015 개정 교육과정 : 생명과학 I, 생명과학 II, 환경

생태민주주의

구도완 | 한티재 | 2018

우리나라 환경사회학의 선구적 역할을 해 온 저자가 그동안의 연구와 활동을 바탕으로 우리 사회가 처한 다양한 사회적 위기와 지구적 생태 위기를 극복해 나가기 위한 생태민주주의를 제시한 책이다. 생생한 현장의 경험과 사례들 위에 좋은 삶과 생태민주적 전환에 대한 저자의 낙관이 흐르고 있다. 무거운 주제를 어렵지 않고, 독자들이 쉽게 이해할 수 있도록 안내한다.

탐구 주제

주제1 생태민주주의자들은 우리 사회가 처한 다양한 사회적 위기와 지구적 생태 위기의 원인은 인류의 탐욕이 아니라 인류를 부추긴 기술, 공업, 자본, 국민국가와 같은 제도라고 보고 이를 근본적으로 고쳐야 한다고 주장한다. 생태민주적인 세상으로 전환하는 방법을 제시해 보자.

주제2 저자가 말하는 생태민주주의는 인간이 만든 하나의 정치 형태인 민주주의의 참여자 범위를 환경으로까지 넓히고, 자연과 인간이 함께 잘사는 세상을 만들자는 이념이다. 시민의 참여와 토론으로 만들어가는 생태민주사회의 사례를 조사하고 그 특징을 분석해 보자.

주제3 생태민주주의가 지향하는 가치 분석

주제4 생태민주적 세계 시민의 역할과 가치 탐구

학생부 기록 예시 (교과세특)

'생태민주주의(구도완)'를 읽고 궁금한 점과 논의하고 싶은 주제에 대해 질문을 만들고 친구들과 활발하게 소통하며 능동적인 독서 활동에 참여함. 서평 쓰기 활동에서 글의 핵심 내용을 정확하게 파악하여 주요 키워드를 뽑아 간결하게 정리하고, 글의 내용에 대한 사실적, 비판적 읽기를 수행함. 생태적이고 민주적인 세상으로 전환하기 위한 저자의 주장을 요약하고, 이에 대한 자신의 의견을 논리적으로 덧붙여 설득력 있게 표현함.

자신의 관심 분야인 환경 문제와 관련하여 자발적 독서를 실천하는 학생으로 '생태민주주의(구도완)'를 읽고 독서 일지에 핵심 내용을 요약하고 자신의 생각을 논리적으로 기록함. 저자가 제시한 생태민주주의의 의미에 공감하고, 자연과 인간이 함께 잘사는 세상을 만들기 위해 실천한 사례를 풍부하게 조사함. 독일과 덴마크, 우리나라의 생태민주 사회의 사례를 비교하여 그 특징을 분석하고 사회적 의미에 대해 조리 있게 발표함.

관련 논문

생태시민성 함양을 위한 도덕과 환경윤리교육 개선 방안 연구 (고정아, 2021)

관련 도서

《생태전환을 꿈꾸는 사람들》, 구도완 외, 한살림
《녹색전환》, 최병두 외, 한울아카데미

관련 계열 및 학과
- 자연계열 : 환경생태공학부, 해양생태환경학과, 농생물학과, 환경학과, 환경산림과학부
- 공학계열 : 생명공학과, 생명시스템학부, 바이오생명공학과, 지구환경시스템과학부

관련 교과
- 교육계열 : 환경교육과, 과학교육과, 생물교육과, 교육학부

2022 개정 교육과정 : 생태와 환경, 기후변화와 지속가능한 세계, 기후변화와 환경생태, 인간과 철학

2015 개정 교육과정 : 환경, 사회문제 탐구, 사회·문화

생태적 전환, 슬기로운 지구 생활을 위하여

최재천 | 김영사 | 2021

이 책은 인간뿐만 아니라 지구의 생명체들도 다양한 삶의 주체임을 인정하며 자연과 공생하는 생태적 삶을 제안한다. 평생 자연을 관찰하고 생명에 대한 사랑을 실천해 온 저자는 환경 재앙의 역사를 개괄하고 팬데믹에서 기후 위기, 생물다양성 고갈까지 인간 존립을 흔드는 환경 문제를 살펴보며 21세기 지구인이 실천해야 할 생태학의 핵심을 보여 준다. 생존을 위협받는 인간에게 남은 유일한 전환은 생태적 전환이다.

탐구 주제

주제1 생물학자들은 지금 수준의 환경 파괴가 계속된다면 2030년경에는 현존하는 동식물의 2%가 절멸하거나 조기 절멸의 위험에 처할 것이라고 추정한다. 인간이 이기심과 욕망을 버리고 지구의 생명체들과 공생할 수 있는 구체적인 방법을 모색해 보자.

주제2 저자는 가축의 유전자 다양성 감소와 공장식 사육의 문제점을 지적한다. 비좁은 사육 공간에서 한 마리만 바이러스에 감염돼도 유전적으로 거의 동일한 개체들에게 바이러스의 전파가 쉽고 대규모 살처분이 불가피하다고 말한다. 공장식 가축 사육방식의 문제점에 대해 토의해 보자.

주제3 동물과 인간의 바이러스 전파로 인한 질병

주제4 생물다양성의 현황 및 생물종의 미래 전망

학생부 기록 예시 (교과세특)

인간이 이기심과 욕망을 버리고 지구의 생명체들과 공생할 방법을 탐구하여 발표함. 강화된 생태계 보전과 복원, 기후 변화 감소, 외래 침입종 및 남획 감축, 식량의 지속 가능한 생산, 소비와 폐기물 축소 등의 조치가 필요함을 논리적으로 설명함. 기후 변화로 인한 생물다양성의 감소는 결국 인류 존재 자체를 위협하는 심각한 문제임을 강조하고, '다양성은 순수하다'라는 슬로건을 만들어 교내 곳곳에 부착하고 인식 개선에 기여함.

공장식 가축 사육방식의 문제점에 관심을 가지고 탐구하여 토의에 참여함. 국내 산란 닭 사육 방식에 대해 구체적으로 조사하여 공장식 농장의 위험성과 비윤리성에 대해 설명함. 산란 닭이 비좁은 케이지에서 스트레스를 받으며, 무창 계사 시설에서 해충과 살충제로 인해 계란의 품질이 떨어져 인체에 나쁜 영향을 줄 수 있음을 강조함. 동물 복지 정책에 위배되는 사육 환경을 개선하고 가축의 유전자 다양성을 높여야 함을 주장함.

관련 논문

생물다양성 학습을 위한 체험교육 프로그램 개발(황지원, 2013)

관련 도서

《오늘도, 녹색 이슈》, 김기범, 다른
《세상은 실제로 어떻게 돌아가는가》, 바츨라프 스밀, 김영사

관련 계열 및 학과	• 자연계열: 환경생태공학부, 동물보건복지학과, 동물생명자원과학과, 생물학과, 환경학과
	• 사회계열: 철학생명의료윤리학과, 사회복지학과, 사회학과, 식품산업관리학과
관련 교과	• 교육계열: 환경교육과, 과학교육과, 생물교육과, 농업교육과

2022 개정 교육과정: 생태와 환경, 기후변화와 환경생태, 생물의 유전

2015 개정 교육과정: 생명과학 I, 생명과학 II, 환경

스노볼 드라이브

조예은 | 민음사 | 2021

이 책은 피부에 닿자마자 발진을 일으키고 태우지 않으면 녹지 않는 '방부제 눈'이 내리는 재난의 시기를 배경으로, 10대의 절반이 눈 아래 묻힌 채 성인이 되어 버린 두 인물의 시간을 애틋하고 경쾌하게 그린 디스토피아 소설이다. 세상이 다 망해 버리기를 원했고, 그 바람대로 세상이 무너져 버린 뒤에야 끝까지 살아남기 위해 노력하는 삶의 아이러니. 재앙 후의 일상이라는 길고도 막막한 삶의 아이러니를 한층 치열하게 보여 준다.

탐구 주제

주제1 이 소설은 재앙이 일상이 되었을 때 억압과 절망이 어디까지 손을 뻗칠 수 있는지 보여 준다. 기후, 환경, 동물 문제 등 동시대 사회 문제를 예민하게 살펴 재기 발랄한 상상력과 탄탄하고 정교한 구성으로 풀어냈다. 작품의 의미를 파악하고, 자신의 견해를 담아 서평을 작성해 보자.

주제2 '우리는 하루하루 주어지는 식사와 침대에 만족하며 성실한 부품이 되었다. 나 역시 마찬가지였다.' 부품처럼 소비되고 있는 노동자들의 땀과 노고를 보여주는 작품 속 내용이다. 소설에서 우리 사회의 모습과 연결하여 생각할 수 있는 주제를 선정하여 모둠원과 토의해 보자.

주제3 일상 속의 재앙 사례와 대응 방안 탐구

주제4 SF 소설의 사례를 통한 장르적 특징 분석

학생부 기록 예시 (교과세특)

'스노볼 드라이브(조예은)'를 읽고 작품의 의미를 기후 문제와 연결하여 환경이 인간에게 보내는 경고로 파악하고, 기후 위기 해결책에 대해 진지하게 탐색하는 모습을 보임. 서평 쓰기 활동에서 자신의 관심 분야인 미세 플라스틱과 쓰레기 문제에 대한 생각을 독서 내용과 연계하여 논리적으로 서술함. 후속 활동인 '새롭게 창작하기'에서 소재를 변형하고 사건을 재구성하여 창의적으로 작품을 재창작하여 친구들에게 큰 공감을 받음.

독서 시간에 '스노볼 드라이브(조예은)'를 진지한 자세로 읽는 모습이 인상적임. 작품 내용과 우리 사회의 모습을 연결하여 '넘쳐나는 쓰레기 처리 문제'를 토의 주제로 제시하여 친구들과 적극적으로 소통하며 토의에 참여함. 쓰레기 처리시설 부족과 신규 매립시설 기피 현상의 문제점을 파악하고, 소각시설 지하화로 쓰레기 매립시설을 성공적으로 건설한 사례를 통해 쓰레기 문제 해결방안을 모색하여 자신의 의견을 설득력 있게 제시함.

관련 논문

산업재해 안전의식에 관한 연구: 경영자와 근로자의 인식차이를 중심으로(하태석, 2022)

관련 도서

《이토록 평범한 미래》, 김연수, 문학동네
《천 개의 파랑》, 천선란, 허블

관련 계열 및 학과	• 인문계열: 문예콘텐츠창작학과, 문예창작학과, 한국어문학창작학부, 국어국문학부
	• 자연계열: 환경학과, 지구환경과학부, 대기환경과학과, 환경보건과학, 환경생명공학과
관련 교과	• 교육계열: 국어교육과, 환경교육과, 과학교육과, 지구과학교육과

2022 개정 교육과정: 문학, 문학과 영상, 기후변화와 지속가능한 세계, 기후변화와 환경생태

2015 개정 교육과정: 문학, 환경, 지구과학 I, 지구과학 II

식사혁명

남기선 | MID | 2019

이 책은 지속 가능한 먹거리가 왜 필요한지, 앞으로의 식사는 어디를 향해 가야 하는지를 살피고 지구를 생각하는 한 끼 식사로 어떻게 건강한 세상을 만들 수 있는지를 알려 준다. 지속 가능성에 관한 질문을 가져 본 이들이나, 환경 문제와 생태계에 관심을 가진 이들에게 이 책은 영양과 환경을 아우르며 인류의 진화와 동물의 가축화, 단백질과 채식, 미래 사회의 식사에 대해 이해할 수 있는 가이드가 되어 줄 것이다.

탐구 주제

주제1 라틴 아메리카의 경우 과거 삼림 지대였던 아마존의 약 70%가 방목지로 바뀌었다. 축산은 삼림 훼손의 주요 원인이며 대기와 기후 변화, 토양, 수질 및 생물 다양성 등 환경과 생태계에 미치는 악영향이 크다. 열대우림을 보존할 수 있는 방안을 제시해 보자.

주제2 저자는 동물에게 가혹 행위를 가해 고기의 상품 가치를 더 높이는 경우를 소개한다. 좁은 사육장에 갇혀 사육되고, 철분이 부족한 조제유를 먹여 빈혈이 생긴 송아지는 콜라겐이 적어 부드러운 식감을 준다. 육식과 동물 복지가 공존할 수 있는지에 대해 토의해 보자.

주제3 인류의 식생활 역사에 대한 탐구

주제4 식품 첨가물의 안전성 문제 고찰

학생부 기록 예시 (교과세특)

축산으로 인한 열대우림 파괴에 문제 의식을 가지고 열대우림의 보존 방안을 적극적으로 모색하여 자신의 의견을 발표함. 열대우림은 인류의 생존에 필요한 공동의 자산으로 전 세계적인 이해와 협력을 통해 지켜내야 한다는 의견을 제시하고, 열대우림 보존을 위한 세계적인 차원의 협력을 통한 환경 협약을 제안함. 개인적 차원의 실천 방안으로 고기 없는 월요일 캠페인을 소개하고 포스터를 제작하여 친구들의 공감을 얻음.

평소 자신의 관심 분야인 동물 복지에 관심을 가지고, 동물들과 공존할 수 있는 방안을 모색하는 토의 활동을 수행함. 인간의 이기심으로 인해 고통받는 동물들의 사례를 다양한 자료를 통해 구체적으로 제시함. 토의 과정에서 인간과 동물이 공생하며 지속적으로 살아갈 수 있는 방안에 대해 진지하게 고민하고, 친구들의 의견을 경청하며 다양한 관점으로 문제를 바라보는 유연한 태도를 보임.

관련 논문

지속가능한 농업에 대한 국제개발협력 접근 연구: 농생태학, 유기농, 기후스마트농업을 중심으로 (정수빈, 2020)

관련 도서

《기후 미식》, 이의철, 위즈덤하우스
《탄소로운 식탁》, 윤지로, 세종서적

관련 계열 및 학과	• 인문계열: 식품자원경제학과, 식품산업관리학과, 식품경제외식학과, 농경제유통학부
	• 자연계열: 식품·동물생명공학부, 바이오식품영양학부, 해양바이오식품학과, 해양식품공학과
관련 교과	• 공학계열: 식품생명공학과, 바이오식품영양학부, 바이오식품공학과, 식품생명학부

2022 개정 교육과정: 기후변화와 환경생태, 생태와 환경, 기후변화와 지속가능한 세계, 기술·가정

2015 개정 교육과정: 농업 생명 과학, 기술·가정, 가정과학, 환경

쓰레기에 관한 모든 것

피에로 마틴, 알레산드라 비올라 |
북스힐 | 2020

에베레스트에서부터 대양의 해구까지, 지구의 깊숙한 곳에서부터 달에 이르기까지, 도달한 곳이 어디든 인간은 흔적을 남기며 많은 쓰레기를 만든다. 저자는 약간의 상상력만 발휘하면 쓰레기로 가치를 창출해 건강과 삶의 질 향상은 물론 환경 존중까지 잡는 방법이 있다고 말한다. 쓰레기를 제대로 수거하고 분리배출한다면, 환경 보호는 물론 쓰레기가 자원이 될 수 있다는 대안을 제시해 준다.

탐구 주제

주제1 태평양을 떠다니는 2개의 거대한 쓰레기 더미는 일명 쓰레기 섬이라 불린다. 이 거대한 쓰레기 지대는 수거해서 처리하기가 불가능할 정도의 엄청난 양이라 근본적인 해결 방법 모색이 시급하다. 쓰레기 섬이 발생시키는 문제점을 조사하고, 해결책을 모색해 보자.

주제2 오늘날 에베레스트는 약 12톤의 쓰레기로 덮인 쓰레기 적치장이 되어버렸다. 이에 네팔 정부는 정상으로 향하는 모든 등반가는 돌아올 때 최소한 8kg의 쓰레기를 가지고 오도록 했다. 쓰레기 문제를 극복하기 위한 전 세계의 노력을 살펴 보고 실천 방안을 탐구해 보자.

주제3 화장품 속 미세 플라스틱의 문제점과 그에 대한 기업과 정부의 대응 방안 연구

주제4 쓰레기 재활용 산업의 사례와 전망 조사

학생부 기록 예시 (교과세특)

환경 문제에 관심이 많은 학생으로 태평양 쓰레기 섬이 발생시키는 문제점을 조사하고 해결방안을 모색함. 해류 소용돌이를 이용하여 쓰레기를 한곳으로 모아 수거하는 방법으로 해양 쓰레기를 청소하는 오션클린업의 사례를 탐구하여 그 성과와 한계를 소개함. 해양 생태계를 고려한 폐기물 수거 방식에 대한 연구와 해양 오염을 줄이기 위한 공동체 차원 실천의 필요성을 강조하며, 진정성이 담긴 발표를 해 친구들의 호응을 얻음.

쓰레기로 인한 문제점과 문제해결을 위한 전 세계의 노력에 대해 풍부하게 자료를 조사하고, 구체적인 실천 방안을 적극적으로 모색함. 탐구한 내용을 바탕으로 자신의 삶에 적용하여 쓰레기를 줄이는 체인지 메이커 활동을 적극적으로 실천함. 평소 자신의 생활 습관을 파악하고, 쓰레기를 줄이기 위한 목표를 정하여 이 주일간 실천한 후 소감을 발표함. 실천 과정에서의 에피소드를 재치 있는 입담으로 전달하여 공감을 얻음.

관련 논문

우리나라 미세플라스틱 오염 현황과 특성: 강에서 해양까지 (어소은, 2023)

관련 도서

《쓰레기 사전》, 안지훈, 정독
《1일 1쓰레기 1제로》, 캐서린 켈로그, 현대지성

관련 계열 및 학과	• 자연계열: 산림생태보호학과, 생명환경학과, 생물자원과학부, 환경보건과학과, 환경생명과학과
	• 공학계열: 환경생태공학부, 환경에너지공학과, 지구환경공학과, 지구환경시스템과학부
관련 교과	• 교육계열: 환경교육과, 과학교육과, 생물교육과, 교육학부

2022 개정 교육과정: 생태와 환경, 기후변화와 환경생태, 생물의 유전

2015 개정 교육과정: 환경, 생명과학 I, 생명과학 II, 지구과학 I, 지구과학 II

오늘의 기후

노광준 | 루아크 | 2023

이 책은 기후 초심자를 위한 글이다. 꿀벌 실종사건에서부터 탈원전 논란까지 무심코 지나친 기후 뉴스들을 다시 살피면서 우리 주변에서 어떤 일들이 일어나고 있는지 상세하게 조명한다. 기후 위기 대응에 있어 가장 중요한 것은 무엇보다 사람들의 관심과 참여라는 것을 일깨우고, 여러 분야에서 작지만 소중한 실천을 이어가고 있는 이들의 사례를 소개하면서 오늘의 위기를 풀어나갈 해법을 모색한다.

탐구 주제

주제1 전 세계에서 발생하고 있는 대형 산불은 일시적인 재난이 아닌 장기적인 재난으로 바뀌고 있다. 대형 산불은 일시적인 현상이 아닌 지구온난화의 결과물이자 원인이 된다. 대형 산불이 발생하는 이유와 생태계에 미치는 영향을 조사하고, 해결 방안을 제시해 보자.

주제2 지리산 원천마을의 '바이오가스 플랜트'는 축산 분뇨로 전기와 열을 생산해 마을에서 저렴하게 에너지를 사용하고 있다. 그뿐 아니라 처리하고 남은 축산 분뇨를 활용해 친환경 농산물을 재배하고 있다. 바이오가스 플랜트의 효과와 해결해야 할 과제에 대해 탐구해 보자.

주제3 농촌형 에너지 자립 마을의 성공 사례 비교 분석

주제4 땅속 미생물 생태계를 복원하고 지구를 지키는 농사 방법 조사

학생부 기록 예시 (교과세특)

지구촌 공동의 문제에 관심이 많은 학생으로 전 세계에서 발생한 대형 산불 원인과 해결 방안을 탐구하여 발표함. 대형 산불의 원인으로 폭염과 가뭄, 강풍 등 지구 온난화와의 연관성을 파악하고, 산불이 다시 온실가스를 배출하여 지구온난화를 가속하는 악순환이 진행되는 문제를 조리 있게 설명함. 해결 방안으로 기후 변화에 대응하고, 산림 인프라를 구축하여 체계적인 임도 확충을 통한 숲 가꾸기의 필요성에 대해 유창하게 발표함.

탄소 중립에 관심이 많아 바이오가스 플랜트에 대해 조사하고 그 효과와 해결 과제에 대해 분석하여 보고서를 작성함. 안정적인 전력 생산이 가능하여 농촌 마을의 에너지 자립을 기대할 수 있는 장점을 파악함. 분뇨에서 발생하는 암모니아로 인한 시설 보수 비용 문제와 주민들의 시설 유치 반대로 인한 갈등을 해결 과제로 분석함. 운영 효율을 높이는 기술개발과 함께 주민과 상생을 통한 공감대 형성과 설득을 해결 방안으로 제시함.

관련 논문

에너지자립마을 활성화 방안 연구: 서대문구 에너지자립마을 중심으로(강은주, 2021)

관련 도서

《녹색성장 말고 기후정의》, 박재용, 뿌리와이파리
《오늘부터 시작하는 탄소중립》, 권승문, 김세영, 휴머니스트

관련 계열 및 학과	• 자연계열 : 환경학과, 지구환경과학부, 대기환경과학과, 환경보건과학과, 대기과학과
	• 공학계열 : 환경공학과, 환경생태공학부, 환경에너지공학과, 지구환경공학과, 환경생명공학과
관련 교과	• 교육계열 : 환경교육과, 과학교육과, 지구과학교육과, 교육학부

2022 개정 교육과정 : 기후변화와 지속가능한 세계, 기후변화와 환경생태, 생태와 환경

2015 개정 교육과정 : 환경, 지구과학 I, 지구과학 II, 생명과학 I, 생명과학 II

우리는 플라스틱 없이 살기로 했다

산드라 크라우트바슐 | 양철북 | 2016

이 책은 엄청난 역경과 시행착오를 거치면서도 재미있고 유쾌하게 '플라스틱 없이 살기'를 해 나간 산드라 가족의 좌충우돌 실험 보고서다. 이들 가족의 분투기는 넘쳐나는 플라스틱이 왜 문제인지, 우리의 건강과 환경에 어떻게 영향을 미치는지, 왜 재활용 시스템만을 믿어서는 안 되는지 등 우리 삶과 환경의 관계를 바라보는 새로운 시각을 제공한다. 플라스틱 없는 삶에 대한 시도의 용기를 주는 책이다.

탐구 주제

주제1 저자는 다큐멘터리 영화 〈플라스틱 행성〉을 보고, 지구를 뒤덮은 플라스틱의 적나라한 영향과 폐해를 인식한 후 딱 한 달만 플라스틱 없이 살아 보는 실험을 시작하여 2년 넘게 지속하고 있다. '플라스틱 없는 일상' 프로젝트를 실천해 보고, 그 가능성과 한계에 대한 보고서를 작성해 보자.

주제2 저자는 쓰레기 만들지 않기와 관련된 세 개의 'R', 즉 Reuse(재사용), Reduce(줄이기), Recycling(재활용)에 네 번째 'R'인 Refuse(거부)를 추가했다. 플라스틱 쓰레기를 줄이기 위한 방안을 탐구하고, 모두가 동참할 수 있는 캠페인 활동을 모색하여 실천해 보자.

주제3 미세 플라스틱이 인체에 미치는 영향과 대책 탐구

주제4 쓰레기 재활용 방안과 쓰레기 재활용 산업의 전망 연구

학생부 기록 예시 (교과세특)

환경 문제에 지대한 관심을 가지고 '플라스틱 없는 일상' 프로젝트를 실천하여 그 과정을 세밀하게 기록하고 그 가능성과 한계에 대한 보고서를 작성함. 플라스틱 없는 슈퍼마켓 이용, 천연 섬유 의류 구매, 대나무 칫솔 사용 및 일회용품과 비닐봉지를 지양 등 실천 내용과 인증 사진을 함께 제시하여 발표함. 플라스틱 없는 생활이 번거롭고 불편했으나 뜻깊은 실천이었다고 소감을 밝히며, 모두의 참여가 필요함을 강조함.

플라스틱 사용에 대한 문제 의식을 가지고 플라스틱이 인체에 미치는 영향에 대한 실험 결과를 조사한 후 일상 속 플라스틱을 줄이는 방법을 안내하는 카드 뉴스를 제작하여 소셜 미디어에 홍보함. 특히 분리수거 방법에 대한 퀴즈와 환경을 위한 대체품에 대한 안내가 큰 호응을 얻음. 일회용 플라스틱 포장 문제를 지적하며 '플라스틱 제로 캠페인' 활동을 주도적으로 실천하고, 많은 친구의 공감대를 형성해 동참을 이끌어 냄.

관련 논문

미세플라스틱 처리를 위한 연구동향(김성민 외, 2020)

관련 도서

《플라스틱 없는 삶》, 윌 맥컬럼, 북하이브
《플라스틱 바다》, 찰스 무어, 커샌드라 필립스, 미지북스

관련 계열 및 학과
- 자연계열: 산림생태보호학과, 생명환경학과, 생물자원과학부, 환경보건과학과, 환경생명과학과
- 공학계열: 환경생태공학부, 환경에너지공학과, 지구환경공학과, 지구환경시스템과학부

관련 교과
- 교육계열: 환경교육과, 과학교육과, 생물교육과, 교육학부

2022 개정 교육과정: 기후변화와 지속가능한 세계, 기후변화와 환경생태, 생태와 환경

2015 개정 교육과정: 환경, 지구과학 I, 지구과학 II, 생명과학 I, 생명과학 II

우리 일회용이 아니니까

고금숙 | 슬로비 | 2019

이 책은 저자가 해 온 플라스틱 프리 활동과 팁을 정리한 스토리텔링 매뉴얼이다. 환경 단체에서 유해 물질 담당 활동가로 일했던 저자가 쓰레기 덕후로 거듭난 경험을 바탕으로 온라인커뮤니티 '쓰레기 덕질'과 함께 이룬 선한 영향력을 담았다. 개인적 실천부터 느슨한 연결망을 조직해 사회 시스템을 바꾸어 나간 연대의 기술까지 쓰레기 덕후들의 재기발랄한 생활 방식을 소개한다.

탐구 주제

주제1 환경 오염에 대한 관심이 커지면서 '제로 웨이스트(zero waste)' 관련 다양한 실천이 이루어지고 있다. 제로 웨이스트는 모든 제품이 재사용될 수 있도록 장려하며 폐기물 방지에 초점을 맞춘 운동이다. 제로 웨이스트 운동의 사례를 조사하고, 직접 실천한 내용을 보고서로 작성해 보자.

주제2 저자는 최대한 빠른 소비를 부추기며, 더 많은 물건을 쉽게 사서 더 많은 쓰레기를 버리게 하는 시스템을 비판하면서 플라스틱 프리를 실천하고 있다. 일상에서 지속적으로 실천할 수 있는 쓰레기 줄이기 방안을 토의해 보자.

주제3 플라스틱 규제를 위한 국제 협약 탐구

주제4 지속 가능한 도시를 위한 정책 제안

학생부 기록 예시 (교과세특)

환경 문제에 특별한 관심을 가지고, 체인지 메이커로서 자신의 삶 속에서 직접 제로 웨이스트를 실천해 보고서를 작성함. 쓰레기를 줄이기 위한 제로 웨이스트 운동의 원칙 다섯 가지와 사례를 조사하고, 음식 쓰레기를 줄이기 위한 실천 방안을 모색함. 냉장고에 남은 재료로 요리를 만들고, 못생긴 과일을 구매하고, 푸드 뱅크에 음식을 기증하는 등 일상에서 지속적으로 실천한 후 소셜 미디어에 노하우를 공유하며 선한 영향력을 미침.

'우리 일회용이 아니니까(고금숙)'를 읽고, 독서 후 활동으로 모둠원과 쓰레기 줄이기 방안에 대해 토의함. 쓰레기를 줄이기 위한 개인과 기업의 실천 방법과 정부의 제도적 지원에 대해 구체적으로 의견을 제시함. 주도적으로 토의를 이끌고 다른 친구들의 의견을 경청하는 태도를 보임. 후속 활동으로 쓰레기 줄이기 방안과 지역의 제로 웨이스트 매장을 소개하는 홍보물을 만들어 주민 센터에 배부하는 등 적극적인 실천 활동을 수행함.

관련 논문

미세플라스틱으로부터 인간의 건강, 환경의 보호를 위한 법제 연구(신상우, 2022)

관련 도서

《지금 우리 곁의 쓰레기》, 홍수열, 고금숙, 슬로비
《나는 쓰레기 없이 살기로 했다》, 비 존슨, 청림라이프

관련 계열 및 학과	• 자연계열: 산림생태보호학과, 생명환경학과, 생물자원과학부, 환경보건과학과, 환경생명과학과
	• 공학계열: 환경생태공학부, 환경에너지공학과, 지구환경공학과, 지구환경시스템과학부
관련 교과	• 교육계열: 환경교육과, 과학교육과, 생물교육과, 교육학부

2022 개정 교육과정: 기후변화와 지속가능한 세계, 기후변화와 환경생태, 생태와 환경

2015 개정 교육과정: 환경, 지구과학 I, 지구과학 II, 생명과학 I, 생명과학 II

우주 쓰레기가 온다
최은정 | 갈매나무 | 2021

이 책은 뉴 스페이스 시대를 맞아 갈수록 치열해지는 우주 개발 경쟁의 현주소와 저자가 우주 감시의 최전선에서 목격한 우주 쓰레기 문제를 상세하게 톺아본다. 저자는 지구 밖을 향한 인류의 꿈을 지속하기 위해 무엇이 희생되고 있는지 직시하자고 제안한다. 우주 공간을 과학의 관점뿐만 아니라 환경의 관점에서 새롭게 조명하는 이 책이 우주를 꿈꾸는 모든 이에게 더 나은 방향을 제시하는 친절한 안내서가 될 것이다.

탐구 주제

주제1 우주 쓰레기는 성큼 다가와 있는 미래의 위험이자 시급한 우리 시대의 현안이다. 우주 쓰레기를 이대로 방치해 우주 환경 문제 해결에 실패한다면 더 큰 재난으로 이어질 것이다. 우주 개척 시대와 함께 닥쳐 올 우주 청소 시대를 대비하기 위한 각국의 대응을 조사해 보자.

주제2 인공위성에서 비롯된 우주 쓰레기는 어디로 튈지 모르는 위험천만한 존재로 지구를 맴돌고 있다. 우주 쓰레기는 운영 중인 인공위성에도 위협이 된다. 우주 쓰레기 문제의 심각성을 조사하고, 우주 쓰레기를 안전하게 처리하는 기술을 탐구해 보자.

주제3 지속 가능한 평화적 우주 활동을 위한 국제적 규제와 협약 연구

주제4 우주 환경 문제의 현황과 대안 탐구

학생부 기록 예시 (교과세특)

'우주 쓰레기가 온다(최은정)'를 읽고, 우주 쓰레기의 문제점에 대해 인식하고 이를 해결하기 위한 전 세계의 대응 방안을 조사하여 보고서를 작성함. 각국의 우주 감시 시스템 구축 현황과 대응 방식을 비교 분석하고, 대표적인 우주 감시 시스템인 미국의 우주 감시 네트워크 사례를 통해 대대적인 우주감시 시스템 구축의 중요성을 설명함. 다양한 자료를 수집하여 보고서의 내용이 알차고 구성이 체계적이며 논리적으로 생각을 표현함.

우주 분야에 관심이 많은 학생으로 '우주 쓰레기가 온다(최은정)'를 읽고, 우주 쓰레기 문제의 심각성을 인식하고 이를 안전하게 처리하는 기술을 탐구해 발표함. 중국의 우주정거장 텐궁 1호 추락 사례를 제시하여 우주 쓰레기의 위험성을 이해하기 쉽게 설명함. 우주 쓰레기를 처리하는 두 가지 방식을 소개하면서 관련된 영화 속 장면을 보여 주어 청자의 흥미를 유발함. 우주 공간을 환경의 관점에서 바라봐야 한다고 의견을 밝힘.

관련 논문
우주쓰레기 경감 가이드라인 동향 및 향후 전망(김해동, 2020)

관련 도서
《우주전쟁》, 허버트 조지 웰스, 책세상
《지구 끝의 온실》, 김초엽, 자이언트북스

관련 계열 및 학과
- 자연계열: 대기환경과학과, 산업환경보건학과, 환경보건과학과, 환경산림과학부
- 공학계열: 지구환경시스템과학부, 환경생태공학부, 환경에너지공학과, 지구환경공학과
- 교육계열: 환경교육과, 과학교육과, 생물교육과, 교육학부

관련 교과

2022 개정 교육과정: 기후변화와 지속가능한 세계, 기후변화와 환경생태, 생태와 환경

2015 개정 교육과정: 환경, 지구과학 I, 지구과학 II, 생명과학 I, 생명과학 II

위기의 지구, 물러설 곳 없는 인간

남성현 | 21세기북스 | 2020

기후 변화로 인해 생태계의 질서가 흔들리고 자연재해의 불확실성이 커지고 있다. 이 책은 자연 현상과 재해, 재난, 재앙을 구분하는 것부터 시작해서 우리가 자연재해 및 기후 변화에 관해 일반적으로 가지고 있었던 생각을 정정하며 현재에 닥친 위기의 심각성을 꾸준하게 재고시킨다. 수십 차례의 해양 탐사 경험이 있는 저자가 환경 변화에 무감각한 인류에게 경고의 메시지를 던지고 있다.

탐구 주제

주제1 위기에 처한 삶의 터전에서 살아남기 위해서는 지구와의 공존을 모색해야 한다. 저자는 해양학자의 관점으로 바다에서 인류와 지구가 위기를 극복하고 공존할 수 있다는 희망을 제시한다. 인류가 지구와 공존할 수 있는 방법을 탐구해 보자.

주제2 저자는 물 부족, 기후 변화, 식량 부족, 에너지 고갈 등의 지구 환경 위기를 해결하기 위해 해양 관측과 데이터 과학의 중요성을 강조하며 지속 가능한 방식으로 모든 것을 바꿔 나가야 한다고 말한다. 지구 환경 문제 해결을 위한 방법을 모색하고 직접 실천하여 발표해 보자.

주제3 심해 자원의 가치와 세계 각국의 해양 탐사 연구

주제4 해양 관측 네트워크의 현황과 전망

학생부 기록 예시 (교과세특)

지구를 살리는 환경 프로젝트에 참여하여 기후 변화, 환경 오염, 해양 오염 등에 대해 학습하고, 인류가 지구와 공존하는 방법을 모색함. '위기의 지구, 물러설 곳 없는 인간(남성현)'을 읽고 기후 문제와 자원 문제를 해양을 통해 해결할 수 있다는 저자의 의견에 공감하며 오션 파이프를 이용한 온난화 완화와 해수 담수화 기술에 관심을 보임. 해양을 효과적으로 활용하는 기술력과 바다의 중요성을 알게 되었다고 소감을 밝힘.

기후변화와 환경 문제가 우리 삶에 미치는 영향을 학습한 후 기후 변화의 대응 방법을 다양한 자료를 조사하여 다각도로 모색하고, 자신의 삶에서 적극적으로 실천함. 특히 해양 오염과 쓰레기 문제에 관심을 가지고, 해양 생태계 보전을 위한 구체적인 행동 목표를 세워 실천 일지를 작성함. 후속 활동으로 인포그래픽을 활용하여 해양 쓰레기의 심각성을 알리는 안내문을 제작하여 교내 게시판에 알림.

관련 논문

고등학생들의 기후변화 소양 조사-기후변화 관련 과학 개념을 중심으로(이세연 외, 2021)

관련 도서

《시그널, 기후의 경고》, 안영인, 엔자임헬스
《지구를 위하는 마음》, 김명철, 유영

관련 계열 및 학과
- 자연계열: 산림생태보호학과, 생명환경학과, 생물자원과학부, 환경보건과학과, 환경생명과학과
- 공학계열: 환경생태공학부, 환경에너지공학과, 지구환경시스템과학부, 자원환경공학과

관련 교과
- 교육계열: 환경교육과, 과학교육과, 생물교육과, 교육학부

2022 개정 교육과정: 기후변화와 지속가능한 세계, 기후변화와 환경생태, 생태와 환경

2015 개정 교육과정: 환경, 지구과학 I, 지구과학 II, 생명과학 I, 생명과학 II

이러다 지구에 플라스틱만 남겠어

강신호 | 북센스 | 2019

전 지구적 위기를 불러오고 있는 플라스틱 문제 해법의 첫걸음은 플라스틱이라는 물질을 철저히 분석하고 그 성질을 정확히 아는 것이다. 이 책은 독자들에게 과연 플라스틱에 대해 무엇을 알고 있는지 질문한다. 저자는 플라스틱이라는 물질의 A부터 Z까지 완전히 해부하는 동시에, '플라스틱 사회'를 유지시키는 시스템을 분석하고 지금 우리 생활에서 꼭 필요하고 실현 가능한 플라스틱 재활용 대책까지 제시한다.

탐구 주제

주제1 세계자연기금(WWF)과 호주 뉴캐슬 대학이 공동 진행한 '플라스틱의 인체 섭취 평가 연구' 결과, 우리가 매주 섭취하는 미세 플라스틱이 거의 신용카드 한 장 무게라고 밝혀져 충격을 주었다. 미세 플라스틱 문제의 실태와 인체에 미치는 위험성을 탐구해 보자.

주제2 저자는 플라스틱 문제에 대한 해법을 찾기 위해서는 플라스틱을 정확히 이해할 필요가 있다고 말하면서 '플라스틱은 안 쓰는 게 답이고, 써야 한다면 재활용만이 답'이라고 강조한다. 저자가 강조한 적극적인 재활용으로의 전환 방안에 대해 토의해 보자.

주제3 바이오 플라스틱의 장단점 비교 분석

주제4 순환 가능한 플라스틱 포장재 사용법 탐구

학생부 기록 예시 (교과세특)

해양 생태계 파괴의 주범인 플라스틱 문제에 관심을 가지고, 미세 플라스틱이 환경과 인체에 미치는 위험성을 탐구하여 발표함. 일회용품과 해산물, 합성섬유에 이르기까지 미세 플라스틱이 생활 환경 속에서 유입되는 경로를 구체적으로 설명함. 미세 플라스틱이 체내 침투하여 면역 체계에 문제를 일으키고 뇌 신경과 관련한 질환을 발생시킨다는 유해성을 다양한 연구 결과와 예시를 제시하여 친구들이 이해하기 쉽게 전달함.

자신의 진로 희망인 환경 분야에 관심이 있는 친구들과 모여 '이러다 지구에 플라스틱만 남겠어(강신호)'를 읽고, '적극적인 재활용으로의 전환 방안'에 대해 토의함. 책의 핵심 정보를 잘 추출하고, 비주얼 씽킹을 통해 시각화하여 정리한 후 친구들에게 제공함. 적극적인 재활용의 기대 효과를 제시하며 전환을 위해서는 생산자와 소비자를 비롯한 사회 전체의 노력과 국가 정책이 뒷받침해야 한다는 의견을 설득력 있게 표현함.

관련 논문
미세플라스틱의 식물독성 및 토양생태위해성 연구(김도경, 2022)

관련 도서
《플라스틱 인간》, 안수민, 국민서관
《미생물이 우리를 구한다》, 필립 K. 피터슨, 문학수첩

관련 계열 및 학과
- 자연계열: 해양환경과학과, 생물자원과학부, 환경보건과학과, 환경생명과학과, 대기환경과학과
- 공학계열: 환경생태공학부, 환경에너지공학과, 지구환경시스템과학부, 자원환경공학과
- 교육계열: 환경교육과, 생물교육과, 교육학부, 과학교육과

관련 교과

2022 개정 교육과정: 기후변화와 지속가능한 세계, 기후변화와 환경생태, 생태와 환경

2015 개정 교육과정: 환경, 지구과학 I, 지구과학 II

인권으로 살펴본 기후 위기 이야기

최우리 외 | 철수와영희 | 2023

이 책은 인권의 관점에서 기후 위기를 살펴보며 기후 뉴스, 기후 정의, 과학, 재생에너지, 법, 정의로운 전환 등 여섯 가지 주제를 통해 기후 위기를 넘어서기 위해 꼭 가야 할 길을 제시한다. 오랫동안 기후 위기 극복을 위해 노력했던 각 분야의 인물들이 기후 위기가 우리 삶에 어떤 위협을 가하며 인권 침해와 불평등을 낳고 있는지, 기후 위기를 극복할 방안은 무엇인지를 청소년 눈높이에서 쉽게 알려 준다.

탐구 주제

주제1 저자는 기후 위기는 사람들이 당연히 보장받아야 할 권리인 인권을 침해당하는 문제라는 차원에서 접근해야 한다고 강조한다. 기후 위기는 취약 계층에 특히 위험하며, 세대 간이나 국가 간에도 불평등한 영향을 미친다. 기후 위기 불평등 문제를 해결할 방안을 탐구해 보자.

주제2 저자는 기후 문제 해결을 위해 근본적으로 소비를 줄이는 방향으로 사회 구조를 바꾸어야 한다고 말한다. 자원은 순환되어야 하고 에너지는 재생되어야 하며, 경제는 환경을 지키고 공동체 가치 실현의 수단이 되는 담대한 전환을 제시한다. 기후 문제의 해결 방안을 토의해 보자.

주제3 재생에너지의 조건과 한국 재생에너지 정책의 나아갈 길 모색

주제4 기후 위기가 인권에 미치는 영향 탐구

학생부 기록 예시 (교과세특)

한 학기 한 권 읽기 시간에 평소 관심사인 기후 위기 문제가 인권과 어떤 관련이 있는지 호기심이 생겨 '인권으로 살펴본 기후 위기 이야기(최우리 외)'를 읽고, '기후 위기가 가져온 불평등'을 주제로 서평을 작성함. 기후 위기가 저소득층이나 가난한 국가에 더 큰 피해와 고통을 미치는 불평등한 사례를 제시하고, 학술지와 논문 내용을 조사하여 해결방안을 탐구함. 기후 위기에 대응하기 위해 삶 속에서도 능동적으로 실천하는 학생임.

평소 기후 문제에 특별한 관심이 많아 '인권으로 살펴본 기후 위기 이야기(최우리 외)'를 읽고, 기후 문제의 근본적인 해결 방안에 대해 토의함. 자본주의나 성장주의 시스템이 크게 바뀌어야 하고, 재생에너지 전환이 정의롭고 공정하게 이루어져야 한다는 의견을 제시함. 특히 기업이 해야 할 역할을 논리적으로 설명하여 친구들의 공감을 받음. 사회 문제에 대해 비판적인 시각으로 바라보고, 자신의 생각을 확장하는 능력이 탁월함.

관련 논문

기후행동 참여 경험의 교육적 의미에 관한 연구(최미나, 2022)

관련 도서

《기후위기, 무엇이 문제일까?》, 오애리, 김보미, 북카라반
《왜요, 기후가 어떤데요?》, 최원형, 동녘

관련 계열 및 학과	• 자연계열: 환경학과, 지구환경과학부, 대기환경과학과, 환경보건과학과, 대기과학과
	• 공학계열: 환경공학과, 환경생태공학부, 환경에너지공학과, 지구환경공학과, 환경생명공학과
관련 교과	• 교육계열: 환경교육과, 과학교육과, 지구과학교육과, 교육학부

2022 개정 교육과정: 기후변화와 지속가능한 세계, 기후변화와 환경생태, 생태와 환경

2015 개정 교육과정: 환경, 지구과학 I, 지구과학 II

인류를 식량 위기에서 구할 음식의 모험가들

아만다 리틀 | 세종서적 | 2021

이 책은 기후 변화와 기술이 식량과 음식을 어떻게 바꿀 것인지와 우리에게 닥칠 식량 위기를 해결할 가장 현실적인 희망을 이야기한다. 환경 저술상을 다수 수상한 저자는 음식 앞에 차별받는 지구, 친환경적인 식생활 혁신이 필요한 우리를 위해 세계 곳곳에서 활약하는 모험가들을 찾아 나선다. 식량 자급률이 매우 낮은 한국 사회가 귀 기울일 만한 이야기가 가득하다.

탐구 주제

주제1 기후 변화를 일으키는 유해한 산업으로 식생활 관련 산업이 많이 꼽힌다. 먹거리 문제를 해결하는 일은 메말라가는 지구를 되살리는 작업이기도 하다. 저자가 만난 환경과 맛을 모두 잡는 음식 모험가들 중에서 우리나라에서 벤치마킹할 만한 사례에 대해 토의해 보자.

주제2 세계의 첨단 기술 산업은 이제 '먹는 문제'에 주목한다. 기후 변화에 강한 작물을 찾거나 작물을 키울 수 있는 환경이 만들어지고 있다. 저자는 전통과 첨단 기술을 결합한 새로운 농법을 적극 활용할 필요가 있다고 조언한다. 신기술 접목한 새로운 농법을 조사해 보자.

주제3 배양육에 대한 찬성과 반대 의견 비교 분석

주제4 음식물 쓰레기를 처음부터 줄이는 방법 탐구

학생부 기록 예시 (교과세특)

식생활 문제에 관심이 많은 학생으로 '인류를 식량 위기에서 구할 음식의 모험가들(아만다 리틀)'을 읽고, 우리나라에서 벤치마킹할 만한 책 속 음식 모험가의 사례에 대해 토의함. 대도시 한복판에서 물과 흙이 없이 채소를 기르는 도시 농장의 공중 재배 방식을 도입하여 식량 자급률이 낮은 문제를 해소할 수 있다는 의견을 제시함. 친구들의 의견을 공감하며 듣고, 키워드를 추출하여 토의 내용을 정리하는 역량이 뛰어남.

'인류를 식량 위기에서 구할 음식의 모험가들(아만다 리틀)'을 읽고 첨단 기술과 결합한 새로운 농법에 흥미를 가져 신기술 접목한 새로운 농법을 조사하여 보고서를 작성함. 장착된 카메라가 작물과 잡초를 구분한 다음 정교한 기술을 활용해 잡초의 싹을 제거하는 인공지능 로봇 '시앤스프레이'를 사례로 제시하고, 그 이점을 명확하게 분석하여 서술함. 자료 수집 능력이 뛰어나고, 독서를 통한 분석적 해석 능력이 우수함.

관련 논문

세계식량위기와 글로벌 식량 거버넌스에 관한 연구: 신흥안보로서의 식량안보 관점에서(김가람, 2022)

관련 도서

《비건》, 상헌, 두남
《식량의 세계사》, 톰 스탠디지, 웅진지식하우스

관련 계열 및 학과	• 인문계열: 식품자원경제학과, 식품산업관리학과, 식품경제외식학과, 농경제유통학부
	• 자연계열: 농생명식품융합학과, 바이오식품영양학부, 식품·동물생명공학과, 식품공학부
관련 교과	• 공학계열: 식품공학과, 식품생명공학과, 바이오식품영양학부, 바이오식품공학과

2022 개정 교육과정: 기후변화와 환경생태, 생태와 환경, 기후변화와 지속가능한 세계, 기술·가정

2015 개정 교육과정: 농업 생명 과학, 기술·가정, 가정과학, 환경

적을수록 풍요롭다
제이슨 히켈 | 창비 | 2021

경제인류학자로서 세계 불평등 문제와 국제개발의 정치경제학 연구로 주목받는 신진 연구자인 저자가 전 세계적으로 보고되고 있는 다양하고도 연쇄적인 대멸종과 기후 붕괴의 민낯, 앞으로 지구에 닥칠 미래를 생생하게 담아낸 책이다. 저자는 '경제성장 없는 그린뉴딜' 사회가 현실적으로 어떻게 가능한지, 단기적으로 효과적인 방법은 물론 포스트 자본주의 사회의 장기적인 안목까지 설득력 있게 보여준다.

탐구 주제

주제1 저자는 생태경제학의 측면에서 성장이라는 대세를 정면으로 반박하고, 한계에 다다른 기후 위기와 불평등 문제의 원인으로 끊임없는 경제성장과 이를 동력으로 하는 자본주의 자체를 지적하며 탈성장을 해법으로 제안한다. 탈성장의 핵심 원리를 파악하고 그 효과를 탐구해 보자.

주제2 저자는 성장을 추구하게 된 자본주의의 역사를 되돌아보며 현재와 같은 경제 성장과 물질 생산을 지속한다면 어떠한 그린뉴딜도 목표를 달성할 수 없다는 점을 힘주어 말한다. 기후 위기를 해결하고 환경과 공생할 수 있는 사회로 전환하기 위한 방안에 대해 토의해 보자.

주제3 자본주의의 시스템과 생태계 파괴와의 관련성 분석

주제4 '그린뉴딜' 사회의 가능성과 전망 연구

학생부 기록 예시 (교과세특)

환경 문제에 관심이 많아 '적을수록 풍요롭다(제이슨 히켈)'를 읽은 후 성장주의의 문제점과 탈성장의 핵심 원리를 깊이 있게 탐구함. 탈성장을 통해 완전 고용을 유지할 수 있고 소득과 부를 공정하게 분배할 수 있으며, 공공재에 투자하여 포스트 자본주의 경제가 가능해진다는 효과를 논리적으로 설명함. 글을 읽고 핵심 내용을 정확하게 파악하고 비판적 독해 능력이 뛰어나며, 문제 해결을 위한 창의적 사고 능력이 우수함.

다양한 독서와 토의를 즐기는 학생으로 '적을수록 풍요롭다(제이슨 히켈)'를 읽고 자본주의의 폐해를 파악하고, 진정한 성장의 의미를 바탕으로 궁극적으로 인류가 추구해야 하는 방향과 전환에 대해 모색함. 탈성장을 위해 광고 줄이기, 대여 문화 확산, 자연이 회복 가능할 만큼만 자연에서 얻기 등의 구체적인 대안을 제시함. 토의에 적극적으로 참여하고 자신의 의견을 설득력 있게 제시하는 능력이 뛰어남.

관련 논문
'저탄소 녹색성장'에 대한 인식과 에너지 소비행동에 관한 연구: 기후변화 대응을 중심으로(백은남, 2010)

관련 도서
《성장의 한계》, 도넬라 H. 메도즈 외, 갈라파고스
《미래의 지구》, 에릭 홀트하우스, 교유서가

관련 계열 및 학과
- 인문계열 : 글로벌경제학과, 농업경제학과, 사회적경제기업학과, 국제경영학과
- 자연계열 : 환경학과, 지구환경과학부, 대기환경과학과, 환경보건과학과, 대기과학과
- 공학계열 : 환경공학과, 환경생태공학부, 환경에너지공학과, 지구환경공학과, 환경생명공학과

관련 교과

2022 개정 교육과정 : 기후변화와 지속가능한 세계, 기후변화와 환경생태, 생태와 환경, 인간과 경제활동

2015 개정 교육과정 : 환경, 경제, 생명과학 I, 지구과학 I

지구 파괴의 역사

김병민 | 포르체 | 2023

이 책은 인류의 성장이 왜 파괴를 수반할 수밖에 없는지에 관한 내용을 다룬다. 고대 문명부터 근대 과학까지의 전반적인 인류 역사 맥락 속에서 독자들이 스스로 현대 사회의 문제점을 파악하고 현재의 우리가 어떤 방향으로 나아가야 하는지를 짚어낸다. 인문과 과학, 사회 정치에 관심이 있고, 자신을 둘러싼 지구적인 문제들에 관해 판단력을 기르고 싶은 독자에게 추천한다.

탐구 주제

주제1 인류는 멈추지 않고 앞으로만 달려가고 있다. 저자는 지구를 인간 중심적인 사고로 다루어왔던 우리에게 지금 가장 필요한 것은 공생이라고 말한다. 지구 파괴를 막기 위해서는 인류가 지구의 주인공이 아니라는 것을 깨달아야 한다. 우리가 지구를 위해 해야 할 일들에 대해 토의해 보자.

주제2 최근 대화형 인공지능 챗봇은 우리 삶에 혁명적인 변화를 가져오고 있다. 다양한 분야에서 이를 활용하는 사례도 증가하고 있다. 한편으로 새로운 문제들이 나타나기 시작했다. 새로운 기술이 가진 편리함 이면의 문제점에 대해 조사하고, 해결 방안을 탐구해 보자.

주제3 탈원전을 둘러싼 찬반 논쟁 분석

주제4 인종차별과 혐오 문제에 대한 고찰

학생부 기록 예시 (교과세특)

자신의 진로와 연관된 '지구 파괴의 역사(김병민)'를 읽은 후 인류가 발전과 성장에만 집중한 결과 지구를 파괴해온 역사에 대해 이해하고, '지구를 지키기 위해 해야 할 일'을 주제로 토의를 수행함. 산업화와 과학 기술의 발전으로 인간의 삶은 더욱 풍족해지고 편리해졌지만, 행복 수준은 낮아지고 환경 문제를 야기했다는 연구 결과를 바탕으로 과학 기술에 대한 의존도를 낮추고 지구의 자정작용에 맡겨야 한다는 의견을 조리있게 제시함.

자발적 독서를 통한 풍부한 배경지식을 갖춘 학생으로 '지구 파괴의 역사(김병민)'를 읽고, 과학 기술의 편리함 이면의 문제점과 해결 방안에 대해 깊이 탐구함. 대화형 인공지능 챗봇으로 인한 지식과 기술의 혁명이라는 유용성 이면에 편향된 정보나 보안 등의 윤리적인 문제와 에너지 공급과 관련된 환경 문제에 대해 지적함. 글을 읽고 궁금한 내용에 대해 다른 자료를 찾아보며 지식을 확장하고 비판적으로 사고하는 능력이 뛰어남.

관련 논문

과학과 관련된 사회적 문제에 대한 과학고 학생들의 인성적 태도와 가치관 분석 (조우미, 2019)

관련 도서

《기후 리바이어던》, 조엘 웨인라이트, 제프 만, 앨피
《회복력 시대》, 제러미 리프킨, 민음사

관련 계열 및 학과	• 자연계열: 환경학과, 지구환경과학부, 대기환경과학과, 환경보건과학과, 대기과학과
	• 공학계열: 환경공학과, 환경생태공학부, 환경에너지공학과, 지구환경공학과, 환경생명공학과
관련 교과	• 교육계열: 환경교육과, 과학교육과, 지구과학교육과, 교육학부

2022 개정 교육과정: 기후변화와 지속가능한 세계, 기후변화와 환경생태, 생태와 환경

2015 개정 교육과정: 환경, 생명과학 I, 지구과학 I

지구를 살리는 기발한 물건 10

박경화 | 한겨레출판 | 2019

우리가 사용하는 많은 물건 중 지구를 살리는 기발한 물건은 무엇인지, 이 물건들이 어떤 방법으로 지구를 살리고 있는지 구체적으로 담아낸 책이다. 미처 몰랐던 물건의 성분과 그 유래에 얽힌 이야기, 이 물건이 환경에 미치는 영향, 인간과 지구가 공생하기 위한 바람직한 물건 사용법 등을 다양한 사례와 연구 자료를 근거로 소개하고 있다. 물건과 관련된 현 논쟁도 실려 있어 시대의 흐름도 살필 수 있다.

탐구 주제

주제1 저자는 환경 문제 해결을 위해 돌아봐야 할 것은 그간 무심코 사용해 온 일상 속 물건들이라고 말하며, 지구를 살리는 나만의 물건 목록을 직접 만들어 보자고 제안한다. 지구를 살리는 기발한 물건을 조사하여 그 물건의 친환경적인 효과를 알리는 기사문을 작성해 보자.

주제2 적정 기술은 그 기술이 사용되는 사회 공동체의 문화적, 환경적 조건을 고려해 해당 지역에서 지속적인 생산과 소비가 가능하도록 만들어진 기술로, 인간 삶의 질을 궁극적으로 향상시킬 수 있는 기술을 말한다. 적정 기술의 사례를 조사하고, 적정 기술 제품을 만들어 발표해 보자.

주제3 패시브 하우스의 역사와 특징 연구

주제4 미래 도시를 누빌 친환경 교통수단 전망

학생부 기록 예시 (교과세특)

평소 자신의 관심 분야인 환경 문제를 다루고 있는 '지구를 살리는 기발한 물건 10(박경화)'을 읽고, 지구를 살리는 기발한 물건을 조사하여 기사문을 작성함. 친환경 제품인 재활용 비누, 선풍기, 친환경 샴푸, 내복, 자전거, 태양열 전지판 등의 특징과 에너지 절감 효과에 대해 다양한 연구 자료와 통계 자료를 활용하여 객관적이고 명확한 기사문을 씀. 문제 상황을 종합적으로 이해하고 생각을 논리적으로 표현하는 능력이 뛰어남.

적정 기술의 개념과 갖추어야 할 조건에 대해 학습한 후 적정 기술의 대표 사례를 조사해 그 특징을 파악함. 아프리카의 전기가 필요 없는 항아리 냉장고와 도수 조절 안경을 소개하며 그 구조와 과학적 원리, 기능에 대해 시각 자료를 활용하여 청자가 알기 쉽게 설명함. 페트병을 활용한 모저 램프를 직접 만들어 보고 그 과학적 원리와 효과를 논리적으로 발표함. 저개발 국가에 관심이 많은 학생으로 실천적 행동 역량이 탁월함.

관련 논문

적정기술을 활용한 고등학교 1학년 STEAM교육 교수학습지도안 개발(강지흔, 2018)

관련 도서

《지구를 살리는 영화관》, 권혜선 외, 서해문집
《지구를 살리는 기발한 생각 10》, 박경화, 한겨레출판

관련 계열 및 학과	• 자연계열: 환경학과, 지구환경과학부, 대기환경과학과, 환경보건과학과, 대기과학과
	• 공학계열: 환경공학과, 환경생태공학부, 환경에너지공학과, 지구환경공학과, 환경생명공학과
관련 교과	• 교육계열: 환경교육과, 과학교육과, 지구과학교육과, 교육학부

2022 개정 교육과정: 기후변화와 지속가능한 세계, 생태와 환경, 기후변화와 환경생태, 생명과학

2015 개정 교육과정: 환경, 사회·문화, 사회문제 탐구, 지구과학 I, 생명과학 I

지구를 살리는 업사이클링 환경놀이

Eco-STEAM 연구회 | 테크빌교육 | 2022

환경 위기에 직면한 우리에게 구체적인 실천 아이디어를 제공하는 책이다. 환경 문제의 심각성을 인지한 선생님들이 재활용품을 활용한 스물두 가지 업사이클링 환경놀이 프로그램을 만들었다. 기후 변화와 환경에 대한 기본 지식과 개념을 설명하고, 업사이클링을 활용하여 아이들과 할 수 있는 간단한 활동들을 담고 있다. 환경에 대한 경각심을 일깨우고 실천 의지를 배양해 주는 책이다.

탐구 주제

주제1 저자는 환경교육은 본질적으로 실생활과 연결될 수밖에 없으며, 다양한 환경 문제를 해결하기 위해 학교에서 배우는 교과 지식들이 융합적으로 활용되어야 한다고 말한다. 생태 감수성을 높이고 실생활에서 기후 위기에 대응할 수 있는 실천력을 키우는 방법에 대해 토의해 보자.

주제2 책에는 가정과 학교에서 넘쳐나는 쓰레기를 재활용해 지구를 구하는 다양한 실천 방법을 실제 사례를 통해 제시하고 있다. 업사이클링 제품의 사례와 특징을 조사하고, 생활 속에서 만들 수 있는 업사이클링 제품을 직접 제작한 후 제작 방법을 발표해 보자.

주제3 지속 가능한 환경융합 수업 프로그램 개발

주제4 생태 시민이 갖추어야 할 역량 탐구

학생부 기록 예시 (교과세특)

생태 시민 체크리스트를 통해 자신의 생태 시민 수준을 파악한 후 기후 변화와 환경 오염의 심각성을 인식하고 해결 방안에 대해 다각도로 모색함. 기후 위기 대응을 위해 생태 감수성을 높이고 환경실천력을 키울 수 있는 방법에 대해 토의함. 플라스틱 제로 일기 작성 방법을 구체적으로 소개하며, 개인이 지속적으로 실천할 수 있는 방법을 다양하게 제시함. 환경 감수성이 뛰어나며 논리적으로 사고하고 표현하는 능력이 탁월함.

미세 플라스틱과 환경 호르몬 문제의 심각성을 학습하고, 플라스틱 사용을 줄이는 방안을 모색함. 업사이클링의 의미를 이해하고, 다양한 업사이클링 제품의 사례와 특징을 조사함. 생활 속 업사이클링 제품 만들기 활동에 참여하여 페트병을 활용하여 저금통을 제작하고, 제품명과 제작 과정을 친구들에게 공유하여 실용적 측면에서 많은 공감을 받음. 자원 활용을 실천하는 체인지 메이커로서 새로운 가치를 창출하는 역량이 뛰어난 학생임.

관련 논문

지하철 광고판을 활용한 업사이클링 DIY 생활소품 키트 개발(강보경, 2019)

관련 도서

《지금 우리가 바꾼다》, 일로나 코글린, 마렉 로데, 슬로비
《지속가능성장을 위한 업사이클링 패션디자인》, 배수정 외, 전남대학교출판문화원

관련 계열 및 학과
- 인문계열 : 글로벌경제학과, 농업경제학과, 사회적경제기업학과, 국제경영학과
- 자연계열 : 환경학과, 지구환경과학부, 대기환경과학과, 환경보건과학과, 생활환경복지학부

관련 교과
- 교육계열 : 환경교육과, 과학교육과, 지구과학교육과, 생물교육과, 교육학부

2022 개정 교육과정 : 기후변화와 지속가능한 세계, 생태와 환경, 기후변화와 환경생태, 생명과학

2015 개정 교육과정 : 환경, 사회·문화, 사회문제 탐구, 지구과학 I, 생명과학 I

지구를 쓰다가

최우리 | 한겨레출판 | 2023

한국 언론인 최초로 세계적인 환경운동가 그레타 툰베리를 인터뷰하고, 동물권 단체 대표의 안락사 논란을 최초로 보도하며 주목받은 저자의 첫 환경 에세이다. 환경 전문 기자로서 한국의 환경사를 뜨겁게 달궜던 사건들의 실제 취재기와 뒷이야기, 환경 문제 이해에 필요한 전문 지식과 국내외 사례들을 친절하게 풀어내 환경 문제에 다각도로 접근하고 사고하는 데 도움을 주는 책이다.

탐구 주제

주제1 저자는 환경 문제가 역사, 정치, 경제 등 다른 사회 문제와 긴밀히 연결되어 있음을 강조한다. 모든 환경 문제는 양면적이고 입체적이며, 서로 이어져 있기에 대안을 찾는 일이 쉽지 않다. 책에 제시된 환경을 둘러싼 여러 딜레마 중 하나를 선택하여 자신의 생각을 발표해 보자.

주제2 책에는 저자가 일과 일상에서 '환경'을 화두로 삼으며 겪었던 기쁨과 슬픔의 에피소드가 다양하게 담겨 있다. 환경 문제를 여러 각도에서 조명한 저자의 이야기를 통해 새롭게 알게 된 내용을 바탕으로 환경 문제 해결 방안을 모색하여 서평을 작성해 보자.

주제3 한국의 환경사 연구

주제4 '착한 자본주의는 가능할까'에 대한 탐구

학생부 기록 예시 (교과세특)

환경 문제의 심각성에 관심이 많은 학생으로 '지구를 쓰다가(최우리)'를 읽고 환경 문제의 딜레마 상황에 대한 해결 방안을 깊이 고민하고 자신의 생각을 발표함. 탄소 배출을 줄이기 위해 풍력발전기를 설치하는 일이 제주도 돌고래의 서식지를 파괴하는 문제 상황에 대해 생태계의 보전이 우선이 되어야 한다는 입장을 논리적으로 설명함. 다양한 학술 자료와 언론 보도 내용을 활용하여 논거를 추출하는 능력이 탁월함.

진로 연계 독서활동에서 자신의 관심 분야인 환경과 연관된 '지구를 쓰다가(최우리)'를 읽고 산업화된 자본주의 사회와 환경과의 관련성을 중심으로 서평을 작성함. 환경 문제를 실질적으로 해결할 수 있는 경제 시스템과 정책의 필요성을 논리적으로 서술함. 지속 가능한 소비 방법을 소개하고, 환경에 대한 폭넓은 시각을 갖게 되었다고 소감을 밝힘. 환경 문제를 적극적으로 해결해 나가려는 세계 시민으로서의 교양과 인성을 함양한 학생임.

관련 논문

지역환경문제에 관한 사회과학쟁점 토론이 고등학교 학생들의 환경인식 변화에 미치는 영향(유예진, 남윤경, 2020)

관련 도서

《희망의 책》, 제인 구달 외, 사이언스북스
《환경문제와 윤리》, 김일방, 보고사

관련 계열 및 학과	• 자연계열 : 환경산림과학부, 산업환경보건학과, 환경보건과학과, 환경생명과학과
	• 공학계열 : 지구환경시스템과학부, 환경생태공학부, 환경에너지공학과, 지구환경공학과
관련 교과	• 교육계열 : 환경교육과, 과학교육과, 생물교육과, 교육학부

2022 개정 교육과정 : 기후변화와 지속가능한 세계, 생태와 환경, 기후변화와 환경생태, 생명과학

2015 개정 교육과정 : 환경, 사회·문화, 사회문제 탐구, 지구과학 I, 생명과학 I

지구별 생태사상가

황대권 외 | 작은것이아름답다 |
2020

지구별
생태사상가

우리 사회 다양한 영역에서 대안 사회를 연구하고 실천해 온 28명의 생태환경 전문가들의 삶과 통찰을 담고 있다. 생태사상가들의 생태적 질문과 성찰을 통해 인류 앞에 놓인 생태 위기를 하나하나 짚어가며 그 실체를 보여 준다. 그들의 성찰이 세계에 어떤 영향을 미쳤는지, 지금 왜 그들 생각에 귀 기울여야 하는지 현실에 비춰 짚어낸다. 문명에 대해 반성하며 우리 생각과 삶의 방식을 바꿔야 하는 이유를 밝힌다.

탐구 주제

주제1 일본의 환경운동가이자 농부인 후쿠오카 마사노부는 착취하는 방식의 농사를 비판하며, '자연농법'이 인류를 구할 답이라고 말한다. 그는 자연농법으로 지구의 사막화 방지와 인간의 건강한 식량 공급을 위한 녹색 혁명을 일으켰다. 자연농법의 특징과 효과를 탐구해 보자.

주제2 노르웨이의 철학자 아르네 네스의 심층생태론은 애초부터 학문이 아닌 운동으로 제기됐다. 그의 운동은 큰 반향을 일으켜 머레이 북친의 사회생태론, 앙드레 고르의 정치생태학과 함께 서구 생태 운동에 가장 많이 회자된다. 심층생태 운동의 영향을 평가해 보자.

주제3 동아시아 생태주의운동의 흐름 연구

주제4 생태사상가 28인의 공통점과 차이점 비교 분석

학생부 기록 예시 (교과세특)

다방면의 독서활동을 통해 풍부한 배경지식을 갖춘 학생으로 생태 분야에 관심이 많아 '지구별 생태사상가(황대권 외)'를 읽고, 자연농법에 대해 탐구함. 자연농법의 4대 원칙인 무경운, 무농약, 무비료, 무제초의 농법을 소개하며 영상 자료를 활용하여 청자의 이해를 도움. 노자의 무위자연을 그대로 실천한 자연농법이 황폐해져 가는 지구를 살릴 수 있다는 것을 강조하며 준언어적, 비언어적 표현 전략을 탁월하게 잘 사용함.

진로독서 시간에 '지구별 생태사상가(황대권 외)'를 읽고, 아르네 네스의 심층생태 운동에 대해 관심이 생겨 다양한 자료를 조사하여 심층생태 운동의 영향에 대해 탐구함. 표층생태 운동과 심층생태 운동의 의미를 구체적인 예를 들어 설명하고, 심층생태 운동의 여덟 가지 원칙을 요약하여 제시함. 인간중심적 생태 운동의 한계를 지적하고 심층생태 운동의 영향과 의의에 대해 강조하며, 자신의 의견을 논리적이며 설득력 있게 전달함.

관련 논문

생태주의적 환경미술교육 프로그램 개발 (강선우, 2011)

관련 도서

《생태주의》, 이상헌, 책세상
《생태주의 역사강의》, 백승종, 한티재

관련 계열 및 학과
- 자연계열: 환경산림과학부, 산업환경보건학과, 환경보건과학과, 환경생명과학과
- 공학계열: 지구환경시스템과학부, 환경생태공학부, 환경에너지공학과, 지구환경공학과
- 교육계열: 환경교육과, 과학교육과, 생물교육과, 교육학부

관련 교과

2022 개정 교육과정: 기후변화와 지속가능한 세계, 생태와 환경, 기후변화와 환경생태, 생명과학

2015 개정 교육과정: 환경, 사회·문화, 사회문제 탐구, 지구과학 I, 생명과학 I

지구의 마지막 숲을 걷다

벤 롤런스 | 엘리 | 2023

기후변화로 인해 모순된 자연 현상과 그에 따른 결과를 있는 그대로 기록한 책이다. 저자는 숲의 확장을 직접 알아보고자 스코틀랜드, 노르웨이, 시베리아, 알래스카, 캐나다, 그린란드 북부 한대 수림을 방문하고 연구했다. 과학자들을 만나고 북극권의 원주민들과 대화하며 직접 보고 들은 수목한계선의 변화를 담고 있다. 수목한계선에서 살아가는 사람들의 역사에서 대안을 찾고 미래를 상상할 열쇠를 제시한다.

탐구 주제

주제1 저자는 '숲은 움직이는 공동체'라고 말하며, 통제 불가능한 수목한계선의 확장에 대응하기 위해 동물을 죽이거나 나무를 베어야 하는 어려운 선택지들을 논한다. 숲과 생명체의 유기적인 관계 속에서 지구 생태계 안에서 숲과 생명체가 공존할 방안을 토의해 보자.

주제2 흰색의 북극이 초록으로 변하고 있다. 수목한계선이 해마다 수백 미터씩 북쪽으로 진격하고 있다. 저자는 툰드라가 초록으로 바뀌는 것은 온난화와 직접적 연관성이 있으며, 이로 인해 심각한 문제를 겪게 될 것이라고 우려한다. 수목한계선 확장으로 인한 문제점을 탐구해 보자.

주제3 숲과 공진화한 인류의 역사 탐구

주제4 녹색 성장의 한계점과 전망 연구

학생부 기록 예시 (교과세특)

'지구의 마지막 숲을 걷다(벤 롤런스)'를 읽고 '지구 생태계 안에서 숲과 생명체가 공존할 수 있는 방안'을 주제로 토의함. 인간과 다른 생명체, 자연과의 공생을 바탕으로 생태계마다 다르게 나타나는 기후 변화 양상에 전략생태학적으로 유연하게 대응해야 한다는 의견을 제시함. 폭넓은 안목과 문제 해결력이 뛰어나며, 자신의 생각을 적극적으로 개진하면서 모둠원들의 다양한 의견을 존중하고 경청하는 등 의사소통 역량이 탁월함.

평소 기후 문제에 대해 관심이 많은 학생으로 환경 분야 관련하여 다양한 책을 읽으며 능동적인 학습 태도를 보임. 수목한계선의 북상이 지구 온난화의 영향임을 이해하고, 수목한계선의 확장으로 인한 문제점과 영향에 대해 진지하게 탐구함. 솜털자작나무가 미생물 활동을 통해 메탄을 방출시키고, 흉작과 극단적 기온 때문에 북극권의 난민 문제가 심각해지는 등의 문제점을 제시하고, 구체적인 해결 방안을 논리적으로 설명함.

관련 논문

일반고등학교 학생의 기후변화 태도와 학습경험, 위험인식의 관계에서 자기효능감의 조절효과(박주원, 2021)

관련 도서

《사계절 기억책》, 최원형, 블랙피쉬
《기후정의》, 한재각, 한티재

관련 계열 및 학과	• 자연계열: 산림생태보호학과, 환경산림과학부, 산업환경보건학과, 산림환경과학과
	• 공학계열: 지구환경시스템과학부, 환경생태공학부, 환경에너지공학과, 지구환경공학과
관련 교과	• 교육계열: 환경교육과, 과학교육과, 생물교육과, 교육학부

2022 개정 교육과정: 기후변화와 지속가능한 세계, 생태와 환경, 기후변화와 환경생태, 생명과학

2015 개정 교육과정: 환경, 사회·문화, 사회문제 탐구, 지구과학 I, 생명과학 I

지금 시작하는 나의 환경수업

홍세영 | 테크빌교육 | 2022

지구를 사랑하지만 조금은 막막한 선생님들을 위한, 환경 수업 10년 차 교사의 환경 교육 안내서. 환경 수업에 도전하는 동료 선생님들의 고생을 확실하게 줄여드리기 위해 차근한 입문서 겸 수업에 바로 적용 가능한 저자의 환경 교육 노하우가 모두 담겨 있다. 소중한 지구를 지속 가능하게 해 주는 영화, 다큐, 도서, 잡지 등 유익한 환경 콘텐츠들을 선별해 소개한 권말 부록도 알차다.

탐구 주제

주제1 이 책에는 대기, 자원순환, 에너지, 탄소중립, 먹거리, 생태 등 6개의 주제별로 환경 수업의 원칙과 방법이 상세하게 안내되어 있다. 주제를 하나 선정하여 학습한 후, 주제와 관련하여 일상에서 지구를 살리는 활동을 실천하여 발표해 보자.

주제2 우리가 사용하는 달력에는 유엔이 지정한 130개가 넘는 다양한 내용의 유엔 기념일이 있다. 유엔 기념일과 관련하여 다양한 주제의 환경 문제에 대해 학습한 후, 환경 기념일 중 하나를 선정하여 관련 내용을 조사하고 구체적인 실천 방법을 탐구하여 발표해 보자.

주제3 친환경적 환경 수업의 기본 매뉴얼 탐구

주제4 생태 시민을 기르기 위한 주제 통합 환경 수업 프로그램 제작

학생부 기록 예시 (교과세특)

다양한 환경 문제의 원인에 대해 학습한 후 기후변화에 관심을 가지고 관련 내용을 탐구하여 '지구온난화의 심각성과 해결 방안'에 대해 발표함. 언론 보도 자료를 통해 지구온난화의 실태를 제시하고, 다양한 연구 자료를 통해 미래 전망을 설득력 있게 설명함. 지구를 살리는 실천 활동으로 가습기의 생산과 이용 과정에서 환경에 미치는 영향을 파악하고, 펠트지와 유리병을 활용하여 '친환경 가습기'를 제작해 교실에 비치함.

다양한 주제의 환경의 날에 대해 조사하고 '세계 식량의 날'을 선정하여 '식량을 둘러싼 불균형 문제'를 주제로 발표함. 기아와 음식 쓰레기의 구조적인 문제와 해결 방안에 대해 설명하며 다큐멘터리 '음식물 쓰레기의 불편한 진실'의 일부를 제시하여 청중의 이해를 도움. 음식물 쓰레기 배출을 줄인 덴마크의 사례를 제시하며 음식물 쓰레기를 줄이는 방법을 소개하고, 후속활동으로 관련 포스터를 제작하여 급식실 입구에 전시함.

관련 논문

좋은 환경수업의 관점에서 본 고등학교 환경수업 분석 (안재정, 2010)

관련 도서

《지구를 구하는 수업》, 양경윤 외, 케렌시아
《생태 전환 교육》, 그림책사랑교사모임, 학교도서관저널

관련 계열 및 학과	• 자연계열: 환경생명과학과, 산업환경보건학과, 환경보건과학과, 환경생명과학과, 농생물학과
	• 공학계열: 지구환경시스템과학부, 환경생태공학부, 환경에너지공학과, 지구환경공학과
관련 교과	• 교육계열: 환경교육과, 과학교육과, 생물교육과, 교육학부

2022 개정 교육과정: 기후변화와 지속가능한 세계, 생태와 환경, 기후변화와 환경생태, 생명과학

2015 개정 교육과정: 환경, 사회·문화, 사회문제 탐구, 지구과학 I, 생명과학 I

지속가능한 세상에서 도시는 생명체다!

배성호, 주수원 | 이상북스 | 2023

사람이 만든 삶터인 도시의 지속 가능성을 이야기하는 책이다. 지리와 역사, 문화, 그리고 사람들의 삶터에 관한 가치관에 따라 다양하게 펼쳐지는 도시의 모습을 여러 지점에서 살펴보고, 그러한 과정을 통해 진정으로 살기 좋은 도시는 어떤 곳일까 생각을 모아 낸다. 국내외 다양한 사례를 통해 도시의 빛과 그늘을 들여다보고, 사람과 환경이 공존할 수 있는 미래 도시의 모습을 제안하고 있다.

탐구 주제

주제1 저자는 단순히 사람들이 모여 사는 장소가 아닌 사람과 동식물 및 자연이 함께 어우러진 거대한 생명체로서의 도시를 조망한다. '동식물과 함께 살아가는 도시'의 관점에서 자신이 거주하는 도시의 모습을 살피고, 환경과 조화를 이루는 생태 도시로의 전환 방안을 제시해 보자.

주제2 저자는 어린이, 노인, 장애인 등 차별받거나 소외된 사회적 약자들의 시선으로 도시를 새롭게 바라보고자 시도한다. 이런 시도를 통해 함께 어우러져 살아가는 도시의 모습을 계획할 수 있다. 사회적 약자들이 인권을 보장받을 수 있도록 설계한 도시의 사례를 조사하여 발표해 보자.

주제3 도시의 지속 가능성 방안 고찰

주제4 도시농업의 효과 탐구

학생부 기록 예시 (교과세특)

평소에 관심 분야인 도시와 관련된 다양한 글을 찾아 읽는 학생임. '지속가능한 세상에서 도시는 생명체다! (배성호 외)'를 읽고, 다양한 친환경 도시의 사례를 제시하며 살기 좋은 도시에 대한 의견을 친구들과 활발하게 나눔. 자신이 사는 도시를 생태 도시의 관점에서 분석하고, 하천을 복원하여 생태물길 보행로와 자전거길을 조성하는 생태 도시로의 전환 방안을 제시함. 글의 핵심 내용을 명확하게 파악하며, 의사소통 능력이 탁월함.

'지속가능한 세상에서 도시는 생명체다! (배성호 외)'를 읽고, 사회적 약자들이 인권을 보장받을 수 있도록 설계한 도시의 사례를 조사하여 발표함. 3살 어린이의 평균 키인 95cm의 눈높이에 맞게 교차로 주위의 나무를 낮게 깎고 울타리를 없애는 등 어린이의 안전을 위해 도시를 조성한 네덜란드의 어반 95프로젝트를 소개함. 매체 자료를 활용하여 다른 도시의 모습과 비교하면서 청중의 이해를 돕고, 생생한 설명으로 친구들의 호응을 얻음.

관련 논문

송파구 도시생태문화 탐방로 조성계획 연구(하해동, 2016)

관련 도서

《지속가능한 세상에서 동물과 공존한다는 것》, 배성호, 주수원, 이상북스
《천천히 재생》, 정석, 메디치미디어

관련 계열 및 학과
- 인문계열 : 도시행정학과, 도시사회학과, 도시·자치융합학과, 지리학과, 지적학과
- 공학계열 : 스마트시티공학과, 도시건축학부, 도시계획학과, 도시공학과, 스마트도시학부

관련 교과
- 교육계열 : 환경교육과, 지리교육과, 과학교육과, 사회교육과

2022 개정 교육과정 : 기후변화와 지속가능한 세계, 도시의 미래 탐구, 기후변화와 환경생태, 생태와 환경

2015 개정 교육과정 : 환경, 사회문제 탐구

참나무라는 우주

더글라스 탈라미 | 가지 | 2023

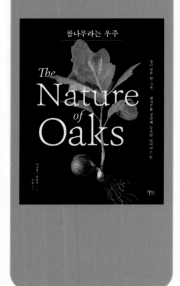

이 책은 참나무 한 그루로 파고드는 자연생태 교과서다. 계절이 바뀔 때마다 참나무에 찾아오는 새와 야생 동물, 먹이사슬을 지탱하는 데 중요한 역할을 하는 곤충, 그리고 우리 눈에는 잘 보이지 않는 낙엽층과 거대한 뿌리부에 붙어사는 균류, 미생물의 세계까지 1년 동안 참나무 한 그루에서 일어나는 생태적 사건을 유심히 관찰하면서 마치 하나의 우주와도 같은 생태계 이야기를 펼쳐 놓는다.

탐구 주제

주제1 저자는 집 주변에서 주운 갈참나무 도토리를 화분에 심고 싹을 틔워 마당으로 옮겨 심은 후 18년째 키우면서 참나무를 둘러싼 생태계의 다양한 활동과 변화를 관찰했다. 주변에 있는 식물 중 하나를 선정하여 한 달간 자세하게 관찰한 후 관찰 일지를 작성해 보자.

주제2 저자는 어치가 7~17년의 수명 동안 매년 3360그루의 참나무를 심는다는 통계를 제시하며, 참나무가 빠르게 퍼질 수 있도록 도와주는 일등 조력자인 어치와의 오랜 공생관계를 설명한다. 생태계에서 공생관계에 있는 생명체를 조사하여 발표해 보자.

주제3 멸종위기종 보존 방안 모색

주제4 온실가스 감축을 위한 탄소 격리 방안 탐구

학생부 기록 예시 (교과세특)

환경과 식물에 대해 관심이 많아 '참나무라는 우주(더글라스 탈라미)'를 읽고, 참나무를 둘러싼 생명체와의 연결 관계를 파악하고 생태계 전반에 대한 이해로 확장하여 생태계 구성 요소들의 밀접한 관련성에 대해 설명함. 심층 독서 활동으로 동네 공원에서 자라는 이팝나무를 한 달간 꾸준히 관찰하여 생태 일기에 세밀하고 생동감 있게 기록함. 지적 호기심이 많으며, 자신의 경험이나 생각을 논리적으로 표현하는 능력이 탁월함.

진로연계 독서활동에서 '참나무라는 우주(더글라스 탈라미)'를 읽고, 공생관계의의 유형과 형태를 파악한 후 여러 가지 생물들의 공생관계에 대해 조사함. 꿀과 수분을 서로 제공하며 상리공생 관계에 있는 동백나무와 동박새의 공생에 대해 발표하며, 생태계의 안정성을 증진하고 균형을 유지하는 공생관계의 중요성과 생태학적 효과를 강조하여 설명함. 다양한 경로를 활용해 정보를 수집하고, 핵심 정보를 파악해 분석하는 능력이 뛰어남.

관련 논문

기후변화에 따른 참나무시들음병 발생현황 및 대책에 관한 연구: 치악산국립공원 지역을 중심으로(이상용, 2014)

관련 도서

《나뭇잎 수업》, 고규홍, 마음산책
《나무 병해충 도감》, 문병철, 이상길, 자연과생태

관련 계열 및 학과

• 자연계열: 생물과학과, 생명건강공학과, 생명과학부, 생명시스템학부, 생명환경공학과

• 공학계열: 식물생명과학과, 식물자원학과, 생명환경공학과, 식물·환경신소재공학과

관련 교과

• 교육계열: 환경교육과, 과학교육과, 지구과학교육과, 생물교육과

2022 개정 교육과정: 기후변화와 지속가능한 세계, 생태와 환경, 기후변화와 환경생태, 생명과학

2015 개정 교육과정: 환경, 사회·문화, 사회문제 탐구, 지구과학 I, 생명과학 I

키워드 기후 위기 이야기

이상수 | 철수와영희 | 2023

환경, 생태, 에너지, 과학, 도시, 문화 등 다양한 영역의 기후 위기를 키워드로 살펴본 책이다. 온실가스, 탄소 발자국, 생태 발자국, 화석 연료, 기후 소송 등 서른 가지 키워드와 관련된 에피소드를 통해 기후 위기가 이들 영역에서 어떤 영향을 미치는지 또 우리가 어떻게 대응하고 적응해야 할지 청소년 눈높이에서 짚어본다.

탐구 주제

주제1 저자는 책에서 기후 위기가 인류의 생존이 달린 먹거리를 위협한다고 지적하며, 흙과 사람을 살리며 기후 위기에 맞서는 도시 농업 운동을 소개한다. 도시 농업의 성공 사례를 조사하고 농업의 지속 가능성을 위한 방안을 구체적으로 제시해 보자.

주제2 식량 주권이란 식량에 대한 자주적인 지배권을 뜻하고, 식량 안보는 필요로 하는 식량을 충분히 확보하는 것을 의미한다. 식량 의존도가 높아질수록 곡물 가격 변화에 취약해져 정치·경제 갈등 등의 문제가 발생할 때 약점으로 작용한다. 우리나라의 식량 안보 구축 방안을 탐구해 보자.

주제3 기후 관련 단체들의 특징과 역할 분석

주제4 영국 저탄소 녹색단지와 친환경 도시 조성을 통한 탄소 중립 실현의 시사점 연구

학생부 기록 예시 (교과세특)

기후 위기 문제에 특별한 관심을 가지고 있으며, 다양한 자료를 조사하며 식량 문제 해결을 위한 탐구 활동에 적극적으로 참여한 학생임. 식량 위기 극복을 위한 방안으로 도시 농업의 성공 사례를 조사하고 농업의 지속가능성을 위한 방안을 심층적으로 모색함. 탐구 내용 발표에서 지속 가능한 먹거리 체계로 전환, 도시 텃밭 확대, 기후교육, 학교 텃밭 교육 확대 등의 도시 농업 활성화 방안을 구체적으로 제시함.

우리나라의 식량 안보 현실과 식량 정책의 문제점을 분석하고 식량 안보 구축 방안에 대한 보고서를 작성함. 한·중·일의 식량 관련 지표를 비교하고, 일본의 해외 농업을 통한 곡물 자주율 상승과 중국 농업 정책의 시사점을 파악함. 농업 혁신 기술을 식량 안보의 관점에서 바라보고 적극적인 식량 정책과 투자가 요청된다는 의견을 제시함. 보고서 내용이 매우 알차고 구성이 체계적이며, 식량 안보에 대한 깊이 있는 인식을 보여 줌.

관련 논문

도시농업 활성화에 대한 사회학적 성찰(손슬기, 2013),

관련 도서

《기후 위기를 이겨 내는 상상력》, 안치용, 철수와영희
《기후변화 데이터북》, 박훈, 사회평론아카데미

관련 계열 및 학과	• 자연계열: 환경학과, 지구환경과학과, 대기과학과, 환경보건과학, 환경생명공학과
	• 공학계열: 환경공학과, 환경생태공학부, 환경에너지공학과, 지구환경공학과
관련 교과	• 교육계열: 환경교육과, 과학교육과, 지구과학교육과

2022 개정 교육과정: 기후변화와 지속가능한 세계, 기후변화와 환경생태, 생태와 환경

2015 개정 교육과정: 환경, 지구과학 I, 지구과학 II

탄소 농업

허북구 | 중앙생활사 | 2022

농업으로 발생하는 과도한 탄소를 감소시킬 방안을 우리 주변과 전 세계적인 흐름에서 찾아 설명하는 책이다. 더불어 우리 농업이 저탄소 농업을 뛰어넘어 지속 가능한 환경 재생형 미래 농업 패러다임을 갖출 수 있도록 다양하고 깊은 이야기도 함께 담고 있다. 지금의 환경 문제와 변화하고 있는 농업의 탄소중립 관련 정보와 흐름, 대응 방안은 물론 저탄소 상품을 구매하고자 하는 독자들에게 유용한 책이다.

탐구 주제

주제1 지구온난화의 원인 물질인 온실가스의 주요 배출원에는 농업이 큰 부분을 차지하고 있다. 지금껏 식량난 해소만을 위해 발전해 온 농업은 기후 변화와 환경 문제라는 갈림길에서 이산화탄소 감축이라는 변화가 필요한 시점에 놓여 있다. 환경 재생형 농업의 방법과 효과를 탐구해 보자.

주제2 저자는 농업에서 생산은 물론 저장과 유통, 포장법까지 탄소 발자국을 줄일 수 있는 방법들을 소개한다. 탄소 발자국을 줄일 수 있는 친환경 포장법을 정리하고, 소비자들이 갖추어야 할 윤리적 인식과 윤리적 소비를 실천하는 방법에 대해 보고서를 작성해 보자.

주제3 바이오 숯의 특징과 효과 조사

주제4 세계 각국의 탄소 농업의 발전 방향 탐구

학생부 기록 예시 (교과세특)

농업이 온실가스의 주요 배출원 중의 하나라는 것을 학습한 후 우리 농업이 나아가야 할 방향을 모색하며 환경 재생형 농업에 관심을 가지고 탐구함. 학술 자료와 언론 보도 등 다양한 경로를 활용하여 탄소 농업의 방법과 특징을 조사하고 그 효과에 대해 설명함. 탄소 농업이 정착하려면 농부들이 지속 가능한 농법을 선택하도록 경제적 유인이 무엇보다 중요하다고 강조함. 자신감 있고 재치 있는 태도로 발표하여 친구들의 호평을 받음.

다양한 분야의 독서를 즐기는 학생으로 '탄소 농업(허북구)'을 읽고, 탄소 발자국을 줄일 수 있는 친환경 포장법과 윤리적 소비를 실천하는 방법에 대해 보고서를 작성함. 플라스틱과 종이 빨대 대신 먹을 수 있는 식물 빨대를 소개하며 베트남 여행에서 직접 사용해 본 공심채 빨대의 특징과 효과를 서술하고 사진 자료까지 추가함. 알아두면 좋은 인증 마크를 소개하며 손쉽게 윤리적 소비를 실천하는 방법을 효과적으로 제시함.

관련 논문
농업부문 기후변화 대응을 위한 저탄소농축산물인증제도 활성화 방안 연구(김혜란, 2015)

관련 도서
《탄소중립》, 김용환 외, 씨아이알
《지구 온난화의 모든 것》, 제프리 베넷, 사람의무늬

관련 계열 및 학과	• 인문계열 : 글로벌경제학과, 농업경제학과, 사회적경제기업학과, 주거환경학과
	• 공학계열 : 환경공학과, 환경생태공학부, 환경에너지공학과, 지구환경공학과, 환경생명공학과
관련 교과	• 교육계열 : 농업교육과, 환경교육과, 생물교육과, 과학교육과, 지구과학교육과

2022 개정 교육과정 : 생태와 환경, 기후변화와 환경생태, 기후변화와 지속가능한 세계, 생명과학

2015 개정 교육과정 : 농업 생명 과학, 환경, 사회·문화, 사회문제 탐구, 지구과학 I

허리케인 도마뱀과 플라스틱 오징어

소어 핸슨 | 위즈덤하우스 | 2023

생물학, 생태학, 기후학 등 다양한 분야에서 동식물 연구에 매진 중인 동료 학자들의 입을 빌려 기후변화에 따른 지구 생물들의 고군분투 생존기를 전하는 책이다. 훔볼트오징어부터 흑가문비나무까지 총 22종의 생물들이 유연한 적응 능력을 마음껏 발휘하며, 달라진 기후에 맞게 이동하고 몸을 바꾸며 변이하는 방식을 소개한다. 기후 변화 시대에 우리 인간은 무엇을 바꿀 수 있을지 생각하게 한다.

탐구 주제

주제1 책에는 기후 변화로 인해 동식물들이 형태와 크기, 먹이와 서식지, 심지어 성격과 유전자까지 모든 것을 바꾸며 생존하고 있는 모습을 보여 준다. 책에 제시된 생물들이 진화하며 상황에 대응해 나가는 모습에 대한 자신의 견해를 담아 서평을 써 보자.

주제2 저자는 '변화하는 세계에 속 하나의 종'으로서 인간의 가소성을 강조한다. 도마뱀이 한두 세대 만에 다리 모양을 바꿀 수 있다면, 우리도 일회용품 사용을 줄이는 정도의 변화는 능히 할 수 있다고 말한다. 기후 위기에 대응하기 위한 인간의 생존 전략에 대해 토의해 보자.

주제3 환경의 변화에 대처하는 동식물의 생존 전략 비교 분석

주제4 기후 변화에 따른 생물종의 멸종과 신생 전망 조사

학생부 기록 예시 (교과세특)

'허리케인 도마뱀과 플라스틱 오징어(소어 핸슨)'를 읽고 기후 위기 상황 속 동식물의 생존 전략과 진화 방식을 비주얼씽킹 방식으로 정리하고 서평을 작성함. 기후 위기 상황에 탁월하게 대처하는 생물들의 모습을 통해 인간의 적응 능력으로 생각을 확장하여 논리적으로 서술함. 인간의 생활 방식이 변화해야 하며, 에너지에 관한 근본적인 전환이 필요하다는 견해를 제시함. 독서를 통한 성찰과 비판적 사고와 분석적 해석 능력이 탁월함.

기후 위기에 관심이 많아 한 학기 한 권 읽기 활동에서 '허리케인 도마뱀과 플라스틱 오징어(소어 핸슨)'를 읽고 독서토론 활동에 적극적으로 참여함. 개개인의 삶의 방식과 소비 습관, 소소한 태도가 모여 기후 문제에 긍정적인 변화를 이루어 낼 수 있다고 설득력 있게 생각을 표현하고 구체적인 실천방안을 제시함. 핵심 정보를 정확히 파악하고, 책의 전체적인 내용과 경험을 연계하여 자신의 삶을 성찰하며 조리 있게 생각을 표현하는 능력이 뛰어남.

관련 논문

기후변화에 따른 도시하천의 생태계 변화 연구-탄천 생태·경관보전지역을 대상으로 (한정현, 2022)

관련 도서

《다정한 것이 살아남는다》, 브라이언 헤어, 버네사 우즈, 디플롯
《인류의 진화》, 이상희, 동아시아

관련 계열 및 학과
- 자연계열: 생명환경학과, 해양생태환경학과, 환경보건과학과, 환경생명과학과
- 공학계열: 환경생태공학부, 환경생명공학과, 지구환경시스템과학부, 자원환경공학과

관련 교과
- 교육계열: 환경교육과, 생물교육과, 교육학부, 과학교육과

2022 개정 교육과정: 기후변화와 지속가능한 세계, 기후변화와 환경생태, 생태와 환경, 생명과학

2015 개정 교육과정: 환경, 생명과학 I, 생명과학 II, 지구과학 I, 사회문제 탐구

화학의 눈으로 보면 녹색지구가 펼쳐진다

원정현 | 갈매나무 | 2023

화학의 눈으로 지구 생태계가 작동하는 기본 원리와 개념을 짚어 주는 책이다. 하루 동안 내 선택이 지구 이산화탄소 증가에 얼마만큼의 영향을 미치는지, 그 이산화탄소량이 증가했을 때 기온 상승뿐만 아니라 어떤 다른 구체적인 문제들이 토양과 대기와 바다를 통틀어 전 지구적으로 발생하는지, 나아가 탄소 중립을 위해 전 세계가 어떻게 움직이고 있는지 과학과 사회를 아울러 속속들이 짚어보고 설명한다.

탐구 주제

주제1 저자는 일상에서 매일 만나는 화학 물질들이 지구 생태계에 미치는 영향을 살펴보고 물질 순환 시스템을 거스르지 않는 방향으로 나아가는 것이 지구를 살리는 핵심이라고 말한다. 지구 시스템의 물질 순환의 흐름을 회복하는 방안을 제시해 보자.

주제2 녹색 화학은 화학 제품을 만들 때 최대한 폐기물이 발생되지 않도록 화학반응을 설계하고, 해로운 물질의 사용과 생성을 최소화하며, 재생 불가능한 자원의 소비를 감소시키는 기술에 초점을 맞춘다. 녹색 화학의 특징과 효과를 탐구하여 보고서를 작성해 보자.

주제3 기후변화에 대응하는 과학자들의 노력과 효과 조사

주제4 과학을 친환경적으로 활용할 수 있는 방안 모색

학생부 기록 예시 (교과세특)

생각이 깊고 책을 좋아하는 학생으로 자신의 진로 희망인 화학 분야의 책을 다양하게 읽고 꾸준하게 독서록을 작성함. '화학의 눈으로 보면 녹색지구가 펼쳐진다(원정현)'를 읽고, 물질 순환 회복 방안을 모색함. 생산과 사용에만 초점을 맞추지 않고, 생산-소비-폐기의 전 과정을 지구 시스템과 생태계 순환의 원칙에 맞게 재조정하는 방안을 제시함. 글의 핵심을 파악하고 효과적으로 시각화하여 자신감 넘치고 유창하게 발표함.

자신의 관심사인 화학 분야와 관련된 다양한 글을 찾아 읽는 학생임. '화학의 눈으로 보면 녹색지구가 펼쳐진다(원정현)'를 읽고 필자의 논점을 명확하게 파악하였으며, 녹색 화학의 특징과 효과를 탐구함. 녹색 화학의 목표와 12개 원칙을 이해하고, 녹색 화학 실험을 수행하여 친환경 비료를 만들고 그 효과를 분석하여 보고서를 작성함. 보고서의 내용이 알차고, 녹색 화학을 실천하는 방안을 구체적으로 제시하여 문제해결 역량이 뛰어남.

관련 논문

녹색화학 교수학습 자료개발 및 적용(최동훈, 2012)

관련 도서

《아주 구체적인 위협》, 김추령 외, 동아시아
《모든 것에 화학이 있다》, 케이트 비버도프, 문학수첩

관련 계열 및 학과	• 자연계열: 화학생명과학과, 농생명화학과, 환경학과, 생물환경화학과, 환경보건과학과
	• 공학계열: 그린화학공학과, 화학공학부, 화학생물공학부, 환경생태공학부, 지구환경공학과
관련 교과	• 교육계열: 화학교육과, 환경교육과, 지구과학교육과, 교육학부

2022 개정 교육과정: 화학, 기후변화와 지속가능한 세계, 생태와 환경, 기후변화와 환경생태, 생명과학

2015 개정 교육과정: 화학 I, 화학 II, 환경, 사회·문화, 사회문제 탐구, 지구과학 I

환경사란 무엇인가?

도널드 휴즈 | 앨피 | 2022

미국을 대표하는 세계적인 환경사학자인 저자가 환경사 입문자들을 위해 쓴 책이다. 환경사의 개념과 주제, 선구자, 각 국가의 환경사 역사, 환경운동, 환경사의 쟁점과 향방 등 일반 독자들이 궁금증을 느낄 법한 환경사 주제를 이해하기 쉬운 용어와 방식으로 소개한다. 낯선 환경사 학문에 대한 이해를 바탕으로 역사적 관점에서 환경 문제를 들여다보고 그 해법을 찾는 출발점으로 알맞은 책이다.

탐구 주제

주제1 환경사란 인간과 자연의 상호관계를 시간을 따라 연구하는 학문이다. 즉, 자연과 함께 생활하고 노동하고 사고하는 인간을 이해하려는 역사학의 장르이다. 우리 삶의 중대한 과제인 환경 문제를 역사적인 관점에서 접근하여 환경 문제의 실태와 대응 방안을 탐구하여 발표해 보자.

주제2 이 책을 번역한 역사학자 최용찬 교수는 우리나라에서도 오래 전부터 환경사를 연구해 온 학자들이 있었고, 환경사를 학술대회 주제로 다룬 분과학회나 환경과 인간을 주제로 한 공동학술대회가 있었다고 말한다. 우리나라 환경사 연구의 동향을 탐구해 보자.

주제3 환경적 요소가 인류사에 미치는 영향 탐구

주제4 세계 각국의 환경운동의 역사와 특징 비교

학생부 기록 예시 (교과세특)

평소 환경 문제에 대한 관심이 많고 지적 탐구심이 강하여 환경 관련 책을 능동적으로 찾아 읽는 학생임. '환경사란 무엇인가(도널드 휴즈)'를 읽고, 역사적인 관점에서 환경 문제의 실태를 분석하고 대응 방안을 구체적으로 제시함. 기술 발전에 따른 환경 오염 문제를 지적하고, 생물권을 보호하는 방향으로 인간의 사고 방식과 생활 태도가 변화해야 한다는 의견을 발표함. 환경 문제를 폭넓게 인식하고, 설득력 있게 표현하는 역량이 돋보임.

다양한 독서를 즐기는 학생으로 스스로 독서 계획을 세우고 독서 일지에 사실적, 감상적, 비판적 감상 내용을 지속적으로 정리함. 핵심 내용을 정확하게 파악하여 이해하는 능력이 뛰어나고, 다양한 정보와 자료를 수집하여 우리나라 환경사 연구의 동향과 특징을 일목요연하게 정리하여 발표함. 비경쟁 독서토론 활동에서 환경사의 쟁점과 관련하여 작성한 발제문이 친구들에게 많은 공감을 얻었으며, 활발하게 소통하고 의견을 나눔.

관련 논문
역사교육에서 환경사 교육의 의의와 내용구성 (김정분, 2010)

관련 도서
《기후를 위한 경제학》, 김병권, 착한책가게
《기후재난과의 전쟁》, 박영숙, 국일미디어

관련 계열 및 학과	• 인문계열: 역사문화학과, 역사학부, 공간환경학부, 지역환경산업학과, 주거환경학과
	• 자연계열: 환경학과, 지구환경과학부, 대기환경과학과, 환경보건과학과, 대기과학과
관련 교과	• 교육계열: 역사교육과, 환경교육과, 과학교육과, 생물교육과, 교육학부

2022 개정 교육과정: 사회와 문화, 세계사, 생태와 환경, 사회문제 탐구, 기후변화와 지속가능한 세계

2015 개정 교육과정: 통합사회, 사회·문화, 사회문제 탐구, 환경, 세계사, 환경

교과세특 추천 도서 300: 의약·자연계열

1판 1쇄 찍음 2024년 3월 13일
1판 4쇄 펴냄 2024년 12월 20일

출판 (주)캠퍼스멘토
저자 한승배·강수현·노정희·양봉열·이재경·정선옥·조은경

책임편집·디자인 포르체 출판사
브랜드 윤영재·박선경·이경태·신숙진·이동훈·김지수·조용근·김연정
연구·기획 오승훈·이사라·김예솔·민하늘·박민아·최미화·국희진·양채림·윤혜원·강덕우·송나래·송지원
교육운영 문태준·박흥수·정훈모·송정민·변민혜
미디어 이동준·박지원
관리 김동욱·지재우·임철규·최영혜·이석기·노경희
발행인 안광배

주소 서울시 서초구 강남대로 557(잠원동, 성한빌딩) 9층 ㈜캠퍼스멘토
출판등록 제 2012-000207
구입문의 (02) 333-5966
팩스 (02) 3785-0901
홈페이지 http://www.campusmentor.org

ISBN 979-11-92382-36-4 (14370)
      979-11-92382-31-9 (세트)